V. VATTIER D'AMBROY

LE LITTORAL DE LA FRANCE

CÔTES VENDÉENNES — DE LORIENT A LA ROCHELLE

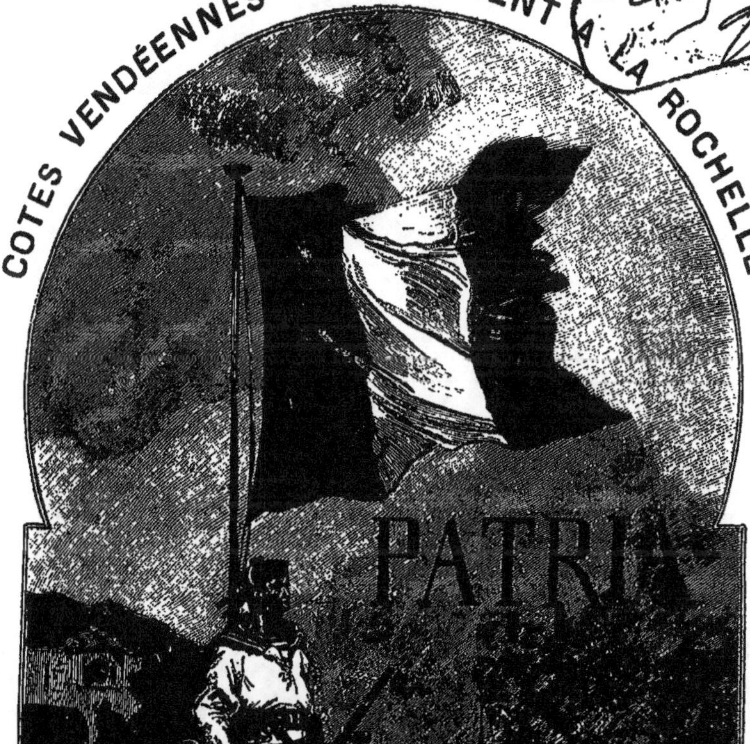

PARIS
SANARD ET DERANGEON, ÉDITEURS
174, RUE SAINT-JACQUES, 174

LE
LITTORAL DE LA FRANCE

COTES VENDÉENNES

LE LITTORAL DE LA FRANCE

COTES NORMANDES
DE DUNKERQUE AU MONT SAINT-MICHEL

COTES BRETONNES
DU MONT SAINT-MICHEL A LORIENT

COTES VENDÉENNES
DE LORIENT A LA ROCHELLE

COTES GASCONNES
DE LA ROCHELLE A HENDAYE

COTES LANGUEDOCIENNES
DU CAP CERBÈRE A MARSEILLE

COTES PROVENÇALES
DE MARSEILLE A LA FRONTIÈRE D'ITALIE

Chaque volume orné de très nombreuses gravures dans le texte et hors texte.

LE
LITTORAL DE LA FRANCE

COTES VENDÉENNES
DE LORIENT A LA ROCHELLE

PAR

V. VATTIER D'AMBROYSE

OFFICIER DE L'INSTRUCTION PUBLIQUE

Ouvrage DEUX FOIS couronné par l'Académie française
(Prix Montyon et Marcelin Guérin)

DESSINS de BRUN, TOUSSAINT, FRAIPONT, KARL, CIAPPORI,
CAUSSIN, LALANNE, DEBRAYE

GRAVURES de ROGNON, SMEETON, PUYPLAT et QUESNEL

PARIS
SANARD ET DERANGEON, ÉDITEURS
174, RUE SAINT-JACQUES, 174

1892
Tous droits réservés.

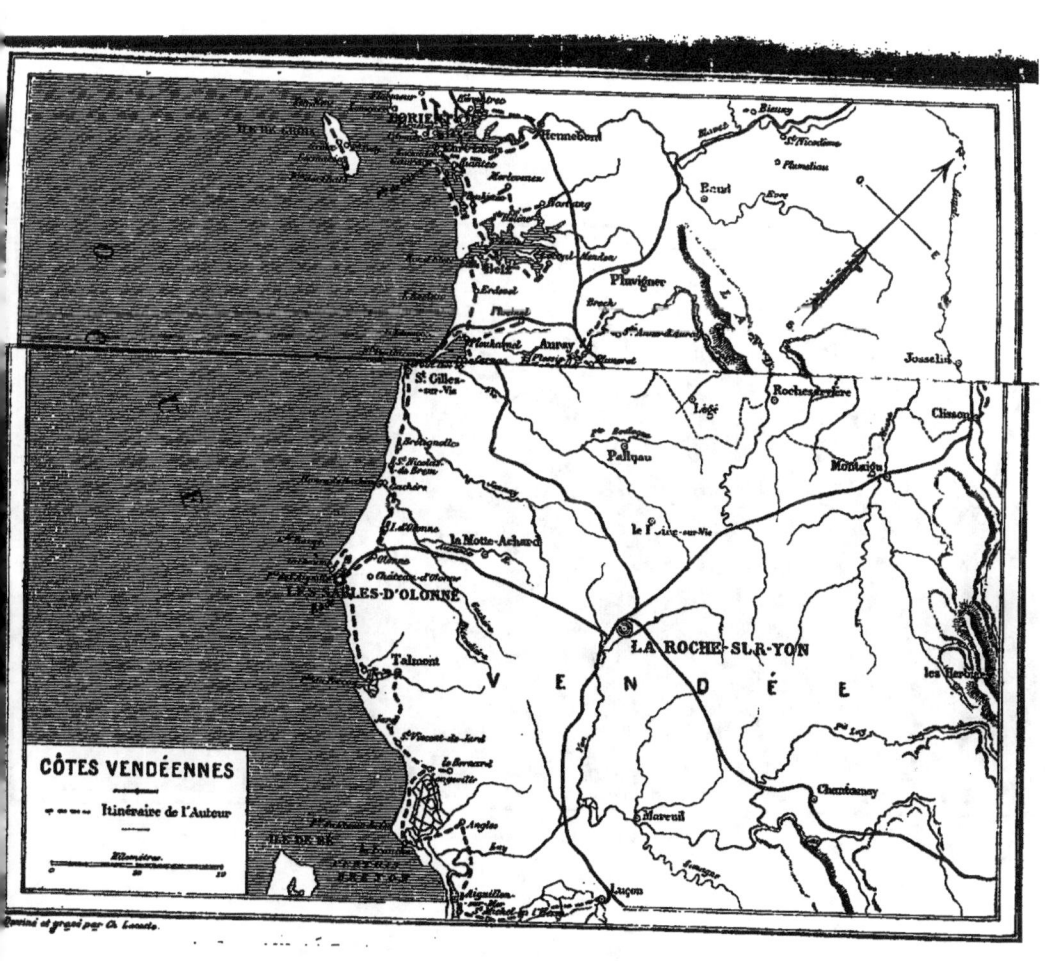

CÔTES VENDÉENNES

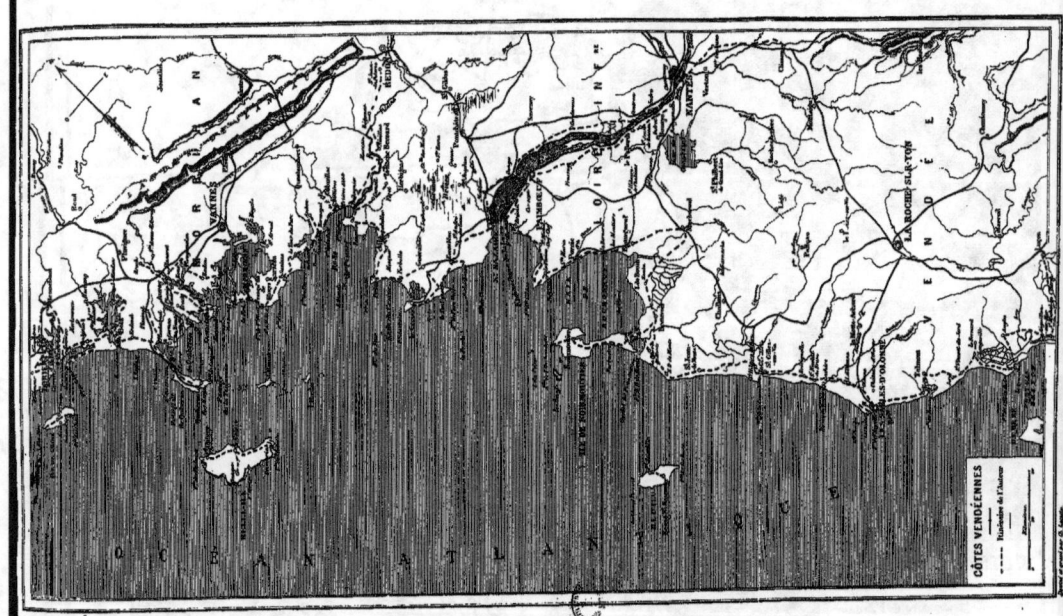

Le littoral de la France. — De Lorient à La Rochelle.

# LE
LITTORAL DE LA FRANCE

COTES VENDÉENNES
DE LORIENT A LA ROCHELLE

CHAPITRE PREMIER

L'ESTUAIRE DU BLAVET ET DU SCORFF. — LORIENT

Une histoire bien attachante, dans ses événements accumulés, dans ses alternatives si imprévues, serait celle du large estuaire formé par les eaux réunies du Blavet et du Scorff.

Nulle ville, peut-être, mieux que les cités baignées par ces deux rivières, n'offrirait un plus étrange exemple de l'instabilité de la fortune.

Hennebont, fière de son origine, produit des titres remontant au onzième siècle et rappelle que, pendant de longues années, l'attention, non seulement de la Bretagne, mais de la France et de l'Angleterre, était tournée vers elle, place forte, dont les prétendants au trône ducal et leurs alliés cherchaient tour à tour à s'emparer.

Port-Louis, reflétant ses murailles dans l'Océan, n'oublie pas que le nom de Louis XIII, son fondateur, lui fut donné par le grand cardinal de Richelieu et, jeune ville elle-même, se dresse mélancolique en face de Lorient, sœur cadette, moins âgée de près d'un siècle, mais ayant tout attiré à elle : vitalité, renom, puissance, richesse... et ne se souvenant de sa sœur aînée que pour en réclamer un surcroît de sécurité....

Ce sont là des jeux ordinaires de l'inéluctable loi du progrès. Chaque heure réclame des perfectionnements, des sacrifices nouveaux. Il faut marcher vite, voir juste, ne pas redouter un labeur sans trêve et répondre par des efforts constants aux efforts de rivalités attentives. Lorient le comprend : son unique préoccupation est de garder intact le rang que son excellente situation lui a créé, et qu'une compagnie commerciale avait su mettre en relief.

C'est, en effet, à la *Compagnie française des Indes Orientales* que Lorient doit son origine.

Colbert, l'admirable, le vraiment grand ministre de Louis XIV, le restaurateur de la marine française, voulut créer, à l'exemple de la *Compagnie hollandaise des Grandes Indes*, un lien puissant entre nos colonies et la mère patrie.

Or, le clairvoyant ministre comprenait bien qu'une pareille entreprise, tout en restant placée sous la surveillance et la protection de l'État, se trouverait mieux d'une initiative particulière, rompue aux questions diverses soulevées par la circonstance. Les résultats acquis par les compagnies bretonnes d'armateurs et, surtout, par la *Compagnie bretonne des Indes*, fondation de Richelieu, le prouvaient assez.

Un privilège exclusif de cinquante années fut le cadeau royal fait par Louis XIV à la création nouvelle de Colbert.

Tout aussitôt, la Compagnie s'occupa d'établir des entrepôts et le Havre devint son siège principal (1664).

Mais le Havre seul ne pouvait suffire. D'ailleurs, s'il offrait le grand avantage d'être proche voisin de Paris, l'accès de son port imposait aux vaisseaux de la Compagnie une continuité de navigation rendue doublement périlleuse et par les tempêtes trop fréquentes de la mer de la Manche, et par les croisières des vaisseaux anglais ou hollandais.

Il fallait donc multiplier les marchés. Port-Louis, situé à l'extrémité de l'estuaire du Blavet, fut choisi. Toutefois, les négociants malouins, havrais et nantais ne tardèrent pas à trouver insuffisantes les constructions offertes par la Compagnie; de plus, ils ne les croyaient pas dans une position assez abritée contre les entreprises ennemies.

Le fond de la rade formée par le Blavet leur parut être infiniment préférable ; aussi, des hangars, des maisons, des villas s'élevèrent bientôt là même où, pendant des siècles, affirment quelques archéologues, un vieux château féodal, appelé *Loc-Roch-Yan* (il aurait été bâti par Jean[1] de Mériadec), commandait l'entrée du Scorff.

Est-ce du château ou de la Compagnie des Indes que la ville naissante prit son nom ? La question n'a rien d'important et, sans crainte, on peut adopter l'une de ces opinions ou toutes les deux ensemble : les étymologistes ne sauraient donner une raison péremptoire pour y contredire.

Il est, au surplus, très agréable de se trouver d'accord avec Mme de Sévigné et de rappeler, si souvent qu'il ait été redit, le passage de l'une de ses lettres consacré à la jeune ville :

« Nous avons fait, depuis trois jours, le plus joli voyage du monde au Port-Louis, qui est une très belle place, située comme vous savez ; toujours cette belle pleine mer devant les yeux.... Le lendemain, nous allâmes en un lieu appelé Lorient, à une lieue dans la mer ; c'est là qu'on reçoit les marchands et les marchandises qui viennent d'Orient. »

Ainsi, à l'époque du voyage de la marquise (1689), Port-Louis était « une très belle place » et sa future rivale un simple lieu de déchargement pour les marchandises.

Les choses ne tardèrent pas à changer. Lorient offrait tant d'avantages que la Compagnie estima devoir concentrer sur ce point toute son attention. Un essor nouveau fut donné lorsque, vers 1719, une des créations de Law, la *Compagnie des Indes occidentales*, dut se réunir à la fondation de Colbert. En 1735, Lorient qui, depuis seize ans, justifiait toutes les espérances établies sur sa situation, se vit préféré à Nantes et au Havre pour la centralisation des marchandises de l'Inde.

La prospérité de la jeune ville grandissait avec la prospérité de la Compagnie. Place d'armes et magasin général, elle se trouve dotée d'ateliers, de magasins, de casernes, de quais superbes, construits avec un admirable granit bleu gris de lin, tacheté de blanc, recevant très bien le poli. Ce granit, commun le long des rives du Scorff et du Blavet, servit également à l'édification des

---

[1]. En breton : Yan. Le nom fameux de ROHAN serait venu des mêmes mots.

maisons alignées sur un plan régulier, donnant des rues assez larges, coupées à angle droit. L'aspect général en eût revêtu une certaine monotonie, si toute une population d'officiers de marine, d'ingénieurs, de marchands, n'y fût venue habiter, répandant avec elle l'aisance, la vie, le mouvement pittoresque.

A cette exubérance il fallait une sage réglementation ; l'édit de 1738 y pourvut. Lorient, renfermant quatorze mille habitants, est élevé au rang de ville, reçoit une municipalité, obtient le droit de créer des octrois et la faveur de députer aux États de Bretagne.

Cette éblouissante fortune méritait d'être dignement consacrée par un travail tout spécial, emprunté à la science profonde du grand régularisateur des titres de noblesse : le juge général des Armes de France.

Pierre d'Hozier, neveu du fameux d'Hozier, le maître ès-généalogies, répond à la municipalité nouvelle, qui lui fait une demande d'armoiries, par l'envoi suivant :

« *Un écu de gueules à un vaisseau d'argent voguant sur une mer de sinople, et un soleil d'or se levant derrière des montagnes d'argent, posées au flanc droit de l'écu*[1]. »

L'allusion aux richesses fabuleuses dont la Compagnie des Indes devait doter la mère patrie était très claire. Au reste, la Compagnie elle-même avait la plus entière confiance dans son propre avenir et le prouvait en prenant pour armes « *un globe d'azur chargé d'une fleur de lys d'or* » et pour devise les trois mots : *Florebo quocumque ferar*.

Malheureusement, nos revers coloniaux allaient bientôt peser sur elle ; mais, à cette époque (1738), on ne redoutait pas encore l'avenir.

Lorient, par son privilège, attire dans son enceinte une foule de plus en plus considérable. La Compagnie y installe son directeur avec tous ses ouvriers, ce qui amène naturellement la résidence d'un certain nombre de fermiers généraux, ainsi que le va-et-vient d'une population d'employés, d'actionnaires, de négociants ou de simples touristes, avides d'assister au curieux spectacle de l'arrivée et du départ des navires.

---

1. On se souvient qu'en terme de blason, le *rouge* est appelé *gueules;* le blanc, *argent;* le noir, *sable;* le vert, *sinople;* le jaune, *or;* le bleu, *azur.*

Ces départs et l'organisation de la marine de la puissante Compagnie furent, en 1733, l'objet d'une délibération complète de l'assemblée d'administration, délibération imprimée à Paris l'année suivante.

Ce qui frappe tout d'abord le lecteur moderne, c'est la division de la marine de la Compagnie en « première » et « seconde navigation ». Celle-ci était à peu près exclusivement consacrée à la TRAITE DES NÈGRES et n'employait pas de navires supérieurs

Préfecture maritime.

au port de trois cents tonneaux. La grande navigation, par contre, s'exerçait au moyen de vaisseaux atteignant fréquemment une capacité de douze cents tonneaux. Chacun d'eux embarquait un état-major composé d'un capitaine, d'un premier et d'un second lieutenant, d'un premier et d'un second enseigne, d'un enseigne surnuméraire, d'un écrivain, d'un aumônier et d'un chirurgien-major.

Les petits vaisseaux comptaient deux officiers de moins.

Les appointements n'avaient rien d'excessif. Le capitaine recevait, par mois, deux cents livres; le premier lieutenant, cent vingt livres; le second, quatre-vingt-dix livres; le premier enseigne, soixante livres; le second, cinquante livres, ainsi que l'écrivain; l'aumônier, trente livres; le chirurgien, quarante-cinq livres, c'est-à-dire la même paye que touchaient le maître timonier et le premier pilote.

A terre, on n'avait plus droit qu'à la moitié de cette solde et les officiers de « la seconde végétation » ne recevaient absolument rien. Le hideux commerce des esclaves était, sans doute, reconnu comme assez profitable pour que la Compagnie pût réaliser cette économie.

Tout était prévu dans le règlement, rien ne restait livré au hasard des choses pouvant soulever le moindre conflit. Entre autres, le Titre XII° contient cet article, justement qualifié par un écrivain de « bien sage » :

« Il est pareillement enjoint aux capitaines de ne faire et de prendre exactement garde que les officiers de leur bord ne fassent aucun mauvais traitement aux gens de l'équipage, qui puisse les décourager du service, sous peine de punition contre les capitaines et officiers, selon les circonstances des faits. »

En se reportant aux dures conditions subies alors par les matelots, en général, on ne s'étonne pas de l'empressement avec lequel le service de la Compagnie était recherché.

Moins de sept ans après l'érection de Lorient en cité, la Compagnie possédait dans ce port vingt-cinq vaisseaux ou frégates, et plusieurs navires de neuf cents à quinze cents tonneaux, parmi lesquels des frégates de combat. Sa marine formait une administration distincte de la marine de l'État, à laquelle, très souvent, elle fournit des officiers instruits.

Mahé de la Bourdonnaye, l'illustre rival de Dupleix dans l'Inde, fut au service de la Compagnie. C'est également dans les rangs de ses volontaires que le grand orientaliste, Anquetil-Duperron, prit place, afin de pouvoir visiter les Indes, d'où il devait rapporter, après un séjour de huit années, entre autres trésors, le *Livre de Zoroastre,* qui fut une révélation pour le monde savant.

En outre de ses lois particulières, la Compagnie imposait un uniforme à ses équipages. Son pavillon flottait fièrement sur les mers orientales et son sceau était appliqué à tous les actes émanant de son initiative. Mais les jours florissants allaient disparaître pour ne pas revenir. Obligée de compter avec les suites terribles de malheurs dus, beaucoup moins, hélas ! à la guerre qu'à la trahison, la Compagnie des Indes se vit forcée, pour régler la situation, de résigner ses privilèges.

L'ingénieur en chef du port, Guillois, fut chargé d'en obtenir la valeur, bientôt fixée à une somme de près de treize millions.

Jean-Étienne-Bernard DE CLUGNY, représentant du roi, accepta ce prix et entra en possession (28 mai 1770) du port et de toutes ses dépendances, établissements, matériel.

Quatorze mois plus tard, Lorient devenait, sous le nom d'*Intendance*, le siège d'un « département », aujourd'hui « arrondissement maritime ».

Un moment, on put croire que la jeune ville, frappée dans son importance commerciale, allait succomber. C'est l'impression que l'on constate dans une page, d'ailleurs charmante et humoristique, écrite par ARTHUR YUNG, le 15 décembre 1787, et où il rend cependant hommage aux ateliers du port. Vainement, entre 1789 et les dernières années du premier Empire, quelques armements de corsaires et des expéditions pour plusieurs de nos colonies ou pour la pêche de la baleine, lui donnèrent-ils une animation factice : la chute devenait de plus en plus irrémédiable.

Enfin, l'Empire agonisant songea à reprendre les projets grandioses de la Compagnie des Indes, projets exécutés depuis, avec un zèle infatigable, par tous les préfets maritimes qui se sont succédé à Lorient.

D'origine si récente, on comprend que la ville n'ait pas une histoire bien chargée de faits. Toutefois, son importance commerciale primitive ne pouvait guère ne pas attirer sur elle la jalousie haineuse constamment en éveil de nos ennemis.

Une flotte anglaise, sous les ordres de l'amiral Lestock, vint, en octobre 1746, débarquer un corps de cinq mille hommes, commandés par le général Synclair. Suivant leur constante habitude, les envahisseurs ravagèrent la campagne environnante, puis, voulant pousser plus loin ses exploits, le général somma Lorient de la plus insolente façon d'avoir à se rendre.

Un commencement d'hostilités eut lieu. La ville, du haut de ses murailles[1], fit payer cher cette attaque : neuf cents Anglais y périrent. En même temps, le bruit se répandant que des renforts arrivaient au secours des assiégés, le général Synclair battit précipitamment en retraite, donnant ordre de rejoindre la flotte. Celle-ci, établie dans la baie du POULDU, non loin de l'embou-

---

1. Bâties en 1741.

chure de la Laita (rivière de Quimperlé), fut au moment d'y sombrer tout entière par la violence d'un coup de vent du sud-est ; à grand'peine elle échappa au danger.

La ville, depuis, ne reçut plus semblable visite.

Ce qui frappe, au premier regard, dans Lorient, c'est un air de gaîté, d'activité de bon aloi. Les rues sont sillonnées par des gens affairés, mais affables, toujours prêts à donner de la meilleure grâce un renseignement sollicité.

Les jolies promenades de la Bove, de la place d'Armes, des allées de Merville, de Carnel et du cours Chazelles voient passer une foule élégante, aux allures gracieuses.

L'ensemble de la ville s'harmonise, en quelque sorte, avec l'extérieur de la population. Toute blanche, et comme sertie dans un rideau de vieux arbres, elle surgit, souriante, entre les flots verdâtres de l'Océan et le ruban argenté du Scorff.

Quand le vent souffle en tempête, quand les eaux gonflées, écumantes, se brisent avec un bruit retentissant contre la digue et le granit des quais, Lorient, bâti sur une pointe de terre assez basse, paraît flotter, radeau gigantesque, à la crête échevelée des lames.

La longue jetée s'étend devant la *Tour de la Découverte*, construite sur le monticule qui servait, paraît-il, de base à un vieux château [1]. Élevée d'environ trente-huit mètres, elle domine un horizon marin de plus de cinquante kilomètres, au milieu duquel apparaissent les îles Sainte-Catherine et Saint-Michel, séparant, de fait, la rade en deux parties : celle de *Kerso* ou de *Port-Louis,* celle de *Penmané* ou de Lorient ; puis viennent Kernevel, aux maisons blanches ; l'embouchure du Blavet, du Scorff et du Ter, la citadelle de Port-Louis. Gardienne vigilante, la tour, de même qu'elle annonçait l'arrivée des vaisseaux de la Compagnie des Indes [2], signalerait toujours un danger pouvant menacer les riches ateliers du port. On vient d'y installer un télégraphe optique, qui permet de correspondre avec Groix, Quiberon et Belle-Isle.

L'intérêt maritime offert par Lorient, s'il est possible de s'ex-

---

[1]. Le château de Loc-Roch-Yan, peut-être.
[2]. La tour fut construite de 1737 à 1744.

primer ainsi, se concentre tout entier sur ces ateliers, à qui la renommée assigne depuis longtemps une des premières places pour les constructions navales, et qui ne sont pas disposés à se laisser distancer par les ports rivaux.

Plusieurs des navires sortis des chantiers lorientais ont marqué dans nos annales, tels : *le Régulus*, vaisseau de soixante-

Pont du chemin de fer sur le Scorff.

quatorze canons, armé pour la première fois le 27 floréal an XIII (27 mai 1805), sous le commandement du capitaine de vaisseau L'Hermite ; la frégate *le Président*, de quarante-quatre canons, armée en l'an XII (1804) et qui fit une campagne de cinq mois aux îles du Vent et aux États-Unis, sous le commandement du capitaine de frégate Galthier *Labrosse*.

C'est, également, sur l'une des cales du port que fut menée à bien la *première frégate construite avec de petits bois*, les bois de grande dimension devenant de plus en plus rares. Une réussite complète couronna cette hardie entreprise. La frégate reçut un nom illustre dans la marine française : *la Surveillante*. Mise en chantier le 12 septembre 1823, lancée le 29 juillet 1825, elle est armée le 22 décembre 1825, et placée sous le commandement du capitaine de vaisseau Morice.

A Lorient, encore, revient l'honneur de la construction du *premier* bâtiment à vapeur possédé par l'État. Il s'appelait *le Sphinx*, et son constructeur fut M. Hubert, ingénieur de la marine. Les premiers essais, très heureux, eurent lieu en 1829. Grâce au *Sphinx*, on connut rapidement en France la prise d'Alger [1].

« C'est aussi sur l'une des cales des chantiers de Caudan que fut construit *le Saint-Géran*, vaisseau de la Compagnie des Indes. Armé le 2 mars 1744, à la destination de Bourbon et de l'Ile-de-France, il y fit naufrage le 18 mars 1744, sous le commandement de Gabriel Richard de la Marre, de Lorient.

« Ce sinistre a inspiré à Bernardin de Saint-Pierre ce poème touchant et populaire de *Paul et Virginie*. Au nombre des passagers, à la table du capitaine, se trouvaient MM. Joseph Courchan, chevalier de Saint-Malo ; Belval, ingénieur, Mlles Anne Mallet et Jeanne Nezet, créole ; à l'office, Magdelon, négresse, domestique de Mlle Nezet, et Pédro, noir. » (J. Hébert, *Lorient*.)

Constamment occupés, les ateliers ne terminent un vaisseau que pour s'apprêter à lancer une frégate, une corvette, un transport, une canonnière. Nos récents et immenses cuirassés : *la Dévastation, l'Indomptable, le Formidable, le Hoche, le Brennus*, celui-ci dernièrement mis à l'eau, portent leur marque.

Par malheur, si les chantiers sont assez vastes et assez bien outillés pour suffire à toutes les constructions navales possibles, il n'en est point de même des passes et de la rade. Le souvenir est encore récent de l'accident qui faillit causer la perte de l'énorme *Dévastation*.

Très sûre, mais peu étendue, la rade a besoin d'améliorations. Avec les moyens puissants dont, maintenant, la science dispose, arriver à seconder la nature, qui a tout fait en creusant ce commode bassin, sera une entreprise presque facile.

Rien de plus merveilleux, quand on n'est pas familiarisé avec ce spectacle, qu'une visite aux ateliers du port. Il y a bien là matière inépuisable aux questions, aux surprises.

Voici la *cale couverte*, le *bassin de carénage*, des forges, des fonderies, une poulierie, une mâture, une corderie, des cales

---

[1]. Ces curieux renseignements nous ont été fournis par le Directeur des constructions navales du port de Lorient, M. Vidal, dont nous ne saurions assez louer la complaisance inépuisable et la courtoisie.

graduées pour vaisseaux, frégates et bâtiments moins importants. Un atelier pour les artificiers, pour le calfatage.

Ce serait une énumération infinie que de donner simplement le nom de chaque industrie, de chaque opération nécessaire à cette œuvre capitale : un navire !

C'est un autre sujet d'admiration de voir avec quel ordre, quelle entente, quelle précision tout s'exécute. La fourmilière humaine s'agite sans perdre un instant, sans que la moindre hésitation vienne entraver un ordre donné, un travail commencé. Chacun, habile à sa tâche, y applique ses soins, désirant, dans la mesure de son intelligence et de ses forces, contribuer du mieux possible à l'œuvre commune dont la réussite sera un titre nouveau d'orgueil pour les vaillants ouvriers.

Il faut tout voir en détail et la visite est longue, car les chantiers se continuent sur les deux bords du Scorff, reliés par une passerelle. Ceux de la rive gauche sont, dans leur ensemble, appelés de *Caudan*, du nom de la commune sur le territoire de laquelle ils s'élèvent.

Actuellement on y trouve le cuirassé *le Brennus* dont la mise à l'eau a eu lieu en octobre 1891.

Le Brennus est, comme disposition de ses canons, unique dans notre flotte. Son artillerie principale se compose de trois canons de trente-quatre centimètres, répartis dans deux tourelles tournantes, complètement fermées et par conséquent à l'abri des feux plongeants de la petite artillerie des hunes. Deux de ces canons sont placés dans la tourelle avant, le troisième dans la tourelle arrière.

L'accouplement de deux pièces de gros calibre dans une tourelle est la règle en Angleterre ; chez nous, elle a peu de partisans, parce que, s'il économise du poids, il a le désavantage de concentrer l'artillerie dans un espace restreint. En France, un principe en artillerie est qu'il faut concentrer ses feux et disperser ses pièces.

Outre ces trois canons de trente-quatre centimètres, pesant chacun *cinquante-huit tonnes*, *le Brennus* dispose de dix canons de seize centimètres, dont six sont placés dans un fort cuirassé sur le pont de la batterie et quatre autres au-dessus du fort dans des tourelles cuirassées, mobiles et fermées.

La tourelle fermée qui n'était qu'une exception dans la marine française est adoptée pour *le Brennus* ; on la retrouvera dans l'avenir sur tous les cuirassés.

Pour Lorient, la mise à l'eau du *Brennus* a eu une portée élevée, on y est fier de l'ardeur qu'on y a mise à construire ce bâtiment, un des plus puissants de la marine française et, on peut le dire, un des plus forts de toutes les marines du monde.

En attendant que *le Brennus* se rende au port qui lui sera désigné, il élève son effrayante masse sur les eaux profondes du Scorff, vis-à-vis des cales où se poursuivent le *Tréhouart*, cuirassé garde-côte, l'*Andromède*, frégate à voiles.

Nous le répétons et ne croyons pas nous tromper : il suffirait, avec un semblable port, profond, commode, d'ancrage sûr, que les passes de la rade fussent améliorées ; toutes les conditions désirables se trouveraient alors réunies.

Il reste à voir ensuite l'arsenal, la poudrerie de Tréfaven, établie dans un vieux manoir ; le Polygone.

La Bibliothèque a malheureusement été, voici une quarantaine d'années, la proie d'un très violent incendie. Elle est riche de documents intéressants.

Enfin, les yeux et l'esprit rassasiés de ces merveilles de l'art naval, on songe à parcourir la ville, non sans se promettre de revenir visiter la ruche bourdonnante.

Lorient ne possède aucun monument ancien dont il puisse être fier, ses fondateurs ayant, sans doute, pensé à leurs seuls intérêts commerciaux ; mais, en dehors de l'attrait plus ou moins grand offert par les rues, les places, les quais généralement animés, la campagne offre, de tous côtés, des points de promenades charmantes.

Un des plus suivis conduit, par le Chazelles, à KÉRANTREC, ou plutôt KÉRANTREC'H, sur le Scorff. Jadis un bac, d'assez fâcheuse mémoire, permettait le passage du petit fleuve ; aujourd'hui, un très beau pont suspendu embrasse les deux rives sous son unique travée de cent quatre-vingts mètres d'ouverture. Le pont-viaduc du chemin de fer est voisin et compte trois cent vingt-huit mètres de longueur totale.

La vieille chapelle Saint-Christophe, datant du seizième siècle, mérite bien un moment d'attention. Et, à ce sujet, faisons remarquer la persistance avec laquelle, en Bretagne, toutes les églises voisines d'un passage de bras de mer, de fleuve, de rivière, de gros ruisseau, sont placées sous le vocable de saint Christophe ou, tout au moins, possèdent sa statue. La curieuse légende de ce bienheureux « passeur du *Petit Jésus,* sur la rivière du Scorff », a dû contribuer à sa popularité.

De Kérantrec'h, si l'on peut disposer de quelques heures, on franchit dix kilomètres pour aller, à Pont-Scorff, goûter d'une vraie *miche* de seigle, accompagnée d'excellent beurre. C'est le moyen de comprendre la renommée dont jouit, à Lorient, le talent des boulangers de la localité, talent auquel, probablement, l'eau du bourg contribue pour une large part, puisque les mêmes ouvriers, employant une farine identique, n'ont pu, au chef-lieu d'arrondissement, obtenir un égal résultat.

Lorient n'a-t-il rien à craindre de l'avenir? Question souvent posée et, généralement, restée sans réponse précise.

Serait-il possible qu'une ville, douée de si grands éléments de prospérité, pût décliner assez pour perdre l'importance acquise par un labeur persévérant?

Sa situation la met, espérons-le, à l'abri de ce coup du sort. Admirablement placée au sud de la Bretagne, sans difficultés trop sérieuses d'accès ; assise au fond d'une rade commode et sûre que la ligne ferrée met en communication rapide avec Paris, il suffirait de travaux relativement peu dispendieux pour prévenir une décadence dont la seule cause, en quelque sorte, résulterait de l'exagération donnée aux dimensions des premiers vaisseaux des flottes modernes.

Lorient, au reste, figure sur la liste des grands travaux destinés à mettre nos ports dans le plus complet état de perfection dont ils sont susceptibles. Et l'intelligente ville n'a pas attendu cet acte de justice pour parer à toutes les éventualités. Elle veut d'abord, désir louable, se conserver jeune, gracieuse. Des quartiers ont été modifiés, agrandis, embellis, et les alentours du port de commerce sont certainement appelés à prendre une notable extension, car Lorient reste un centre important pour les produits de la région entière.

Le beurre, les grains, le bétail, la cire, le miel et, au premier rang, les conserves de sardines, sont l'objet de transactions des plus suivies qui, avec les constructions maritimes entreprises pour l'Etat ou pour l'industrie particulière, assurent l'avenir.

Lorient se meut dans une saine atmosphère de travail, la meilleure garantie de la prospérité d'une ville comme de celle d'une nation.

Par un beau lever de soleil qui enveloppe la jeune cité d'un voile d'or rouge, nous allons remonter le Blavet pour retrouver, à Hennebont, la trace des événements accomplis dans son enceinte.

Tout s'éveille, tout semble sourire, le mouvement s'accentue. Volontiers on se représente l'aspect de ces beaux quais, de ce port, aux jours où la Compagnie des Indes, florissante, recevait, des extrémités du monde oriental, les marchandises les plus précieuses, sous le couvert de son orgueilleux pavillon. Mais, si des espérances moins grandioses s'attachent maintenant au commerce de la ville, le présent peut encore le satisfaire et lui prouver que l'avenir lui appartient toujours.

Vaisseaux et canots se balancent fraternellement côte à côte sur les flots calmes.

Les barques disposent leurs voiles, d'autres bateaux reviennent décharger une pêche abondante. Des appels se croisent. La journée sera bonne : il faut en profiter.

Pleine réussite ! à ces infatigables, aussi dispos devant la tempête que dans les heures de répit accordées par la mer.

Le relief des quais s'efface le premier, puis les longues files de maisons. Bientôt, la Tour de la Découverte est seule visible. Encore quelques moments, nous n'apercevrons plus que les rives du fleuve, charmantes sous leurs frondaisons vertes, couronnant les mille accidents du terrain.

Une fois de plus, la campagne bretonne se fait aimable et douce aux regards surpris qui ne soupçonnaient pas sa merveilleuse beauté.

CHAPITRE II

LE BLAVET. — HENNEBONT

Jaillissant des hauteurs de Bourbriac (département des Côtes-du-Nord), le Blavet se précipite vers la mer, par une course rapide, sillonnant cent quarante-cinq kilomètres d'étendue.

C'est donc un bien humble fleuve ; cependant il a contribué à créer, en Bretagne, deux artères vivifiantes dont les résultats, avec un peu d'esprit d'initiative, pourraient prendre d'immenses proportions, car l'industrie et le commerce n'y seraient pas moins intéressés que la stratégie ; ces artères sont : les CANAUX DE NANTES A BREST ET DU BLAVET PROPREMENT DIT.

Le premier emprunte les bassins de l'Aulne, du Blavet, de l'Oust, de la Vilaine et des étangs situés le long de la rivière d'Erdre, qui vient se jeter, à Nantes, dans la Loire.

Le point central de la route d'eau se trouve, en quelque sorte, à Pontivy, où, profitant du lit du petit fleuve, le canal se bifurque pour venir aboutir à Hennebont, après un parcours d'environ soixante kilomètres, offrant une pente de *cinquante-trois mètres,* rachetée par *vingt-sept écluses.* Quant aux douze kilomètres restant à franchir pour atteindre la rade de Lorient, la nature y a pourvu. Il suffit de veiller au bon entretien du chenal.

Peu de rivières sont plus pittoresques et offrent un plus complet intérêt, jusque dans les moindres parties du territoire qu'elle baigne. Le passé, le présent, l'avenir y captivent entièrement le cœur et la pensée. HENNEBONT parle de ses luttes et de l'influence de son courage sur les destinées de la Bretagne. PONTIVY se souvient à quel point sa position avait frappé Napoléon Ier, qui voulait en faire le chef-lieu d'un département nouveau.

Plusieurs fonderies, des carrières et des ardoisières attestent les ressources du pays.

Et, au seul point de vue artistique ou pittoresque, que de richesses ! Tour à tour fertiles ou arides, basses ou montagneuses, courant en ligne droite ou formant mille ondulations, mornes ou limitant une fraîche campagne, fécondée par des ruisseaux tombant en cascatelles dans le fleuve, il suffit d'avancer pour rencontrer d'intéressants sujets d'étude.

Les ruines des vieux manoirs gisent, éparpillées sous la mousse; l'ermitage de Saint-Gildas se creuse au flanc d'un groupe de rochers. La tour ogivale de SAINT-NICODÈME plane au-dessus du joli village de SAINT-NICOLAS-DES-EAUX, vis-à-vis de la lande de CASTENEC qui, pendant tant de siècles, fut le piédestal de la *Vénus armoricaine,* maintenant reléguée au moulin de Quinipily (près Baud), après avoir été retirée du fleuve où on l'avait précipitée.

Plus loin, c'est QUELVEN et la belle flèche de son église, des bois, des champs, des landes, puis le vieux pont tout enguirlandé de lierre qui conduit des débris de l'antique abbaye de BON-REPOS[1] aux forges des SALLES, élevées au milieu des étangs et de la forêt du même nom... Ainsi se poursuit la route.

En vérité, beaucoup de rivières ont été célébrées, qui, mises en parallèle avec le Blavet, occuperaient un rang très modeste, car elles offrent moins de sujets dignes d'un tel honneur.

Mais il nous faut reprendre notre route vers la mer et entrer dans HENNEBONT.

A une époque où ni Port-Louis ni Lorient n'existaient, on comprend que la situation de cette ville entre deux coteaux faciles à défendre et sur un fleuve formant un estuaire commode, ait paru excellente aux hommes de guerre. Toutefois, pendant plusieurs siècles, un simple château protégea la bourgade du CHEMIN-DU-PONT[2]. Les premiers titres faisant mention de ses châtelains datent de 1030.

A partir de cette époque, la transformation ne s'arrête pas et les ducs bretons, non seulement y tiennent quelquefois leur cour, mais en veulent fortifier les abords. Bientôt elle est réputée l'une des meilleures citadelles de Bretagne.

---

1. Fondée par Constance de Bretagne, sœur du duc Conan IV, dit *le Petit,* et femme d'Alain III, vicomte de Rohan (11 juin 1184).

2. Les étymologistes s'accordent à peu près pour donner cette signification au nom de la ville.

Réputation légitime, comme Hennebont le fit voir.

Le duc Jean III, mort sans enfants, laissa la province livrée aux compétitions de Jean de Montfort et de Charles de Blois, époux de la légitime héritière du duché : Jeanne de Penthièvre.

La lutte fut constamment funeste à l'usurpateur, qui n'a pas même figuré au nombre des ducs ; mais JEANNE DE FLANDRE, sa femme, cœur héroïque, animé par l'amour maternel, rétablit la

Tour du château où s'enferma Jeanne de Montfort, à Hennebont.

fortune de sa race. Jean de Montfort ayant été fait prisonnier à Nantes, par Charles, la comtesse vint, avec son jeune fils, se renfermer à Hennebont (fin de 1341). Six mois après, elle y était assiégée.

Bien loin de se laisser abattre, Jeanne enflamme tellement les courages que, galvanisées par son exemple, les femmes combattent à ses côtés. Voulant veiller à tout, elle n'hésite pas à endosser la pesante armure du temps et, de sa propre main, va porter la ruine jusque dans le camp ennemi !...

Poursuivie, elle se réfugie à Auray, en revient avec une troupe de six cents hommes d'armes et, bravant une lutte nouvelle, rentre à Hennebont au son d'une musique guerrière. GAUTIER DE MAUNI accourt à son aide, et Charles de Blois doit lever le siège, mais pour revenir peu après.

La force des murs et des tours, centuplée par l'énergie de Jeanne, rendit cette attaque aussi infructueuse que la première.

Les historiens affirment que seize machines de guerre battaient sans relâche la ville, y lançant une grêle de pierres. Constants dans leur parti, les bourgeois supportaient ces jours de peine et, du haut de leurs murailles, criaient aux assiégeants :

« Vous n'êtes pas assez ; allez chercher vos camarades, qui reposent au camp de Quimperlé ! » Ironie sanglante, rappelant la défaite subie par Louis d'Espagne, capitaine de Charles de Blois, dans un engagement contre Gautier de Mauni.

Hennebont n'eut pas la honte d'ouvrir ses portes si bien défendues. Charles se retira et Jeanne de Montfort, rassurée, alla en Angleterre solliciter des secours. En août 1344, son époux, qui était parvenu à fuir de la prison où, depuis trois ans, il languissait, arrivait à Hennebont, retremper près d'elle son courage affaibli. Peu de semaines plus tard, le 26 septembre, il mourait, en lui léguant le lourd fardeau de la guerre.

Jeanne ne tremble pas devant la grandeur de la tâche, et, vingt années durant, elle continue son œuvre. Presque jour pour jour, le 29 septembre 1364, elle a l'orgueil de voir acclamer son fils aîné sous le nom du duc Jean IV *le Conquérant*.

Hennebont, qui résista si fièrement à Charles de Blois, fut pris en 1373, par l'armée française, ayant à sa tête Du Guesclin. L'opinion publique était avec le grand capitaine, car le duc s'ingéniait à faire preuve « de cœur anglais plus que breton ».

La garnison, entièrement anglaise, subit la loi inexorable des vainqueurs : elle fut passée au fil de l'épée.

Les guerres de la Ligue entraînèrent, dans la même année, deux sièges meurtriers pour Hennebont.

Le 2 mai 1590, après dix-huit jours d'attaque, elle restait au pouvoir de Henri IV ; mais, le 22 décembre, après six semaines de défense, elle retombait sous le joug de Mercœur. Là, prit fin le rôle d'Hennebont, comme place de guerre, et son attention fut heureusement tournée vers les choses de la paix. C'est dans ce calme milieu que naquit PAUL PEZRON (1639-1706), moine bernardin, auteur d'un ouvrage sur l'*Antiquité des temps* et de plusieurs livres, parmi lesquels un *Traité de langue celtique*. Voltaire consacra une notice au savant religieux.

Pendant longtemps, Hennebont, centre d'importation et d'exportation de toute une région, eut un très florissant commerce, en grains principalement, puis en bestiaux, cire, miel, beurre, granit, bois. On y construisait aussi beaucoup de navires, de barques, de canots : la navigation maritime du Blavet favorisant ces diverses industries.

Actuellement, la ville ne cherche pas à lutter avec Lorient ; mais sa place n'en est pas moins bonne et le chemin de fer lui a apporté un élément nouveau d'activité.

Le conseil général, dans sa dernière session (avril 1885), a émis le vœu que le curage du port soit opéré à bref délai, car il prend une réelle importance par suite de son voisinage avec les forges d'Hennebont, qui donnent lieu, pendant toute l'année, à un mouvement journalier de soixante tonnes en moyenne.

Le commerce du bois, provenant de nombreuses plantations faites dans les Côtes-du-Nord et le Morbihan, entretient également une grande animation.

Si le nom d'Hennebont n'est plus inscrit près de ceux des grandes cités, il est bien connu des artistes, qui prennent un vif plaisir à parcourir la *ville close*, la *vieille ville* et la *ville nouvelle*.

Les rues, en pente rapide, courent sur deux collines, séparées par le Blavet et dominées, dans leur ensemble, par le clocher de *Notre-Dame-de-Paradis*, l'un des plus beaux de la Bretagne, si riche, pourtant, en monuments de ce genre. Avec ses gargouilles sculptées, ses meneaux élégants, ses arcs-boutants d'une grande délicatesse, destinés à soutenir les deux autres petites flèches, placées à ses côtés, il s'élance, léger, gracieux, quoique haut de plus de cinquante mètres, vers le ciel d'un azur doucement affaibli.

Non loin du clocher, les trois grosses tours, restes des fortifications de la *ville close*, paraissent encore plus massives et comme écrasées contre le sol.

Les murailles de la vieille enceinte n'ont pas complètement disparu. Une courtine, à peu près entière, avec ses parapets et ses mâchicoulis, commande encore le quai moderne. Une superbe porte donne accès, de la vieille enceinte, dans la ville, neuve en fait, mais d'aspect peu moderne, avec ses constructions basses et de modèle antique, ses artères mal pavées, aux rares trottoirs.

Le *puis ferré*, surmonté d'un admirable dôme en fer forgé, est voisin de Notre-Dame.

Les vestiges du château construit sur la rive droite du Blavet se bornent à un mur semi-circulaire. Il était, selon une tradition persistante, mis en communication, avec la ville, par un souterrain dont on aurait retrouvé la trace dans un caveau voûté, situé sous une maison particulière.

Au surplus, toutes les constructions militaires du moyen âge étaient complétées par ces voies dérobées, moyen suprême permettant de sauver l'honneur d'une garnison, par l'envoi de messagers chargés de réclamer un secours urgent, ou encore de pourvoir à l'approvisionnement de la place aux abois.

Ainsi que la ville close, la ville neuve possède sa tour, dite de *Saint-Nicolas*, qui, dans un point de ses murs, épais de cinq mètres, conserve un boulet, témoignage du premier siège de 1590, par le prince de Dombes.

Plusieurs vieilles maisons tiennent fort bien leur place au milieu de quelques constructions nouvelles.

Un beau pont suspendu fait une seule ville des trois enceintes, bâties à différentes époques, et le chemin de fer franchit le Blavet sur un viaduc de près de deux cents vingt-trois mètres de long.

Combien il fait bon errer dans les jolies campagnes entourant la ville d'une ceinture de verts coteaux et de coulées fleuries! La dernière des promenades semble être toujours la plus agréable, tellement chacune offre d'attraits. Les hauteurs ombreuses de Saint-Caradec, rafraîchies par de jolies fontaines, prêtent tant à la construire rêverie!

Une excursion à l'*Abbaye de la Joye,* fondée par Blanche de Champagne, femme du duc Jean Ier *le Roux,* est pleine d'intérêt, bien que l'église n'existe plus et que la plus grande partie de l'espace, jadis occupé par les bâtiments conventuels, ait servi à une usine et un haras.

Un objet, cependant, rappelait que Blanche fut inhumée ici (1283). C'était sa statue tombale, en bois plaqué de bronze.

Elle se trouve maintenant déposée à Saint-Denis.

Il reste seulement un assez joli parloir, orné de coquillages, et la *promenade des Abbesses*, beau rectangle de verdure.

Heureusement, le présent ne peut étouffer les souvenirs du passé et l'esprit se reporte sans peine à l'époque où les plus brillants cortèges s'acheminaient vers l'abbaye, toujours gouvernée par des femmes issues de parents illustres.

Les trompettes guerrières devaient bien résonner au fond des vallées, et les riches bannières trouver, dans ce cadre verdoyant, un relief nouveau pour leur nobles blasons. Les lourdes armures des hommes et des chevaux étaient en harmonie avec les fortifications menaçantes, et le petit fleuve, propice, opposait souvent une barrière infranchissable à l'ennemi qui voulait en forcer le passage.

D'Argentré rapporte que le « 22 juillet 1379, il y eut dans la rivière du Blavet, qui passe à Hennebont, flux et reflux jusqu'à *trente-trois fois entre le lever et le coucher du soleil* ».

Plusieurs autres historiens assurent également ce fait curieux; ils ne diffèrent que sur un point insignifiant, et écrivent *trente-deux* fois au lieu de *trente-trois*. Semblable perturbation, d'après eux, se serait répétée le même jour, dans la Tamise.

Depuis lors, la marée n'a plus présenté pareil phénomène et rarement elle se montre bien houleuse, car la rade lorientaise, déjà fort abritée, ne laisse guère pénétrer dans le fleuve que des flots apaisés.

C'est encore par le Blavet que nous redescendrons vers Port-Louis. Doucement, le petit fleuve, dans la pénombre du soir, reflète à sa surface, moirée de bleu et d'argent, le beau tableau de la ville, des collines... Un train passe, le sifflet du signal d'arrêt se prolonge, aigu dans l'espace, et s'éteint avec la sourde trépidation des wagons roulant sur le viaduc.

La colonne de fumée tournoie à la cime des arbres et y laisse des lambeaux grisâtres, bientôt dispersés.

Plus rien, sinon des habitants regagnant en hâte leur logis, ou des étrangers empressés de profiter de la halte pointée sur leur carte de voyage.

Et les vieilles murailles noircies se dressent, comme immuables, sur le fond plus sombre du ciel, pendant que le petit port d'Hennebont, envahi par le flot, voit sortir, rapides, canots et barques de travail ou de plaisance.

Ainsi lié au présent, le passé grave, ineffaçable, son empreinte dans l'esprit qui a souhaité l'évoquer, et lui demander un instant de méditation salutaire.

Une rue à Hennebont.

CHAPITRE III

PORT-LOUIS. — PLŒMEUR. — LA POINTE DE LARMOR

Voici une ville qui a bien souvent changé de nom. Les Romains l'appelèrent-ils *Blabia,* ainsi que beaucoup de géographes d'historiens, Dom Morice, par exemple, l'ont prétendu ?

Sur ce point, trop d'incertitude règne encore, et il serait oiseux de perdre grand temps à discuter les titres que Blaye croit avoir pour revendiquer un tel honneur.

Après ce nom, plus ou moins authentique de Blabia, une décadence complète serait survenue, et la localité, chétif petit hameau, ne fut plus désignée que sous le nom de *Locperan,* c'est-à-dire *village* ou *lieu* de Saint-Pierre, à cause du patron choisi pour la chapelle, ou encore en souvenir de l'ermite saint Pezran [1].

Locperan resta absolument oublié jusqu'à la fin du quinzième siècle, où le duc de Bretagne songea à y créer une ville et un port de commerce.

Nous en trouvons la preuve dans Ogée.

« Le port Louis, ou plutôt Blavet, n'était d'abord qu'un terrain vague, inculte, sans aucune trace d'habitation ancienne, avec un seul hameau composé de quelques cabanes de pêcheurs, suivant ce qui est formellement spécifié dans un procès-verbal de l'an 1486, lequel porte que, sur la résolution formée par François II, duc de Bretagne, de faire construire dans ce lieu un port de commerce, et d'y bâtir une ville, ce prince nomma deux commissaires pour aller examiner la position des lieux et les avantages

---

1. Ce serait, d'après M. de Blois, le même saint que l'on honore à Lopérec, diocèse de Quimper. Pezran, moine de la Grande-Bretagne, avait fondé le monastère de Padstow.

que l'on en pourrait retirer. Jean de Châlons, prince d'Orange, et Jean, maréchal de Rieux, tous deux lieutenants généraux du duché, qui avaient été chargés de cette commission, se transportèrent dans l'endroit, où ils convoquèrent la noblesse des environs, les marchands et les gens de mer expérimentés et en état de donner leur avis.

« ... Quoique l'importance fût constatée, la visite des commissaires ne produisit aucun effet. Les troubles qui agitèrent le règne de François II ne permirent pas à ce prince de poursuivre l'exécution de son projet.

« Les choses étaient encore en cet état au commencement de la Ligue (temps malheureux dont on ne se souvient jamais sans frémir) lorsque quelques corsaires anglais y prirent poste et s'y retranchèrent. Ils nommèrent le lieu : *Blavet,* du nom de la rivière d'où il faisaient des courses par mer et par terre. »

Locperan ou Blavet ne resta pas longtemps en la possession de ces corsaires, mais sa condition n'en fut pas meilleure, car, tenant pour le roi, le pauvre bourg dut subir l'attaque de Mercœur, attaque sans pitié : les détails donnés sur ce siège font horreur et quand, à bout de forces, les habitants durent se rendre (11 juin 1590), le vainqueur se vengea de leur courage en passant au fil de l'épée hommes, femmes, enfants !

« Les femmes avaient trop bien secondé les assiégés pour ne pas subir les plus dures lois de la guerre ! ! ! »

Pendant huit années entières, Blavet demeura aux mains des Espagnols, alliés de Mercœur, qui la fortifièrent. Enfin, le traité de Vervins rendit cette place à Henri IV.

En 1610, lors des troubles de la minorité de Louis XIII, les princes mécontents bâtirent, à Blavet, un fort situé sur la pointe du bourg la plus avancée dans la mer. Plus tard, le roi en ordonna la démolition. Mais Richelieu, comprenant mieux que son souverain l'importance de la position, parvint, au contraire, à faire décider qu'une ville nouvelle, mieux fortifiée et mieux située, fût construite à l'embouchure du fleuve, et le 8 juillet 1616 le maréchal de Brissac, chargé de l'entreprise, était nommé gouverneur de Blavet.

C'est à peu près la dernière fois que ce nom fut employé, car Richelieu, pour assurer son œuvre, sollicita la faveur d'appeler

BAIE DE LORIENT
Port-Louis, coin du port d'Hennebont. — Église et pont Saint-Christophe.

la ville naissante Port-Louis, ce à quoi le roi consentit avec empressement.

Désormais, la place devenait une des mieux fortifiées de la province, et, quelques années durant, elle jouit d'une grande prospérité, par suite de l'établissement des magasins généraux de la compagnie des Indes. Mais Lorient allait bientôt lui ravir ce monopole et attirer dans son enceinte la majeure partie d'un fructueux commerce.

Port-Louis n'en reste pas moins une ville industrieuse, grâce aux pêcheries de sardines et de congres, abondants sur les côtes. Plusieurs usines s'occupent exclusivement de la conserve de ces poissons. Comme à Douarnenez, la sardine y subit toutes les préparations possibles; comme à Audierne, le congre est séché à peu près de la même façon que la morue, puis expédié partout dans le Midi.

Le port, très profond, très sûr, mais rendu d'un accès difficile par les roches sous-marines, garde néanmoins un assez bon mouvement, de cabotage principalement, et les bateaux à vapeur, en communication incessante avec Lorient, distant de huit kilomètres, contribuent, en été surtout, à entretenir un peu d'animation.

Rien, d'ailleurs, ne sollicite beaucoup la curiosité à Port-Louis. Aucun monument; à peine une ou deux maisons, sans grand intérêt, datant du seizième siècle.

Quant à la citadelle, son importance est majeure, puisqu'elle commande les passes de la rade de Lorient. Les aménagements sont ce qu'ils doivent être dans une construction de cette sorte, et ne peuvent nous arrêter longtemps.

L'établissement, sur la pointe de Gavre (au sud de Port-Louis), d'un parc d'artillerie, de magasins et d'un champ de tir pour le canon à longue portée, complètent la défense de la côte [1].

1. On a expérimenté le canon dont M. le colonel DE BANGE est l'inventeur. Ce canon du calibre de 340 millimètres, ne pesant pas moins de *quatre-vingt-sept mille cinq cents kilogrammes*, est d'une manœuvre extrêmement facile et porte à *dix-huit kilomètres*, distance extrême à *seize kilomètres*, la justesse du tir est *absolue*, justesse obtenue par le mode de fabrication, encore secret. Tout récemment la Serbie, voulant adopter un nouveau matériel d'artillerie, a fait expérimenter des canons des inventeurs les plus célèbres : Armstrong (Angleterre), Krupp (Prusse). A l'unanimité, les officiers serbes composant la commission ont constaté la supériorité du canon de Bange.

Puisque, longtemps encore malheureusement, il sera nécessaire de s'occuper

D'ailleurs le territoire environnant, sorte de presqu'île, faisant, originairement, partie de la commune voisine : Riantec, possède plusieurs batteries dominant soit le large, soit l'entrée de la rade.

Formidables autrefois, elles sont ensuite restées assez longtemps inférieures au but pour lequel on les avait élevées ; mais notre littoral reçoit de jour en jour toutes les améliorations nécessaires, et l'avenir, espérons-le fermement, ne nous garde, de ce chef, aucune cruelle surprise.

Riantec est une belle commune, pittoresquement située entre l'Océan et la rade de Lorient. Elle possède des bois, des prés, des vergers, des marais salants. Ses conserves de sardines à l'huile sont, comme la plupart des produits semblables de la région, vendues sous la marque générale de Port-Louis.

Les archéologues font remonter au moyen âge l'érection de l'église paroissiale, placée sous le patronage de sainte Radegonde, et retrouvent dans la chapelle Saint-Gildas, de Gavre, les restes d'un édifice roman.

Cette dernière chapelle est voisine d'une fontaine (dédiée au même patron), voûtée en pierre et assez profonde pour avoir nécessité la construction d'un escalier de près de vingt marches.

A peu de distance, le village de Kerpréhet offre cette singularité d'un dolmen soutenu par deux piliers seulement, comme celui que l'on voit à Saint-Nazaire sur Loire.

Mais nous ne connaîtrions pas toute cette partie du Morbihan si nous ne traversions une fois de plus la rade, pour visiter Plœmeur.

On peut dire de cette belle commune qu'elle est à la fois le potager des Lorientais, car elle leur fournit une quantité d'excellents légumes, et un lieu de repos choisi : les maisons de campagne y sont nombreuses. Plœmeur, du reste, renferme sur son territoire, l'une des circonscriptions rurales les plus vastes de Bretagne, de quoi fournir à toutes les exigences de propriétaires désireux d'unir « l'utile à l'agréable ».

La rivière de Lorient forme la limite Est de la commune, et

---

du perfectionnement des engins de destruction, constatons ce résultat avec une patriotique fierté. Tout ce qui peut affirmer le rang, la force, la vitalité de la France doit trouver un long écho dans les cœurs français.

la côte se découpe, au sud, en roches innombrables, alternant avec des forts ou des batteries. Les monticules, les prairies, les vergers et, malheureusement aussi, quelques landes, occupent le sol, tout en ménageant de beaux points de vue. Les dolmens, les menhirs, les tumuli sollicitent l'attention des savants.

Plœmeur, d'après Chastelain, aurait reçu, vers 456, sainte Ninnoc'h, princesse du pays de Galles, qui, fuyant la persécution, aborda en ce pays, après une longue navigation accomplie dans

Fontaine de l'Armor.

une *auge en pierre*. Ninnoc'h, reconnaissante, bâtit le premier monastère breton destiné aux femmes. En 1789, ce couvent, devenu prieuré, dépendait de l'abbaye de Sainte-Croix de Quimperlé. A propos de l'*esquif* de la princesse, Marteville faisait remarquer la fréquence de ces légendes en Bretagne, non seulement sur le bord de la mer, mais dans l'intérieur des terres. Avec raison, il était porté à croire que ces auges sont des tombeaux, découverts aux lieux mêmes où des personnages vénérés avaient vécu et avaient été inhumés.

L'église romane de Plœmeur a subi beaucoup de réparations modernes. Sa tour est du dix-septième siècle.

Les villages dépendant de la commune sont très nombreux. Le plus intéressant est L'Armor, pourvu d'une belle chapelle dédiée à Notre-Dame. Un porche carré la précède ; sous sa voûte, et disposées des deux côtés, on voit les statues des douze apôtres célèbres, en Bretagne, par le grand *pardon* de la Pentecôte, institué en leur honneur. Le porche est surmonté d'une tour, terminée par une flèche, qui sert d'amer aux navires.

L'intérieur de l'église est riche de deux retables, dont l'un, spécimen de l'art flamand, représentant la Passion, fourmille d'une multitude de petits personnages dans les poses les plus originales.

La population de l'Armor se réunit chaque année à celle de l'île de Groix, sa voisine, pour la belle fête maritime et religieuse du jour de la Saint-Jean, dite : *Bénédiction de la pêche* ou *du Coureau*. On donne ce dernier nom au bras de mer, large d'environ quinze kilomètres, qui sépare l'île du continent.

Le Coureau (ou les Coureaux) est, en général, fort propice à la pêche de la sardine. La cérémonie a pour but d'implorer du Ciel une heureuse campagne, principal moyen d'existence des îlois comme des populations du littoral.

Le tableau reçoit pour cadre grandiose l'Océan lui-même. A l'heure désignée, les marins de Groix placent dans leurs barques le clergé de l'île, en ornements de fête, avec bannières déployées et croix processionnelle.

Sur la terre ferme, les pêcheurs de l'Armor (le village est situé vis-à-vis de Groix) ont également fait embarquer le clergé de Plœmeur, et les deux flottilles, avançant l'une vers l'autre, gagnent bientôt le milieu du Coureau. La plus grande des barques reçoit alors tous les prêtres, pendant que les deux croix paroissiales, inclinées, semblent se confondre en une complète union.

A peine ce signal mystique est-il aperçu des autres embarcations, qu'un chant formidable, composé des voix des assistants, s'élève, dominant au loin les bruits de la mer et du rivage. Chant inculte, presque sauvage et pourtant doué d'une puissance communicative, d'une harmonie merveilleuse, tellement il vibre de chaleur d'âme, de radieuse, d'inébranlable espérance.

Après cette première invocation, le silence s'établit ; quelques gouttes d'eau lustrale sont jetées à l'horizon entier, et une prière fervente bénit la pêche future.

Les deux croix marient encore une fois leurs bras dorés, enfin les flottilles retournent, l'une à Groix, l'autre à l'Armor; pendant que les chants reprennent plus vifs, plus éclatants, plus joyeux.

Et si l'imposante cérémonie se trouve favorisée par une belle journée estivale, quel ravissant souvenir à ajouter à tous ceux dont le littoral breton est prodigue !

Sous le soleil, dans le poudroiement doré versé par ses rayons sur la houle glauque des vagues, les contours de l'île et de la côte, la membrure des barques prennent un relief plus accusé ; les voiles rouges de Groix, les voiles blanches dont elles sont accompagnées, se dessinent, doucement frémissantes, et luttant de vitesse.

Les chants, les appels sonores, roulant de lame en lame, viennent expirer sur les grèves, tout à l'heure désertes, et bientôt animées par le bruit du retour.

Peu à peu, la mer fait de nouveau entendre son rythme éternel. Son haleine puissante envoie à l'espace des senteurs nouvelles et fraîches, en même temps que, sur son sein, brillent des étoiles d'or ou de diamant, sillage béni, avidement épié.

Ce sont les prémices de la moisson du marin : l'arrivée des bancs sardiniers, richesse de ces côtes.

Mais la journée finit ainsi qu'elle a commencé, en fête... Et seuls, pour une fois, les mouettes, les goélands, les mauves, les hirondelles de mer, au cri rauque, prélèvent leur tribut sur les rangs innombrables de la troupe argentée...

CHAPITRE IV

L'ÎLE DE GROIX

Groix n'est pas visitée autant qu'elle le mérite. La réputation faite aux courants qui la séparent de la grande terre en est la cause. Il fallait, jadis, braver le risque de rester sur ce rocher beaucoup plus que le temps dont on voulait d'abord disposer.

Actuellement, un service de bateaux à vapeur fort bien organisé annihile à peu près cette mauvaise chance.

L'îlot a porté et porte encore différents noms. De vieilles chroniques l'appellent : *Enez-er-Groac'h* (*île des Sorcières*), d'où est venu, par altération, le mot *Grouays*, traduit généralement en *Groys* ou *Groix*.

Beaucoup d'anciens traités de géographie disent : île de *Croix*; enfin, ses habitants, de même que les populations du littoral morbihannais, l'appellent volontiers île *Saint-Tudy*, du nom du bourg principal, placé sous le vocable du saint auquel elle doit son évangélisation.

Désignée maintenant sous le nom d'île de Groix, réminiscence française du celtique, elle justifie ce souvenir persistant par les nombreux monuments druidiques conservés sur son sol. Car il ne faut pas oublier que le moyen âge confondit dans le même effroi les traditions se rapportant aux druidesses avec les folles histoires où de prétendues sorcières jouaient un rôle aussi redoutable que fantastique.

Toutefois, même en dehors de ces souvenirs, Groix offre l'attrait d'une excursion des plus pittoresques.

Située à seize kilomètres du Blavet, elle s'élève à pic sur les flots qui sans cesse heurtent sa ceinture d'écueils.

Une jetée, dont la construction avait été pénible, permettait

MENHIR DANS L'ILE DE GROIX

aux barques d'aborder à moins d'un kilomètre du bourg de Saint-Tudy.

Jamais nous n'oublierons l'impression ressentie lors de notre arrivée dans l'île.

Nous avions quitté Port-Louis au début d'une véritable tempête. La mer, subissant l'influence de l'électricité dont l'air était surchargé, semblait rouler des vagues d'or et égrener des milliers de cascatelles d'émeraudes ou d'autres pierres précieuses.

Quand, après une traversée accidentée (quadruple en longueur d'une traversée ordinaire), nous prîmes pied sur la première dalle de la jetée, la marée était basse et la petite plage, qu'il nous fallut longer, resplendissait des lueurs phosphorescentes projetées par les anémones, par les étoiles de mer, par les méduses, et par une multitude d'autres animaux marins couvrant le sable encore humide.

C'était comme le parvis d'un château féerique, et les roches noires formant l'îlot se dessinaient semblables à des murailles gigantesques.

Le jour ne brisa pas complètement ces illusions de la nuit. Groix offrait assez de sujets d'étude.

Les falaises schisteuses, toujours assaillies, ont abandonné de grands lambeaux de leur ossature. Impuissantes, elles se sont effondrées par places et leurs flancs fouillés, creusés, laissent voir des grottes nombreuses, presque toutes fort intéressantes.

La *caverne aux Moutons* donne l'illusion d'un troupeau conduit par son chien de garde. Un enfoncement voisin montre, à s'y méprendre presque, avec ses galets de couleurs variées, l'étal très bien assorti d'un charcutier.

Le *trou du Tonnerre* rendra les éclats répétés de la foudre, si une pierre, en y tombant, vient heurter ses parois dentelées.

La *grotte à Mme Barisy*[1] s'ouvre au niveau de la ligne des flots, et la marée y pénètre ; mais, vaste, élevée de voûte, son sol, montueux, laisse un espace assez grand pour que l'on puisse, sans danger, la choisir comme refuge.

---

1. Ou encore de *Mme La Cherchée*, nom donné, dit-on, parce que des proscrits y auraient trouvé asile.

De toutes ces cavernes, le *trou de l'Enfer* est peut-être le plus étrange.

Une formidable déchirure de la côte, fendue verticalement de haut en bas, a reçu ce nom, en harmonie avec les tons rougeâtres et gris cendré des roches démantelées. A marée haute, la vague s'y engouffre avec des hurlements et des ressauts furieux. A marée basse, on peut y descendre, non sans de grandes précautions, car le sentier conquis laisse à peine la place nécessaire où poser le pied, et si, à droite du visiteur, la muraille rocheuse ne permet de trouver aucun appui, à gauche, l'abîme, tout hérissé de pointes aiguës, se creuse béant.

La descente et l'escalade du retour se peuvent néanmoins effectuer en un espace de temps relativement court, pourvu que l'on ne soit pas sujet au vertige.

Environ à mi-chemin de la descente, une petite source luit sur l'herbe épaisse et courte que son onde entretient. Parfois, une énorme couleuvre se dressera, effrayée, au milieu de ce tapis diapré d'œillets marins, puis, déroulant ses magnifiques volutes de saphir et de topaze, disparaîtra dans les interstices des rochers.

N'est-ce pas le génie du gouffre fuyant, indigné, devant la violation de son terrible domaine ?

Avant d'arriver au fond du *trou de l'Enfer,* un bloc de pierre barre la route. Il faut prendre son élan et se résigner à tomber sur des amoncellements de goémon rejeté par la mer. Devant soi, les flots s'étendent ; de chaque côté, les parois noirâtres montent presque à pic vers la lumière. Sur la droite, une ouverture surbaissée annonce l'entrée d'une grotte spacieuse ; on affirme qu'elle s'étend fort loin sous le roc, mais il faut prendre garde, un petit lac intérieur dort dans ces ténèbres et, de plus, la mer revient vite. L'exploration complète devient ainsi à peu près impossible.

Autrefois (s'y trouve-t-elle encore ?) une grosse poutre en bois d'acajou, débris de quelque naufrage, barrait à demi l'entrée de la grotte. Pour siège, si l'on désirait se reposer un peu, un massif fragment de granit surgissait du milieu des amas de goémons. Qui avait gravé l'inscription dont il était orné ? Nul ne le sait dans le pays. Mais le mot inscrit : Lydy, n'a rien de mystérieux et les caractères, relativement modernes, sont fortement creusés. Sans doute, le graveur y a mis un long temps, à moins que cette pierre n'ait été, elle aussi, apportée par la mer.

Après ces merveilles naturelles, l'île compte plusieurs monuments druidiques : un très beau menhir, deux ou trois dolmens, un *témène,* c'est-à-dire une enceinte retranchée, improprement appelée *Camp des Romains.* Les vainqueurs de la Gaule durent très probablement visiter Groix ; mais il fallait à leurs légionnaires d'autres abris, lorsque la création d'un camp avait été décidée.

Les druidesses eurent-elles à Groix quelques représentantes ? L'affirmation est tout au moins vraisemblable. On sait avec quel soin les prêtres de Teutatès environnaient leur culte des choses les plus propres à impressionner le peuple. L'île, par sa situation, par l'extrême difficulté de ses abords, était un lieu très favorable à la demeure de ces prêtresses, placées si haut dans l'estime des Gaulois comme des Armoricains.

Groix, aujourd'hui, oublie facilement ces souvenirs. Sa population de quatre mille habitants lutte vaillamment contre les difficultés qui l'entourent. La terre, patiemment cultivée, fait honneur aux femmes composant pour la majeure partie le bataillon des ouvriers agricoles.

Les principales productions sont du froment très beau, appelé dans l'île « blé d'Espagne » parce qu'un bâtiment espagnol, naufragé à la Pointe du Chat, en aurait fourni les premières semences.

Un légume, la lentille, réussit admirablement, de même que la pomme de terre : la terre mêlée de sable marin leur composant un excellent lit.

Les produits de la mer doivent, cela se comprend, entrer pour une large part dans le commerce de l'île. La sardine figure au premier rang et des usines de conserves sont depuis longtemps établies.

Les jeunes hommes, les inscrits maritimes labourent, eux aussi, mais le champ plein de dangers de l'Océan.

C'est miracle que les flots puissent continuer à recéler tant de poissons.

Un cabotage actif entretient l'aisance dans la population de

Groix, et il n'y a guère de meilleurs marins que les « Groisillons » où « Grésillons ».

Gisant en travers des passes de la rade de Lorient, l'île est fortifiée et souvent la guerre a troublé sa tranquillité. Deux fois, au dix-septième siècle (1663 et 1696), elle souffrit cruellement des incursions ennemies. En 1703, le même sort la menaçait, quand elle fut sauvée par son *recteur* (curé), homme d'autant d'imagination que de cœur.

Suivant l'usage, les femmes étaient à peu près seules dans l'île, lorsque la flotte anglaise, commandée par l'amiral Roock, se présenta, disposée à débarquer une véritable armée.

Le recteur ne se laissa pas troubler par la terrible éventualité et, faisant appel au courage de ses ouailles éperdues, il leur promit le salut, sous condition d'une prompte et complète obéissance. A ses paroles, vibrantes d'espoir, les femmes se mirent à l'œuvre, de même que les quelques hommes restés à terre. Tous les bestiaux furent amenés, avec le petit nombre de chevaux que l'on possédait, sur la partie la plus élevée de l'île et reçurent chacun un cavalier ou une cavalière. Jeunes filles et femmes avaient couvert leur visage de longs filaments noirâtres de goémon desséché et placé sur leurs épaules des bâtons destinés à simuler des mousquets. Des bonnets rouges de pêcheurs remplacèrent leur coiffure habituelle, en même temps que le corset écarlate de leur costume national simulait l'uniforme des gardes-côtes.

De loin, l'illusion fut complète, l'amiral Roock, qui déjà avait fait mettre des chaloupes à la mer, n'osa plus s'en séparer. Il prenait l'étrange corps d'armée pour un bataillon de dragons des troupes régulières.

Groix put respirer et féliciter son ingénieux recteur, qui la sauvait du sort de Belle-Isle.

La position de Groix n'est pas comparable, pour les dangers qui l'environnent, à celle d'Ouessant ou de Sein ; ni, pour l'isolement, à celle de Houat et de Hœdic ; mais la plus grande partie de ses côtes (six kilomètres de long sur quatre kilomètres dans l'extrême largeur) n'en est pas moins fort abrupte, et il suffit d'avoir, par un jour de *belle brise,* entendu le flot rugir à la *Pointe du Chat* ou au milieu des récifs de la *mer Sauvage,* pour se faire une idée juste des périls de la navigation dans ces parages.

Aussi, deux phares ont-ils été établis : l'un de premier ordre, à système dioptrique [1], sur la pointe nord-ouest ; l'autre, de quatrième ordre, à système catoptrique, sur la pointe est. Ce dernier, blanc, fixe, projette, de trois en trois minutes, un éclat rouge sur les vagues et les écueils.

Ce n'est plus le fanal des druidesses indiquant la route à qui désirait les consulter. Les druidesses ont vécu et, avec elles, les superstitions, les terreurs entretenues autour de leur demeure.

L'homme a appris à lutter corps à corps avec le danger. Là même où une frêle jetée en galets paraissait à peine pouvoir protéger quelques barques, un débarcadère commode et un port ont été construits ; les produits du sol et de la mer s'y échangent activement.

Le bateau-poste des jours anciens n'est plus qu'un mythe. La vapeur sillonne *les Coureaux*... Il n'y a d'immuable, ici, que les barques de pêche, attentives à mettre à profit le moindre souffle favorable. Qu'importe si la tempête en détruit, hélas ! trop souvent, broyant avec elles, sur les roches, leurs malheureux équipages !

Demain, la mer se montrera moins mauvaise et ses vagues, pour un moment apaisées, reverront les barques des fils, des frères, des amis de ceux qui viennent de disparaître.

Et l'écume irisée du flot continuera à se jouer autour des récifs ruisselants. Et le sourd murmure de l'onde se répandra, promesse trompeuse, dans l'espace, qui lui donnera le charme musical irrésistible aux oreilles habituées à l'entendre depuis les premiers jours de la jeunesse.

De nouveaux renseignements, puisés à l'Annuaire de la *Société centrale de Sauvetage des Naufragés*, ne permettent pas de clore ce chapitre sans y inscrire le nom d'un intrépide marin, d'un dévoué sauveteur.

En 1867, année de la création de la station de l'île de Groix, le choix d'un patron tomba sur le syndic des gens de mer nommé

---

[1]. Voir notre premier volume : *De Dunkerque au mont Saint-Michel*, chapitre XVII.

Camenen, bien connu pour son courage à toute épreuve. Nul choix ne pouvait être plus heureux, et les services de l'héroïque patron ont été si constants que la *Société centrale de Sauvetage* a sollicité pour lui la croix de la Légion d'honneur. Le glorieux insigne venait rehausser deux médailles d'or, une médaille d'argent et une médaille de bronze depuis longtemps obtenues pour d'autres faits de sauvetage.

« Dans l'espace de quinze ans, conclut le rapport de la Société, Camenen a concouru au sauvetage de plus de vingt-cinq personnes et de dix navires, et a secouru neuf navires. »

Toute expression d'admiration reste bien faible devant ces faits sublimes, mais, du moins, est-ce un honneur, autant qu'un devoir, de se trouver appelé à les signaler à la reconnaissance publique.

Baleinière.

CHAPITRE V

LA RIVIÈRE D'ÉTEL. — NOSTANG. — PLOUHINEC. — BELZ
LE PONT DE SAINT-KADO. — ÉTEL

Au delà de Port-Louis, la côte change de caractère. En général, des sables, des dunes, des marais parsemés d'îlots granitiques remplacent les roches dentelées. Ce que l'on appellera des *rivières* sont plutôt des bras de mer remontant profondément au milieu des terres et recevant le trop-plein d'étangs, de petits lacs, de marécages communiquant entre eux pendant l'hiver.

Les fièvres n'étaient pas rares autrefois sur cette partie du littoral, mais les progrès de l'agriculture ont avantageusement amélioré la contrée. Des champs, des prés superbes, des vergers fertiles, des châtaigneraies productives occupent tout l'espace où ils peuvent prospérer.

De plus, la mer et les industries auxquelles son voisinage donne la vie achèvent de répandre l'aisance parmi une population laborieuse, qui mériterait d'être mieux connue, mieux appréciée.

Suivons rapidement les bords de la RIVIÈRE D'ETEL ou d'INTEL, formée et constamment alimentée par les plaines spongieuses de *Locohal*, ainsi que par le gros ruisseau de *Landevan*.

Les berges, toutes déchiquetées, s'avancent, s'allongent ou se creusent en pointes, en havres, en grèves, et les îlots multipliés attestent l'action érosive des eaux.

Le point culminant de cet estuaire se trouve à NOSTANG (jadis *Naustang*), territoire bien cultivé, accidenté, parsemé de vallons, de collines, dont la plus élevée, appelée *butte Saint-Symphorien,* commande un superbe horizon.

Toutes les époques de transformation ont laissé leur trace à

Nostang. Quatre *barrows*, en figure de croix, terminés par un *dolmen*, sont voisins de plusieurs *cromlec'hs* arrondis. Une voie romaine et des substructions considérables préparent à la vue du *Castel-Mané-er-Houed*, sorte de camp ou retranchement fort étendu, avec des parapets d'au moins cinq mètres de hauteur. La chapelle de Locmaria a appartenu aux Templiers et elle conserve deux vieilles statues en bois assez curieuses. Peu éloignée, la chapelle de Legevin, ou plutôt de Loch-Queven, célèbre par son pèlerinage, est surmontée d'une belle tour carrée, terminée par une flèche. Une vieille maison à façade sculptée attire encore les regards. Enfin, témoignage irrécusable d'activité, quatre foires entretiennent à Nostang un important trafic agricole.

En suivant la rive droite de l'Étel, on trouve Merlevenez, produisant beaucoup de foin et de châtaignes. Sainte-Hélène, commune qui a englobé plusieurs hameaux dépendant autrefois de Plouhinec, s'enorgueillit d'une charmante église moderne et s'entoure de prés, de vergers bien cultivés. Puis voici Plouhinec, où commencent, de fait, les extraordinaires *allées* druidiques dont les rangées se retrouveront, de plus en plus importantes, à mesure que l'on suivra cette côte encore si merveilleusement marquée de l'empreinte d'un passé mystérieux.

Les *pierres levées* de Plouhinec n'excèdent pas une hauteur de un mètre quarante centimètres ; deux menhirs, hauts, ceux-ci, de près de cinq mètres, semblent terminer les lignes.

Émile Souvestre a recueilli sur ces alignements une originale légende du *pays du blé blanc*, c'est-à-dire du pays de Vannes.

C'est aux *Korigans* qu'il faut attribuer la *plantation* de ces monolithes, couvrant des puits pleins, jusqu'aux bords, de richesses fabuleuses : diamants, perles, or, argent. Tous les *cent ans*, les pierres vont *boire* à la rivière d'Étel, abandonnant aux regards des mortels les trésors qu'elles sont chargées de cacher. Pendant ce moment, on peut courir la chance de prendre place parmi les plus opulents du monde ; mais il faut se hâter, les pierres reviennent si vite ! Le seul moyen certain d'éviter la mort, c'est de se munir d'une brindille de l'*herbe de la croix*[1] et de tiges de trèfle *à cinq feuilles*. Les enchantements des sor-

---

[1] *Louzounn-ar-Croaz*, la verveine sauvage.

ciers ne peuvent prévaloir contre la vertu de ces plantes, et les trésors des Korigans servent ainsi à faire des heureux !

La verve du conteur populaire s'est répandue en détails naïfs d'un grand charme, mais quel sera « le cœur assez hardi » pour tenter l'aventure ?

Dolmens et cromlec'hs sont épars un peu de tous côtés ; les plus étranges de ces diverses pierres sont *coudées* d'une manière bizarre. Posées sur le sol, on les prendrait pour la plante d'un pied de géant.

Quelques traces de fortifications romaines gisent près des monuments druidiques.

De Plouhinec pour aller à Belz, de l'autre côté de la rivière, un pont suspendu a rendu les communications plus faciles qu'elles ne l'étaient jadis par le *vieux* ou le *nouveau passage*.

De même que Locohal-Mendon, la commune voisine, Belz, coupée par nombre de petits ruisseaux, est fertile en grains, en fourrages et a beaucoup gagné sous le rapport de la salubrité.

Les poètes, toujours à la recherche de sujets inspirateurs, feront bien de visiter le village de *Saint-Kado*, relié à l'îlot du même nom (jadis appelé Caduod) par un pont en granit, formé de deux arches ayant une longueur totale de cent mètres sur quatre de largeur.

Et si l'on s'étonne, à la fois, de la solidité comme de la grossièreté de cette construction, quelque *marvailherr*[1], s'il en reste encore parmi les *Gwénédis*[2], répondra, en souriant et d'après ce que les *vieux* ont raconté :

« Le pont est si solide parce qu'il est l'œuvre du diable et de sa femme;

---

1. Émile Souvestre décrit ainsi les deux classes de conteurs populaires bretons, jadis assez nombreux :

« ... Les *Discrevellerrs*, les conteurs sérieux, commencent toujours par le signe de la croix, mettent une sorte de solennité dans leur débit et ne mêlent que très rarement au récit leurs idées personnelles. Les *Marvailherrs*, ou conteurs gais, tout en répétant aussi un thème appris, y introduisent assez souvent leurs propres inspirations. »

« Rien de plus rare, au pays de Vannes, qu'un *discrevellerr* ; ce conteur appartient essentiellement au Léonnais, à une partie de la Cornouailles et du pays de Tréguier. Partout ailleurs, les *marvailherrs* dominent et, parmi ceux-ci, les *marvailherrs gwénédis* sont incontestablement les plus railleurs.

2. Littéralement : « habitants du pays blanc », c'est-à-dire du pays de Vannes, appelé, en breton, « pays du blé blanc » (ou froment), par opposition à la Cornouailles, « pays du blé noir » (ou sarrasin).

mais, comme ces deux mauvais esprits se hâtaient trop, ils n'ont pu enjoliver leur travail. »

Les archéologues, avec raison, font remarquer le grand nombre de légendes semblables, quant au fond, auxquelles la construction des ponts, en particulier, a fourni un thème facile. Cela n'a rien que de très humain.

Dans les temps reculés, alors qu'il fallait lutter avec les moyens les plus primitifs contre d'immenses difficultés, les ingénieurs de ces constructions utiles durent passer pour posséder des talents extranaturels. Or, de cette idée, suggérée par l'ignorance, à la pensée de l'intervention de Satan, il n'y avait qu'un pas, toujours facilement franchi.

En Bretagne seulement, plusieurs autres ponts, et en particulier celui de CRAC'H, sont réputés avoir la même origine que le pont de Saint-Kado. La tradition populaire n'en garde pas moins une saveur spirituelle assez caractéristique.

Au reste, le pont attribué à l'intervention du saint ermite est plutôt une digue grossièrement, mais solidement établie, en blocs irréguliers, sans que l'on ait pris la peine de la munir de parapets. La route ainsi obtenue, très inégale, très raboteuse, conduit dans la petite île toute fraîche, toute verdoyante, tout accidentée. Un calvaire en granit, flanqué de quatre obélisques et élevé de plusieurs marches, permet d'embrasser un vaste, un charmant coup d'œil sur la rivière, ici fort large, et sur le pays environnant. A quelques pas, une très humble chapelle couvre l'emplacement de la cellule de saint Kado. Le hameau situé sur la rive gauche du cours d'eau porte également le nom de l'ermite ; il est assez étendu, bâti sur le granit, dont plusieurs énormes masses viennent former la berge et une sorte d'escalier conduisant au pont.

Une quarantaine de bateaux fréquentent, pendant l'été, cette petite anse. L'hiver, plusieurs équipages s'associent afin de diminuer les frais d'entretien des barques de pêche.

Il ne faut pas, d'ailleurs, parler à ces braves gens « en français » des légendes du pays. Tout de suite, la crainte de railleries intempestives les envahit et ils se dérobent à une explication, quoique sur tout autre sujet leur complaisance et leur politesse soient inépuisables. Ce n'est pas le moindre des ennuis dont l'ignorance ou la sotte vanité de certains touristes aient jalonné la route de l'observateur.

Le granit de Belz est d'une bonne qualité; il a servi, il sert toujours à d'importants travaux. Le beau phare de Bangor, à Belle-Ile, et le port de Lorient lui doivent presque toutes leurs pierres, par conséquent, leur extrême solidité.

Au sud de Belz, le petit port d'Étel, qui jadis dépendait d'Erdeven, est lui-même devenu commune. Sa rivière, ou plutôt, ainsi

Belz.

qu'on l'a vu, le bras de mer qui a formé son havre, est la cause de sa prospérité.

Cependant, beaucoup de difficultés gênaient son développement. La principale est due au rocher, recouvert d'un banc de sable, qui ferme l'entrée du chenal, rocher et banc connus sous le nom de *barre d'Intel* ou d'*Étel*[1].

Aux brumeuses journées d'hiver et quand le vent souffle avec violence, on entend constamment hurler le ressac sur la *barre*. Les navires et embarcations doivent, par suite, être d'un faible tonnage, bien que le port, profond et d'une excellente tenue, puisse recevoir des bâtiments plus importants.

Heureusement, cet obstacle de la barre n'est pas au-dessus des ressources de la science. Étel ne peut manquer d'en être délivré; il lui faudra ensuite construire un second bassin, mieux

---

[1]. Indifféremment, les Bretons disent Intel, Entel, Étel.

abrité et plus vaste que le bassin actuel. Moyennant ces améliorations, le port gagnera en prospérité.

La grande *moisson* de cette côte, la sardine, et surtout ses préparations ou conserves à l'huile, a fait la fortune d'Étel, puis s'y est adjointe l'exportation de pierres, de grains, de fourrages, de légumes, principalement des oignons, poussant abondants et fort goûtés aux environs. La construction de petits navires occupe encore les habitants, aussi l'aisance est-elle venue avec le travail.

Plus étendue, mieux bâtie que beaucoup d'autres localités qualifiées du nom de « ville », Étel présente un aspect souriant et très animé, dès que les bancs de sardines sont signalés. Plus de deux cents bateaux, appartenant au bourg même, prennent part à cette pêche, mais nombre d'embarcations de hameaux voisins viennent apporter le produit de leur labeur aux usines.

Par malheur, la sardine s'éloigne des côtes bretonnes, suivant, affirment les hydrographes, le nouveau lit que se choisit le courant chaud du Gulf-Stream, ce merveilleux courant dont Maury [1], qui le premier en a signalé l'importance, a écrit :

« Il est un fleuve dans la mer. Dans les plus grandes sécheresses, jamais il ne tarit; dans les plus grandes crues, jamais il ne déborde. Ses eaux, tièdes et bleues, coulent à flots pressés sur un lit et entre des rives d'eau froide : c'est le *Gulf-Stream !* Nulle part, dans le monde, il n'existe un courant aussi majestueux. Il est plus rapide que l'Amazone, plus impétueux que le Mississipi, et la masse de ces deux fleuves ne représente pas la millième partie du volume d'eau qu'il déplace. »

On sait que le *Gulf-Stream*, après avoir pris naissance dans le golfe du Mexique, contourne les côtes des États-Unis jusqu'à Terre-Neuve, d'où il s'infléchit, vers l'est, pour traverser l'Atlantique du sud-ouest au nord-est; qu'il baigne l'Islande, sans lui inhabitable, le littoral est de l'Angleterre et de l'Écosse, les côtes de la Norvège, les plages nord de la Russie et de l'Asie.

La belle teinte d'azur de ses eaux fait contraste, sur une largeur de soixante à six cents kilomètres, avec la nuance glauque des flots de l'Océan, et sa profondeur n'est guère moindre de quatre cents mètres. Sa température d'origine est d'environ 32

---

1. Commandant de la marine américaine. Entre autres travaux, il a donné une savante théorie de courants marins et des vents.

degrés, elle conserve encore, au travers de nos côtes, une force de 16 à 18 degrés. Une branche de ce fleuve réchauffe les eaux du golfe de Gascogne, entraînant partout avec elle, comme le le courant principal, des myriades d'animalcules, pâture avidement recherchée par les poissons migrateurs, tels : les maquereaux, les sardines, les harengs.

Il est facile de comprendre que, ce réservoir alimentaire naturel changeant de direction, les poissons affamés se trouvent obligés de suivre une route nouvelle, par suite à délaisser les côtes où primitivement ils se montraient en abondance.

Cette théorie du déplacement du Gulf-Stream peut être vraie de tout point, mais nous croyons ne pas nous éloigner non plus de la vérité en répétant ce que déjà nous avons dit au sujet de Douarnenez [1].

Une chose admirable, c'est la fécondité de ces poissons sur le passage desquels se trouve basée l'existence des populations du littoral. Rien ne peut donner une idée, si l'on n'y a assisté, de l'acharnement déployé pour la capture des bancs sardiniers.

Ne faut-il pas que ces populations vivent? Oui, certes, mais un peu de discrétion dans la pêche serait-il impossible? Car enfin, on ne devrait pas oublier que la sardine, comme le hareng, comme le maquereau, sans compter bien d'autres espèces, sont visibles seulement en temps de *frai*. Si donc les filets, perfectionnés ou non, enlèvent tout, producteurs avec progéniture, rien de surprenant à ce qu'une disette totale puisse avoir lieu à une époque sensiblement prochaine.

Déjà au dix-huitième siècle les abus commis avaient provoqué une ordonnance (datée du 16 août 1727) où, entre autres articles, on annonce l'établissement d'une police particulière destinée à réglementer les engins de pêche et les lieux de vente. Mais, comme mille ordonnances de même genre, celle-ci tomba dans l'oubli, et la consommation de la sardine prenant chaque jour plus d'extension, les plaintes se sont renouvelées très vives.

Quel remède? L'expérience, seule, pourrait déterminer soit une forme d'engins moins meurtriers, soit une sorte de trêve,

---

1. Voir le chapitre de ce nom dans notre second volume : *Du mont Saint-Michel à Lorient*.

au commencement ou à la fin de l'apparition des bancs, par exemple ; ainsi, le poisson traqué ne périrait pas avant d'avoir assuré la perpétuité de sa race.

L'entrée d'Étel est signalée par un feu fixe rouge, de quatrième ordre, donnant aux marins le moyen de reconnaître la situation exacte de ce petit port placé entre *la pointe de Grave,* à l'ouest, et la longue *presqu'île de Quiberon,* à l'est.

La côte se modifie de plus en plus, ses aspects divers ne sont pourtant qu'un des moindres attraits du voyage, car les monuments, souvenirs du peuple gaulois, du peuple celte, ou d'ancêtres beaucoup plus éloignés de nous, prenant une extrême importance, absorbent entièrement la pensée et la retiennent captive devant le problème encore insondé.

Canot major.

CHAPITRE VI

ERDEVEN. — QUIBERON

Les dunes de sable cherchent à envahir le rivage ; partout elles disputent l'espace aux crêtes de granit surgissant des entrailles mêmes du sol. Une falaise assez étendue borne au sud (vers la mer) la commune d'Erdeven. Ce soulèvement a peut-être contribué à la formation des étangs occupant entre lui et les champs cultivés une large bande de terrain. Les chasseurs, ainsi que les pêcheurs à la ligne, connaissent bien ces étangs poissonneux, refuges aimés du gibier d'eau, sédentaire ou de passage, comme les vastes landes voisines, parsemées de mares peu profondes, entendent le cri de diverses espèces voyageuses et donnent asile à tout un peuple de perdrix, de lapins, de lièvres au fumet exquis.

Mais Erdeven possède encore un attrait supérieur. Les énormes roches druidiques : les *Sorciers* (disent tout bas les paysans des villages voisins, dispersés au milieu de cette étrange armée de pierres) sont la suite ou la tête, selon que l'on arrive de l'est ou de l'ouest, des colossaux alignements de Carnac. De plus, ils se prolongent dans la péninsule de Quiberon, ne redoutant rien, sinon la main ignorante de l'homme, qui les détruit trop souvent pour le simple plaisir de détruire.

Par bonheur, la commission des monuments historiques [1] prend maintenant sous sa protection ces témoins du respect et du culte de nos ancêtres pour leurs morts...

On ne peut plus, en effet, douter que la majeure partie de ces pierres, sinon toutes, recouvrent des sépultures, et bientôt à Carnac nous trouverons dans les noms mêmes la confirmation

---

[1]. Les alignements de *Kerzérho*, en Erdeven, sont classés.

d'un fait que les fouilles ont achevé de mettre en lumière. A Erdeven, d'ailleurs, nous pouvons, une fois de plus, nous assurer qu'il est bon de poursuivre le sens de l'orthographe primitive d'un nom, à travers les altérations inévitables, œuvre du temps et de traditions orales mal interprétées.

Une véritable crainte a toujours entouré les pierres druidiques de légendes où les sorciers, les devins, les korigans, les kornikaneds jouent un rôle actif et plus généralement méchant.

De là, pour les étymologistes à l'imagination vive, un terrain facilement préparé. Dans nombre d'ouvrages, on trouvera le nom d'Erdeven ainsi expliqué : *Ar Deven*, « les Devins », et dérivé du gallois *Dewin*. Dom Le Pelletier réduit à néant cette explication romantique, issue vraisemblablement des superstitions populaires. *Deven* ou *Teven* est simplement : *un lieu bien exposé au soleil et à couvert du vent ; un abri sur ou sous les côtes de mer, tournées vers le soleil*[1].

Erdeven, grâce à son orientation et à la falaise qui l'isole des coups soudains du vent de mer, réalise admirablement cette description ; par suite, un esprit pratique lui imposa le nom si bien approprié à sa situation.

Cela, du reste, n'empêche pas les légendes d'amuser pour un instant et de prêter leur exubérante poésie aux lignes plus graves ou plus vulgaires de la réalité.

Combien il serait intéressant de retrouver, *absolument intact*, un groupe entier de monuments druidiques. Erdeven, sous ce rapport, n'est pas plus favorisé que les localités voisines. Il y a un siècle, les *sorciers* étaient encore au nombre de deux cents environ ; on ne les retrouve pas tous, et leur disparition complète ne ferait que suivre celle de beaucoup d'entre eux.

Moins majestueux dans leur ensemble que les menhirs de Carnac, ils ont des formes diverses et plus d'un offre comme des rudiments de sculpture. De tout petits blocs gisent voisins de masses énormes et trapues.

---

[1]. Dom Le Pelletier, page 876 de son *Dictionnaire*, article : *Landevenec*. L'étymologie du nom de ce monastère célèbre est exactement la même que celle du bourg dont nous nous occupons, et sa situation identique, c'est-à-dire fort bien abritée, car elle reçoit du midi, sans obstacle, les rayons du soleil. Voir notre second volume, chapitre : LANDEVENEC.

Cependant, comme tout à l'heure, nous allons entrer dans les vastes « champs de pierre » de Carnac, bornons-nous à demander au bourg où nous nous sommes arrêtés, s'il n'a pas conservé quelque usage qui lui soit spécial.

Brizeux répondra.

Type breton, pris à Quiberon.

Le grand poète breton place la scène loin d'Erdeven, à Scaër ; mais nous croyons que si à Scaër cet usage était fréquent, il ne *fut jamais de rigueur comme à Erdeven, où tout cercueil devait être placé sur une charrette traînée par des bœufs et où, si le défunt était pauvre, les voisins se trouvaient tenus de prêter la charrette et les bœufs nécessaires.*

Le chant XVI° des *Bretons* contient les vers suivants :

> « Le cortège avançait ; mais un brouillard si lourd
> Tombait sur les maisons et le chemin du bourg,
> Qu'on aurait dit le mort bien loin, sans la clochette
> Et sans le pas des bœufs qui traînaient la charrette.
> Ce fut un long trajet...
> . . . .
> « Hoël eut les honneurs qu'aux riches on délivre :
> Il eut la croix d'argent avec la croix de cuivre ;
> Un notable du bourg prit la corne des bœufs,
> Afin de les guider dans les chemins bourbeux ;
> Puis, hommes en manteaux, femmes en coiffes jaunes,
> Suivirent à travers les bouleaux et les aunes.
> Mais voici que la veuve, au départ du convoi,
> Se trouble, et, vers le corps, jetant un cri d'effroi :
> « Quel sentier prenez-vous ? Tout droit, tout droit, dit-elle,
> « Suivez la grande route, et suivez la plus belle !
> « De le conduire en terre, êtes-vous si pressé ?
> « Je veux que son deuil passe où sa noce a passé ! »
> Sans répondre, on suivit la route la plus large,
> Et les bœufs du fermier emportèrent leur charge
> Par ce même chemin qu'Hoël, fort et vivant,
> Pour aller à la messe avait fait si souvent. »
> . . . .

Chaque situation, chaque coutume se retrouve ainsi, vraie et touchante, dans ces *Bretons*, l'œuvre douce autant que forte, « le miel de poésie », selon la parole même de Brizeux, dont il voulut entourer la Bretagne de sa jeunesse, afin d'apprendre aux hommes de l'avenir ce que leurs pères avaient aimé, comment ils avaient voulu vivre, comment ils voulaient mourir...

Suivons, vers l'est, le contour du rivage. Le mince cordon de sable qui relie la péninsule granitique de Quiberon au continent est-il d'origine relativement récente, ou bien est-il le dernier vestige de terres disparues, affaissées sous les eaux ?

Les deux opinions peuvent se soutenir, car les sondages ont prouvé l'action de la mer sur cette partie du littoral, et, comme l'a écrit M. Jules Girard : « Quiberon pourrait être considéré comme un des sommets d'une chaîne de montagnes sous-marines se reliant avec le plateau d'Houat et de l'île d'Hœdic. » (*Les Côtes de France.*)

La péninsule appelée QUIBERON tire son nom du bourg principal qu'elle renferme. Un vieux titre, cité par Dom Morice, donne au bourg le nom de *Keberoën*. Ce titre date de 1027 et confirme la donation qu'un homme, appelé GURKI, propriétaire de l'île de Guadel[1], faisait de son héritage à l'abbaye de Saint-Sauveur de Redon.

M. Henri du Cleuziou, l'érudit et compétent auteur de l'*OEuvre de Delacroix*, de la *Poterie gauloise*, de l'*Art national*[2], dit que l'ancienne orthographe fut *Kiberon*, mais le *K* disparut dans la forme moderne : Quiberon, comme dans celle de Quimper et de Quimperlé, remplaçant les mots celtiques : *Kemper, Kemperlé*.

Groupe de Kermario.

Lorsque le vent soufflait avec violence, que la mer, tourmentée, brisait ses hautes lames sur la côte, on ressentait une certaine émotion à traverser l'isthme sablonneux, si étroit et en quelque sorte mouvant, lien unique rattachant Quiberon au continent. Parfois même il fallait attendre l'heure du reflux. Actuellement, une voie ferrée est établie sur ce sol précaire. Les précautions essentielles n'ont pas été oubliées, cela va sans dire, mais peut-être est-il heureux, pour la stabilité de la ligne nouvelle, que la mer ne soit pas, habituellement, aussi violente qu'elle se montre vers Ouessant et Penmarc'h, par exemple.

Comprise entre la pointe de la presqu'île et celle de Saint-Gildas-de-Rhuys, la baie de Quiberon reçoit la petite rivière de la Trinité et les eaux du Morbihan, grossies par les rivières d'Auray et de Vannes.

Largement ouverte du côté du sud, elle permet néanmoins

---

[1]. Ceci veut-il signifier que Gurki était propriétaire de Belle-Isle-en-Mer, appelée *Guedel* ou parfois *Guadel*? Rien ne peut, croyons-nous, trancher la question avec certitude.

[2]. Deux volumes, seulement, de ce dernier et précieux ouvrage ont paru, mais il ne peut manquer d'être continué.

partout un bon, un sûr mouillage, mais elle est dépourvue de ports profonds, accessibles aux navires de grandes dimensions.

En revanche, il serait utile de voir beaucoup plus nombreux les navires marchands, de petite et de moyenne grandeur, sillonner sa surface bleuâtre. Tout le pays y gagnerait : le commerce et l'industrie, autant que l'agriculture, pouvant y être stimulés avec avantage.

PORTALIGUEN, ou PORT-HALIGUEN, est le seul havre de la péninsule méritant, selon l'opinion des marins, le nom de port. Situé sur la côte orientale, il est plus sûr et d'un plus facile accès que PORT-MARIA, placé à l'extrémité sud, au milieu de brisants dangereux.

Néanmoins, des travaux relativement considérables ont été faits à Port-Maria. Des quais, un môle, des embarcadères pour faciliter le service, très bien organisé, de bateaux à vapeur, mettant deux fois par jour, et vice versa, Belle-Ile en communication avec le continent; mais souvent l'état de la mer force ces bateaux à aller jeter l'ancre à Port-Haliguen. N'est-ce pas la meilleure preuve de la supériorité de ce dernier refuge?

Le cabotage et la pêche sont, du reste, à peu près l'occupation unique des hommes de Port-Haliguen, comme de ceux de Port-Maria et du canton formé par la presqu'île, canton renfermant environ dix mille habitants.

Le fort *Penthièvre*, bâti à l'entrée de la presqu'île, défend l'accès du continent, mais ne saurait empêcher un débarquement à Quiberon. Il se tapit entre les roches disséminées sur la côte occidentale. Le pays entier, de mieux en mieux cultivé, est d'un aspect beaucoup moins agréable que la presqu'île de Rhuys. Le souffle de la mer semble l'avoir partout ravagé.

Le premier village un peu important est SAINT-PIERRE; il possède plusieurs beaux menhirs alignés.

QUIBERON, bâti au sud du canton, est signalé au loin par son clocher, surmonté d'une lanterne composée de barreaux en fer forgé, d'ailleurs sans élégance; mais, dominant un territoire presque plat, il devient un point de repère noté sur les cartes marines.

Jadis, de très riches villages, peuplés par d'excellents caboteurs, possédaient toute une petite flotte de bons navires.

Nos ennemis acharnés, les Anglais, ne purent voir sans colère cette prospérité. Une de leurs expéditions (1746) fut dirigée sur Quiberon. *Des vingt-deux villages de son territoire, ONZE disparurent au milieu des flammes, avec tous les bâtiments trouvés dans les havres ou sur la côte !*

Satisfaits, les forbans crurent avoir anéanti ce malheureux pays. Ils se trompaient. L'aisance n'y est peut-être pas aussi grande, aussi complète que jadis. Néanmoins, le peuple de Quiberon a toujours des maisons assez bien bâties et la propriété, si divisée qu'elle soit, ou plutôt parce qu'elle est très divisée, y donne un revenu appréciable, susceptible d'augmenter; mais la mer attire à elle la plus grande partie des efforts des habitants. Les gens y ont toujours cet air de bonne humeur et de santé qui les faisait déclarer « la plus belle espèce de toute cette côte ».

Les pertes du passé ont donc été à peu près réparées, et si quelque vieillard se souvient encore des récits de ses ancêtres, il peut méditer avec plaisir ces lignes, écrites *il y a plus d'un siècle :*

« Les Anglais, qui ont la réputation de guerriers généreux, la démentent quand ils sont intéressés à détruire des établissements de commerce et d'industrie.

« ... Mais toutes les puissances fondées sur un commerce fugitif doivent disparaître. La puissance des Anglais, si fort accrue par le commerce, est donc plus précaire que jamais et, après la perte de leurs colonies, on pourrait calculer le moment où elle doit s'évanouir. Ce moment s'accélérerait avec une grande vitesse si les nations tributaires de son commerce voulaient s'efforcer d'imiter son industrie.

« Il n'y a de puissances que celles qui ont des richesses foncières et une grande abondance de matières premières dont les peuples éloignés ont besoin, et qui ne peuvent naître chez eux. » (Ogée.)

Il fait bon s'attarder, à Quiberon, dans de telles pensées, car, sur ce sol même, selon la parole d'un Anglais, le fameux écrivain-orateur Sheridan, « si le sang anglais ne fut pas versé, l'honneur anglais s'y échappa par tous les pores ».

Hélas ! cette parole ne s'applique pas à la honteuse campagne de 1746. Vraie ou exagérée, elle fut dite au sujet de la funeste expédition dont le souvenir, toujours présent, ne cesse d'assombrir un voyage dans la presqu'île.

Le fort Penthièvre, nous venons de le voir, est construit à la partie la plus étranglée de cette pointe de terre. A peine si, du côté oriental, une trentaine de mètres le séparait des flots, pendant que, sur le côté ouest, la marée montante enlève chaque jour un nouveau débris aux récifs protecteurs dont il couronne la crête.

Nul n'ignore que, vers la fin de juillet 1795, les soldats de Hoche, profitant d'une nuit sombre, entrèrent dans la mer jusqu'à la ceinture, franchirent la ligne d'écueils et enlevèrent le fort, boulevard des émigrés réfugiés sur la langue de terre de Quiberon...

Un peu plus tard, M. de Sombreuil, le nouveau commandant de l'armée royaliste, était acculé à Port-Haliguen...

Cependant ne serait-il pas bien inutile, surtout bien douloureux, d'essayer de retracer à nouveau un aussi cruel événement...

Quand les fils ennemis d'une patrie déchirée se lèvent les uns contre les autres, une longue suite d'années est à peine suffisante pour permettre de retracer la lutte funeste, avec l'entière, la sévère impartialité de l'histoire !

Quiberon et les villages voisins formaient, avec l'île de Guadel, un prieuré dépendant d'abord de l'abbaye de Saint-Sauveur de Redon, puis de l'abbaye de Saint-Gildas-de-Rhuys, en la possession de laquelle il resta jusqu'au moment de leur destruction commune (fin du dix-huitième siècle). L'acte cité par Dom Morice appelle encore la péninsule *Minichy*, mauvaise copie, probablement, du mot *Minihy*, ou *lieu d'asile*. Certes, jamais position plus que celle de Quiberon ne se trouva favorable pour l'érection d'un tel refuge.

Différents titres apprennent que les ducs bretons du onzième siècle avaient dans la presqu'île une résidence où ils venaient souvent prendre (Alain III surtout) le plaisir de la chasse ! Les futaies ont disparu depuis longtemps, avec la grande prospérité du pays, car les incursions anglaises ne furent pas les seules dont souffrit cette partie du littoral breton. Les Normands y avaient, à diverses reprises, commis de telles cruautés, que l'abbé de Redon se vit obligé de rappeler un prieur de cette nation, nommé par lui au bénéfice et dont l'origine effrayait les habitants ! (Ogée.)

Ils s'effrayèrent encore, les pauvres gens, quand, en 1705, un *homme marin* parut entre leurs rivages et Belle-Isle. Ce nageur phénoménal, naïvement mentionné par le P. Henriquet, devait être un gros cétacé jeté dans quelque courant, à la merci d'une violente tempête.

Sa présence d'ailleurs, cela va sans dire, fut inoffensive, si ce n'est pour des filets remplis de poisson ; mais combien d'histoires se bâtirent sur le « terrible monstre ! » Seules, les veillées d'hiver l'apprendraient, comme elles donneraient « l'explication » de la présence des « alignements et du cromlec'h de Saint-Pierre », alignements et cromlec'h placés à peu près au milieu de la presqu'île et tirant leur nom du village dont ils sont voisins.

Vers la pointe extrême sud, on trouve deux menhirs isolés : l'un est appelé *le Conguel* ou *pointe de la vigie* ; l'autre, le *Mané-Bras* ou *grande butte*.

Ce sont peut-être les derniers restes de la suite des alignements de Saint-Pierre, car, avec vérité, comme pour le choix d'un lieu d'asile, on peut dire que la péninsule de Quiberon offrait un champ propice à l'érection de tombeaux celtiques.

Sur cette étroite bande de terre, plus qu'aux trois quarts séparée du continent, les morts pouvaient trouver un repos, doucement bercé par la plainte éternelle de la mer. Ils pouvaient, aux jours de tempête, soulever le lourd pilier de granit et venir mêler leur voix désolée aux rauquements des flots. Ils pouvaient, âmes errantes, tourner le long des rares grèves ou courir dans les « allées de pierre », au milieu des landes, jusqu'à « l'heure du chant du coq », en faisant flotter au vent du large leur linceul glacé...

Fantômes et terreurs disparaissent en même temps que menhirs, cromlec'hs, dolmens, peulvens, impuissants à protéger leur secret, sont tombés sous la recherche patiente du savant.

Maintenant, l'enfant le plus timide ne craint plus guère de se hasarder, quand vient la nuit, autour des derniers vestiges de la présence des anciens Celtes, et gaiement il raconte les légendes dont autrefois ces vestiges étaient le prétexte, si toutefois il ne les oublie...

Oubliés aussi, les souvenirs des chevaliers de l'ordre du Temple et de leurs successeurs, les chevaliers de Saint-Jean de Jérusalem. A peine retrouve-t-on, dans l'église de Locmaria, une trace d'architecture romane ; à peine les débris de la commanderie de Saint-Clément sont-ils encore reconnaissables sous la mousse et le sable qui les recouvrent...

Mais ne faut-il pas compter avec le présent, puisque, malgré son dédain du passé qui le créa, il est le germe de l'avenir ?

CHAPITRE VII

PLOUHARNEL. — CARNAC

Deux noms étroitement unis...

Aux gigantesques « allées de pierres », à l'immense tumulus de Carnac, le relief de la masse énorme des dolmens de Plouharnel ne s'ajoute-t-il pas, complément majestueux, presque nécessaire ?

Tous ensemble ne s'offraient-ils pas, sphinx étranges, dans la robuste vigueur du granit, à peine effleurée par les siècles, aux yeux méditatifs du poète qui leur demandait de s'allier aux événements divers accomplis sur la terre bretonne ?

« Silencieux menhirs, fantômes de la lande,
Avec crainte et respect dans l'ombre je vous vois !
Sur nous descend la nuit, la solitude est grande ;
Parlons, ô noirs granits, des choses d'autrefois.
Quels bras vous ont dressés à l'occident des Gaules ?
Géants, n'êtes-vous pas fils des anciens géants ?
Une mousse blanchâtre entoure vos épaules
Pareille à des cheveux, nés depuis des mille ans.
Immobiles rêveurs, sur vos landes arides
Vous avez vu passer tous les hommes d'Arvor :
Dans leurs robes de lin, les austères druides,
Les *brenns* étincelants avec leurs colliers d'or ;
Puis, les rois et les ducs sous leurs cottes de mailles,
Les ermites cachés à l'ombre des taillis,
Tous les saints de Léon, tous les saints de Cornouailles,
Et du pays de Vanne et des autres pays.
De l'orgueilleux César à la Bonne Duchesse,
Sur les envahisseurs vous avez vu courir
Ceux dont la liberté fut la seule richesse,
Et qui, brisant leur joug, criaient : « *Plutôt mourir !* »...
Jours anciens, jours sacrés ! Alors, puissantes gardes,
S'élevaient de grands bois autour des grands châteaux ;
Les salles résonnaient aux voix mâles des bardes,
Et la voûte des bois aux concerts des oiseaux.

Les châteaux sont détruits et nue est la campagne,
Des chanteurs sans abri les accords ont cessé ;
L'ardent souffle s'éteint au cœur de la Bretagne,
Et partout l'intérêt jette un souffle glacé.
Sortez d'entre les morts, hommes des anciens âges !
Mettez en nous la force et les simples penchants !
Ah ! plutôt que vieillis, conservez-nous sauvages,
Comme aux jours où les cœurs s'animaient à vos chants !
Moi, je dévoue encore aux divines colères
Les profanations de cet âge insensé,
Avare destructeur des chênes séculaires
« Et des sombres granits, ces témoins du passé !... [1] »

. . . .

Les profanations trop justement flétries par le barde breton ne se renouvelleront plus... ou pas de sitôt, au moins, la Commission des monuments historiques veillant sur ces débris.

Le mot n'est pas exagéré. Des alignements *entiers* ont disparu, fournissant une carrière de matériaux facilement exploitables à des gens que n'arrêtent ni les souvenirs, ni les traditions, encore moins l'intérêt de la science. Un des phares de Belle-Ile est, dit-on, construit en entier avec le *Menec-Vihan* (*Petit-Menec*). Quant aux murs de chaumières, aux enclos formés avec les menhirs, le nombre en est immense, correspondant à la disparition de plusieurs milliers de pierres druidiques.

Pour comprendre l'ensemble des monuments de Carnac, il faut se reporter au prodigieux travail de M. du Cleuziou, qui, avec une fidélité scrupuleuse, une inlassable patience, a su relever le plan du merveilleux *ossuaire*. L'opinion dévoilée dans ce dernier mot, M. du Cleuziou, lui-même, en fournira les preuves, chemin faisant.

En arrivant de Quiberon, vers l'est, PLOUHARNEL se trouve tout de suite sur la route. Un avancement brusque de l'isthme de la péninsule, coïncidant avec la pointe ouest extrême d'une seconde petite presqu'île (à l'orient de laquelle Carnac est situé), forme une anse spacieuse, abri des barques de pêche, mais réclamant de sérieuses améliorations, surtout au point de vue de l'atterrage.

Dès les premiers pas, menhirs, dolmens, cromlec'hs appa-

---

1. Brizeux. *Elégie de la Bretagne.*

raissent. Eux seuls captivent l'attention ; aussi faut-il se hâter de visiter les deux chapelles, car, un peu plus tard, on les oublierait. Notre-Dame est riche d'un beau bas-relief en albâtre sculpté ; Sainte-Barbe s'affaisse à demi sous une grosse tour carrée, accostée d'une tourelle où l'escalier est renfermé. Près du cimetière catholique, deux *lec'hs* témoignent que les Celtes avaient déjà choisi ce lieu pour garder la mémoire de leurs morts illustres.

Lec'h signifie « un lieu saint par excellence ». Il remplace souvent le mot *Carn*, « lieu de ou des ossuaires », dont on a fait parfois, comme ici, *carnel,* en sorte que le mot Plouharnel devrait être orthographié *Plou-Carnel :* littéralement « peuplade de l'ossuaire ». Ainsi encore *Plou Lec'h,* près de Lannion, aurait la même signification : « peuplade du Lec'h ou du Carn ».

Les Anglais, principalement les Gallois et les Écossais, disent *Kairn,* pour désigner le tertre vert sous lequel repose un barde[1]. Près de Paris, au reste, dans la forêt de Carnelle (Seine-et-Oise), on retrouve et le sens et le mot eux-mêmes, ponctués par des alignements de pierres druidiques très reconnaissables.

Les cercles de pierres, ou *cromlec'hs,* entourent les tombes dont beaucoup de dolmens sont recouverts. Ici, à Plouharnel, la symétrie disparaît, des fouilles ayant succédé à une première destruction aveugle. Heureusement, deux « tables de pierre », d'une exceptionnelle beauté, se dressent, imposantes et fières, dominant la multitude des « tables » de grandeur moyenne ou tout à fait secondaire. Le dolmen de *Krug-Kenno,* improprement appelé *Corconno,* est le plus important du Morbihan entier. La dalle supérieure, longue d'au moins quatre mètres et large de six, repose sur des pierres assez élevées pour permettre à une charrette, dépassant deux mètres de hauteur, de profiter de son abri.

Le dolmen du *Cosquer* est une petite « allée couverte », ne différant des « allées des Fées » que par une moins grande étendue. Trois massifs blocs de pierre composent le plafond et huit autres blocs forment les côtés.

---

1. Nous devons ces étymologies et les suivantes à l'obligeance de M. du Cleuziou, que nous ne saurions trop remercier d'avoir ainsi guidé nos recherches à travers le langage maternel.

Tel dolmen recouvre des allées à *plusieurs grottes,* les unes arrondies, les autres carrées, semblables à de grandes chambres communiquant avec un petit cabinet. L'un d'eux ne compte pas moins de trois grottes parallèles, assez vastes et de même longueur, joignant une cavité beaucoup plus petite, « sépulture familiale où, près de la dernière demeure des parents, avait été réservée la tombe du petit enfant[1] ».

Çà et là, menhirs, peulvens se mêlent à ces édifices primitifs. Quelques-uns d'entre eux ont été, comme à Plounéour-Trez, comme à Penmarc'h, comme à Trégunc, « baptisés », c'est-à-dire marqués de croix taillées, soit sur leur sommet dégrossi, soit sur leurs arêtes.

Lorsque, du haut d'un monticule, on embrasse l'aspect du pays, il n'est guère possible de ne pas se rendre à l'idée que ces monuments recouvrent des sépultures.

Ainsi que dans nos cimetières modernes, les proportions changent, soit avec la richesse, soit avec le rang des défunts.

Un *brenn,* peut-être, repose sous les massifs dolmens de Corconno et du Cosquer et telle humble « pierre levée » indiquerait la tombe d'un simple citoyen.

Les fouilles, témoignages irrécusables, ont confirmé les hypothèses primitives. Les musées celtiques leur doivent des armes, des ceintures, des bagues, des bracelets, des colliers trouvés au milieu de cendres et d'ossements.

Et, loin d'être obligé de faire un effort de mémoire pour se représenter les trésors des musées, on peut, à Plouharnel, étudier la belle collection primitivement commencée par M. Le Bail qui, au milieu de ce vaste champ d'observation, se sentit saisi du désir, opiniâtrément mené à bonne fin, de surprendre les secrets funèbres.

Loin de s'affaiblir, l'impression reçue depuis Ederven va toujours grandissant. Les voici, les fameux alignements de Carnac... Tout mutilés qu'ils soient, leur relief, couronné par le tumulus du mont Saint-Michel, excite une surprise, une émotion profondes.

Combien de siècles se sont évanouis depuis leur érection? Quels moyens, quelle suite d'années furent nécessaires pour les

---

1. *La Bretagne,* par M. E. Loudun, page 33.

compléter ? A quel usage ou à quel culte remonte ce colossal travail ?

Tour à tour, les opinions soutenues ont été renversées, quand un examen sérieux a soumis le problème de Carnac aux investigations patientes du penseur et du chercheur.

Le Camp de César, telle fut une des premières clefs proposées. Les Romains, pour établir un camp sur ces parages, auraient taillé, aligné ces pierres, qui devenaient à la fois une sauvegarde contre les populations ennemies et un refuge contre les tempêtes amenées par le vent du sud-ouest.

Il fallait un grand désir de rapporter aux vainqueurs de la Gaule tous les monuments de quelque importance dont est couverte l'Armorique, pour retrouver dans les allées de pierre la structure d'un camp.

Il fallait beaucoup plus encore d'imagination pour y découvrir un *Dracontium* ou temple du dragon, tel qu'un savant docteur du pays de Galles définit des restes druidiques, semblables à ceux de Carnac, retrouvés dans sa patrie.

Mais si, déjà, la première de ces opinions était difficile à admettre, la seconde ne se soutient pas un instant. Rien, ni dans les traditions, ni dans les mœurs, ni dans les conditions d'existence des habitants de l'Armorique, ne laisse prise à la légende fantastique du culte du serpent.

Une troisième explication, et non la moins originale, nous a été donnée, lors de notre passage à Carnac, par un voyageur suédois, d'ailleurs extrêmement savant et convaincu.

« Lorsque se produisit l'immense cataclysme, suite naturelle de la période glaciaire, des torrents d'eau roulant avec leurs ondes des blocs immenses, arrachés aux Alpes scandinaves, se répandirent sur l'Europe entière. Les roches de Carnac ne sont pas autre chose que des débris de ces blocs. » (11)

Vainement essayâmes-nous de soulever quelques objections trop faciles à opposer, le partisan de la théorie des roches erratiques transportées, soit par les eaux, soit par les glaces, resta ferme dans sa croyance. Les fouilles mêmes ne pouvaient le convaincre d'erreur, et les quelques dessins, retrouvés sur les pierres à Locmariaker, à Gavrinis, par exemple, lui semblaient confirmer sa théorie.

Un peu plus, il y aurait vu des caractères runiques !

Après tout, sur mille autres sujets, ne retrouve-t-on pas des divergences et des systèmes aussi extraordinaires, toujours soutenus avec la même constance ?

Nous ne nous reconnaissons pas le droit d'émettre une opinion personnelle, car de telles questions réclament une compétence rare ; mais il nous est permis de croire que les faits, d'accord avec les traditions conservées par les noms, donnent raison à M. du Cleuziou.

« CARNAC, dit-il, signifie, en breton, « lieu des ossuaires », et le glossaire de Ducange le décompose ainsi : *Carn*, « ossuaire » et *ac*, particule adjectivale augmentative, « qui possède ». Littéralement, si le mot était permis, on devrait écrire *ossuariens*.

« La même signification se retrouve dans *Carnouët*, le *carn du bois* ; *Carnel*, près Lorient, *cimetière* ; *Loc-Karn*, près Carhaix, *le lieu du carn*. »

Plus nous avancerons, plus nous pourrons nous convaincre de la justesse rigoureuse de ces observations.

Les alignements proprement dits se composent de quatre monuments orientés de l'est à l'ouest.

« Le premier est appelé *Menec Vras*, « le grand Menec », de *Men*, pierre, et du suffixe *ec*, analogue à l'*ac* de Carnac, forme usitée dans le dialecte de Vannes. Littéralement « qui possède des pierres levées », *Meneac* et *Miniac*, sont des formes variées du mot *Menec*. Or, le dictionnaire de Dom Le Pelletier accorde strictement à ce mot Menec la signification de « mémoire, souvenir. »

Nous ajoutons qu'une bonne, une complète explication du mot est donc : « lieu possédant des pierres élevées en souvenir ». Tout de suite, l'idée de cimetière ne se représente-t-elle pas ?

Nous citons de nouveau M. du Cleuziou.

« Le second alignement s'appelle *Kermario*, « la cité des Morts », du breton *Ker*, ville, et *Mario*, pluriel inusité de *Maro*, mort. Le mot mort, en effet, n'a pas de pluriel en breton ; pour dire « les morts », on emploie d'ordinaire le terme : *an anaoun*, « les trépassés » ; du reste, la ferme voisine de Kermario se nomme *Kermao*, *Kervao*, francisé en *Kermaux*, corruption de *Kermaro*, « la cité de la mort », dont la forme, ainsi écrite, se retrouve dans *Mez arvaro*, « le champ de la mort », nom d'un champ avoisinant.

« Le troisième alignement est appelé *Kerlescan*, « la cité des cendres », de *Ker*, ville ou cité, et de *lesqui*, brûler. Les noms des communes de *Kerlosquet* et de *Kerlesquin* ou *Guerlesquin* est la forme trégorroise du vannetais

Kerlescan. Le mot *losquet* est employé dans le pays même de *Kerlescan*, où des champs sont appelés *Parc ac Velin losquet*, « le champ du Moulin brûlé » (*Velin* pour *Milin*, moulin).

« Le dernier alignement se nomme le *Menec Vihan* ou le *Petit Menec*. C'est, ou plutôt c'était la répétition du premier monument, car il a été détruit pour l'érection de l'un des phares de Belle-Isle.

« On pourrait poursuivre plus loin la recherche des noms des lieux ainsi traduits. Presque chaque champ viendrait confirmer la thèse soutenue.

« Ainsi, en tête de chaque alignement se trouvaient des tombelles recouvrant des dolmens entourés de « cercles de pierres », ou *cromlec'hs*. Au *Menec*, l'intérieur du *crom* s'appelle *Parc er Mané*, « le champ de la tombelle »; *Mané Vihan*, « la petite butte »; *Liorz er Mané*, « le jardin du Mané ».

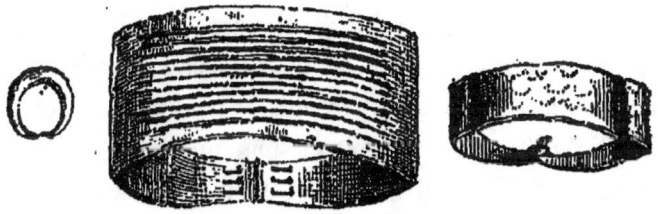

Bijoux celtiques. (Morbihan.)

Bracelet, brassard et pendant d'oreille en or vierge. — Le bracelet a été trouvé au pied d'un menhir à Saint-Kado. — Le brassard et le pendant d'oreille ont été trouvés sous un dolmen près de Plouharnel.

« *Coz Mané*, dans tout le Morbihan, comme *Mené*, dans le reste de la Bretagne, signifie : « butte ou montagne en forme de pyramide ».

« *Mané Mithel*, à Carnac même, désigne le tumulus du mont Saint-Michel; puis on retrouve *Mené Bré*, près de Guingamp, *le Mené*, près Moncontour, *Mené Hom*, près Châteaulin.

« L'exemple le plus complet de *Mané*, « tombe en tombelle » recouvrant un dolmen, est précisément à Carnac, touchant l'alignement de Kermario. C'est le dolmen de *Kercado*, appelé dans le pays *Mané er Groez*, *la butte de la Croix*. Jadis, paraît-il, une croix s'élevait à son sommet et l'a préservé pendant des siècles, car lorsque, en ces dernières années, les savants le fouillèrent, ils y trouvèrent tous les trésors enfouis primitivement en cet endroit.

« Revenons aux alignements. A Kermario, les champs qui se trouvent en tête du monument se nomment *Mané Kervario*, ou bien *Mez Cao*, le « champ des Caves », ou encore, « *an toulleux*, « les trous ». Il n'y reste plus qu'un dolmen à moitié détruit; mais les dénominations persistantes permettent de reconstituer le passé. »

A Kerlescan, nous trouvons mieux.

« L'intérieur du cromlec'h s'appelle *Parc er Manio*, pluriel régulier de *Mané*, « le champ des Tombelles ». Enfin, au *Menec Vihan*, à l'endroit même du village, le sommet de la colline s'appelle aussi *er Mané*.

« Les buttes funéraires, du reste, sont innombrables dans les environs immédiats des alignements. Ne pouvant les nommer toutes, contentons-nous de signaler *Mané Courdiec*, *Mané Renaud*, *Mané Li*, *Mané Runcl*, *Mané Couclour*, *Mané Penker*, *Mané Cua*, *Mané Gabellec*, *Mané Kervinio*...

« Enfin, Kerlescan, « le brûlé », possède une très grande quantité de prés, de bois, de landes, de champs, qui portent le nom significatif de *Luduen* ou *Luduenneuc*, souvent contracté en *Luheux* : *Parc ar Luduen*, *Prat ar Luduen*, *Cout ar Luheux*, « le champ, le pré, le bois *des cendres* ». Je ne rappellerai pas le fameux *Mané Lud*, « tombelle des cendres », qui vient confirmer en tout point la traduction ci-dessus.

« Carnac, pour nous, EST DONC UN CIMETIÈRE ENTOURÉ D'OSSUAIRES, et cette démonstration, par la tradition conservée, en vaut bien une autre. »

Après cette explication si nette et, répétons-le encore, absolument confirmée par les fouilles, il nous semblerait difficile de ne pas accepter l'opinion de M. du Cleuziou, opinion, du reste, soutenue depuis longtemps par plusieurs autres savants.

Reste l'objection : « César n'a pas mentionné ces étranges monuments ; ils doivent donc être postérieurs à la conquête du pays. »

Objection spécieuse, détruite par la géologie. La mer en ces régions, comme sur les autres parties du littoral, a modifié plusieurs fois la physionomie des côtes. Nul ne pourrait affirmer l'existence, au temps de César, du golfe du Morbihan et de la baie de Quiberon dans leurs contours actuels. Tout au contraire, plus d'un des passages si obscurs des *Commentaires*, relatifs au pays des Vénètes, serait une preuve de changements apportés au régime des eaux marines.

Les Romains, après avoir vaincu la flotte vénète, durent suivre, en prenant des précautions infinies, la route naturelle offerte par les embouchures des petits fleuves. On sait que les fiers habitants, n'acceptant jamais volontairement leurs défaites, se révoltaient sans cesse.

Il fallait aussi trouver des atterrages commodes pour les navires, et seules, très probablement, les rivières d'Auray et de Vannes permirent de laisser ouvertes les communications avec la mer.

La nécessité de veiller aux moindres détails de l'établissement de son autorité dut tenir César en alerte et ne pas lui laisser le loisir de parcourir tous les points d'une province belliqueuse. Et si l'un de ses lieutenants poussa une reconnaissance jusqu'à

Carnac, ce lieutenant, moins lettré que son chef, ou plus dédaigneux des travaux « barbares », ne cherchant pas à s'expliquer le motif de l'érection de ces monuments, jugea inutile d'informer César de leur existence.

Puis, pour tout dire, les Romains devaient être fatigués de la vue des pierres mégalithiques. On ne doit pas oublier en effet que si la Bretagne a le privilège de posséder (nous parlons de la France seulement) les plus importants en ce genre de monuments, on retrouve ailleurs, dans nos provinces, des *dolmens*, des *menhirs*, des *cromlec'hs*, des *roches aux fées* (allées couvertes). Le dolmen de Saumur est justement célèbre, et lors de notre premier voyage : *De Dunkerque au mont Saint-Michel*, nous avons vu, sur le territoire du département de la Manche, un grand nombre de ces témoignages de l'existence des Celtes.

Protégée par son isolement plus complet, par la nature de son sol, par le caractère de ses habitants, par leur insatiable désir d'autonomie, et, surtout par son langage, la Bretagne a mieux conservé le culte du passé ; mais elle n'avait pu offrir à César, dans ses monuments druidiques, un spectacle nouveau.

Voilà peut-être l'explication rationnelle, prosaïque, du silence de l'auteur des *Commentaires*.

Soit que ces souvenirs occupent la pensée, soit que l'on vienne simplement chercher à Carnac une sensation nouvelle, l'esprit et les yeux seront satisfaits. Le paysage, en harmonie avec les traditions du passé, se présente simple et d'une sévérité mélancolique. Des étangs à la surface tranquille ou troublée par le rapide passage du gibier d'eau ; des collines sablonneuses ou couronnées par des bouquets de châtaigniers et de pins ; des prairies paissées par une bonne petite race de bétail, au pelage généralement noir et blanc ; des champs de millet, de chanvre ou de blé ; des landes, des bruyères envahies par les genêts, les ajoncs, les asphodèles ; de tous côtés, le roc affleurant le sol dans les formes les plus diverses...

Mais quelles sont ces silhouettes rigides se dessinant, tantôt basses, humbles, ou pointant droit vers le ciel... La mystérieuse armée se déroule sur des lignes séculaires, et, immuable tant que seuls les éléments s'acharnent sur elle, murmure à l'âme un langage inconnu.

C'est bien à ces pierres couvertes de la mousse accumulée par des milliers d'années, qu'il faut demander le secret du passé, le nom de ceux dont « les bras les dressèrent à l'occident des Gaules ». Le nom n'a pas survécu, l'œuvre subsiste, mais l'ignorance et l'avidité ont failli en effacer les derniers vestiges !

Depuis moins d'un siècle, près de *trois mille* de ces blocs ont servi aux usages les plus disparates, à peine en reste-t-il mille ou douze cents, classés, enfin, au nombre des monuments historiques.

Leur esprit est varié, approprié sans doute (si l'on adopte l'opinion de M. du Cleuziou) à la dignité de ceux qu'ils recouvrent. Plusieurs dépassent six mètres de hauteur, et près d'eux une autre pierre n'atteint pas un mètre. Toutes les formes de menhirs y sont représentées. Effilés au sommet ou donnant l'aspect d'un cône établi la pointe en bas ; massifs en épaisseur ou taillés en dalles plates... Lorsque les blocs se rencontrent sous cette dernière figure, la surface plane est *toujours* tournée dans le sens de l'alignement.

Le Mont Saint-Michel élève sa chapelle à environ vingt mètres au-dessus de ces vagues de pierre. Il lui a fallu livrer une partie des trésors que la piété de nos ancêtres y avait renfermés. Aux ossements humains se mêlaient des *celtæ* [1], des grains de collier en ivoire, avec turquoises, des bijoux en or vierge.

La croix domine le tertre funéraire, et la statue symbolique de l'archange vainqueur du dragon a remplacé l'autel de Teutatès ou peut-être du Soleil, car, disent les archéologues :

« On prétend que *Belen*, ou le soleil, y était adoré, et que jadis on nommait cette élévation *mont Belen* ou *Melen*, mots qui dérivent de la même

---

[1]. Nous devons encore à M. du Cleuziou la curieuse interprétation suivante sur les *celtæ* :

« Ces prétendues haches ne sont autre chose que des réductions de charrues votives, déposées dans les tombeaux celtiques, au même titre qu'en Égypte étaient enfouies ces petites figurines pourvues, quand on les retrouve intactes, d'une herminette, d'un hoyau, d'un sac de graines et portant l'inscription suivante : « As-tu ce qu'il te faut pour labourer, semer... dans la terre nouvelle où tu vas « résider ? — Oui, j'ai ce qu'il me faut... », etc.

« Les Celtes reçurent de l'Orient le secret de la culture du blé et de la panification. La charrue devint, par cela même, l'instrument symbolique révéré, et lorsqu'on la trouve figurée sur un monument, dolmen ou menhir, on peut dire avec certitude que le défunt était enterré *sub ascia* « sous la charrue ». Quand un grand nombre de ces objets se retrouvent ensemble, cela signifie qu'il y avait autant de morts que de ces charrues votives. »

racine et signifient *jaune, blond*. Cette observation curieuse force à rappeler que près du Mont Saint-Michel, de Normandie, il y a un autre rocher, moins élevé que le premier, et qui porte aussi le nom de *Tombelen* ou *Tombelaine*. Quelques antiquaires ont prétendu que *Belen* avait été l'unique divinité des Armoricains, opinion, du reste, victorieusement réfutée par l'abbé Mahé. »

La chapelle n'offre rien de remarquable, mais on gravit le sommet de sa colline pour jouir de la vue de la plaine entière, de l'immense horizon déployé jusqu'à l'embouchure de la Loire, avec les rivages découpés, les îles, la pleine mer... On y passerait des jours, on aimerait à y passer des nuits éclairées par une lune brillante.

Quel tableau lorsque les « alignements », intacts, couraient, d'un côté vers l'Étel, de l'autre vers la petite rivière de la Trinité et que nul village, nulle habitation ne rompaient le plan de la *cité des Morts !*

Avec un respect craintif, le Celte aux longs cheveux pénétrait dans les avenues sacrées, écoutant le sifflement du vent sur les bruyères, la voix impérative des flots et demandant au souvenir des ancêtres le courage, la fierté, l'amour du sol natal, la haine de l'étranger envahisseur...

Aujourd'hui, sous la blancheur d'une nuit d'été, les *pierres levées* inspirent une sorte de religieux apaisement. A quoi bon poursuivre les chimères décevantes de la vie ? Seul, le repos est doux ; seule, la mort ne trompe pas !...

Tout à coup, l'air résonne du chant des cantiques et voilà qu'autour des murs extérieurs de l'église paroissiale, dédiée à saint Corneille (en breton Cornéli) :

« . . . . On croit voir
Un troupeau qui passait le long du porche noir,
D'autres mugissements venaient de la fontaine.
. . . . Là, près d'une centaine
D'immenses bœufs cornus, de vaches, de taureaux,
Conduits par les bouviers, faisaient le tour des eaux.
. . . Le charme opérait et toute la vigueur
Des bœufs de Cornéli leur passait dans le cœur. »
. . . .

C'est la procession votive du bourg de Ploemel. Les habitants, voyant périr leurs bestiaux, les avaient recommandés à Cornéli, le bon saint ; ayant été exaucés, ils tiennent leur promesse de venir une fois, chaque année, *la nuit,* faire faire lentement aux animaux protégés le tour de la chapelle.

Plus tard, les gens de Carnac offriront au saint quelque pièce de bétail ; ce sera l'occasion du *Pardon* de septembre, l'un des plus fréquentés de la Bretagne. Brizeux l'a chanté, mais en déplorant sa décadence.

> « Aujourd'hui, Cornéli, c'est votre jour de fête !
> Votre crosse à la main et votre mitre en tête,
> Des hommes de Carnac, vous écoutez les vœux,
> Majestueusement debout entre deux bœufs,
> Bon patron des bestiaux ! et votre image sainte,
> Sur le seuil de l'église est nouvellement peinte ;
> Mais les bœufs, les taureaux, les vaches au poil roux,
> Hélas ! ne viennent plus défiler devant vous !
> — Oui, disait un vieillard, au milieu de la place,
> Notre pays s'en va, tout décline, tout passe !
> . . . .
> Le pardon de Carnac semblait un jour de foire.
> Alors, parés de fleurs, de feuillage, d'épis,
> Les bœufs au large cou, les vaches aux longs pis
> Arrivaient par milliers, et toute une semaine
> Leur cortège tournait autour de la fontaine.
> Comme saint Cornéli, cet ami des bestiaux,
> Éloi, dans ce temps-là, protégeait les chevaux ;
> Saint Hervé les sauvait des loups, et, sur leurs couches,
> L'été, grâce à saint Marc, ils défiaient les mouches.
> Alors l'homme souffrant avait un aide, alors
> Les animaux étaient plus heureux et plus forts ;
> Car tous avaient leurs saints, leurs protecteurs, leurs fêtes,
> Tous vivaient confiants, les hommes et les bêtes ;
> Et les jours de pardons, m'assurait mon aïeul,
> Lorsqu'on n'y menait pas son bœuf, il venait seul ! ! ! »
> . . . .

Plus on lit Brizeux et plus on voit à quel point il a compris, peint, fixé sur leurs diverses faces l'âme, le cœur de la Bretagne.

L'église de Carnac date du premier tiers du dix-septième siècle, sa flèche élancée est entourée de clochetons. Un portail latéral, de style dorique, est décoré d'un curieux baldaquin en granit, formant une couronne royale. A l'intérieur, on voit bien que le pays n'est pas pauvre, comme une visite superficielle pourrait le faire supposer. Les autels sont en marbre, surmontés de riches retables. Dans le trésor, plusieurs belles pièces d'orfèvrerie sont à remarquer ; la chaire est une assez bonne œuvre en fer forgé, et la nef a reçu des fresques représentant la vie de saint Corneille.

Partout, on retrouve ce nom aimé. Interrogeons les habitants sur les monuments druidiques. « Ces pierres, répondront-ils, nous les appelons *Sant Cornely Soudarded*, autrement : *les soldats de saint Corneille.* »

« Un moment vint où le bon Cornély dut fuir devant les barbares envoyés pour le tuer. Il courut tant que ses forces le lui permirent; mais la mer allait lui barrer le chemin. Alors, il se jette à genoux, envoie à Dieu une prière enflammée; puis, se relevant, il étend les bras vers les païens... « C'en est assez, ils ne commettront plus aucun crime, et devront attendre « jusqu'au jour du jugement, » sous ce manteau de pierre, leur punition méritée. »

C'est bien là une de ces naïves légendes que personne ne prend au sérieux, mais que chacun aime à redire pour garder en son cœur un écho affaibli du passé.

Les gens de Carnac sont agriculteurs ou pêcheurs. Plus d'un, se montrant industrieux, va courir au loin la fortune, en vendant des vaches de l'excellente petite race du pays, si bonnes laitières et dépensant si peu, habituées qu'elles sont à paître au milieu des landes.

Parmi les noms des étangs, relevons-en deux, fort significatifs pour l'étymologiste.

L'étang du *Lac'h* est situé à l'extrémité des alignements de Carnac. On ne s'étonne plus, dès lors, que son nom vienne de *Lec'h*, « le cercle de pierres d'un crom », mais il a été peu à peu défiguré par une prononciation mauvaise qui, successivement, en a fait *La*, sans aspiration, puis *Laz* et même *Lac*.

L'étang de *Guyandeur* donne son nom à la petite rivière traversant la commune de Carnac et dont l'embouchure se trouve au bras de mer de la Trinité, près du moulin à marée et des salines. Si l'on cherche l'origine des choses dans les mots, la traduction frappe singulièrement : *Eau de l'hiver !* Que peut-elle signifier ? Ne serait-ce pas une fantaisie hyperbolique appliquée à ce très modeste ruisseau ?

Il faut venir à Carnac pendant la mauvaise saison pour comprendre la justesse de l'appellation : alors les étangs, les petits cours d'eau, grossis par les pluies, ont débordé lentement, mais sûrement, faisant du pays un vaste marais, et l'on admire l'observateur qui, le premier, souhaitant prémunir ses compatriotes contre cette éventualité, n'imagina pas façon plus poétique d'exprimer sa pensée [1].

Nous retrouverons ailleurs des monuments druidiques ; mais, à Carnac, comme à Toull-Inguet (presqu'île de Crozon), comme dans la lande de Trégunc (près Concarneau), on éprouve quelque peine à quitter ces étranges avenues de pierres, ces onze rangées symétriques de menhirs, ce tumulus gigantesque de Saint-Michel et, après les avoir longuement étudiés, on y revient encore.

Il semble toujours que leur fantastique silhouette se présente sous un aspect nouveau, ou plutôt que leur lourde masse va s'ébranler pour s'enfuir avec la dernière minute des ténèbres, avec la dernière tradition d'un monde oublié...

Non ! spectres de la lande, ils existeront encore quand nombre de siècles se seront ajoutés au siècle présent, et comme au temps des Celtes, ils dresseront, intacts, leur sommet blanchi par la mousse.

Témoins mystérieux, ils seront toujours interrogés et toujours répondront : « Nous sommes les derniers vestiges du labeur d'hommes loyaux et fiers. Marchez sans crainte vers l'avenir, si vous imitez leur inébranlable constance dans la volonté de servir la fortune de la Patrie !... »

1. *Guyandeur*, en dialecte de Vannes actuel, s'écrivait autrefois *Gouyandeur*. Au pays de Tréguier, on orthographierait *Goandour*. (H. du Cleuziou.)

CHAPITRE VIII

PLŒMEL. — CRAC'H. — LA TRINITÉ. — LOCMARIAKER

Chaque pas, dans ce pays, excite l'intérêt. On y peut suivre les transformations diverses dues au séjour des maîtres qui y dominèrent, sans toutefois parvenir à effacer complètement l'empreinte primitive.

A PLŒMEL, cinq chapelles retiennent l'attention; l'une d'elles, sous le vocable de saint Méen, a été bâtie par les Templiers. Dans la jolie nef de Locmaria, une superbe pierre tumulaire du quatorzième siècle présente l'effigie d'un chevalier armé de pied en cap. Aussitôt, la pensée se reporte aux luttes terribles dont, à l'époque où existait ce guerrier, la Bretagne fut le théâtre.

Les croix de pierre, anciennes ou nouvelles, sont nombreuses; plusieurs s'élèvent au-dessus des menhirs que l'on rencontre partout et qui semblent être ensuite des monuments druidiques, plus importants, d'Erdeven.

CRAC'H est bâti sur une colline, près de la rive gauche du cours d'eau appelé, indifféremment, rivière de Cra'ch ou de la Trinité.

C'est, à proprement parler, l'estuaire d'une foule de petits ruisseaux, creusé par la marée qui y remonte fort loin.

Près des dolmens de *Kerven-Tanguy*, aux supports inégaux; de *Kerglé-vérit*, aux sept pierres verticales disposées sur trois côtés[1], on retrouve la voie romaine destinée à mettre en communication Vannes et Locmariaker. Tout voisin de là, le château de *Plessis-Kaër* montre, sur sa façade occidentale, son joli

---

[1]. Les monuments druidiques de Crac'h sont placés sous la protection de la commission des monuments historiques.

portail gothique et ses gracieuses tourelles en nid d'hirondelle. Ce château s'élève entre les rivières de Crac'h-La Trinité et d'Auray.

Le président DE ROBIEN l'a nommé dans son très intéressant et savant manuscrit conservé à la bibliothèque de Rennes.

« On voit dans la rivière d'Auray, vis-à-vis la pointe du *Plessis-Kaër*, entre celle du bois de *Ros-Nerho* et la pointe de *Kerisper*, les restes d'un grand pont dont on aperçoit encore, à basse marée, quelques piles qu'on a bien de la peine à détruire pour nettoyer cette rivière. Ce pont, qu'on appelle sans fondement : *pont des Espagnols*, paraît d'une fabrique trop ancienne pour n'être pas plutôt l'ouvrage des Romains. On n'a même aucune tradition sur sa construction et sur son usage ; ce pont est détruit depuis trop longtemps. Quelques restes de bâtiments de briques, de pierres et de ciment très blanc, que l'on voit sur la pointe de *Kerisper*, feraient juger que ce pont était défendu ; mais, comme on ne remarque point de chemin qui y aboutisse ; que, d'ailleurs, la côte de *Kerisper* est fort escarpée, on comprend avec peine l'ancienne destination de ce pont, à moins que, dans l'antiquité la plus reculée, ce ne fût un passage pour aller à *Dariorigum*, capitale des Vénètes. »

L'opinion de M. de Robien se fondait sur la croyance qu'il avait que Locmariaker, où nous arrivons, était la fameuse capitale vénète dont l'emplacement n'a pu mettre d'accord les études patientes des archéologues et des historiens. Crac'h n'en reste pas moins en possession de vestiges curieux des diverses époques de l'histoire bretonne, et il se souvient qu'une partie de son territoire, érigée en baronnie, dépendait du domaine des ducs de Bretagne. Mais le voisinage de Locmariaker détourne un peu des recherches qu'il serait possible, ici, de rendre fructueuses, témoin les fouilles, couronnées de succès, faites sous plusieurs menhirs.

Les souvenirs, toutefois, l'emportent, et, après avoir donné un moment à LA TRINITÉ-SUR-MER, actif petit port de pêche où se retrouve la suite des alignements de Carnac, on entre à LOCMARIAKER, la vieille cité vénéto-romaine.

Quelle étrange sensation obsède l'âme du penseur en présence de ruines bien disparates, mais toutes, à divers titres, si intéressantes, si pleines d'enseignements !

On croyait avoir épuisé à Carnac les dernières merveilles du druidisme, et l'on se trouve face à face avec d'autres monuments gigantesques.

Là-bas, ce sont les menhirs dressés en avenue. Ici, des dolmens immenses, des peulvens ont été amenés de loin, car le granit qui les forme ne possède ni la couleur, ni le grain de la pierre du pays [1].

Ce n'est pas le seul exemple du fait, au reste, qu'il soit possible de noter en Bretagne. Loin, très loin d'ici, à PLUHERLIN, près Rochefort-en-Terre, on rencontre sur la lande du HAUT-BRAMBIEN, au bord du petit ruisseau d'Arz, un extraordinaire chaos de pierres druidiques. Plus de deux mille blocs, variant entre trois, six et sept mètres de hauteur, gisent en partie sur le sol et dans le lit du ruisseau. L'un d'eux, même, est long de onze mètres sur quatre de largeur. Tous sont d'un granit différent de celui de la localité, et la plupart, comme à Locmariaker, présentent des traces de dessins symboliques, parmi lesquels une étoile à rayons obliques est presque constamment reproduite.

D'où, comment, par quels moyens ces masses diverses furent-elles transportées? A quels rites puissants obéissaient les travailleurs soumis à semblable tâche [2] ?

Ces restes du culte des Armoricains se mêlent, à Locmariaker, avec des débris, preuve irrécusable du séjour des Romains : murailles d'enceinte, de théâtre, de maisons ; *voie* très reconnaissable, fragments de poteries, médailles, statuettes, briques... Ces dernières se trouvaient autrefois en quantités immenses, à tel point que, dit-on, « en 1822, à l'époque de la construction du grand bassin de radoub du port de Lorient, l'ingénieur des ponts et chaussées, chargé des travaux maritimes, a fait venir de Locmariaker plusieurs chargements de ces débris de briques ».

Comment être surpris, après cela, que les paysans ne soient guère dans l'habitude de respecter ce qu'ils peuvent découvrir ? Comment s'étonner qu'une butte funéraire, entièrement composée de cendres, d'ossements à demi consumés, de charbons

---

[1]. Ce fait a été contesté, nous le savons ; néanmoins, dans plusieurs localités, la pierre trouvée sur place est réellement différente de celle des monuments mégalithiques, comme il est facile de s'en assurer par un examen attentif.

[2]. C'est encore à Pluherlin que se voient « les ruines d'un temple de forme octogonale, monument unique, en son genre, dans le Morbihan. Il se compose d'un octogone régulier, dans un second octogone, régulier aussi. D'un angle extérieur à l'angle opposé, il compte seize mètres soixante-six centimètres ». (Guyot-Jomard.)

(située près du dolmen des *Marchand*), ait longtemps fourni : aux ménagères des environs, la matière de leur lessive ; aux cultivateurs, un engrais apprécié ?

Il y a longtemps, déjà, que Brizeux écrivit :

. . . .
Même mon vieux pays perd le respect des tombes :
Des nains, sous les men-hirs, volent, guerriers d'Arvor,
Vos haches de silex et vos bracelets d'or !
. . . .

« Il faut tout utiliser, » disent les esprits pratiques. C'est à la faveur d'un pareil axiome que le champ encore sanglant de Waterloo fut violé !...

Plusieurs des superbes monuments de Locmariaker ont été mutilés, soit par des causes naturelles, soit par la folle ignorance ou la superstition des hommes.

Ainsi, le peulven, appelé *Pierre de la Fée* (*Men-er-Groac'h*), a été frappé par la foudre, qui brisa en quatre morceaux ce célèbre monolithe de vingt et un mètres de hauteur...

Ainsi, le dolmen, dit de *Men en Ritual*, dont la table avait plus de *dix-sept mètres de long*, fut renversé et brisé en deux par des gardes-côtes, désireux peut-être de pouvoir, plus à l'aise, étudier les caractères dont la face interne garde le relief !

Si ces caractères étaient déchiffrés, on aurait probablement l'épitaphe d'un grand personnage, car une *grotte aux fées* continuait la « table de pierre », circonstance commune à presque tous les dolmens de cette partie de la contrée.

Un autre bel exemple s'en retrouve dans le *Dolvearch'ant* (*la pierre du Marchand*). Les piliers de la grotte qui le termine sont couverts de figures et de traits pareils à ceux que le tumulus de Gavrinis renferme. Sous les dolmens du village de Hellut, on croit reconnaître des rudiments grossiers de face humaine et des lignes qui sont encore à expliquer.

Malheureusement, le Champollion des pierres druidiques ne s'est pas encore fait connaître.

Les tombelles, les tumulus sont multipliés ; l'un des plus considérables est la montagne de la Fée (*Mané-er-Groac'h*), souvent appelée, mais à tort, *butte de César*. Le panorama qu'il domine est vraiment admirable. A l'ouest, Quiberon se profile ; à l'est, le golfe du Morbihan se présente enserré par la côte de Rhuys et tout semé d'îles ; au nord, la campagne accidentée, baignée par deux rivières ; au sud, des havres profonds, découpant le sol de manière à en faire une réunion de presqu'îles, rattachées, par des plateaux sous-marins, à Houat, à Hœdic, à Belle-Isle. Pour limite extrême, l'Océan...

Que le jour soit propice ou que la tempête le bouleverse, les lignes de ce tableau ne s'effaceront plus du souvenir.

Évidemment, Locmariaker ou Loc Maria Kaër (*Lieu de la belle Marie* ou *Loc Maria de la Ville*[1]) fut une puissante ville vénète et les Romains contribuèrent à en augmenter l'importance. Maintenant encore, le bourg dispute à Vannes l'honneur d'avoir été l'antique Dariorig (Dariorigum). Sigovèze et Bellovèze en seraient partis, conduisant une armée formidable qui, s'étant établie en Italie, y aurait fondé la ville de Venise !!

Toutes les opinions de ce genre peuvent facilement se soutenir en l'absence de documents précis. Nous ne nous y arrêterons guère, puisque la nuit la plus complète enveloppa Locmariaker pendant des siècles. Toutefois, la position du bourg le livrait aux ravageurs du littoral.

L'une des dernières incursions dont il eut beaucoup à souffrir fut celle de 1548. Une flotte anglaise, composée de vingt-quatre vaisseaux et de douze frégates, *utilisa* ses forces en brûlant, pillant, dévastant tout ce que ses équipages purent atteindre !

Un seul navire français se présenta pour défendre le pays. Il combattit une journée entière et une partie du lendemain, et ne succomba qu'au soir de ce second jour.

Ogée, qui raconte ce fait glorieux, ne donne, par malheur, ni le nom du navire ni celui de son capitaine, et se contente de dire qu'il appartenait à la paroisse de Poldavi[2].

Combien il est triste que l'oubli le plus absolu puisse envelopper un tel héroïsme !

Les premières fouilles ne commencèrent pas beaucoup avant

---

1. M. de Blois écrit Loc-Mariá Ker-aër (*la ville du Serpent*), parce que le bourg aurait appartenu aux puissants barons de Ker-aër.
2. Faudrait-il en conclure que ce navire venait de la baie de Douarnenez, où tombent les eaux de la petite rivière de Pouldavid ? Nous l'ignorons et nos recherches en différentes localités sont restées vaines.

la fin du dix-huitième siècle; mais déjà, la position de Locmariaker attirait l'attention des hommes spéciaux. M. A. de Francheville rapporte que la compagnie des Indes eut un instant la pensée d'y bâtir une ville. Si ce projet se fût réalisé, Lorient serait probablement encore à naître.

Assis sur une langue de terre, placée à l'entrée occidentale du Morbihan, la pointe extrême de Locmariaker, nommée *Kerpendir*, regarde la pointe dite *er Flammienn*, dépendant de la commune d'Arzon, au pays de Rhuys. A peine quatre ou cinq kilomètres de mer les séparent-elles pour former le *goulet*, c'est-à-dire l'entrée de la *Petite Mer* (*Mor-bihan*). Plusieurs îles abritant ce havre, les courants eussent pu y contrarier les manœuvres des navires rentrant au port.

Dans ce cas, la baie de la Trinité, à l'ouest du bourg, offrait son refuge naturel, en sorte que Locmariaker eût véritablement possédé *deux* ports. Une grande prospérité fût devenue la suite logique de pareils avantages.

L'estuaire du Blavet ayant été choisi, Locmariaker retomba dans l'oubli, mais dans l'apathie. Industrieux, le bourg tire un certain parti de ses ressources, il fournit du sable, du granit, il parque d'excellentes huîtres dites : de pied ou, plus souvent, de Carnac.

Très bon refuge pour les navires qui entrent dans le Morbihan ou veulent en sortir, ainsi que pour les bâtiments contrariés, par les marées, dans leur route vers Auray, son port est appelé, semble-t-il, à prendre une plus grande extension; les proportions données aux navires augmentant sans cesse, la rivière d'Auray se verra forcément moins fréquentée.

Des travaux relativement peu considérables et peu dispendieux mettraient ce refuge en état de prendre une belle place parmi les havres bretons. Le pays environnant y gagnerait beaucoup.

Que ce vœu se réalise ou reste dans les limbes de l'hypothèse, on viendra toujours à Locmariaker pour admirer les imposantes ruines éparses sur son sol.

Les Celtes y ont vécu, accomplissant des travaux cyclopéens. Les Romains, à leur tour, y jetèrent le germe d'une civilisation plus raffinée.

Puis, les descendants des vaincus reprirent possession de leur liberté et de la terre natale.

En haine des oppresseurs, ils maintinrent jalousement des coutumes, des traditions peu favorables au progrès... Coutumes et traditions s'effacent ; ce qui subsistera, nous le savons, c'est la volonté du bien, fond d'une âme bretonne, c'est la patience, l'énergie en face des obstacles, c'est la constance du travail.

Avec de tels dons, tout est possible et tout viendra : l'avenir appartenant aux cœurs comme aux nations qui ne désespèrent jamais !

Cabestan.

CHAPITRE IX

AURAY. — BREC'H

Le *Loch* compte parmi les plus jolies rivières de Bretagne, le pays aux cours d'eau poétiques. Pendant trente-six kilomètres, il conserve son nom et fertilise, en l'accidentant, la campagne qu'il arrose.

Mais, après avoir traversé Auray, il prend le nom de cette ville, coule encore pendant quatorze kilomètres et va se perdre au goulet même de la *Petite Mer* (golfe du Morbihan), entre Locmariaker et Baden.

Soit que l'on profite du flux pour remonter le long des berges ondulées, soit que l'on veuille les suivre pour revenir vers la mer, le plaisir est toujours nouveau : les yeux ne se lassant pas des aspects imprévus d'une terre riante et, en toute saison, bien ombragée.

L'enthousiasme très motivé des touristes a consacré du nom de *Petite Suisse* une partie de la vallée du Loch où la fraîcheur, la pureté des eaux, la profusion des collines boisées, s'alliant à une immense étendue d'horizon, composent un tableau de la plus ravissante beauté.

Tout ennui semble devoir se dissiper au seuil de cet Éden, et le temps est loin où un dicton peu courtois affirmait que « tête d'Auray, tête de diable », c'était tout un, gratifiant ainsi les Alréens d'un renom peu enviable de penchant aux querelles et à la brutalité.

La ville alors était très florissante. Ses négociants trafiquaient surtout avec l'Espagne, dont les soldats, aux jours de la Ligue, avaient parcouru à peu près en entier le Morbihan. De grandes fortunes se firent ; mais la création de Lorient entrava plus tard cette prospérité. L'établissement de communications faciles entre

diverses villes du cœur de la province avec Hennebont et Vannes acheva de peser d'une manière désastreuse sur Auray, malgré les avantages reconnus de sa rivière.

Actuellement tout est réparé. La voie de Paris à Quimper traverse la ville, devenue, en quelque sorte, tête de ligne du chemin de Pontivy, par conséquent du centre même de la Bretagne, qui lui expédie des chevaux, des bestiaux, des cuirs, des toiles, des bois, des fers, des grains, du miel, du beurre.

La ligne stratégique nouvelle de Quiberon se raccorde, à Auray, avec la ligne de Paris.

Le port divise la ville en deux parties. Il est assez renommé pour la construction de barques de pêche et de petits navires de commerce.

Enfin les voyageurs, d'année en année plus nombreux, aiment à s'arrêter à Auray, qu'ils prennent pour quartier général d'une foule d'excursions, toutes extrêmement attrayantes. Aussi la population garde-t-elle un air aimable et gai, en dépit du costume semi-monacal des femmes. De taille moyenne, bien prises, fraîches, la petite coiffe modeste en mousseline blanche, la robe en drap noir ornée de velours de même nuance, seyent admirablement aux Alréennes et ne leur enlèvent rien de leur souplesse gracieuse. Très volontiers on se réunirait chaque soir, comme autrefois, pendant l'été entier, pour chanter, jouer, danser sur la belle promenade du Loch. Mais on est très occupé et ces réjouissances ne peuvent plus être générales. Cela ne veut pas dire que le Loch reste désert. Comment en pourrait-il être ainsi? Peu de promenades possèdent plus d'attrait.

Le Loch a pris le nom de la petite rivière dont les eaux ceignent le pied de la colline escarpée sur laquelle il est situé. Le port s'étend à cinquante ou soixante mètres au-dessous des superbes quinconces, mariant les voiles de ses navires à la verdure fraîche des arbres. De trois côtés la vue se perd dans un horizon qui semble infini; le cercle du regard se termine, au sud-ouest, par l'Océan, et le panorama de la ville ajoute au tableau une note agréable.

Accoudé sur la balustrade du petit observatoire construit au milieu de la promenade [1], on ne se rassasie pas de ces perspec-

---

1. On le nomme *la Croix du Loch*, parce qu'une croix le surmonte.

tives faites comme à plaisir pour enchanter le cœur et l'esprit.

La place, d'ailleurs, n'est-elle pas bien choisie pour évoquer les choses d'autrefois?

Auray ne réclame rien moins qu'une origine royale. Le fameux Arthur, le monarque des chants de la Table ronde, aurait été son fondateur. L'historiographe de la reine Anne, Pierre Le Baud, l'affirme gravement. Il n'y a qu'une chose fâcheuse et pouvant faire mettre en doute cette opinion : l'absence absolue de documents certains. On doit arriver au onzième siècle, six cents ans, pour le moins, après le règne d'Arthur, pour trouver une pièce mentionnant le nom d'Auray ou plutôt d'ALRAC, *château* habité temporairement par Hoël Ier, duc de Bretagne (1069). Treize ans plus tard, en 1082, une autre pièce porte cette annotation : « Ceci fut fait au château d'Alras, où séjournait le duc Hoël, avec les principaux seigneurs bretons. »

Ogée, qui parle de ces pièces, écrit avec raison :

« Sans doute, vers le dixième siècle, la beauté du séjour et l'importance de ce passage engagèrent un duc à y bâtir un château, qui fut en même temps et un lieu de plaisance et une forteresse. »

Auray, dès lors, paraît à diverses reprises dans l'histoire bretonne.

En 1201, le jeune duc Arthur Ier, qui allait bientôt tomber sous les coups de son oncle Jean sans Terre, fit bâtir un château ou reconstruisit l'ancien sur un plan en rapport avec sa destination de forteresse.

En 1289, le duc Jean II y assembla son Parlement général.

Un demi-siècle après, la terrible guerre de Succession commençait. Dès la première année (1341), Auray passa sous la domination de Jean de Montfort, pour revenir, en 1342, à Charles de Blois. Celui-ci conserva la ville et le château, jusqu'au moment où la fameuse bataille du 27 septembre 1364 lui enleva la couronne ducale et la vie.

Ainsi Auray, ouvrant la lutte fratricide, clôt cette même lutte en donnant son nom à la journée qui vit anéantir le vieux droit breton!...

Jeanne de Penthièvre, dite *la Boiteuse*, comtesse de Blois, véritable héritière du duché, n'avait pas voulu se rendre aux propositions faites de partager en deux la Bretagne.

Elle ne se résolvait pas à n'être « qu'une moitié de duchesse ». La fortune la trahit, et même cette modeste couronne lui échappa sans retour, en attendant que la France, son alliée, devînt (6 novembre 1491), par le mariage de Charles VIII avec la dernière descendante de Montfort, maîtresse du duché tout entier.

Ce sont là coups habituels du sort.

Moulin à marée sur la rivière d'Auray.

Auray subit plusieurs sièges pendant les démêlés que Jean IV, « au cœur anglais », eut avec ses seigneurs; puis, pendant la guerre avec la France. Les trois sièges principaux datent de 1377, où Olivier de Clisson triomphe, de 1380 et de 1487.

Le 30 octobre 1442, des fêtes brillantes signalent le mariage du duc François Ier avec Isabelle d'Écosse, la même princesse qui devait passer les longues années de son veuvage au château de Sucinio, dans la presqu'île de Rhuys.

Le roi de France, Henri II, ordonna la démolition du château d'Auray (1558) qui tombait en ruines et... le transport des matériaux à Belle-Isle, où ils servirent à construire le premier fort de cette position, devenue plus tard si importante.

Les malheurs causés par la Ligue n'épargnèrent pas Auray;

qui dut souvent se racheter du pillage. Puis, l'apaisement se fit, le commerce absorba bientôt l'attention des habitants, pour passer par les alternatives de prospérité, de misère et de relèvement auxquelles nous avons assisté.

Ogée, dont les travaux sur la Bretagne contiennent tant d'indications précieuses, relate une notice qu'on lui avait envoyée, à propos de l'école d'hydrographie établie alors à Auray (fin du quinzième siècle).

« M. Loiseau, hydrographe et professeur d'hydrographie à Auray, vient d'envoyer à l'Académie un traité sur la *Détermination de la longitude en mer*, et l'on assure que cette précieuse découverte est due à la profondeur de ses combinaisons. Depuis bien des siècles, les savants y ont travaillé. Il est honorable pour M. Loiseau d'y avoir mis la dernière main; c'est un Breton. »

Malheureusement, l'espoir de M. Loiseau ne se réalisa pas. L'Académie des sciences, en 1768, émit sur son mémoire un avis défavorable[1]. Nous trouvons encore ce paragraphe instructif :

« Auray comptera un jour un de ses enfants parmi les citoyens les plus utiles au commerce de la France. Nous parlons de M. Provôt, d'abord écrivain de la Compagnie des Indes, et mort commissaire de la marine à l'Île de France, au mois de mai 1776. C'est lui qui, sur les ordres du ministre de la marine, et d'après les instructions de M. Poivre, intendant de l'Île de France, fit, dans les années 1770 et 1772, deux voyages aux îles Moluques pour en arracher les précieuses épiceries que les Hollandais y tiennent si exactement gardées. Son adresse et son courage le firent échapper aux dangers que les Hollandais, prévenus, semèrent sur sa route. Il visita Ternate et Amboine et en rapporta une immense quantité de graines et de plantes de muscadiers et de girofliers. Ils ont été semés et plantés avec soin aux îles de France, de Bourbon et de Cayenne, et nous savons qu'en 1777 il a été recueilli quelques livres des fruits de ces jeunes plants. On doit s'attendre à leur parfaite réussite dans ces trois îles ; et si ces espérances se réalisent, Auray pourra se féliciter d'avoir produit un homme célèbre. »

---

1. Nous avons voulu savoir ce qu'il advint de ce mémoire. M. Maindron, le très obligeant secrétaire de l'Académie des sciences, nous a donné ce dernier détail.

Enfin nous empruntons à Marteville une dernière ligne, non la moins intéressante :

« Parmi les prisonniers de Quiberon échappés aux prisons d'Auray se remarque le nom de M. de Chaumareix, qui depuis commanda la malheureuse frégate *la Méduse*... »

Il y a de ces rapprochements fatals qu'un mot de commentaire affaiblirait.

Auray n'est pas riche en monuments. L'ancienne église du Saint-Esprit et la chapelle de l'hôpital, avec plusieurs vieilles maisons en bois, c'est tout ce qu'il est possible de regarder un instant ; mais la petite cité se développe si gracieusement en deux parties : Saint-Gildas, sur la rive droite du Loch, Saint-Goustan sur la rive gauche ; mais son port est toujours si animé, sa promenade si splendide, son horizon si admirable, que l'on oublie volontiers les œuvres de l'homme au milieu de cet ensemble si reposant, si doux.

Pas un seul des bourgs ou villages avoisinant Auray qui ne rappelle, d'ailleurs, un souvenir intimement lié à l'histoire de Bretagne.

La commune de Brech (autrefois Brec'h) est l'une des plus riches, sous ce rapport, puisque sur son territoire eut lieu la célèbre bataille dite « d'Auray ». Des deux côtés avaient pris parti les seigneurs bretons les plus illustres. Jean de Montfort, appuyé par les Anglais, comptait Olivier de Clisson au nombre de ses chevaliers.

Charles de Blois, soutenu par les Français, avait Du Guesclin pour second.

La victoire semblait devoir couronner l'époux de Jeanne de Penthièvre ; mais, ainsi que dans de trop nombreuses circonstances, le manque de prudence et une bravoure irréfléchie perdirent tout.

L'armée de Montfort, campée sur les hauteurs, put avantageusement se défendre contre l'armée de Charles, qui avait commis la faute de camper sur le bord opposé de la rivière, et l'imprudence, plus grande encore, de vouloir franchir cet obstacle sous les traits de l'ennemi. Des prodiges de valeur furent accomplis en pure perte. La noblesse bretonne se vit décimée, et les chevaliers du comte de Blois qui ne perdirent pas la vie durent se rendre à rançon. De ce nombre était Du Guesclin. Avant lui, Charles, entouré, allait remettre son épée, lorsqu'un soldat anglais « lui donna dans la bouche un coup de dague qui lui traversa la tête ». Son corps, ramené à Guingamp, y fut enterré au milieu de cérémonies, de larmes et d'une tristesse qui prouvèrent combien ce prince était aimé des Bretons.

« Sa mémoire est encore vénérée, *quoiqu'il fût Français*, parce qu'il avait une âme bretonne et représentait le bon droit ! »

Ainsi s'exprimait un vieux paysan, en nous conduisant, à travers la lande de Brec'h, pour nous montrer la : « Croix en mémoire de la bataille de Jean de Montfort et Charles de Blois, en 1364.

« Renouvelée par Jean Le Boulec'h, maire de Brec'h, en 1842. »

Telle est l'inscription gravée sur la pierre, au milieu d'hermines et de larmes.

On cherche toujours à reconstituer, aux lieux où ils s'accomplirent, les événements qui changèrent la face d'un pays.

Les chevaliers couverts de fer ne vont-ils pas surgir de cette terre qu'ils trempaient de leur sang ? Sous le nuage des flèches tirées par les archers anglais, le lévrier de Charles de Blois n'accourt-il pas, l'ingrat, caresser Jean de Montfort, comme pour lui prédire la victoire [1] ?

Ces coups terribles, n'est-ce pas Du Guesclin qui les porte à ses adversaires ? Ce cri d'angoisse suprême, n'est-il pas poussé par Charles, lâchement frappé ?

Et maintenant, dix-huit ans après la lutte horrible (5 février 1382), Jean IV, *le Conquérant*, élève, sur la bruyère, une chapelle desservie par huit chapelains, en l'honneur de saint Michel, patron du jour où il a gagné sa couronne. Il y convoque ses barons pour les assemblées de l'ordre de l'*Hermine*, que, peu de temps auparavant, il a fondé à Rennes, lors de la tenue des États. Lui-même veut recevoir les nouveaux chevaliers et leur passer au cou un collier d'or à deux chaînes, réunies par deux couronnes ducales, au milieu desquelles brille une hermine *passante* et la devise : *A ma vie*.

---

[1]. Tradition souvent répétée.

A chaque fête de saint Michel, le duc viendra dans la chapelle « du Champ » avec tous les chevaliers de l'Ordre, et, quand ceux-ci mourront, leurs héritiers seront tenus d'apporter aux chapelains les colliers de l'*Hermine*, pour être fondus et employés en bonnes œuvres.

La scène se modifie sans que le lieu où elle se passe soit changé.

Des religieux chartreux (21 octobre 1480) sont mis en posses-

La mairie, à Auray.

sion de la collégiale de Saint-Michel du Champ. Suivant les règles de leur ordre, ils se livrent à la culture et leur domaine se transforme.

Des années se passent encore. De nouveau, le bruit des armes trouble la solitude de la campagne de Brec'h. De nouveau la guerre civile ensanglante la terre où, quatre siècles auparavant, des milliers de Bretons trouvèrent la mort. Une partie des émigrés de Quiberon sont fusillés dans un champ voisin de la Chartreuse, et leurs restes sont recueillis dans l'église du couvent !...

Un institut de sourds-muets, établi pour la Bretagne entière, a remplacé les Chartreux, et c'est un des pensionnaires qui se charge de montrer le mausolée des émigrés...

Au champ, depuis appelé « Champ des Martyrs », une chapelle a aussi été élevée ; des arbres toujours verts lui donnent le reflet de leurs aiguilles rigides...

Heureusement, le Loch serpente, rapide, à travers la plaine, brisant, en murmurant, ses eaux claires sur les pointes de granit, qu'il blanchit d'écume. Heureusement, les senteurs suaves des champs, des prairies, des bruyères, le bourdonnement des insectes dans l'herbe ou dans la mousse, le bleu si doux du ciel, sollicitent la pensée vers le présent et écartent les réflexions cruelles.

Ou bien, si le passé obsède trop la mémoire, remontons le cours des âges et revenons vers les monuments druidiques.

Brec'h en possède plusieurs, dont une fameuse *pierre branlante*, posée au sommet d'un amas de blocs qui pourrait bien être un *cairn* primitif.

La campagne prend tous les aspects. Ici, fleurie, boisée, couverte de moulins, de hameaux dispersés dans le plus séduisant paysage : telle la vallée de Tré-Auray. Là, sur les plateaux des collines, les landes étendent leur solitude mélancolique...

Au loin, vers le sud, une ligne mouvante apporte avec elle l'haleine de l'Océan; plus près, vers le nord, une tour couronnée par une statue, domine le pays tout entier. C'est la tour de l'église de *Kéranna,* ou de la *Ville d'Anne,* c'est *Sainte-Anne d'Auray...*

CHAPITRE X

SAINTE-ANNE-D'AURAY. — LES PARDONS DU MORBIHAN

Le pèlerinage de SAINTE-ANNE a fait connaître du monde entier le nom d'un petit hameau dépendant de PLUNERET, commune visitée avec intérêt par les archéologues.

Les traces d'une voie romaine, appelée *Hent Conan, chemin de Conan;* les débris d'un pont romain, à la pointe de Kerisper; le joli pont en fil de fer jeté sur la rivière *la Sal;* la gracieuse chapelle de Sainte-Avoye et son curieux jubé en bois sculpté; le grand dolmen de *Men-Gorroëtt*, encore bien conservé; les tableaux divers et pittoresques produits par les accidents du terrain que baignent la Sal et le Loch, tout convierait à une longue exploration de Pluneret, si la « ville d'Anne » n'absorbait entièrement l'attention.

Quelques jours à Sainte-Anne, lors du *temps des Pardons*, et tous les types de la Bretagne, tous les costumes encore conservés dans les bourgs éloignés, défileront devant les yeux charmés.

Des cinq départements taillés au milieu de la « vieille duché », le Finistère et le Morbihan sont ceux qui possèdent les plus célèbres lieux de pèlerinage. Il ne faut pas, toutefois, oublier la fête fameuse de *Saint-Mathurin*, à Moncontour (Côtes-du-Nord).

Saint-Jean-du-Doigt, Notre-Dame-du-Folgoët, Notre-Dame-de-Rumengol, Sainte-Anne-du-Portzic, et, surtout, *Sainte-Anne-de-la-Palue*, attirent, nous l'avons vu[1], un immense concours. Dans le Morbihan même, après le curieux *Pardon de Saint-Cornély*[2], nous trouverons encore plusieurs fêtes intéressantes. Mais entre tous ces noms brille celui de Sainte-Anne, injustement

---

1. Voir le second volume : *Du Mont Saint-Michel à Lorient*. Ces pèlerinages y sont tous décrits.

2. Voir ce mot dans le présent volume, chapitre : *Carnac*.

appelée « d'Auray », puisque la célèbre église est bâtie « en Pluneret ». La proximité de la ville d'Auray a amené cette confusion.

L'origine du pèlerinage est trop connue pour que nous ayons à la relater dans tous ses détails. Il suffit de dire que l'église doit sa fondation à Yves Nicolazic, laboureur du hameau de Keranna. Le 7 mars 1625, Yves trouvait une statue de sainte Anne dans un champ (nommé le *Bocenno*), faisant partie de la propriété qu'il exploitait.

Le 26 juillet suivant, fête de Sainte-Anne, en dépit de mille obstacles, un oratoire était bâti, et posée la première pierre de l'église future.

Dom Lobineau affirme que cette église en remplaçait une autre, dédiée sous le même vocable et tombée en ruines dès la fin du septième siècle. Celle-ci eût donc été l'une des plus anciennes de la Bretagne.

Tout de suite encore, le pèlerinage de Sainte-Anne fut célèbre, puisque l'on relève sur les registres de la confrérie les noms de l'infortunée fille de Henri IV, Henriette-Marie, reine d'Angleterre, et de sa fille Henriette-Anne ou Madame, duchesse d'Orléans, dont la mort soudaine arracha à Bossuet les plus éloquents accents ; d'Anne d'Autriche, de Louis XIV, encore dauphin ; de son frère, Philippe, duc d'Orléans ; de la Grande Dauphine, de la reine Marie Leczinska... La liste serait longue, si tous les noms marquants étaient transcrits.

Tout de suite, aussi, ce pèlerinage prit, en Bretagne, une importance hors ligne, et lorsque Brizeux a écrit :

> « ... Arrivé dans Sainte-Anne d'Auray,
> Anne, j'ai voulu voir votre digne patronne
> Que d'un respect si grand la Bretagne environne :
> C'est notre mère à tous ; mort du vivant, dit-on,
> A Sainte-Anne, une fois, doit aller tout Breton.
> . . . .

Le poète se faisait l'écho du sentiment populaire.

Peut-être le *Grand Pardon* ne voit-il plus, comme autrefois, une foule immense, « une foule d'au moins quatre-vingt mille personnes », affirme l'un des historiens de Sainte-Anne ; mais, très certainement, le prestige est resté le même. Les *paroisses* (pour parler comme les Bas-Bretons), c'est-à-dire des communes tout entières, arrivent, chacune, à des époques déterminées et, sans exagération, on peut avancer que, des premiers jours du printemps aux derniers jours de l'automne, vingt-quatre heures ne s'écoulent pas sans amener un grand nombre de pèlerins de la province, de la France entière et de l'étranger. En plein hiver, il s'en trouve encore.

Fontaine Sainte-Anne.

Pour beaucoup d'âmes, pressées du désir de se recueillir, de se retremper dans la prière, il vaut mieux que les voûtes du temple soient muettes, que les échos tumultueux de la foule ne troublent point leur méditation...

Sous le rapport du mouvement des voyageurs, la modeste petite station de Sainte-Anne est devenue l'une des meilleures de cette partie du réseau d'Orléans; aussi la compagnie (peut être par reconnaissance?) a-t-elle placé au faîte de la toiture de sa gare une statue colossale de la patronne de la Bretagne.

Une statue semblable couronne la haute tour de l'église, très beau monument remplaçant l'édifice primitif, devenu absolument insuffisant.

Rien n'a été épargné pour rendre superbe cette église nouvelle ; cependant, on devrait bien remplacer certains vitraux ou insignifiants ou représentant des scènes peu dignes, en vérité, « d'aller aux âges futurs ».

Mais, surtout, il y manque les *ex-voto* naïfs qui, jadis, couvraient entièrement les murailles. Puisque Sainte-Anne-d'Auray est uniquement église de pèlerinage, pourquoi lui avoir enlevé le meilleur de ses attributs ?

L'époque de l'année le plus ordinairement choisie commence à la Pentecôte, pour finir aux premiers jours du mois d'août. Généralement, autrefois, la foule était si grande que, l'église ne pouvant la contenir, la « messe des pèlerins » était célébrée au dehors, sur l'autel de la *Scala-Sancta*.

La place principale du hameau regorgeait d'assistants, pressés par le flot des pèlerins qui allait débordant sur la route et sur la lande. L'air s'ébranlait au loin du chant des cantiques. Hommes, femmes, enfants, en costume de fête, rivalisaient d'ardeur pour rendre « glorieuse » la procession de leurs paroisses respectives.

Toutes les croix, tous les ornements de prix des divers clergés, toutes les bannières vénérées étaient au jour, et, avec attendrissement, on se montrait des pèlerinages annuels célèbres.

Les habitants de l'Ile-d'Yeu arrivaient des confins de la Vendée et de la Saintonge ; « les Arzonnais » accouraient de la presqu'île de Rhuys, avec leurs familles, fidèles à un vœu séculaire [1].

« Puis, voici que, à l'issue des vêpres, sort la procession. Les pèlerins s'y rangent par dialectes. On reconnaît les paysans de Léon à leur taille élevée, à leur costume noir, vert ou brun, à leurs jambes nues et basanées. Les Trégorrois, dont les vêtements gris n'ont rien d'original, se font remarquer, entre tous, par leurs voix harmonieuses ; les Cornouaillais, par la richesse et

---

[1]. Cette tradition se conserve à Arzon. Dans un combat contre la flotte hollandaise, commandée par Ruyter (7 juin 1673), l'équipage d'un navire français périt, sauf les marins arzonnais, qui venaient de se vouer à Sainte-Anne-d'Auray.

l'élégance de leurs habits, bleus ou violets, ornés de broderies, leurs braies bouffantes et leurs cheveux flottants ; les Vannetais, au contraire, se distinguent par la couleur sombre de leurs vêtements...

« ... Quand le cortège se développe, rien de plus curieux à observer que ces rangs serrés de paysans aux costumes variés et bizarres, le front découvert, les yeux baissés...

« Rien de touchant comme ces bandes de rudes matelots qui viennent, nu-pieds, pour accomplir le vœu qui les a sauvés du naufrage, portant sur leurs épaules les débris de leur navire fracassé ; rien de majestueux comme cette multitude innombrable, précédée par la croix, qui s'avance en priant le long des grèves, et dont les chants se mêlent aux roulements de l'Océan[1]. »

La fête terminée, les pèlerins vont boire un peu d'eau à la fontaine et en emportent avec eux... Le silence envahit le village, tout à l'heure si animé, en attendant que demain « la Mère des Bretons » voie accourir une foule nouvelle.

A Sainte-Anne, on vient uniquement pour prier ; nulle coutume spéciale n'est attachée au pèlerinage. Mais, dans plusieurs autres lieux de *pardons,* il n'en est ou n'était pas ainsi.

Saint-Nicodème, en Pluméliau, arrondissement de Pontivy, a plusieurs fêtes très fréquentées. L'une d'elles était l'occasion d'un usage au moins bizarre, et qui devait remonter à quelque rit dont la signification est perdue.

Longtemps avant la solennité patronale, les hommes laissaient croître leur barbe ; puis, le matin même du jour férié, ils venaient s'asseoir sur le banc de pierre bordant la fontaine de l'église, où un barbier, installé depuis la veille, les rasait gravement, louant ceux dont la barbe la plus inculte prouvait une plus entière dévotion au bon saint !

Les joues et les mentons dépouillés étaient, ensuite, lavés dans l'eau de la fontaine, et chacun tirait un pronostic soit de la longueur de l'opération, soit de la façon dont la barbe sacrifiée était tombée. Le barbier, plus que probablement, savait avec adresse contenter tous ses clients.

---

1. *Barzaz-Breiz,* Introduction. M. de La Villemarqué.

Une autre fête, celle du premier samedi du mois d'août, était spécialement consacrée à demander à saint Nicodème la protection des bestiaux. De toutes parts on amenait, ornés de rubans et de fleurs, les animaux. Après leur avoir fait exécuter le tour de l'église, plusieurs d'entre eux étaient offerts au saint, et, sur-le-champ, mis aux enchères, lesquelles atteignaient toujours un chiffre très élevé, car on attribuait à leur présence une faveur constante dans les écuries et dans les étables.

Mais, chose qu'il est juste de faire observer, la cérémonie entière était véritablement l'œuvre de l'initiative privée. Le clergé ne prenait aucune part à la présentation des animaux et pas davantage au profit des enchères. Ce profit, versé entre les mains des plus anciens cultivateurs, servait, usage touchant, usage fraternel, à venir en aide à ceux des fermiers de la paroisse que de mauvaises récoltes plongeaient dans la gêne.

L'église de Saint-Nicodème est, assurément, l'une des plus belles du canton de Pontivy. Bâtie au sommet d'une colline élevée, sa tour ogivale, aux ravissantes galeries, aux gracieux clochetons, à la haute flèche élancée, plane sur la contrée entière. Lorsque le ciel est pur, les moindres détails de cette riche ornementation semblent acquérir une beauté, une délicatesse nouvelles.

L'intérieur de l'édifice est moins bien partagé; cependant plusieurs de ses parties offrent de l'intérêt, entre autres, un vieux banc seigneurial en pierre.

Une superbe fontaine, de style ogival flamboyant, comme l'église, est située près du portail occidental, dans l'enceinte tracée par une balustrade en pierre, autour de l'ensemble des constructions. Ses eaux jouissent d'une grande réputation. Pas un pèlerin ne manquerait d'en boire, de même qu'il ne négligerait de se laver la tête et les mains dans le bassin où s'écoule le trop-plein de la source.

Parmi les gracieuses sculptures de cette fontaine, deux inscriptions se détachent, éloquentes.

La première rappelle aux passants la brièveté de l'existence, et les engage à se souvenir de ceux que, bientôt, ils rejoindront.

La seconde propose aux méditations des cœurs de bonne

AURAY : INTÉRIEUR DU PORT

volonté cette devise, remarquable par l'ordre dans lequel les mots sont placés :

« FRATERNITÉ, ÉGALITÉ, LIBERTÉ »

N'était-ce pas un penseur, en même temps qu'un poète, celui dont la main a tracé ces caractères ?

Vieilles maisons du seizième siècle, à Josselin.

Si les hommes se regardent véritablement comme des frères, ne deviennent-ils pas aussitôt égaux entre eux, et la liberté ne germe-t-elle pas de cet accord affectueux des âmes ?

Aux jours de « grand pardon », un bûcher de fagots, amoncelés sur la lande voisine, à près d'un kilomètre, était allumé par un *ange,* dont un système de poulies (disposé sur la seconde galerie du clocher) assurait le va-et-vient. En remontant vers son lieu de départ, le messager faisait pleuvoir des fusées et autres pièces d'artifice, saluées par les mille cris de joie des assistants.

C'était une délicieuse promenade que de suivre ensuite le chemin rapide, encaissé dans la vallée escarpée de *Saint-Nicolas-des-Eaux,* pour descendre, au murmure du ruisseau qui le baigne, sur les bords du Blavet, alors traversé par un vieux pont, d'origine romaine, aboutissant à la lande de Castenec.

Sur le point culminant de cette lande, formant promontoire, les paysans, pendant des siècles, gardèrent avec un soin jaloux une statue en granit, la *Vénus armoricaine,* reléguée, depuis, en la cour du moulin de Quinipily, seul reste du château seigneurial des comtes de Lannion.

Au milieu de la solitude profonde, l'écho joyeux de la fête de Saint-Nicodème jetait sa note claire, et les dernières lueurs du bûcher, se reflétant dans les eaux, ceignaient d'une auréole brillante la silhouette du clocher.

Sur la rive droite du Blavet, au pied de la lande de Castenec, dans la commune de Bieuzy, un groupe de rochers cache l'Ermitage de Saint-Gildas, lieu de « pardon » très fréquenté.

Une source jaillit du fond de l'ermitage, taillé dans le granit, et une croix en fer domine l'amas de rocs. Les pèlerins doivent aller la toucher. Ce soin pris, on écoute dévotement *la cloche de Saint-Gildas* ou *pierre sonnante,* bloc bleuâtre, d'un grain excessivement dur et serré, qui rend, lorsqu'on le frappe, des sons harmonieux comme une cloche de pur métal.

En remontant le cours du petit fleuve, on entre sur le territoire de la commune de Guern. Plusieurs pierres druidiques, entre autres celle dite : *Men Feutet, pierre fendue* (recouvrant la source d'un gros ruisseau portant le même nom)[1], sont à visiter.

Mais, le grand attrait de Guern, c'est la chapelle de Notre-Dame de Quelven, lieu de pardon célèbre.

Ce bel édifice, classé parmi les monuments historiques, possède une admirable rosace pourvue de presque tous ses étincelants vitraux. La tour et la flèche, très élevée, rappellent une mélancolique tradition.

Près du temple qu'il venait de bâtir, l'architecte de Quelven

---

1. Ce ruisseau déborde souvent et il contribue à entretenir des marais. L'amélioration de son cours inégal serait très désirable.

défia son fils, comme lui « bon tailleur de pierres », d'égaler jamais une pareille œuvre. Le fils répondit en construisant la magnifique tour de Saint-Nicodème.

Terrassé par le désespoir, croyant perdue sa renommée d'artiste incomparable, le père gravit, une dernière fois, la tour de Quelven et se précipita sur le sol !...

L'église de Quelven possède encore une très intéressante statue en bois sculpté, renfermant des bas-reliefs extrêmement curieux. Un ingénieux mécanisme permet de les exposer ou de les dérober à la vue des visiteurs. Il fallait le grand, l'incontestable talent de M. CIAPPORI pour rendre avec une fidélité aussi originale que poétique l'aspect curieux de cette statue, lorsque les bas-reliefs sont à découvert.

NOTRE-DAME-DE-MOUSTOIR, NOTRE-DAME-DE-CRENENAN, NOTRE-DAME-DE-CARMÈS (celle-ci a la nef toute revêtue de fresques) sont très visitées et forment ce que l'on appelle *la tournée des trois pardons.* C'est-à-dire qu'il faut s'y présenter successivement le même jour. Les pèlerins zélés font mieux, ils accomplissent la tournée dans le bref espace de temps d'une matinée.

Nous avons vu, à CARNAC, la *Saint-Cornély* célébrée avec enthousiasme.

Bien loin de là, dans l'arrondissement de Ploërmel et presque sur les confins des Côtes-du-Nord, la petite ville de JOSSELIN convie, chaque année, aux solennités de l'un des plus antiques pèlerinages bretons : *Notre-Dame-du-Roncier* (datant du neuvième siècle).

Qui n'a entendu, en Bretagne, parler des *aboyeuses de Josselin,* amenées, le mardi de la Pentecôte, au pied de la statue, jadis découverte parmi les ronces couvrant l'emplacement de l'église ?

Une curieuse légende est attachée à cette cérémonie... Mais, nous nous sommes beaucoup trop éloignés de la route du littoral pour pouvoir nous attarder à Josselin.

Admirons néanmoins, dans l'église, l'enfeu des comtes de Porhoët, dont la petite ville était la *capitale ;* la chapelle dite de la *Danse macabre,* à cause de restes de peintures murales représentant ce sujet ; le tombeau du connétable Olivier de Clisson et de sa seconde femme, Marguerite de Rohan. Brisée vers la fin du dix-huitième siècle, cette belle œuvre sculpturale a été soigneusement restaurée.

Avec les pardons, se conserve la dernière vision de la Bretagne antique, la Bretagne telle que des siècles de douleurs, fruit de tant de compétitions, l'avaient faite : grave, recueillie, sincèrement idéaliste.

CHAPITRE XI

LE CHATEAU DE JOSSELIN. — LA COLONNE DES TRENTE

Le chemin des écoliers a cela de bon qu'il peut rappeler au cœur les plus nobles souvenirs, et placer devant les yeux des objets bien dignes d'éveiller la plus entière attention.

Ainsi, comment quitter Josselin sans passer une heure dans son magnifique château ? Il était la résidence principale des comtes de Porhoët, juveigneurs des ducs de Bretagne, tiges de la célèbre famille de Rohan.

Le comté passa successivement dans la maison de Fougères, dans celle de Lusignan, puis, par confiscation, dans la maison de France, qui en gratifia un prince du sang. Olivier de Clisson le racheta vers 1370, et l'un des gendres du connétable, Alain VIII, vicomte de Rohan, en hérita. Il revenait donc à la famille qui l'avait primitivement possédé.

Parmi les articles de l'*usance* du comté de Porhoët, une particularité curieuse se distingue. Lorsqu'une succession roturière mâle échéait à des collatéraux *roturiers,* les mâles succédaient les uns aux autres, à l'exclusion des filles ; et, réciproquement, si la succession venait d'une femme, les femmes seules se partageaient la fortune.

Ce fut vers l'année 1008 que Guethenoc de Porhoët voulut se bâtir une très forte et très belle résidence nouvelle.

Le fils de Guethenoc s'appelait Josselin. Son nom fut donné à la forteresse. Il devait retentir souvent dans l'histoire bretonne, car ses seigneurs étaient les plus riches, les plus puissants du duché.

Le château de Josselin couronne un roc escarpé, au pied duquel coule la rivière d'*Oust.* Le connétable de Clisson en avait fait, dans les derniers temps de sa vie, sa demeure favorite, et il y mourut le 28 juin 1407. Son testament, daté du 5 février de l'année précédente, réparait beaucoup d'exactions et de cruautés. Il y disposait de la somme, immense en notre monnaie actuelle, de trois cent trente mille livres et de près de sept cent autres mille livres en joyaux, meubles, terres... Il demandait, ce qui fut fait, à être enterré dans l'église de Notre-Dame-du-Roncier.

Entre les mains de seigneurs aussi riches, le château ne pouvait pas être négligé; mais il faillit périr complètement lorsque Henri IV en ordonna la démolition. Par bonheur, cette mesure se borna à la destruction de la plus grosse des tours.

La façade occidentale domine l'escarpement de la rivière. Les trois tours massives, couvertes d'ardoises, ses courtines, ses mâchicoulis présentent un superbe spécimen de l'architecture militaire au moyen âge.

Sur la cour, l'édifice se déploie dans toute la pompe de la riche ordonnance de sa galerie, de ses lucarnes, de ses balcons sculptés, de ses gargouilles immenses, où se déroule, s'enlace, se replie la fière devise des Rohan : *Plaisance* ou *A Plus!* contraction de la déclaration fameuse : « Roi ne puis, prince ne daigne, Rohan suis! »

Un grand nombre d'*A,* chiffre d'Alain VIII de Rohan, gendre de Clisson, qui s'occupa beaucoup du château, se mêlent aux *macles*[1] du blason et à la devise.

Dans la grande salle de réception, le même motif ornemental est reproduit sur la cheminée, merveille de sculpture, et tous les arrangements intérieurs répondent à la science, au goût avec lesquels la restauration a été exécutée.

La famille de Rohan possède toujours le château et met ses soins à lui rendre toute la splendeur du passé.

Traversons maintenant Josselin, sans détourner la tête, car les nombreuses maisons du quinzième et du seizième siècle nous attireraient trop, et nous imposeraient l'idée de fouiller plus

---

1. Les armes primitives des Rohan étaient 7 macles d'or, 3-3-1; plus tard, il y en eut 9, mêlées à plusieurs autres signes héraldiques représentant les alliances de la famille avec les maisons de Navarre, d'Évreux, de Milan, de Bretagne.
Les macles, dites aussi *Pierres de Croix,* à cause de leur forme, et, scientifiquement, *Staurotides* (minéral formé de silice, d'alumine et d'oxyde de fer, cristallisant en croix de Saint-André), sont nombreuses près de l'étang de Salles, où était construit un château appartenant aux Rohan-Rohan, et près de quelques autres propriétés de la puissante famille.

LES TROIS FONTAINES DE SAINT-NICODÈME

avant dans les annales de la vieille petite ville à la physionomie si caractéristique.

Or, il nous faut, avant de quitter ce canton, saluer, aux confins des communes de Guillac et de la Croix-Helléan, à mi-route de Ploërmel et de Josselin, le Champ du combat des Trente.

Autrefois, le *Chêne de Mi-Voie* y couvrait la terre de son ombre puissante : un bouquet de pins l'a remplacé.

De même, un obélisque a pris la place de la croix de pierre rappelant le souvenir du fait si glorieux pour la chevalerie bretonne.

C'était en l'année 1351, le 27 mars. Jean de Beaumanoir, maréchal de Bretagne, était gouverneur de Josselin pour le comte de Blois. Bembrough, chevalier anglais du parti de Jean de Montfort, gouvernait à Ploërmel et, au mépris d'une trêve jurée, terrorisait tout le pays par le pillage, le meurtre, l'incendie. Beaumanoir le défia. Un combat fut résolu entre trente seigneurs bretons et trente Anglais, les deux gouverneurs en tête de chaque troupe.

Les tenants de Bretagne se nommaient Jean de Beaumanoir, le sire de Tinténiac, Guy de Rochefort, Yves Charruel, Guillaume de La Marche, Robert Raguenel, Huon de Saint-Yvon, Caro de Bodegat, Olivier Harrel, Geoffroy du Bois, Jehan Rousselot, tous chevaliers, accompagnés des écuyers : Guillaume de Montauban, Alain de Tinténiac, Tristan de Pestivien, Alain de Keranrais, Louis Goyon, Olivier de Keranrais, Geoffroy de la Roche, Guyon de Pontblanc, Geoffroy de Beaucours (ou Beaucorps), Maurice du Parc, Jehan de Serent, Fontenay, Huguet Trapus (ou Capus), Geoffroy Poulard, Maurice de Troguindy (ou Treziguidy), Geslin de Troguindy, Guillaume de La Lande, Olivier de Monteville, Simon Richard, Geoffroy de Mellon.

C'était la fleur de la noblesse bretonne se mesurant avec de renommés chevaliers anglais, et ajoutant une brillante action de plus à toutes celles dont son blason était déjà illustré.

Le mot de Geoffroy du Bois à son chef et ami qui, se plaignant d'une soif extrême, demandait de l'eau :

« Bois ton sang, Beaumanoir, ta soif passera ! »

ce mot, d'une terrible et sauvage éloquence, a été retenu par la postérité, car il peint d'un trait ineffaçable l'héroïsme, la constance du courage breton, indomptable comme le flot qui frappe le granit de la terre natale.

Les noms des combattants ont été tracés sur l'obélisque, mais ils deviennent peu lisibles, de même que l'inscription :

A LA MÉMOIRE PERPÉTVELLE
DE LA BATAILLE DES TRANTE,
QVE MONSEIGNEVR LE MARESCHAL BEAVMANOIR
A GAGNÉE EN CE LIEV, L'AN 1351.

Mais les paroles de Geoffroy du Bois les sauvent pour toujours de l'oubli !

Le bruissement des branches de pins, plantés sur le champ du combat des Trente, accompagne bien une pensée mélancolique, éveillée par deux de ces coïncidences dont fourmille l'histoire et qui portent les âmes timides à croire à la fatalité de la destinée.

Douze années après la rencontre victorieuse des preux bretons (1363), les conseillers de Montfort et de Blois essayèrent de terminer, par accord amiable, la guerre qui, depuis vingt-trois ans, ruinait « la tant malheureuse duché ». Une entrevue fut proposée ; elle devait avoir lieu sur la lande au milieu de laquelle se trouve le champ illustré par Beaumanoir et ses compagnons. Le projet, par malheur, ne put aboutir. Or, peu de mois plus tard, en septembre 1364, toujours dans cette même lande, Charles de Blois passait en revue la brillante armée qu'il conduisait au secours d'Auray, assiégé par Montfort. Les espérances étaient grandes, on allait enfin, par un coup décisif, abattre les derniers fondements de la résistance de l'usurpateur.

L'armée se mit en marche au bruit des acclamations enthousiastes...

Huit jours à peine écoulés, et valeur, enthousiasme, espérances venaient tomber sur la lande de Brec'h, où la noblesse bretonne recevait un coup presque mortel...

Jeu cruel du destin, prouvant une fois de plus l'instabilité de ses promesses et le triomphe de qui ose lutter résolument contre lui.

CHAPITRE XII

LA TOUR D'ELVEN. — VANNES

Vannes est la première ville du littoral que l'on rencontre en sortant d'Auray; mais, pour revenir de notre excursion, la route, franchissant les derniers contreforts de la chaîne des *Montagnes-Noires*, traverse Elven, où une halte est tout indiquée. On songe, sur-le-champ, à la célèbre tour; pourtant, le bourg lui-même mérite bien quelques minutes d'attention.

Cette antique châtellenie a longtemps fait partie des domaines de la maison de Rieux, issue des premiers comtes de Vannes et de la race du roi saint Judicaël.

« Le premier seigneur connu d'Elven vivait au commencement du dixième siècle. Au temps des guerres acharnées entre les comtes de Vannes et de Rennes, et des ravages de la Bretagne par les Normands, en 907, Derrien, fils d'Alain le Grand, possédait la seigneurie d'Elven, qui forma son apanage. On trouve en 1124 un autre *Derrien*, et son fils *Even*, qualifiés aussi « seigneurs d'Elven » dans une charte de Judicaël, évêque de Vannes, en faveur de l'abbaye de Redon. En 1127, un seigneur d'Elven assista, avec les seigneurs de Porhoët, de Rieux, de Malestroit, de Châteaubriant, de Raiz, de la Guerche, de Montfort..., à la réconciliation de l'église abbatiale de Redon, profanée par Olivier de Pontchâteau et ses complices, dans la guerre qu'ils soutenaient contre Conan III, duc de Bretagne. Il paraît que cette branche de la famille d'Alain Ier s'éteignit vers le milieu du douzième siècle, ou plutôt qu'elle vint se fondre dans celle de Rieux, qui descendait, comme elle, d'Alain le Grand. Avant d'être reconnu duc de Bretagne, Alain était comte de Vannes ou Bro-Erech, et de plus seigneur de Rieux : il eut, entre autres enfants, Rudalt ou Raoul, qui fut le chef de la branche des sires de Rieux, et Derrien, dont la postérité donna des seigneurs d'Elven pendant deux siècles. Du reste, à la fin du douzième siècle, la châtellenie d'Elven appartenait bien certainement à la maison de Rieux. » (Note de la nouvelle édition d'Ogée, revue par Marteville.)

Le surintendant Fouquet fut, un instant, seigneur d'Elven. Peut-être, aussi, le château avait-il appartenu aux sires de Malestroit, rangés parmi les neufs grands barons de Bretagne. Du moins, M. Athénas a-t-il relevé, en divers endroits du château, les armes de cette famille : dix bezants par 4, 3, 2 et 1. Il en concluait que Payen de Malestroit avait dû le bâtir vers 1192.

Mais le savant M. de Fréminville, étudiant avec soin le caractère de ces ruines [1], en ramena la construction vers l'année 1256 et leur donna pour fondateur Eudes ou Eudon de Malestroit.

Une légende plus ou moins authentique veut que le château ait été construit sur le plan d'une forteresse sarrasine, conquise par le fondateur.

Une chose reste certaine, c'est que « le duc Pierre II, par lettres datées de Vannes, le 22 mai 1451, érigea en baronnie la seigneurie de Malestroit, qui était une ancienne bannière, en faveur de Jean, sire de Malestroit et de Largoët ».

Cela seul indiquerait, par l'époque, soit une ancienne, soit une récente possession du château, car la forteresse « appelée d'Elven » est, en réalité, sur le vieux domaine de Largoët [2].

Quoi qu'il en puisse être, la vue de la petite ville voisine ne dément pas une origine féodale. Sauf l'église, assez jolie et pourvue d'un gracieux clocher sculpté, les rues tortueuses, tristes, aux maisons à entrée surbaissée, rappelle le temps où l'on craignait toujours une fâcheuse surprise armée.

Le pays est également assez triste ; les collines à plateaux de bruyères sont nombreuses et la lande si vaste de Lanvaux est loin d'avoir disparu. C'était le cadre qui convenait aux monuments druidiques, aussi en trouva-t-on plusieurs, surtout dans le bois de Kerfili, où se dresse une belle *Roche aux Fées*, à qua-

---

[1]. Il est bon de ne pas oublier que les restes des châteaux de Saint-Aubin-du-Cormier, de Guéméné, de Blain, de Hédé, de Pontivy, de la Hunaudaye, ont beaucoup de rapport avec ceux d'Elven.

[2]. A deux kilomètres d'Elven.

druples rangées de pierres ; les deux rangs formant le milieu sont couverts. Des vestiges de la domination romaine ont été retrouvés et une *voie* traversait la commune.

Seulement on visite à la hâte — quand on les visite ! — ces restes d'un passé si lointain. Les tours sollicitent davantage la curiosité.

Car il serait mieux de dire « les tours d'Elven », l'expression resterait, ainsi, conforme à la vérité ; mais le donjon, ce donjon célèbre par les romanciers qu'il avait émerveillés, ne permet plus de rien admirer de ce qui l'entoure. Et voilà pourquoi on parle uniquement de lui.

Les murs, d'une épaisseur, à la base, d'environ six mètres, s'élèvent, formidables, jusqu'à une hauteur de quarante mètres. La tradition retrouve dans leur masse octogonale l'emplacement d'une citerne, d'un four, de magasins, d'une chapelle, couronnant le tout par un moulin à vent, « afin que les guerriers enfermés pussent suffire à tous les besoins de l'âme et du corps ».

La construction est en blocs de granit, liés par un ciment dans lequel beaucoup de coquillages, en autres une sorte d'*hélix* particulière aux fossés de la forteresse, sont très reconnaissables.

En granit, aussi, les deux escaliers qui desservaient le donjon, alors entièrement divisé, à l'intérieur, par un mur de refend.

Le château occupait un assez large espace, sur lequel sont disséminées les ruines de plusieurs tours. Lorsque l'édifice entier était debout, il devait former une imposante enceinte, facile à défendre, avant l'invention du canon, et très propre à la destination de prison d'État, qu'on lui attribue.

Les partisans de cette opinion citent le séjour forcé, à Elven, du comte de Richemont, plus tard roi d'Angleterre, sous le nom de Henri VII.

Mais Richemont, neveu du duc de Bretagne[1] et en ayant

---

1. Depuis Alain Fergent, qui épousa Constance, fille de Guillaume le Conquérant, beaucoup d'alliances avaient eu lieu entre les maisons princières d'Angleterre et de Bretagne. Le comté de Richemont avait même été, à l'origine, un apanage breton. En reconnaissance des services qu'il venait de recevoir d'Alain le Roux, fils d'Eudon, comte de Penthièvre, le Conquérant avait donné à ce zélé compagnon de grandes terres situées sur le comté d'York, de Suffolk et de Norfolk. Alain y construisit un château et l'appela Richemont. Ce comté passa dans la famille de Bretagne au moment du mariage de Berthe, fille du duc Conan III, avec Alain le Noir, frère d'Étienne, comte de Penthièvre. Cette possession n'alla

reçu de grands services, notamment quand il fut sur le point de tomber aux mains de son compétiteur à la couronne d'Angleterre, le roi Richard III, Richemont[1] n'occupa peut-être point Elven à un autre titre que celui d'hôte princier.

Et c'était, véritablement, une résidence de grand air. En admettant même que, pendant un moment, le futur monarque y fût privé de liberté, il avait pour se distraire le cercle immense d'horizon embrassé du haut du donjon.

Par un temps clair, on découvre, vers le sud, jusqu'aux premiers rivages, aux premières îles du Morbihan; Vannes se groupe sous ses flèches et ses vieilles tours, pendant que le clocher d'Elven semble s'abaisser humblement devant le géant féodal, tout enguirlandé de ronces et de lierres. Au nord, ce sont des campagnes coupées de landes, de bois, d'étangs, de ruisseaux.

Au milieu de ce cadre grandiose, la fantaisie brillante des romanciers a voulu placer des scènes qui en empruntent un charme poignant.

L'œuvre étrange du comte de Kératry, *le Dernier Beaumanoir*, déroule entièrement, au château d'Elven, ses péripéties ou naïves ou lugubres, dans lesquelles la catalepsie et la plus affreuse des aberrations morales jouent un rôle si fantastique.

Et qui ne se souvient, en prononçant le nom du donjon, de l'épisode célèbre du *Roman d'un jeune homme pauvre* : l'entrevue fortuite de Marguerite et de Maxime?

Les paroles amères, soupçonneuses, de la riche héritière bruissent aux oreilles, en même temps que son cri de terreur, répondant au cri d'indignation, à la folie chevaleresque du jeune

---

pas sans troubles. Confisquée une première fois, puis rendue, en 1259, par le roi Henri III, lors de l'union de sa fille Béatrix avec le fils du duc Jean Ier (qui prit le titre de comte de Richemont), elle fit définitivement retour à l'Angleterre quand le duc Jean IV encourut l'animosité de son allié, Richard II, à cause du traité qu'il signa avec le roi de France, Charles V. Le duc Jean V essaya, mais sans succès, de rentrer en possession du comté. Son envoyé, Armel de Châteaugiron, n'obtint rien, malgré la promesse d'*hommage*. C'était en 1409. Une autre démarche, tentée en 1443, ne fut pas plus heureuse. Le nom de Richemont apparaît néanmoins encore dans l'histoire bretonne. Arthur, frère de Jean V, connétable de France, puis plus tard duc, portait le titre de comte de Richemont. Remarquons encore que l'union de Berthe avec Alain le Noir, dont le fils s'appela le duc Conan IV, établit les droits de la maison de Penthièvre au trône ducal.

2. Voir le second volume : *Du mont Saint-Michel à Lorient*, chapitre : *Saint-Malo*. En 1401, Richemont, devenu roi d'Angleterre, épousa Jeanne de Navarre, veuve et seconde femme de Jean IV.

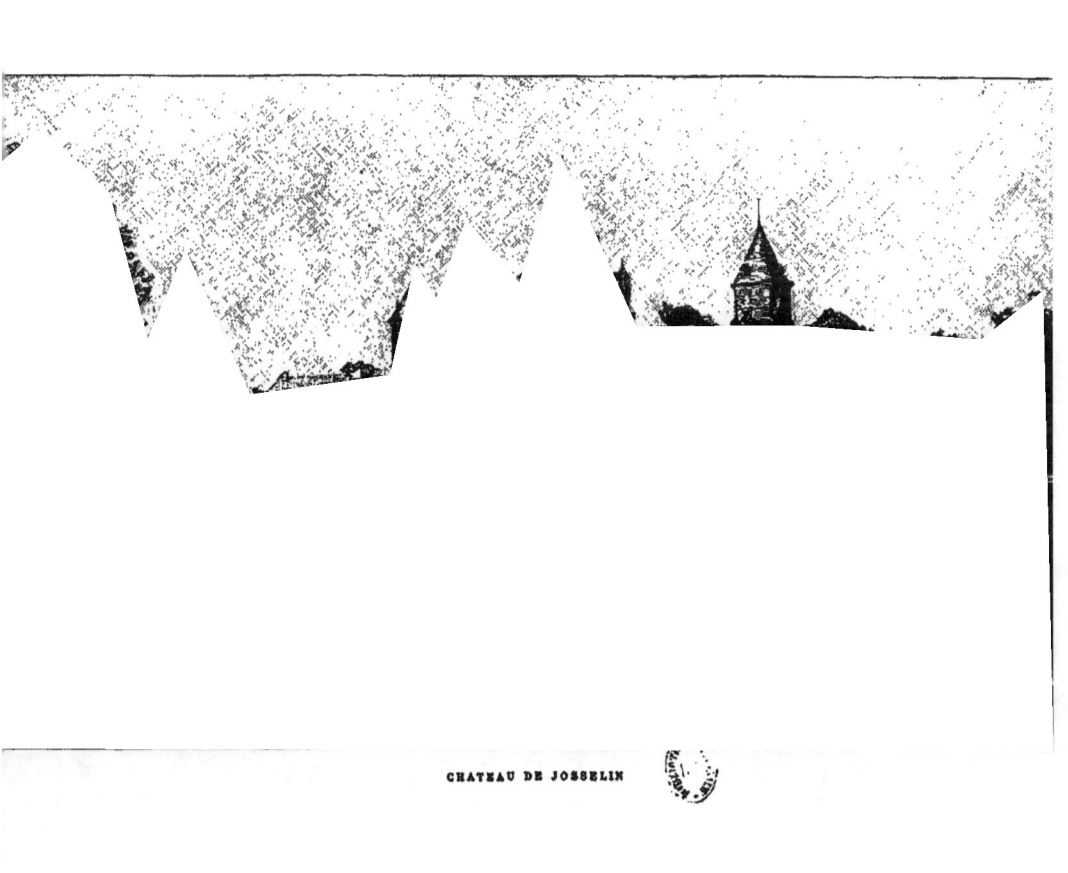

CHATEAU DE JOSSELIN

gentilhomme, trop noble de cœur et de nom pour abaisser sa juste fierté même devant la femme adorée.

Un esprit froid ou frondeur trouvera bien risqué et terminé de façon bien anodine le saut exécuté par Maxime, à une modeste hauteur de quarante mètres !...

Mais Octave Feuillet, romancier doublé d'un poète, entraîne si bien ses lecteurs et ses auditeurs, il donne un tel relief à ses héros, que l'invraisemblance devient une réalité saisissante ; la folie, un acte sublime dont rien ne saurait atténuer la lumineuse beauté...

La situation de VANNES tient, à la fois, de celle d'une ville placée au centre des terres et de celle d'un centre purement maritime.

Deux petites rivières, le *Meucon* et le *Tréluhan*, grossies du mince cours d'eau la *Plaisance* forment un chenal ou, plutôt, une véritable baie intérieure de seize kilomètres, débouchant sur la *Petite Mer*, ou Morbihan, vaste golfe parsemé de plusieurs centaines d'îles et s'étendant sur au moins seize nouveaux kilomètres en ligne droite, avant de se joindre à l'Océan par un étroit goulet de près de quatre kilomètres de long.

Les côtes sont divisées en presqu'îles profondes, toutes pourvues de ports plus ou moins commodes, mais animés par la présence de barques de pêche et de navires de petit cabotage. Il en résulte que le port de Vannes, ne pouvant offrir un assez fort tirant d'eau, le trafic maritime se disperse vers ses alentours.

Par compensation, autrefois, une bonne partie des produits agricoles de la moitié de l'arrondissement, sinon la plus grande, se concentrait au chef-lieu. L'ouverture de petits embranchements ferrés d'intérêt local changera encore, si ce n'est déjà fait, ces conditions du négoce.

Ce qui prouve, malgré tout que Vannes n'est pas destinée à déchoir, c'est l'accroissement de sa population, l'animation de bon aloi de ses rues et... pourquoi ne pas le dire ? ses embellissements. Car la ville haute, se *délivrant* chaque jour davantage des entraves du passé, *s'embellit* rapidement.

Elle se pare de boulevards, ainsi que de maisons du plus pur style moderne, par conséquent sans caractère. Inutile d'y chercher les traces de la vieille enceinte. Ses débris achèvent de s'enfouir sous les constructions nouvelles.

Tout autre reste la ville basse. Les ducs de Bretagne pourraient reparaître à la tête de leurs splendides cortèges de vaillants seigneurs, de nobles châtelaines et d'hommes d'armes, leurs yeux reconnaîtraient ces rues sinueuses, assombries par les pignons surplombant des maisons en bois, à la façade gothique.

Ils retrouveraient les restes de l'occupation gallo-romaine et les différentes murailles qui, successivement, selon les besoins de l'époque, s'ajoutèrent aux défenses primitives.

Ils pourraient reprendre possession de la *Tour Poterne* et de la *Tour du Connétable*, mais ce dernier nom les étonnerait, car Olivier de Clisson ne fut pas enfermé dans cette tour par Jean IV. C'est au château de l'*Hermine*, disparu sans laisser de vestiges, que le connétable souffrit les tortures d'une cruelle angoisse, s'attendant à tout instant à recevoir la mort.

Clisson avait combattu pour le duc. Plus tard, néanmoins, sa fille aînée Béatrix, étant devenue vicomtesse de Rohan, il songea à marier sa fille cadette, Marguerite, avec Jean de Châtillon, comte de Penthièvre, fils de Charles de Blois, qui était prisonnier en Angleterre depuis l'année 1355. Le connétable paya *cent vingt mille livres*, monnaie du temps, pour sa rançon, et le mariage eut lieu le 20 janvier 1388.

Jean IV fut extrêmement irrité de cette alliance, car, en dépit de son brillant surnom de *Conquérant*, sa situation vis-à-vis de vassaux puissants, comme l'était Olivier, se trouvait presque précaire ; de plus, croyant que le comte de Penthièvre pouvait lui arracher le duché, il résolut de se venger ; mais, ne comptant pas sur la force, il employa la ruse.

Justement, on construisait alors, par ses ordres, le château de l'*Hermine*, qui devait faire partie des fortifications de Vannes. Il invita le connétable et plusieurs seigneurs, entre autres le sire de Beaumanoir, le sire de Laval, beau-frère, et le vicomte de Rohan, gendre de Clisson.

« Sire Olivier, dit le prince, il n'y a homme de çà la mer qui se coignoisse mieulx en ouvrage fortifié que vous. Si vous prie, beau sire, que vous montiez là sus ; si me direz comment le lieu est édifié et agirai d'après votre conseil. »

Sans défiance, Clisson entra, mais à peine avait-il pénétré dans les premières chambres, que des gens armés se précipitaient sur lui, et le chargeaient de fers.

Laval, entendant du bruit, fut frappé de l'altération du visage du duc, devenu « plus vert que feuille » et il s'écria :

« Ha ! monseigneur, par Dieu merci ! que voulez-vous faire ? N'ayez nulle male volonté sur beau-frère connétable ! »

Préfecture de Vannes.

Jean IV malmena Laval et s'emporta contre Beaumanoir, jusqu'à le menacer de sa dague. Le gentilhomme le suppliant de ne pas se déshonorer par un assassinat :

« Va, répliqua Jean, tu n'auras ni pis ne mieux que lui ! »

Et, immédiatement Beaumanoir, enchaîné, fut conduit dans un cachot proche de celui de Clisson. En même temps, le duc appela un de ses gentilshommes de confiance, nommé JEAN DE BAZVALEN, pour lui enjoindre de faire périr, la nuit suivante, et aussi secrètement que possible : « son ennemi, tout prêt à lui arracher la couronne ducale pour son gendre, s'il ne l'en empêchait ».

Vainement, Bazvalen voulut hasarder quelques conseils ; le duc se coucha, heureux, disait-il, de se venger.

Mais, avec la nuit, vinrent les réflexions graves. Ce n'était plus seulement Clisson et son gendre, ligués ensemble, qui menaçaient la puissance du duc, c'étaient à la fois tous les seigneurs bretons, alliés avec le roi de France, avides de punir un prince déloyal.

Le jour pointait à peine que Jean faisait venir Bazvalen.

« Vous êtes obéi, monseigneur ! dit ce dernier.

— Quoi, interrompit vivement le duc, Clisson est mort !

— Oui, monseigneur, cette nuit il a été noyé, et j'ai fait mettre le corps en terre dans un jardin.

— Ha ! s'écria le duc, verzci un piteux réveil-matin ! Plûts à Dieu, messire Jehan, que je vous eusse cru ! Je vois bien que jamais je ne serai sans détresses. Retirez-vous, messire Jehan, que je ne vous voye plus ! »

Ainsi agit toujours l'instigateur d'un crime, car il cherche à se pallier à lui-même sa responsabilité.

Par bonheur, Jean de Bazalen était un serviteur dévoué et loyal, qui avait cherché, puis trouvé, le moyen d'éviter à son prince les amers regrets dont cette exécution eût été le signal.

Il avait feint l'obéissance. Aussi, lorsque le duc, s'abandonnant au désespoir, calculait les conséquences terribles de sa trahison, Bazvalen, réclamant un généreux pardon, avoua sa désobéissance. Jean IV l'embrassa avec transport. Plus tard il le récompensa dignement : sans lui, sa perte eût été assurée [1].

Toutefois il va sans dire que Clisson ne sortit pas de prison avant la signature d'une convention des plus onéreuses. Il devait livrer les villes de Josselin, de Lamballe, de Broons, de Blain, de Jugon, de Guingamp, de la Roche-Derrien, de Châtelaudren, de Clisson, plus une somme de cent mille livres.

Pour sûreté, le duc envoya Beaumanoir chercher l'argent et remettre à ses lieutenants les places désignées.

Telle fut l'origine de la guerre qui éclata entre Jean IV et le puissant connétable [2]. Sa fille Marguerite devait, plus tard, employer les mêmes procédés à l'égard du duc Jean V.

---

[1]. Bazvalen devait, par un signal convenu, avertir le duc que ses ordres étaient exécutés. Le signal fut donné et provoqua les réflexions amères de Jean IV. Avec raison, on rappelle le parti que, dans la tragédie intitulée : *Adélaïde Du Guesclin*, Voltaire a tiré de cette circonstance dramatique.

[2]. Voir le second volume : *Du mont Saint-Michel à Lorient*, chapitre : *Saint-Brieuc*.

A l'appui de l'opinion qui donne le château de l'Hermine pour prison à Clisson, il faut se souvenir du passage des chroniques, disant expressément que : « De ses fenêtres, le connétable apercevait *la mer*. » Cela eût été impossible si on l'avait enfermé dans la tour qui porte aujourd'hui son nom.

Nous n'effleurerons pas le sujet tant controversé de l'emplacement de *Dariorig* ou *Dariorigum*, capitale des Vénètes. Tout à l'heure, au reste, en parcourant le golfe du Morbihan, nous serons obligés de revenir sur cette question. Nous n'essayerons pas davantage de trouver, parmi des travaux, plus probants les uns que les autres, le fil conducteur permettant de suivre à coup sûr l'itinéraire choisi par César.

Une fois de plus, répétons-le, nous estimons au moins extraordinaire cet orgueil des antiquaires qui, naïvement, sans nécessité, se targuent, pour leur pays, d'une occupation humiliante et cruelle comme le fut celle de César.

Elle plaît mieux à notre patriotisme la résistance héroïque, déployée par les Vénètes, contre les légions romaines. Vaincus, non lassés, décimés et, cependant, toujours indomptables, ils secouèrent souvent le joug étranger. Rome ne put se flatter de les tenir complètement asservis et, quand sa puissance déclina, les Vénètes, attentifs à profiter des dissensions des généraux ennemis, se tenaient fiers, résolus, au premier rang, disposés à tout souffrir pour venger les cruautés passées, pour recouvrer la liberté perdue !

Si plus tard, les Bretons insulaires purent se confondre avec ce peuple courageux, c'est qu'il y avait entre les deux races des affinités de caractère propres à préparer cette alliance.

Vannes devint l'une des villes importantes de la Bretagne. Elle eut ses comtes particuliers. L'un deux, Warroc'h, se signala par ses luttes contre les Francs de Chilpéric Ier, puis contre les comtes de Rennes et de Nantes. Il bâtit le château de *la Motte*, résidence primitive des ducs avant que Jean IV élevât la forteresse de l'Hermine.

De 658 à 845, époque à laquelle Charles le Chauve fit battre monnaie dans Vannes, les Vénètes, comme le reste des Bretons, guerroyèrent contre le roi de France.

En 854, Noménoé assemblait au château de Coëtlon, près de

la ville, des évêques et des seigneurs, qui s'associèrent à ses projets [1].

En 1203. Vannes fut choisie pour le lieu des Mtats, convoqués afin d'aviser aux moyens de venger la mort du jeune duc Arthur, assassiné par Jean sans Terre. Les plus grands noms de Bretagne y parurent.

Le duc Jean Ier, dit le Roux, naquit à Vannes en 1238. C'est à ce prince que remonte la monnaie bretonne au signe d'hermine.

La ville, malgré son importance qui faisait dire par Édouard III d'Angleterre : « La cité de Vannes est la meilleure ville de Bretaigne, après la ville de Nauntes, et saunz estre seur d'elle on ne peust l'estre du païs », la ville, néanmoins, n'a joué qu'un rôle effacé dans l'histoire de la province. Sa situation ne lui conférait pas, comme à Rennes, comme à Dol, comme à Nantes, le dangereux honneur de servir de champ de bataille aux Bretons, luttant tour à tour contre les Anglais et contre les Français, parfois même contre les deux peuples réunis.

Vannes n'en souffrit pas moins trois sièges, à l'occasion de la *Guerre de Succession*. Charles de Blois, vaincu à la Roche-Derrien, y passa une année entière prisonnier : les partisans de Montfort ayant fini par briser la résistance de la ville.

Depuis, le nom de Vannes ne paraît plus guère mêlé à des cérémonies ecclésiastiques, funèbres ou nuptiales.

Le 15 mars 1401, Henri de Lancastre, roi d'Angleterre, y épousa, par procureur, Jeanne de Navarre, veuve du duc de Bretagne Jean IV.

En 1415, Jeanne de France, fille de Charles VI, épouse du duc Jean V, y donna le jour à un fils (plus tard le duc François Ier, meurtrier de son frère Gilles), qui fut baptisé dans la cathédrale.

Une plus grande illustration était réservée à cette église. Saint Vincent Ferrier, appelé en Bretagne par Jean V, choisit Vannes pour résidence. Il y déploya tant de vertus, tant de charité, que la voix publique le salua apôtre du diocèse entier. Il mourut le 5 avril 1419, âgé d'un peu plus de soixante-deux ans. Jeanne de France ne voulut céder à personne le soin d'ensevelir le saint,

---

1. Voir le second volume, chapitre : *Dol.*

UNE RUE, A VANNES

et le duc choisit la cathédrale pour lieu de sépulture de Vincent Ferrier, à qui il fit de pompeuses funérailles.

Quatorze ans plus tard, la duchesse mourante, demanda à être inhumée près de l'apôtre qu'elle vénérait. Sa prière fut exaucée.

Pierre, deuxième duc du nom, rendit une ordonnance défendant de jamais transporter hors de l'église métropolitaine du diocèse le corps de saint Vincent Ferrier, et « ce, disait-il, en considération de la dévotion que sa mère avait eue pour l'admirable apôtre ».

Marie de Rieux, vicomtesse de Thouars, mère de la duchesse Françoise, d'Amboise, décédait la même année que Jeanne de France et, comme elle, voulut reposer dans l'église de saint Vincent Ferrier avait rendue célèbre.

En mars 1456, le cardinal Alain de Coëtivi procédait, en présence du duc Pierre II, de quatorze évêques et d'un immense concours de peuple, à l'exaltation de l'apôtre.

Après ces souvenirs funèbres, les chroniques enregistrent plusieurs mariages nobles ou princiers et prennent la peine de décrire jusqu'aux toilettes exhibées en ces circonstances.

A plus de quatre siècles de distance, il peut être curieux, ne fût-ce que pour aider aux patientes recherches des érudits en costumes historiques, de transcrire le passage précité.

« Le 16 du mois de novembre 1455, Marguerite de Bretagne [1] épousa le comte d'Étampes [2].

« Ce mariage fut célébré par l'évêque de Nantes, en présence du duc, des duchesses [3], de Marie de Bretagne, des dames de Thouars, de Keraër, de Malestroit, de Penhoët, de Ploufragan et de plusieurs autres dames et seigneurs.

« Marguerite de Bretagne parut avec le plus grand éclat à cette cérémonie.

« Elle était couronnée d'un cercle d'or enrichi de pierreries, sur une coiffure de fil d'or semée de grosses perles; son collier

---

1. Fille du défunt duc François Iᵉʳ.
2. Depuis duc, sous le nom de François II. Il était fils de Richard, frère du duc Jean V, par conséquent cousin de Marguerite. De son second mariage, il eut la célèbre Anne de Bretagne.
3. Françoise d'Amboise, duchesse régnante, et Isabelle d'Écosse (mère de la fiancée), fille de Jacques Iᵉʳ, roi d'Écosse, veuve de François Iᵉʳ, frère de Pierre II, duc régnant.

était garni de magnifiques diamants; son habillement était un corset de velours cramoisi fourré d'hermine, avec une grande robe traînante soutenue par Mme de Penhoët, qui était en corset d'écarlate et qui était suivie de Mme de Keraër.

« L'amiral du Beuil tint le cierge du comte d'Étampes, et le sire de Gavre, celui de la princesse. La livrée du duc était de damas et satin violet, fourrée de peaux d'agneaux noirs; celle du comte, de même couleur, était fourrée de gris. Il n'y eut qu'un certain nombre de gentilshommes qui portèrent cette couleur ce jour-là; mais, le lendemain, toute la cour fut en gris.

« La duchesse (*régnante*) avec huit autres dames étaient parées de floquarts et portaient de grosses chaînes d'or au cou. La première avait une robe à fleurons d'or, sur une étoffe fond cramoisi, fourrée de peaux de martre. Les autres avaient des robes de velours et de satin cramoisi.

« Après la cérémonie, le duc mena la princesse dîner à son château de l'Hermine et la plaça sous le milieu du dais, auprès de la duchesse. Il y avait cinq tables dans la même salle : le bal suivit, et le lendemain fut commencé le tournoi, qui dura quatre jours; après quoi, tout le monde se retira, à l'exception de quelques jeunes seigneurs qui voulurent aller à la chasse dans l'île de Batz[1]; mais ils furent pris par les Anglais en traversant la mer. Le duc obtint leur liberté quelque temps après. »

On le voit, nos aïeux s'entendaient assez bien en magnificence.

En 1445, le duc François II, celui dont nous venons d'assister au mariage, établit à Vannes les *Grands Jours,* c'est-à-dire les séances du Parlement, qui devaient avoir lieu régulièrement du 15 juillet au 15 septembre.

Le premier acte d'autorité du comte d'Angoulême (depuis François Ier, roi de France), époux de Claude de France, fille d'Anne de Bretagne et de Louis XII, fut d'ordonner que le Parlement restât sédentaire à Vannes, ville considérée comme étant située au centre de la province.

Cet acte est signé par le prince, *comme duc breton,* portant le nom de « François III ».

Henri II créa le Présidial de Vannes en 1552. Plus tard, il y

---

[1] Aujourd'hui Bourg de Batz.

joignit les juridictions royales de Ploërmel, de Rhuys et de Muzillac.

En 1577, le chevalier René d'Arradon dota la ville d'un collège. Vingt ans plus tard, les Espagnols alliés des ligueurs, augmentaient les fortifications de Vannes, qui avait embrassé le parti de Mercœur. Par contre, en 1615, le château de l'Hermine fut démoli sur l'ordre de Louis XIII.

Cathédrale de Vannes.

La ville rentra alors dans sa tranquillité indolente. Les premières années de la Révolution troublèrent à peine ce repos, et aucun excès ne fut commis dans la vieille cité.

Mais, après la fatale expédition de Quiberon, Vannes frissonna. Vingt-deux prisonniers, parmi eux le comte Charles de Sombreuil et le dernier évêque de Dol, Mgr de Hercé, furent fusillés à la Garenne, colline alors nue et rocheuse. C'était le 3 juillet 1795.

Hâtons-nous, pour affaiblir ces souvenirs lugubres, de détourner nos yeux de la Garenne, maintenant transformée en un amphithéâtre de terrasses superposées et bien plantées.

Le long de la promenade ainsi obtenue coule le petit ruisseau de Plaisance, sur la berge gauche duquel se mirent les jardins de vieilles maisons ; sur la berge droite se développent les restes des murailles couronnées par la tour dite *du Connétable* et le clocher de la cathédrale. C'est, au point de vue pittoresque, la partie la plus curieuse de Vannes tout entière.

Le port, ombragé par la magnifique promenade de la *Rabine*, sur sa rive droite, et par de beaux arbres sur sa rive gauche, s'enfonce au milieu d'une place spacieuse, assez bien bâtie. Malheureusement, ni le reflux, ni les eaux des rivières, ni celles de l'Étang-au-Duc, qui se déchargent dans le chenal, ne peuvent combattre l'accumulation de la vase. Les navires de plus de deux cents tonneaux doivent jeter l'ancre à Conlo, dépendant de l'île de ce nom, située en la rivière de Vannes.

La ville n'est pas riche en monuments remarquables. Dédiée à saint Pierre, sa cathédrale, brûlée au dixième siècle par les Normands, rebâtie du treizième au quinzième siècle, ne fut terminée qu'au dix-huitième. L'unité de style en est donc absente, mais la voûte de sa nef est majestueuse. Elle possède le tombeau de saint Vincent Ferrier, de nombreuses sépultures princières, de belles statues, des reliquaires et des tableaux modernes d'une réelle valeur. Son portail occidental est un gracieux spécimen de la sculpture architectural du quinzième siècle.

Le palais épiscopal occupe l'ancien château de la Motte, où furent tenus les États qui votèrent la réunion définitive de la Bretagne à la France (1533).

Parmi les divers restes de fortifications, la tour Joliette, la porte Saint-Paterne, la porte Neuve et la porte Saint-Vincent, peuvent être comptées après la tour du Connétable. Plusieurs maisons en bois ou en pierre datent du quinzième et du seizième siècle ; la plus curieuse est celle dite le *Château Gaillard* ou du *Parlement*, puis vient la maison de saint Vincent Ferrier, toutes deux extérieurement décorées.

Vannes, nous l'avons vu, participe, avec une sorte d'égalité, du passé et du présent : ses nouveaux quartiers n'ayant pas encore trop empiété sur la ville basse... Il en est autrement du langage qu'on y parle. Le français, sur les lèvres vannetaises, contracte à peine un très léger accent et se montre exempt de toutes locutions vicieuses. Par contre, le breton, ou plutôt, le *gallo*, car il est émaillé de quantités de mots « francs » défigurés, laisse place aux plus surprenantes métamorphoses.

Un exemple. A l'est de la ville, un coin de quartier se nomme le *Gras d'or*. Maintes fois, de savants linguistes celtiques avaient cherché la signification de ce mot. Un jour, enfin, l'un d'eux interroge quelques habitants parlant également bien le français et le gallo.

Des réponses obtenues, puis comparées entre elles, jaillit la lumière.

Ce coin de quartier est situé sur les confins de l'Étang-au-Duc, d'où les mots *Krac'h-an-Dour* (*Butte de l'eau* ou *Butte du bord de l'eau*) qui, dans le Morbihan, se prononcent *Krac'h-en-Deur*, et devinrent, par une suite de transformations de prononciation et d'orthographe : *Gras Deur*, enfin *Gras d'or!* Terme bizarre, sans signification, si la topographie des lieux n'avait conduit à sa véritable étymologie.

Voilà comment on peut, avec un vieux dicton, toujours affirmer sans se tromper : « Bon Breton de Léon, bon Français de Vannes. »

Vannes construit des navires renommés pour leur exceptionnelle solidité, mais peu d'entre eux atteignent quatre cents tonneaux ; s'ils dépassent la moitié de ce tonnage, il leur est impossible de revenir, une fois chargés, aux quais d'où ils partirent, la profondeur du chenal ne permettant pas la remonte à un chargement supérieur.

Les tanneries, les corderies fournissent, avec le sel, les grains, le beurre, le miel, la cire, les bestiaux, le chanvre et autres produits, un fret assez abondant.

Les foires, les marchés attirent un grand concours des campagnes avoisinantes, et souvent de villages éloignés.

Aux environs, les ruines du monastère des *Trois-Maries*, fondation de Françoise d'Amboise, touchent celles de l'abbaye du *Bon-Don*, bâtie par Jean V. Une assez curieuse croix en pierre étend ses bras vers la route qui y mène.

La chapelle Notre-Dame et son calvaire, datant tous deux de la fin du quinzième siècle, appellent souvent les touristes au Rohic, qui, de plus, possède de belles ruines romaines.

Le pays entier présente des ruines semblables, plus ou moins intéressantes, plus ou moins connues. Ces débris, joints au nombre immense des monuments mégalithiques de tout genre et aux aspects si variés de la campagne, rendent les excursions dans le Morbihan extrêmement attachantes. C'est, avec le Finistère, la partie du vieux duché qui a le mieux gardé son cachet original et sa physionomie primitive, reconnaissables après tant de siècles écoulés. Le beau musée, si bien établi et si soigneusement entretenu de la Société Polymathique, est la meilleure preuve de cette assertion.

Vannes compte plusieurs hommes remarquables. Parmi eux, CAYOT-DELANDRE, enfant, par le cœur, de la ville où il résida si longtemps, a beaucoup contribué au progrès des études historiques dans le Morbihan. En dehors de travaux plus importants, l'*Annuaire* qui porte son nom sera toujours consulté avec fruit, malgré quelques erreurs ou partis pris, chose inévitable en ce genre de recherches.

Pour juger très favorablement Vannes, il faut regarder cette ville du bord de la mer ou des hauteurs de Kérino. On comprend alors le nom de *Gwenet* ou de *Wenet :* la *Blanche* ou la *Belle,* donné par les Celtes.

Bâtie au midi, sur une colline dont elle suit les contours, on la croirait toute gaie, blanche, élégante, gracieuse.

Ce n'est qu'un mirage (la ville basse conservant sa physionomie antique), mais un mirage agréable à contempler et qui fait rêver de ces cités orientales, brillantes, sous le ciel bleu, à l'horizon lointain...

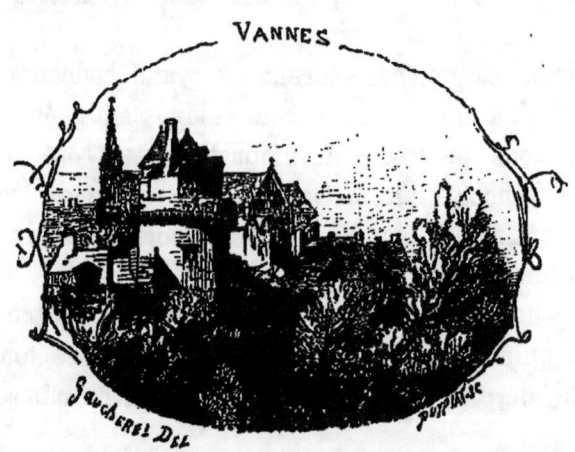

CHAPITRE XIII

LE GOLFE DU MORBIHAN. — SES ILES. — SES BATEAUX DE PÊCHE

La jolie ville d'Auray et ses campagnes, Carnac, le grand ossuaire celtique; Locmariaker, la colonie romaine; Penthièvre et Quiberon, tout frémissants encore des drames accomplis sur leurs écueils battus par le ressac, gardent toujours un puissant attrait. Les voyageurs y affluent chaque année.

Maintenant, en vue du but que nous désirons atteindre : une description exacte, surtout utile, du LITTORAL DE LA FRANCE, nous cherchons encore le sentier abandonné, la ruine délaissée, la grève inconnue... Nous les trouverons en explorant le golfe du Morbihan, si peu visité et qui mériterait tant de l'être jusque dans ses moindres replis.

La rivière de Vannes offre un agréable chemin. Sa profondeur est peu de chose, le flux n'élève guère son niveau que d'un mètre cinquante à deux mètres, opposant, par cela même, un obstacle insurmontable à l'arrivée de navires d'un fort tonnage.

Il n'en saurait être autrement : le volume des eaux douces reste trop faible pour creuser le chenal, et le golfe maritime où elles se jettent participe d'une manière trop incomplète au phénomène des marées.

Les Instructions nautiques sur les côtes de France donnent l'explication de ces circonstances capitales.

« Le Morbihan est un vaste estuaire, généralement peu profond. Dans les grandes marées il ne se remplit pas entièrement des eaux du dehors; au moment de la pleine mer, il y a dénivellation et le courant y pénètre encore, non seulement à cause de sa vitesse propre, mais aussi parce que, pendant une demi-heure après la pleine mer, la hauteur est *moindre* dans l'intérieur qu'au dehors. A Port-Navalo, situé à l'entrée, il existe toujours une *surélévation de trente centimètres, à basse mer.*

« L'intérieur du Morbihan, où cette surélévation atteint quatre-vingts centimètres, se comporte comme un bassin à ouverture trop étroite, ne participant, par conséquent, au jeu des marées que d'une façon incomplète. La rivière d'Auray a l'amplitude de ses marées modifiée par l'influence des courants du Morbihan.

« La plus grande profondeur du golfe est de vingt mètres. Au milieu des trois cents îles et îlots qui s'élèvent dans ce bassin, serpente un chenal par lequel les navires de cent cinquante tonneaux peuvent remonter jusqu'à Vannes. »

« Le golfe du Morbihan, a écrit M. Amédée de Francheville, ne jouit pas de la célébrité qu'il mérite, et son importance maritime est méconnue.

« La forme de cet archipel en miniature est celle d'une feuille de vigne, tant son rivage a été déchiré par la mer, tant il est dentelé de baies, de caps, de criques, de promontoires.

« Labyrinthe sans fin de terre et d'eau, ses aspects sont des plus variés. Calme et uni dans l'intérieur, il est plus sauvage, plus animé vers son embouchure. »

Cette description est toujours exacte. Rien de plus pittoresque, rien de plus gracieux que ces pointes découpées, ces îles, ces îlots, ces plateaux de rocs entourés de passages commodes, où peuvent voguer de concert et les navires réclamant un fort tirant d'eau [1] et la modeste barque.

La diversité des côtes est extrême. Tantôt riantes, vertes et ombragées ; tantôt escarpées et rocheuses ; tantôt sablonneuses et basses.

Un dicton de Bretagne avance que le golfe renferme autant d'îles que l'année contient de jours (*Larein a rer, é héss quemend a inizi ir Morbihan, ell a zë a zou er blaï*).

Très probablement, faut-il, pour arriver à ce total, compter tous les bas-fonds laissés à découvert par le reflux. N'importe, la première impression donne raison au dicton. Il semble que, réel-

---

[1]. On ne doit pas oublier que les navires d'un millier de tonneaux peuvent aller jusqu'à Conlo (entrée de la rivière de Vannes).

lement, on entrevoie des centaines d'îles et d'îlots ; mais, administrativement, on ne reconnaît pas plus d'une soixantaine d'îles.

Quelques-unes, dépourvues d'habitations, sont uniquement consacrées à l'élève du bétail, des moutons surtout, dont la chair y devient exquise.

La plupart sont la résidence de pêcheurs intrépides, de marins infatigables, d'excellents pilotes. Entre toutes, se distinguent l'ILE-AUX-MOINES, vis-à-vis de l'entrée de la rivière de Vannes ; l'île d'ARZ, au centre du golfe, et GAVR'INISS (littéralement *île de la chèvre*), non loin de l'embouchure.

ARZ possède un bourg important, situé dans sa partie méridionale, sur le penchant d'une colline, élevée par rapport au niveau des côtes qui l'entourent.

Que l'on soit ou non disposé à l'admiration, il est impossible de ne pas trouver charmant l'aspect présenté par les maisons étagées le long des flancs de la colline et dominées par le clocher de l'église.

L'idée vient d'appliquer au joli bourg le nom plus ambitieux de « ville » et de lui attribuer une importance hors de proportion avec sa richesse réelle.

Ancien prieuré placé sous la dépendance de l'abbaye de Saint-Gildas de Rhuys, Arz avait une haute justice ressortissant à la juridiction de Sarzeau, mais appartenant à l'abbaye de Saint-Georges de Rennes[1].

L'église paroissiale, très curieuse, est de style roman ; dans le cimetière, quelques tombeaux appellent l'attention.

L'île d'Arz est cultivée avec assez de soin. Comme le sol y est très bon, il pourrait rapporter infiniment plus, si là encore on n'estimait au-dessus des travaux agricoles le labeur de la mer.

Les anciennes mœurs ont laissé dans l'île une trace profonde. Les Arzais sont non seulement braves, énergiques, mais probes et hospitaliers. Nous n'éprouverions aucune surprise si l'on nous disait qu'ils croient encore à beaucoup de légendes, moins authen-

---

[1]. La célèbre abbaye de Saint-Georges, à Rennes, avait eu pour première abbesse Adelle de Bretagne, sœur du duc Alain III. On n'y admettait que des demoiselles de grande naissance, et les plus anciennes maisons du duché se faisaient honneur d'y compter une de leurs filles. C'était le monastère de femmes le plus distingué et le plus riche de la province.

tiques les unes que les autres : à l'*An Ankou*, par exemple, c'est-à-dire au spectre avant-coureur de la mort !

Qu'y a-t-il d'étonnant dans cette crédulité? Habitants d'un pays où le bruit de la mer indomptable domine tous les autres bruits ; obligés, par leur genre de vie, de lutter chaque jour au milieu des écueils et des brisants, contre les vents et les flots, la notion exacte des choses s'efface pour eux.

L'œil, fatigué par le reflet de l'embrun des vagues, l'oreille assourdie par le mugissement du ressac, sont disposés à accueillir les mirages de l'imagination. Mais vienne le danger réel, vienne la nécessité de déployer un viril courage, toute crainte est loin ! L'homme de la « terre de granit » se retrouve, prêt à faire, s'il le faut, simplement, héroïquement, sans un murmure, le sacrifice de sa vie...

Dans l'île d'Arz, comme dans l'Ile-aux-Moines, la population est robuste, le type vraiment beau. Le costume des femmes, quoique d'apparence un peu sévère, n'en est pas moins gracieux. La coiffe retombe en deux larges ailes de chaque côté du visage, qu'elle encadre modestement et fort bien.

Un trait de mœurs, que l'on retrouverait dans les chroniques de plusieurs îles de Bretagne, permettait aux jeunes filles d'Arz de choisir elles-mêmes l'homme dont elles désiraient porter le nom. Nous ne voudrions point affirmer que cette coutume ait entièrement disparu.

Les chroniqueurs ne disent pas si cette manière originale d'agir influait sur le bonheur des époux. Peut-être faut-il le croire, puisque les Arzais ont de tout temps été renommés pour la concorde régnant dans leurs familles.

Autrefois, encore, un touchant usage témoignait en faveur du cœur des Arzais.

« Lorsqu'un bâtiment arrive de voyage, tous les enfants de l'île appartenant à la classe des matelots se rendent au rivage, et un repas leur est donné, sur le port, par l'équipage. Usage des plus touchants, car bientôt, peut-être, ces pauvres marins doivent périr corps et biens, et d'autres donneront alors à leurs enfants, devenus orphelins, le repas de la bienvenue. »

La remarque concernant le sort probable d'un très grand nombre de marins est trop vraie. Partout, lorsque, comme à Arz, la principale industrie est la navigation, on trouve des cimetières bien petits et peu en rapport, est-on tenté de croire, avec le chiffre de la population.

Hélas! combien, parmi ces hommes respirant la force et la santé, reviendront vieillir sur le petit coin de terre où ils sont nés?

Les flots lointains et, plus souvent encore, la mer qui baigne leurs propres rivages, les engloutiront.

Ils ne seront plus, mais, au logis désolé, leur famille ne les oubliera pas, priera pour eux, les aimera toujours...

Et le fils n'aura pas même la pensée de chercher à éviter le sort qui atteignit son père !...

Que de victimes fait l'Océan, et, pourtant, quel attrait il garde!

L'antique fable des *Sirènes* sera éternellement vraie.

La vague tord sa verte chevelure, parsemée des perles de sa blanche écume, en murmurant sa chanson si douce... On ne peut résister à cette voix charmeresse.

Le gouffre profond attend les victimes... Mais celles mêmes qui ont pu y échapper sont les premières à le braver de nouveau.

Le savant abbé MARIÉ, dont les travaux sur les *Antiquités du Morbihan* ont une réelle valeur; M. RIO, auteur d'ouvrages encore estimés, entre autres une *Histoire de l'art chrétien*, étaient nés à l'île d'Arz.

L'ILE-AUX-MOINES est une des plus attrayantes, sinon la plus belle des îles du Morbihan.

Ses côtes sont extrêmement variées.

Tour à tour, on y trouve des vallons verdoyants et des collines dénudées ; les jardins, les prairies, les champs cultivés alternent avec quelques landes.

Les monuments celtiques y sont nombreux.

Beaucoup ont été fouillés, ainsi que des tombeaux de construction primitive retrouvés dans une partie du bourg principal : *le Luduec* (*lieu des cendres,* ou *lieu plein de cendres*). Les objets recueillis témoignent d'une antiquité très reculée. La plupart se trouvent au musée de Vannes.

Le nom de l'île confirme l'opinion qui lui donne, pour premiers habitants, de pieux solitaires auxquels vinrent, plus tard, se joindre de nombreux disciples. Cependant, cette opinion est fausse. Le nom vient simplement de la donation de l'île, faite par Erispoë, roi de Bretagne (850), fils de Noménoë, à l'abbaye Saint-Sauveur de Redon, qui gouverna cette propriété nouvelle sans y installer aucune colonie religieuse.

Les mœurs permettaient ici aux jeunes filles de choisir leur époux. Longtemps même on a cru que l'Ile-aux-Moines seule avait le privilège de cette coutume.

On oubliait l'île d'Arz, moins visitée que sa voisine, on oubliait plusieurs autres îles, et principalement celle d'Ouessant [1], où cette cérémonie de la demande en mariage faite par une jeune fille était accompagnée des rites les plus curieux.

Aujourd'hui les vieilles mœurs s'oublient, et plus d'un habitant de ces îles rougirait qu'on lui rappelât les usages de ses pères.

La morale y gagne-t-elle? Il n'est pas téméraire d'en douter si, du moins, la mémoire se reporte aux témoignages nombreux et précis des historiens.

Pendant la belle saison, l'exploration de l'Ile-aux-Moines est pleine d'attrait. Les villages y ont une physionomie particulière, provenant du genre de construction adopté ; chacun veut être chez soi et se garder autant que possible du vent de mer. En conséquence, les habitations ressemblent à de petits fortins, mais n'en respirent pas moins l'aisance. Les gens eux-mêmes ont de frais et gais visages, très avenants.

Sauf en quelques parties, les chemins et sentiers, bien ombragés sont, tout parfumés d'une flore variée. Les prairies, couvertes d'une herbe fine et épaisse, confinent des champs cultivés en blé, en chanvre, en mil. Les potagers donnent d'excellents légumes; quelques clos, plantés de vignes, fournissent un vin blanc, très faible à la vérité, mais de ressource pour les propriétaires, quand la température a permis au raisin de mûrir.

De jolis jardins, soigneusement entretenus par de vieux capitaines au long cours ou des maîtres de marine retraités, entourent, çà et là, des habitations, véritables chaumières à l'extérieur, mais meublées et décorées intérieurement d'une manière aussi confortable qu'élégante.

---

1. Voir le second volume : *Du Mont Saint-Michel à Lorient*, chapitre : *Ouessant*.

Tout, on le croirait, est dans l'île paix, douceur, joie... On est obligé de se souvenir que la majeure partie de la population ne quitte pas le « champ de la mer ». Dès lors peu d'hommes du pays reviennent vieillir et mourir là où ils sont nés.

Le havre, appelé *Lério*, bien abrité, s'ouvre sur la côte occidentale ; on y construit des navires. Autrefois, « les capitaines natifs de l'Ile-aux-Moines avaient un guidon particulier, appelé *Izénah* (le propre nom de l'île, en breton), à l'aide duquel ils se reconnaissaient et se secouraient en mer.

« La maison de campagne du *Guerric*, au fond de la baie de ce nom, a été construite par une famille irlandaise, émigrée en France, à la suite du roi Jacques II Stuart. »

Cette partie de l'île, nommée aussi Guerric, est toute verdoyante de beaux grands arbres et baignée par de claires petites sources.

Si l'on veut rechercher les vestiges celtiques, il faut aller à Penhap, au sud du pays.

M. de Francheville a décrit de la manière suivante les plus curieux de ces monuments.

« Le beau dolmen de Penhap est nommé *Men houziguiannêt* (*pierre des Poulpiquets*).

« Les supports sont fichés circulairement en terre. La plus grande table a onze pieds et demi de longueur sur huit de largeur ; elle est accompagnée d'une petite galerie couverte, accessoire assez ordinaire aux édifices de ce genre. Ce dolmen a, pendant quelques années, servi de demeure à une famille de matelots.

«... Proche le village de Kergonan, un pré, espèce de carré long, nommé *Parc-Hir* (*parc allongé*) à cause de sa forme, s'étend entre deux rangées de menhirs de différentes hauteurs qui en marquent les limites. »

Mais on ne vient pas à l'Ile-aux-Moines pour y étudier longuement les pierres celtiques, car Gavr'iniss est voisine. Quittons donc la jolie *Izénah* pour nous rendre au célèbre galgal.

L'*île de la Chèvre*, ou Gavr'Iniss, se rapproche de l'embouchure du Morbihan. Elle dépend de Baden, commune renommée par l'élevage d'excellents veaux.

Longtemps on ignora que sous ce monticule, haut de sept mètres et large, à la base, de près de deux cents mètres, existait une des plus curieuses grottes celtiques dont il soit possible d'admirer la structure. On savait seulement que le sommet du galgal, un peu déprimé, offrait, sous le premier Empire, une cachette sûre aux conscrits réfractaires du canton; mais nul ne se souciait de les y aller chercher, car les en déloger n'eût pas été une mince entreprise.

Cependant, Gavr'Iniss passa à un propriétaire[1] que cette cachette intrigua. Il voulut la visiter et reconnut l'existence d'une première chambre souterraine, fermée par quelques grosses pierres. Aussitôt le désir de fouilles plus profondes en fut accru; le préfet du Morbihan[2] aida beaucoup aux recherches. Tout ce travail devait être largement récompensé.

Bientôt, une seconde grotte était dégagée. Vingt-sept pierres levées, disposées : treize d'un côté, quatorze de l'autre, forment une allée d'environ douze mètres[3] sur un mètre trente, conduisant à un dolmen de plus de trois mètres de profondeur, sur plus de deux mètres de largeur.

Une seule pierre le recouvre : elle n'a pas moins de quatre-vingts centimètres d'épaisseur, quatre mètres de longueur et trois mètres de largeur. On lui attribue un poids de près de quatre cent mille kilogrammes.

Ces dimensions, ce poids ne sont pas ce qui frappe dans le monument, mais bien les sculptures ornant presque toutes « les pierres levées ». Elles ont été comparées aux tatouages régulièrement ondulés et bizarres dont les Nouveaux-Zélandais ornaient leurs corps.

Sur plusieurs, des figures de *celtæ* (ou *charrues,* si l'on adopte l'opinion de M. du Cleuziou; ou *haches à sacrifice,* si l'on s'en tient à l'opinion vulgaire) sont disposées de telle sorte que l'idée vient d'une écriture inconnue, ayant des rapports avec les caractères cunéiformes. Malheureusement pour elle, comme pour les lignes de la *table des Marchands,* à Locmariaker, un interprète est encore à trouver.

Une figure, plus que toutes les autres encore, a exercé la patience des archéologues : sous le dolmen, deux anneaux con-

---

1. M. Cauzique.
2. M. Lorois.
3. Onze mètres cinquante centimètres.

centriques sont profondément creusés dans une pierre dont la partie extérieure n'a pas été enlevée.

Nous ne rappellerons pas les inductions ingénieuses ou très savantes auxquelles ils ont donné lieu, de même qu'une sorte de zodiaque et divers objets remarquables. Les plus précieux de ces trésors celtiques ont été transportés à Vannes, avec une quantité d'autres provenant de fouilles faites à Carnac, à Locmariaker, à Plouharnel.

Il faut les voir là, et ensuite, sous l'impression éveillée par eux, lire les mémoires publiés à leur sujet par la Société archéologique et polymathique vannetaise.

Embouchure de la rivière d'Auray.

On ne regrettera pas d'avoir pris cette peine : des horizons nouveaux s'ouvriront à la pensée et des méditations fécondes surgiront de la poussière des siècles accumulés.

Une petite chapelle était autrefois édifiée sur Gavr'iniss, à trois cents pas du mystérieux monument. La tradition la donne, comme annexe, à un couvent de *Moines rouges*, c'est-à-dire aux *Chevaliers de Saint-Jean de Jérusalem*, confondus, par le peuple, avec les Templiers, dont ils héritèrent[1].

Une ferme, pour l'exploitation de l'îlot, a remplacé la chapelle.

Dans les ruines de cette dernière, on a trouvé un crucifix, en cuivre rouge, de style et de forme semblables aux crucifix datant de l'époque où vécurent les chevaliers du Temple.

Gavr'iniss reste ainsi, par les souvenirs qu'elle éveille, un lieu de halte extrêmement intéressant.

Avant de quitter le golfe du Morbihan, quelques mots sur sa configuration sont nécessaires.

---

[1]. Voir une plus ample explication de ce fait dans le second volume : *Du Mont Saint-Michel à Lorient*, chapitres : *Dahouët* et *Lanleff*.

Extrêmement étroit à son goulet, situé au sud-ouest, cet estuaire se divise en plusieurs baies, formées soit par ses flots, soit par l'embouchure des rivières dans lesquelles la marée pénètre au loin.

Le courant du flux se divise en deux grands bras, portant l'un vers Auray, l'autre vers la côte de Rhuys.

La rivière d'Auray, ou le Loch, est souvent appelée *Deur Brass, les grandes eaux*, parce que de forts navires peuvent la remonter, au moment des marées, jusqu'à la ville même.

Une seconde rivière, beaucoup plus faible, la *Sal*, opère sa jonction avec le Loch à la pointe de Kérisper, là même où les vestiges du vieux pont romain entravent parfois la navigation. La Sal est aussi appelée : *Rivière du Bono*, à cause d'un petit port de ce nom, situé en la commune de PLOUGOUMELEN, et encore *Deur Bihan*, ou *petites eaux*, parce que la marée n'en permet l'accès qu'aux petits navires.

Le bras du courant longeant la côte de Rhuys pénètre dans la rivière de Vannes et l'aide à se diviser en trois parties baignant : la première, le VINSIN, la seconde, Vannes, et la dernière formant la limite ouest de la presqu'île de SÉNÉ, dont la côte orientale est découpée par la baie de NOYALO.

Il y a beaucoup d'autres rades comme, également, beaucoup d'autres larges courants portant vers les îles et facilitant le passage entre elles.

La profondeur d'eau reste variable, mais, à Port-Navalo et à Locmariaker, elle ne descend pas au-dessous de vingt mètres, par les plus bas reflux.

La navigation y est facile, les vagues sont courtes, peu élevées, mais, au voisinage du goulet, le jeu des marées produit un courant parfois absolument effrayant d'aspect et brisant sur des roches redoutées, appelées *Er Meud-Brass* (le *grand Mouton*); *Er Gazeck* (*la Jument*) et les *Tisserands*. Néanmoins, des barques de pêche le traversent ou le descendent journellement, car les marins morbihannais sont aussi intrépides matelots que bons pilotes.

Parmi leurs embarcations diverses, celles de *Séné*, nommées *sinagots*, et celles du *Bono*, appelées *forbans*, sont les plus remarquables.

Les bateaux de Séné sont excellents voiliers. Pointus aux deux extrémités, larges au *grand bau*[1], longs d'environ deux mètres, ils ne portent qu'une voile quadrangulaire, amurant[2] sur le côté.

Les bateaux du *Bono* sont voilés comme ceux de Groix; mais ils en diffèrent pour la construction; on ne saurait mieux comparer leur forme qu'à celle d'une moule. Longs de neuf à dix mètres, il portent une petite misaine et une grande voile amurant sur le côté. Marcheurs supérieurs, ils sont employés en pleine mer, malgré les dangers et les difficultés qu'ils offrent dans le maniement du gouvernail. Ils ne peuvent virer de bord que *lof pour lof*[3].

Toutes ces barques exploitent les côtes du large et le golfe poissonneux, riche en coquillages, en crustacés, en mollusques. Du moindre coin où peut s'abriter un canot, on a fait un petit havre, et l'ensemble des navires, des barques, des chaloupes, des canots du Morbihan seul, s'élève certainement à plus de douze cents.

C'est une chose très curieuse, dans une île, que d'arriver sur une pointe en apparence déserte, et de se demander comment on pourra atteindre soit une autre île, soit « la grande terre ».

Cependant le moindre signal : un cri, un mouchoir agité au vent, fait surgir, en face du voyageur, un bateau dont le propriétaire ou le fermier est tout disposé à louer son travail, et cela pour un salaire si modique!

Voilà comment il est possible d'explorer sans difficultés sérieuses ce magnifique estuaire que l'on désire toujours revoir quand une fois on l'a contemplé.

---

1. Les *baux* sont les poutres principales placées en travers des bâtiments pour en lier les murailles pour les maintenir dans l'écartement voulu et pour supporter les bordages des ponts, ainsi que leur charge. Le grand *maître bau* est situé dans la plus grande largeur du navire. Ordinairement, il se trouve un peu en avant du milieu de la longueur du bâtiment.

2. Amurer une voile, c'est la disposer pour l'allure *du plus près*. L'amure est un cordage destiné à fixer le point inférieur qui se trouve au vent.

3. Le *lof* d'un navire est le côté ou le bord de ce navire qui se trouve frappé par le vent. *Virer lof pour lof* signifie, à proprement dit, *virer de bord en ayant vent arrière*; on s'oriente ensuite sur ce nouveau bord.
Les virements de bord s'effectuent pour gagner ou pour s'élever au vent, et pour atteindre un point plus rapproché de l'origine du vent que celui où l'on se trouve (*Dictionnaire de marine* de M. l'amiral Pâris).

Le Morbihan a-t-il bien été le théâtre de la décisive bataille navale gagnée par César sur les Vénètes?

Il ne saurait nous appartenir de trancher avec autorité la question; mais nous pouvons dire qu'il a fallu vraiment beaucoup de bonne volonté pour trouver dans les *Commentaires* une description du golfe. César dit seulement que ses gabares sortirent de la Loire et que « les Vénètes comptaient sur la victoire, à cause du peu d'habitude des Romains avec les dangers de l'Océan, chose bien différente de la navigation sur une mer *fermée, mare conclusum* ».

Sous-entendu : la Méditerranée, vaste bassin intérieur, comme on l'a fait si justement remarquer.

De plus, César parle des villes de la côte, *situées sur des pointes avançant dans la mer.*

Locmariaker et plusieurs autres bourgs remplissent bien cette condition, mais Vannes est tout autrement bâtie, puisque les méandres de sa rivière l'éloignent de seize kilomètres du golfe.

Enfin, deux choses eussent dû, ce nous semble, frapper les commentateurs. Premièrement, est-il admissible que les *deux cents grandes voiles des Vénètes* et les centaines de lourdes gabares des Romains aient pu manœuvrer au milieu d'un dédale comme celui du Morbihan?

Ensuite, est-il admissible que les Vénètes, si belliqueux, si bons marins, si fiers, si ardents patriotes, eussent laissé tranquillement les navires romains franchir l'étroit goulet où ils pouvaient les anéantir en détail, presque sans risque?

On se demande encore comment César, qui le dit *expressément*, eût pu suivre les différentes phases de la journée où se jouait le sort d'un pays, si le théâtre du combat avait été « *la Petite Mer* »?

Là, pour nous, d'ailleurs, n'est pas la véritable question. Un vainqueur capable d'agir comme le fit César, — César mettant à mort ou vendant à l'encan des braves dont le seul crime était d'avoir défendu leur patrie! — ce vainqueur-là a été et sera toujours assez loué.

Mais il s'agit de savoir si le Morbihan n'est pas d'une origine relativement récente. M. Desjardins, dans sa *géographie de la Gaule romaine*, tient pour cette opinion.

« A l'époque romaine, a-t-il écrit, le *Morbihan n'existait pas*. Le golfe d'Auray était insignifiant ou même nul. L'ouverture entre Locmariaker et Port-Navalo devait être l'embouchure unique des trois rivières de Vannes, d'Auray et de l'estuaire de Noyalo : s'il avait existé, le golfe du Morbihan aurait reçu un nom romain. On peut le regarder comme un estuaire de petite dimension, progressivement agrandi par une circonstance physique. »

Les côtes de Normandie et de Bretagne offrent d'autres exemples de l'envahissement des flots. La baie du Mont-Saint-Michel, la baie de Cancale, la rade de Saint-Malo, les baies de Saint-Brieuc, de Lannion, de Douarnenez, de Quiberon, témoignent de leurs violences, lentes ou soudaines, mais toujours irrésistibles.

Et en ce qui concerne le Morbihan, une des meilleures preuves de l'action de la mer se rencontre dans la découverte, faite[1] sur un îlot, de monuments celtiques, gisant *beaucoup au-dessous de la basse mer ordinaire*. La submersion, sur ce point, serait d'environ *cinq mètres*. En une foule d'autres lieux, les flots gagnent, car, resserrés au milieu d'un archipel compliqué, ils acquièrent une plus grande puissance destructive, et les vieillards se souviennent de « places, maintenant recouvertes par les eaux, où, enfants encore, ils allaient conduire des moutons et des chèvres ».

Qu'il soit d'origine ancienne ou que les marées, en détruisant les parties friables de ses rivages, lui aient donné ses contours actuels, le Morbihan mérite d'être mieux connu, et les souvenirs qu'il laisse restent au nombre de ceux dont on aime à entretenir la pensée, car ils gardent une grâce, une douceur aimables, unies à la plus poétique originalité.

---

1. Par MM. de Closmadeuc et Arrondeau.

CHAPITRE XIV

BELLE-ILE-EN-MER

Située dans l'Atlantique, mais appartenant, géographiquement et administrativement, au département du Morbihan (arrondissement de Vannes), nous devons visiter BELLE-ILE-EN-MER, ainsi que les îlots qui en dépendent, avant de continuer la route du littoral proprement dit.

Avantageusement placée de manière à commander la plus grande partie de la côte Sud bretonne, l'embouchure de la Loire et l'entrée Nord du golfe de Gascogne, Belle-Ile est la terre insulaire la plus importante de toute la Bretagne et de la France, la Corse exceptée. Son sommet culminant dépasse quatre-vingts mètres, son élévation moyenne, quarante mètres. Ses rivages, développés sur une circonférence d'environ soixante kilomètres, laissent entre eux une largeur variant de quatre à huit kilomètres.

Découpés à pic, ils s'entr'ouvrent néanmoins à l'extrémité de chacun des nombreux vallons qui sillonnent l'île; mais ces petits havres sont défendus selon que leur accès est plus ou moins facile.

Les *Grands Sables* offrent une plage d'au moins douze cents mètres (commune de Locmaria); *Port-Philippe*, dans la commune de Sauzon, et le *Port de Palais*, dans la ville du même nom, sont les baies les plus vastes. La dernière est protégée par une citadelle, ouvrage de Vauban, et tout un système de fortifications rendrait bien difficile, sinon impossible, la prise de Belle-Ile.

Du moins ne doutons-nous pas que les travaux nécessaires pour lutter contre l'artillerie nouvelle aient été exécutés.

L'histoire de Belle-Ile peut, pendant bien des siècles, se résumer en quelques lignes. Elle n'est pas nommée explicitement par les auteurs romains, bien que, sans conteste, les légions de

Rome aient dû y descendre. Leur occupation toutefois, n'a pas laissé de traces considérables.

Il n'en est pas ainsi des Celtes ou du peuple constructeur des monuments mégalithiques, dont le séjour se prouve par des tombelles, des retranchements, des dolmens et des menhirs renversés.

Sauzon, plus favorisé, a conservé deux belles *pierres levées* en schiste, et, par conséquent empruntées au sol même *de l'île;* les autres ont dû être importées du continent, car elles sont en granit.

Les Northmen ne manquèrent pas de ravager Belle-Ile à plusieurs reprises, et il va sans dire que d'autres pirates, surtout des Anglais, imitèrent souvent les *hommes du Nord*.

Le premier acte qui fasse mention de l'île, la nomme *Guedel*. C'est une charte de Geoffroi I⁰ʳ. Ce duc, après avoir réuni la Bretagne entière sous son autorité, fait présent de Belle-Ile aux moines de l'abbaye de Saint-Sauveur de Redon (992). Plus tard, Alain III, fils de Geoffroi, ravi de voir son frère Catuallon élu abbé de Saint-Sauveur, confirme à la maison le don de son père (1006).

Mais Alain Caignard, comte de Cornouailles, réclama Belle-Ile, en soutenant que son oncle Geoffroi n'avait pas eu le droit de l'en dépouiller pendant qu'il était mineur. Comme peu à près, disent les historiens, le comte de Cornouailles rendit à son cousin, Alain III, le service de lui faire épouser Berthe, fille d'Odon, comte de Chartres (1027), les choses s'arrangèrent. L'île revint à son seigneur légitime, qui la donna à l'abbaye de Sainte-Croix de Quimperlé (1029). Ce fut l'origine d'une interminable querelle entre les deux monastères. Il ne fallut pas moins de *cent quarante-trois ans*, la médiation des ducs, enfin celle du pape, pour trancher le débat.

L'an 1172 vit l'abbaye de Sainte-Croix déclarée définitivement propriétaire. Dans tous les actes, l'île est dénommée, en latin, *Bella-Insula* et Alain Caignard dit expressément que son nom breton est *Guedel*. L'appellation bretonne moderne est *Guerveur*, altération de *Guermeur*, ou *Grande Ville*. Quelques auteurs l'appellent *Calonesus*.

Frappés de ces variations, les étymologistes ont entassé une foule d'explications très savantes, mais peut-être moins probantes les unes que les autres, quoiqu'elles remontent jusqu'à l'hébreu pour les traduire !

Afin de protéger leur nouveau fief, les abbés de Quimperlé firent bâtir un château, lequel, en 1560, fut agrandi et rendu plus fort : on s'y prit, il est vrai, d'une manière bizarre. Le château d'Auray dut être démoli, et ses débris fournirent les matériaux nécessaires ! Par les mêmes ordonnances, la vente d'une partie de la forêt de Lanvaux, commune de Grandchamp, près Auray, aida aux dépenses.

Toutefois les moines, seigneurs de l'Ile, n'estimaient pas que leur sûreté fût assez grande. Profitant de ces craintes, le maréchal de Retz offrit l'échange de Belle-Ile contre une résidence sur la terre ferme (1572). Charles IX approuva la convention.

Peu après (1573), une grande calamité fondit sur les habitants. Le comte de Montgomery, amiral de la flotte anglaise, envoyé par la reine Élisabeth au secours de la Rochelle, s'empara de Palais, bourg principal, et bientôt de l'île entière.

L'occupation dura peu, un mois au plus ; mais elle prouva au roi de France combien la position était importante. Aussi Charles IX obligea-t-il l'abbaye de Quimperlé à tenir la convention faite avec le maréchal de Retz. Ce dernier reçut confirmation de la propriété de Belle-Ile et la défense lui en fut confiée. Charles couronna ses faveurs en érigeant l'île en marquisat.

Un descendant de Retz, Paul de Gondi, le fameux frondeur, coadjuteur de l'archevêque de Paris, vint se réfugier à Belle-Ile après sa fuite du château de Nantes. De là il se retira en Espagne.

Ce même Gondi, devenu cardinal de Retz, consentit à vendre Belle-Ile au surintendant Fouquet pour environ quatorze cent mille livres, monnaie du temps.

Fouquet acheva ce que son prédécesseur avait commencé, c'est-à-dire l'agrandissement des fortifications du Palais. Ce n'était pas assez et les Hollandais le firent bien voir.

En 1664, une flotte commandée par le célèbre amiral Tromp vint mouiller aux Grands-Sables (commune de Locmaria). Vainement, il est vrai, le gouverneur fut sommé de se rendre. Tromp ne réussit pas à l'intimider ; mais pendant plusieurs jours, Belle-

ROCHERS PRÈS BELLE-ILE

Île, ravagée, vit brûler ses hameaux, massacrer ses habitants et détruire ses navires. On parla beaucoup alors de fortifications nouvelles. Toutefois ce fut seulement en 1687 que Vauban reçut ordre de mettre l'île en un état de défense capable de résister à d'autres attaques. Cinq ans après, la citadelle était achevée, les fortifications et la magnifique aiguade de Port-Larron construites.

La ville, jusqu'alors divisée en *haute* et *basse Boulogne*, se trouva heureusement modifiée, mais ne put songer à se développer davantage.

La disgrâce de Fouquet n'avait pas été absolument complète, en ce sens que Louis XIV ne lui enleva pas tous ses fiefs. Sa famille conserva Belle-Ile pendant soixante ans, et ce fut son petit-fils, le maréchal de Belle-Ile, qui accepta un échange avantageux avec la couronne (1719).

Quarante ans plus tard (1759), la jouissance des revenus de Belle-Ile passait à la province de Bretagne. Cette jouissance fut bientôt troublée. Le 7 juin 1871, l'amiral Keppel et le général Hodgson faisaient passer l'île sous le joug anglais.

Le CHEVALIER DE SAINTE-CROIX avait intrépidement défendu la place confiée à sa bravoure, et quand, forcé de la rendre, il dut capituler, ce fut avec tous les honneurs de la guerre.

On trouve dans la relation du siège un épisode original. Apprenant que plusieurs dames anglaises étaient sur la flotte, curieuses d'assister aux opérations de la prise d'une ville, Sainte-Croix envoya prévenir Keppel que « si les charmantes ladies, qu'il avait à bord, et qui lorgnaient la place, désiraient voir celle-ci de plus près, elles pouvaient, sans risque aucun, se faire conduire à terre ; qu'il ferait de son mieux pour les amuser, et qu'il leur donnerait même le bal ». Cette courtoisie ne fut pas acceptée et le chevalier aussi galant que brave dut céder à la force. Deux ans durant, l'Angleterre resta maîtresse de sa conquête. Depuis lors (1763), Belle-Ile n'a pas subi de nouvelle invasion.

Jadis l'île ne comptait qu'une seule commune, LE PALAIS, dont dépendaient les trois bourgs de Sauzon, de Bangor et de Locmaria. Ces derniers ont depuis été érigés eux-mêmes en communes.

Le Palais est devenu une véritable petite ville, fort bien placée à l'extrémité d'une jolie vallée aboutissant à la mer. Elle se déploie sur la rive droite de son bassin profond et fait escalader à ses rues la croupe d'une colline escarpée. Les fortifications de Vauban l'enserrent. Une superbe porte peut fermer l'accès de la campagne. Une citadelle, bâtie sur la crête des rocs dominant la côte et le port, plane à une immense hauteur au-dessus de l'Océan.

On ne peut guère plus, à notre époque, dire d'une forteresse qu'elle est imprenable, mais, en vérité, celle de Palais semble pouvoir défier toutes les attaques. Faisant corps avec la roche, ses murailles s'élèvent, se recourbent, se replient selon les accidents du terrain, et, majestueuses, se couronnent de l'ombrage d'arbres vigoureux.

C'est l'une des séductions de Palais que la belle verdure dont les yeux charmés rencontrent de tous côtés la note gaie, reposante. La principale rue possède de fort agréables plantations. L'esplanade de la citadelle donne en été la plus délicieuse promenade ; le chantier de construction semble se perdre au milieu d'une forêt touffue. Faisant face au continent, cette partie de la côte, mieux abritée, est aussi plus favorable à la végétation ; mais l'industrie des habitants pourrait tirer un meilleur parti du sol.

Très sain, le climat est doux, et rarement, en dépit des violences de la mer ou du vent, un jour passe sans recevoir quelques brillants rayons de soleil. Il serait donc possible de transformer la campagne, et la plantation, entreprise avec succès, d'arbres verts sur la colline la plus élevée de l'île répond d'avance à toutes les objections.

Cette plantation dépend des terres de la *Colonie agricole et maritime de Belle-Ile*, dite encore *Ferme modèle de Bruté*. Quatre cents enfants y sont reçus dans les conditions imposées à la colonie de Mettray ; autrement dit, les protégés doivent avoir passé devant un tribunal, qui les a acquittés comme ayant agi sans discernement. Ce système doit être, pour le moment, le seul offrant des garanties sérieuses ; mais, espérons-le, il sera modifié[1] et nulle

---

1. Voir le second volume : Colonie agricole de Saint-Han, près Saint-Brieuc.

ombre, si légère qu'elle soit, ne planera sur les enfants arrachés à l'oisiveté, au vice, à l'infamie.

Bruté, devenu colonie agricole, fut fondé par Jean-Louis-Anne-Stanislas Trochu, officier d'administration en retraite, né à Rennes et mort à Belle-Ile, le 31 août 1861, à l'âge de soixante et onze ans. M. Trochu fit faire, dans le coin de terre qu'il avait adopté, d'immenses progrès à l'agriculture. Victorieusement

Porte Vauban, à Belle-Ile.

(a-t-on rappelé sur sa tombe) il a fait mentir le vieux proverbe gardien de la routine : « Lande tu fus, lande tu es, lande tu seras ! » Aussi, de terres couvertes d'ajoncs et de bruyères, a-t-il obtenu de beaux bois, de superbes cultures de toute espèce, de magnifiques prairies !

L'exemple a été fructueux. La transformation n'avance certes pas aussi vite qu'il serait désirable, mais le temps est passé où l'on pouvait reprocher aux Bellilois de négliger complètement leur sol, et où il fallait faire venir des étrangers pour apprendre à la population à tirer parti de ses ressources.

En 1766, la pomme de terre fut introduite dans l'île, et depuis le travail agricole a toujours été progressant, pour prendre, en ces dernières années, une impulsion désormais assurée.

Une note curieuse, empruntée à Ogée, fournira la preuve indéniable de la fertilité de Belle-Ile et de la bonté de son climat.

« Le figuier et le mûrier viennent naturellement à Belle-Ile, et y acquièrent un degré de beauté que l'on ne rencontre nulle part ailleurs dans la province; il serait très facile de les y multiplier.

« Quelques Provençaux, attirés par la pêche de la sardine, s'étaient fixés dans l'île et, y ayant trouvé beaucoup de mûriers rouges, firent venir des cocons de vers à soie et nourrirent cet insecte des feuilles de mûrier. Cette expérience réussit et ils firent de la soie assez belle pendant plusieurs années.

« M. Fagon, surintendant des finances, forma le projet d'encourager cette branche d'industrie et, en conséquence, il envoya, en 1743, de la graine de mûriers blancs, une instruction sur la culture de cet arbre et l'éducation des vers à soie; mais des circonstances particulières ayant obligé les Provençaux à sortir de l'île, cet établissement est resté sans exécution. »

Ce fait rappelle que, dans le golfe du Morbihan, M. le comte de Francheville s'était occupé des mêmes essais. Les conditions climatériques, peut-être moins bonnes que celles de Belle-Ile, et diverses autres causes, ne permirent pas d'obtenir un résultat suffisamment heureux.

Aujourd'hui, on ne songe plus à cette industrie trop aléatoire. En revanche, les produits agricoles augmentent chaque année en qualité et en quantité : l'emploi des engrais marins y contribue dans une large mesure.

On élève du bétail, des chevaux de petite race, mais vigoureux. Le froment est très bon, les légumes excellents, les fruits de bonne qualité, le poisson superbe et exquis.

La pêche, naturellement, reste la grande occupation des habitants, soit qu'ils montent les barques, soit qu'ils travaillent dans les fabriques de conserves.

Les si nombreux petits havres reçoivent des bateaux pêcheurs; mais l'hiver est une rude saison pour ces braves gens. La mer, presque toujours mauvaise, vient battre avec rage les roches coupées à pic qui forment la côte.

Belle-Ile, néanmoins, voit sa population s'accroître, et elle commence à être appréciée comme station estivale, maintenant que la longue traversée par la rivière d'Auray n'est plus obligatoire, et qu'un service fort bien organisé la met, deux fois par jour, en relations avec le continent. Un autre service la rattache aussi pendant l'été avec le Croisic.

La situation de Belle-Ile est fort importante et les services qu'elle peut rendre sont des plus considérables. Ses deux ports principaux, Palais surtout, sont pourvus de bonnes rades, bien défendues. M. Charles de la Touche a avancé que, lors des guerres du premier Empire, « *plus de dix mille caboteurs* s'y sont réfugiés et, sur ce nombre, à peine *vingt* furent-ils capturés par l'ennemi. C'est donc au moins *deux cents millions* de valeurs commerciales que Belle-Ile a abrités, en estimant chaque bâtiment et sa cargaison à vingt mille francs ».

M. de la Touche a fait encore connaître ce détail caractéristique :

« Les noms de famille indiquent que l'île a été repeuplée, après les invasions normandes, par des Celtes venus de Basse-Bretagne et par des Français venus du Croisic, où les habitants de Locmaria ont longtemps conservé des relations de parenté. Ces familles primitives ne sont pas au delà d'une vingtaine : d'où il résulte que tel nom patronymique est porté par quatre ou cinq cents individus. »

Belle-Ile compte environ dix mille habitants[1]. La population agglomérée à Palais est de deux mille deux cent trente-sept ; sa population éparse, de deux mille cent trente-neuf, parmi laquelle rentrent un bataillon formant la garnison, les quatre cents enfants de la colonie agricole et les insulaires de Houat et de Hœdic, les premiers au nombre de deux cent cinquante et un ; les seconds, de trois cent vingt-six.

Les trois autres communes : Bangor, Sauzon, Locmaria, se partagent le reste de la population, dispersée en une foule de petits hameaux, ayant chacun son nom et comme son individualité particulière. Tout s'y présente bien tenu : les maisons, récrépies avec soin, aux vitres brillantes, aux petits rideaux toujours très

---

[1]. Officiellement 9,900.

blancs, ont un cachet d'aisance en harmonie avec le costume propre, l'air intelligent, doux, aimable de leurs habitants.

Le Bellilois, en général, n'a pas un grand esprit d'initiative, mais il est observateur et se laisse aisément convaincre par de bons procédés, des raisonnements sages. Aussi, peu à peu, l'île s'achemine vers l'état de culture, pour lequel la nature a tant fait.

La campagne entière ressemble à un immense plateau d'une hauteur moyenne de trente-cinq à quarante mètres, sillonné par un très grand nombre de vallons ouvrant presque tous sur la mer, où ils forment des criques, des baies utilisées pour les barques de pêche côtière. Plusieurs de ces vallons aboutissent à un petit cirque encaissé par de belles prairies toujours vertes. Quelques-uns, laissés à eux-mêmes, sont couverts de la seule herbe courte et veloutée, tapissant les falaises jusqu'à l'extrême limite des flots. D'autres, cultivés jusqu'aux derniers points de leurs pentes rapides, de leurs sommets arrondis, sont ou largement disposés pour recevoir l'air et la lumière, ou étroitement encaissés dans leurs parois élevées.

L'un des plus beaux de ces paysages est la vallée de Bangor, toute bruissante du joli ruisseau qui la baigne, tout embaumée de ses bois, de ses vergers, de ses champs. Sur la haute cime dominant ce ravissant Éden, le bourg, placé au milieu de vastes jardins, groupe ses maisons autour de la plus ancienne église de Belle-Ile. Un vieux tableau constate que, dans la seconde année du onzième siècle, l'abbaye de Sainte-Croix de Quimperlé y avait institué une mission [1].

A ce sujet, nous devons faire remarquer que pendant plusieurs siècles l'île, par suite de sa situation de fief de la célèbre abbaye, releva directement du pape. C'est en 1666 seulement qu'elle est entrée, pour l'administration religieuse, sous la dépendance de l'évêché de Vannes.

C'est aussi le bourg de Bangor qui possède l'un des plus beaux monuments de Belle-Ile, le phare de première classe bâti en 1835 par l'ingénieur en chef Alexandre Potel. Les pierres durent être apportées du continent, le pays ne fournissant que du schiste.

---

1. M. de La Touche a rappelé qu'un évêché anglais porte aussi le nom de Bangor.

Il élève à une hauteur de quatre-vingt-quatre mètres son énorme appareil lenticulaire, dont l'éclat signale les terribles dangers de la *Mer sauvage*.

De la galerie supérieure, le panorama devient immense. La côte méridionale bretonne et la côte vendéenne se déploient dans tous leurs méandres. Le flux, arrivant sans obstacle du « grand large », roule majestueusement ses robustes lames. Au moindre souffle, mille rugissements éclatent. Les vagues se heurtent, affolées, sur la rive sud de l'île, creusant, fouillant, désagrégeant les falaises et en dispersent les débris, mêlés à leur écume livide, jusqu'à plus de deux kilomètres dans les terres, trop souvent stérilisées par ces violences.

Beaucoup d'îlots inhabités témoignent des conquêtes de l'Océan sur ce point de Belle-Ile.

Partout, d'ailleurs, en Bretagne, se retrouve la trace de l'ennemie puissante dont la colère irrésistible enlève en un instant le travail de plusieurs années ou de plusieurs siècles. Et partout, pour braver sa rage, se présentent des hommes patients, énergiques, indomptables comme elle!

Belle-Ile abonde en sites charmants et pittoresques. Ses rivages, capricieusement découpés, offrent tous les aspects, toutes les surprises. On va très loin, à l'étranger, pour admirer des tableaux infiniment moins dignes d'attention.

Les *Roches de Sauzon* se prolongent dans la mer, comme autant de pierres jetées pour faciliter le passage d'un gué.

La *Pointe-aux-Poulains*, éclairée par un phare bâti sur un îlot, et défendue par une petite redoute, est célèbre dans l'île, à juste titre, par ses rocs bizarres, arrondis en arche ou ciselés de manière à donner le profil inattendu d'animaux fantastiques : tel le rocher du *Lion*, regardant la falaise.

La grotte de l'*Apothicairerie*, assez vaste et belle, a pris son nom de la grande quantité de nids d'oiseaux marins, symétriquement rangés, qu'elle renfermait au moment de sa découverte.

La jolie grotte de *Port-Coton* voit les flots se diviser, blancs comme de l'ouate, sous sa voûte et son sol rugueux.

Port-Goulfar, sur la côte de Bangor, présente le plus intéressant amoncellement de roches jetées en forme de menhirs ou de dolmens édifiés par la vague toujours turbulente.

La *Belle-Fontaine*, ou aiguade Vauban, ou aiguade de Port-Larron a été construite, par le célèbre maréchal, dans un amoncellement de blocs superbes. Le réservoir, sous les robinets duquel des chaloupes peuvent venir emplir directement leurs pièces, ne contient pas moins de huit à dix mille hectolitres d'une eau excellente, que les plus grandes sécheresses ne parviennent pas à tarir, elles n'en diminuent pas même sensiblement le volume.

Le *Gros-Rocher* porte les ruines d'une ancienne forteresse et la côte de la rade de Palais est toute crevassée de petites grottes, toute brodée de grèves minuscules extrêmement attrayantes.

Puis, si l'on continue à avancer vers la ville, les maisons blanches posent leurs assises tellement près de la mer que souvent l'écume du flot vient y attacher son prisme éclatant.

Une petite jetée soutient le feu désignant l'entrée du port, et la citadelle géante projette sa silhouette sur les premiers plans des nuages...

Parmi les souvenirs dont la grande île bretonne est fière, car ils témoignent du courage et du patriotisme de ses enfants, figure la remise, à la ville de Palais, de *trois drapeaux d'honneur* donnés par Louis XV. Ils portaient les glorieuses devises suivantes :

Nec pluribus impar. — *In omni malo fidelis.* — *Virtutem auctori refert.*

La marine ne saurait ne pas être la principale préoccupation de Belle-Ile, surtout de Palais, chef-lieu du pays.

Un bassin continue le port et se termine par le chantier de construction. La rade est la meilleure de l'île entière; le mouvement annuel de la navigation n'est pas moindre de douze à quinze cents navires. La pêche de la sardine y provoque, pendant la saison, une grande animation.

Mais depuis longtemps l'agrandissement du port, ou plutôt un port nouveau, était réclamé. Travail aussi utile qu'important à l'avenir de Belle-Ile, car « les abords de Belle-Ile sont très sains; les navires y peuvent venir, *par tous les temps*, chercher des pilotes ou des ordres et attendre, au besoin, dans une rade bien abritée des grands vents du large, le moment de donner en Loire, dans les circonstances où l'entrée du fleuve offrirait quelque danger. La nuit, l'atterrissage de Belle-Ile est rendu très facile par les 25 milles de portée d'un phare de premier ordre. Ces avantages sont tellement indiscutables, que le *Pilote des côtes ouest de la France*, publié par M. Bouquet de la Grye, déclare aux navires venant de l'Ouest, en destination de Saint-Nazaire ou de Nantes, qu'ils doivent faire maintenir la route de Belle-Ile à l'état de *règle absolue*, toutes les fois que les circonstances du temps seront douteuses.

« L'étendue et la bonne tenue de la rade de Belle-Ile sont d'ailleurs tellement exceptionnelles que, profitant du câble télégraphique qui relie aujourd'hui Belle-Ile au continent, et sachant que le port de Saint-Nazaire peut recevoir tous les navires, bon nombre de longs-courriers, même étrangers, y arrivent à ordres, au lieu d'être envoyés, comme par le passé, à Falmouth. Leur nombre serait plus considérable, si la grande masse des affaires entre le continent d'Europe et les pays transatlantiques ne s'opérait depuis la Manche jusqu'à la Baltique, et ne faisait rechercher de préférence la rade voisine du cap Lizard [1]. »

Les travaux se trouvent aujourd'hui en voie d'exécution. A ce sujet, un fait instructif nous a été raconté, il serait bien à désirer que souvent on le vît se renouveler.

Donc, le creusement d'un port nouveau étant décidé, restait à étudier l'emplacement le meilleur à choisir. M. BOURDELES, alors ingénieur au port de Lorient, fut chargé de la direction des travaux; il arriva à Palais. Loin de croire que ses brillantes études et sa science si réelle pussent prévaloir contre les observations journalières et l'expérience des marins du pays, M. Bourdeles, selon l'usage, convoqua, à la mairie, une réunion de tous ceux qui, à un titre quelconque, avaient le droit d'émettre une opinion sérieuse. Capitaines au long cours, capitaines au cabotage, pilotes, patrons de chaloupes, simples matelots furent entendus. Mais cette fois, un peu contre l'ordinaire, l'enquête se trouva être des plus minutieuses et aboutit, de l'avis général, à ce que le port nouveau, englobant une partie de la rade, s'étendît jusqu'au delà de la pointe Ramonet. Deux ou trois ans seront nécessaires à son achèvement. Il rendra alors les services qu'on

---

[1]. M. René Kerviler. *Notice sur le port de Saint-Nazaire.*

en attend, et déjà il est question de donner à l'un des môles futurs le nom du consciencieux et savant ingénieur. Ce sera payer une dette de reconnaissance [1].

La cloche du bateau à vapeur sonne pour ramener vers la terre ferme les passagers que l'attrait d'une exploration de Belle-Ile a séduits.

Après une matinée menaçante, la mer, calmée, déroule doucement son éblouissant manteau d'émeraude. Le vent de terre incline à peine la cime des arbres verdoyants de la ville, dans le port, au sommet de la forteresse. Les hauts remparts foulant la falaise semblent, sous le ciel pur, accuser un relief plus imposant et les maisons prendre un air plus hospitalier.

Ne croirait-on pas voir se déployer une grande cité, et ce joli port, aux eaux tranquilles, ne conduirait-il pas dans d'immenses bassins intérieurs? Le nombre de barques et de petits bâtiments prête à l'illusion...

La ville ne compte pas parmi les grandes cités, mais le port commence à figurer parmi les stations universellement connues du commerce. Les efforts déjà accomplis, ceux que l'on poursuivra encore ne seront pas perdus.

On ne peut trop le répéter. Un travail persévérant arrive à vaincre les plus difficiles obstacles, et Belle-Ile verra luire des jours prospères. La France commence à se rendre compte de ses richesses oubliées, la grande île bretonne profitera de ce réveil.

Un dernier son de cloche enjoint aux passagers retardataires de se hâter. Mais nous ne nous rendrons pas à l'appel.

Deux îles, à peu près ignorées, gisent devant nous dans la brume scintillante, produite par l'écrasement de la lame autour des écueils. Nous les visiterons et ce ne sera pas, croyons-nous, la page la moins intéressante à ajouter à notre voyage.

---

1. Nous devons une grande partie de nos notes sur Belle-Ile à l'obligeance inépuisable de M. Poupart, maire de Palais, et à celle de M. Vioud, secrétaire de la mairie, qui se sont mis, pendant notre séjour, tout à notre disposition. Nous ne saurions et ne voudrions oublier cet excellent accueil.

CHAPITRE XV

LES ILES DE HOUAT ET DE HŒDIC

Dès les premiers coups d'aviron, l'on peut se rendre compte du nombre presque infini d'écueils dont la mer est ici parsemée.

Les flots sont calmes; cependant, de tous côtés, une petite ride ou une légère couronne d'écume marque le péril caché. Des pointes noires surgissent çà et là, affectant les formes les plus diverses, pour se réunir en une redoutable ceinture défendant Houat, l'ancienne *Siata* des Romains, et sa sœur, Hœdic.

Selon toute évidence, ici, comme à Sein, sur la côte extrême du Finistère, l'Océan a prouvé sa force. Aux jours de fureur, il s'est rué contre les falaises et elles ont dû finir par plier sous le choc toujours renouvelé.

Quelques parties plus résistantes se dressent, pittoresques, abruptes, déchirées, comme des sentinelles avancées de l'île.

Houat elle-même n'est pas très élevée; ses rivages les plus remarquables ne dépassent guère une centaine de pieds; mais ils semblent imposants, grandioses, tant leur aspect est sauvage et varié. On y aperçoit des grottes vastes, spacieuses et de charmantes petites grèves au sable brillant.

On aborde à l'est de l'île, au *Collet*, nom très souvent donné au port de *Treac'h-er-Gourett*, à cause de sa disposition en fer à cheval. Le bourg se trouve à une petite distance. Son patron est saint Gildas, fondateur de l'abbaye de Rhuys.

Dans un petit vallon, appelé *Lenn-er-Hoët (l'Étang du Bois)*, Gildas avait, disent ses historiens, choisi sa première demeure, et, proche du refuge des barques de pêche, nommé *Groh-Guellas*, murmure la fontaine qui lui est dédiée : *Feuteunn-an-Veltas* [1].

---

[1]. En langue bretonne, le nom de Gildas se prononce *Guellas* ou *Veltas*.

Pour les chercheurs d'imprévu, Houat et Hœdic possédaient, il y a peu de temps encore, un attrait bien puissant.

Une étendue de seize à vingt kilomètres les sépare du continent, mais plus d'un pays situé à cent fois, mille fois cette distance, était (on peut même dire encore : *est*) moins ignoré de la majorité des Français que les îles où nous nous trouvons.

A peine si parfois leur nom se rencontre sous la plume d'un touriste, et nous comprenons fort bien qu'un écrivain ait pu, il y a cinq ou six ans, se donner le quasi-prestige d'avoir découvert ces fabuleuses républiques... théocratiques.

Houat, en effet, comme Hœdic, n'était autre chose qu'une ancienne, très ancienne république, ayant pour président, de temps immémorial, son *recteur !*

Poussant à l'extrême le cumul (pour la peine il n'est que juste de le reconnaître), le recteur était *à la fois* maire, notaire, juge de paix, syndic des gens de mer, capitaine du port. Il était aussi *cantinier*, en ce sens que la surveillance de l'unique débit de boissons du pays rentrait dans ses attributions !

On serait vraiment tenté de chercher ce que *n'était pas* ce recteur original, et, certes, il y avait large matière à étude.

Les choses se sont modifiées.

Houat et Hœdic dépendent, aujourd'hui, de la commune de Palais. Un adjoint au maire y est spécialement accrédité pour tout ce qui regarde les actes de l'état civil.

Jadis, la poste arrivait à peine dans ces îles; nul service régulier n'y était installé : les passages, dangereux, offrant trop souvent, pour les bateaux à voiles, une très grande difficulté. Maintenant, l'État alloue mensuellement environ cent cinquante francs à un bateau-poste, c'est-à-dire vingt-cinq francs, pour chaque voyage accompli *tous les cinq jours*.

On ne nous a pas appris qu'aucun fonctionnaire étranger séjourne dans ces îles. Nous doutons fort, en tout cas, qu'il prendrait beaucoup de goût pour sa résidence.

Incontestablement, néanmoins, Houat est très pittoresque. Pour un sage, elle possède les éléments de distraction les plus variés.

Du sommet des falaises, on jouit de tableaux merveilleux. Pendant l'été, le gracieux lis de Houat (*pancratium maritimum*), croissant spontanément, embaume l'air de son parfum si suave ; une sorte d'immortelle, à la couleur d'or bruni, ne réclame non plus aucune culture et alterne, sur les guérets, au bords des sources vives, dont l'eau est délicieuse, avec un joli petit œillet carminé, avec le *chou marin*, avec l'asperge sauvage.

Quantité de perdrix rouges fournissent un gibier exquis. A l'époque du passage des canards sauvages, de grandes troupes de ces oiseaux, pensant trouver un refuge assuré sur les récifs multiples et sur les côtes de l'île, y établissent leurs quartiers d'hiver, donnant au chasseur l'occasion d'exercer sa patience, son adresse.

Ils sont parfois en si grand nombre et reviennent si régulièrement à cette station, que l'île leur a emprunté son nom [1].

Les amateurs d'équitation trouveraient, dans les robustes petits poneys houatais, paissant librement le long des grèves, des animaux de choix, pleins de feu et... entêtés comme de vrais Bretons qu'ils sont.

A leur tour, les amateurs de pêche verraient combler les vœux les plus extravagants qu'ils pussent jamais former.

Dans les réservoirs naturels, cachés au milieu des brisants, pullulent le homard, la langouste, la crevette, le crabe de toutes les espèces, énormes ou minuscules, les mollusques et les poissons de rivage les plus délicats.

Enfin, à tous ces plaisirs, on peut joindre les études philosophiques et archéologiques, car les monuments celtiques ne manquent pas.

Voilà plus qu'il n'en faut pour occuper les loisirs d'un esprit revenu des délices mondaines...

Un seul tout petit inconvénient gâte le tableau.

L'île compte de cinq à six kilomètres dans sa plus grande longueur, et environ trois kilomètres dans son extrême largeur : un marcheur ordinaire en a donc fait vite le tour.

Sur cet étroit espace, une population nombreuse ne pourrait vivre. Elle ne va pas à trois cents habitants (officiellement deux cent cinquante et un), tous marins, tous pêcheurs et dédaignant

---

[1]. En breton, *Houat* signifie proprement : *canard sauvage*, et le nom de sa voisine devrait être orthographié *Houatic*, non *Hœdic*, qui n'est qu'une contraction des deux mots bretons *houat ic* : *petit canard sauvage*.

souverainement le travail agricole ; quelques-uns néanmoins, parmi les vieux, s'adonnent à l'élève du bétail et des chevaux.

Aux femmes incombe le soin des récoltes, et leur labeur est récompensé, car l'île produit du froment très renommé. Les longues soirées d'hiver sont employées à la fabrication de filets pour les besoins des Houatais et des pêcheurs du littoral morbihannais.

N'oublions pas que les relations avec la « grande terre », rares déjà par un *flot* calme, deviennent trop vite précaires, sinon impossibles, quand le vent, soufflant en tempête, et Dieu sait, comme disent les pêcheurs, s'il aime cette « *saute !* » les vagues fougueuses brisent avec un épouvantable bruit sur les écueils...

Force est bien, se résignant à sa prison, d'essayer, renfermé dans une maison construite très basse, afin de donner moins de prise à l'ouragan, de se suffire à soi-même !

La perspective, alors, ne devient pas précisément agréable. On a bien la ressource d'aller admirer les sublimes effets de la tourmente ; mais... Mais cette faible compensation ne saurait longtemps combattre la pénétrante tristesse envahissant l'âme, subitement obligée à mener une telle existence.

Supposons cependant un habitant du continent tout à coup transporté dans l'île. Combien de temps lui faudra-t-il pour s'accoutumer aux Houatais ? Ou, encore, combien de temps mettront ces derniers pour se plier à la refonte totale de leurs mœurs primitives, de leur langage ?

Nous n'avons point à préjuger du résultat final, bornant notre rôle à souhaiter que les *Ilois* (on les appelle ainsi) se trouvent toujours suffisamment heureux.

En tout cas, on chercherait bien loin, et longtemps, avant de rencontrer une existence plus patriarcale.

Écoutons M. Amédée de Francheville. Le savant archéologue était bien placé[1] pour traiter un pareil sujet : aussi, quoique son travail date de quarante ans, est-il toujours intéressant à consulter, ne fût-ce qu'à titre d'histoire rétrospective.

---

1. Le château de *Truscat*, situé dans la presqu'île de Rhuys, au bord d'une des plus jolies baies du Morbihan, appartient à la famille de Francheville. Dans ce château, naquit Catherine de Francheville, fondatrice de la maison de retraite pour les femmes, autrefois établie à Vannes. L'amour pour le bien était si grand en Catherine, que le savant abbé Mahé la représente comme au-dessus de tout éloge.

BELLE-ILE : FOND DU PORT

« Le curé ou recteur exerce (à Houat) les fonctions d'officier de l'état civil. C'est la seule autorité de l'île.

« Afin d'éviter aux fonctionnaires de Belle-Ile et à ses Ilois[1] des frais inutiles de déplacement et de transport, il est à la fois maire, curé, juge de paix, percepteur, notaire, syndic des gens de mer et capitaine de port. Il était aussi en temps de paix, gardien du fort de la rade du Collet, et était autorisé, en l'absence du commandant, à occuper l'appartement de ce dernier. Une petite indemnité le récompensait de ses soins.

« Il gouverne ainsi son petit royaume, aidé des vieillards les plus considérés, qui forment une espèce de conseil des anciens, chargé de reformer les abus, de surveiller la dépense et d'ordonner les travaux d'utilité publique ; autrefois, l'abbé de Saint-Gildas de Rhuys réglait tout.

« L'île possède un magasin de marchandises usuelles, dont les profits sont versés à la masse commune. Une seule cantine y est permise, sous la surveillance du curé et des anciens. Le cantinier, ordinairement choisi parmi ceux-ci, ne doit laisser personne s'enivrer : il doit empêcher le désordre et reçoit, pour tout salaire, cinq francs, par chaque barrique de vin débitée.

« Avec la masse commune, on secourt les plus nécessiteux, les vieillards et les familles dont les chefs ont péri à la mer.

« On fait aussi construire des navires, qui deviennent la propriété de l'île et lui payent un revenu.

« Autrefois les Ilois étaient forcés d'aller sur le continent emprunter de l'argent à un taux qui, souvent, leur devenait ruineux. »

Tous ces détails sur l'existence des habitants de Houat et d'Hœdic, commencent à se modifier, mais il n'en reste pas moins à l'actif de ces braves gens une réputation de bonté et de douceur unanimement reconnue.

Ce n'est pas de nos jours seulement que les Ilois sont regardés comme étant d'un caractère excellent.

Voici ce qu'écrivait d'eux, vers le milieu du dix-huitième siècle, M. des Tailles, major des gardes-côtes de Belle-Ile-en-Mer, sous la juridiction duquel Houat et Hœdic étaient placées.

---

[1]. Les îles, nous le savons, dépendent de Belle-Ile.

« Depuis que l'île de Houat est connue, ses habitants n'ont jamais communiqué avec le continent que pour y vendre du poisson, l'été, et s'y fournir, avant le mauvais temps, de quelques provisions indispensables pour l'hiver; mais *jamais un Houatais ne s'est fixé en grande terre, et jamais homme ou femme du continent n'a été tenté de s'établir à Houat.* Par ce moyen, cette colonie, préservée de la contagion générale, s'est maintenue dans un état de pureté et d'innocence qui rappelle parfaitement les mœurs patriarcales et qui n'a vraisemblablement *de modèle ni en Bretagne, ni en France, ni même en Europe.*

« On n'y reconnaît ni juge, ni juridiction, ni formalités, ni procès. Le plus ancien est chef de la peuplade, comme devant être le plus sage. Leurs maisons n'ont ni serrures, ni verrous. Les bateaux et les produits de la pêche sont communs : et si les partages occasionnent quelques discussions, l'ancien prononce et est obéi avec autant de ponctualité qu'un despote de l'Asie : jamais on est revenu contre sa décision.

« Les terres n'étant point communes, mais réparties à peu près également entre tous les colons, il arrive quelquefois qu'une mort ou un mariage exigent des arrangements nouveaux. Dans ce cas, le curé les écrit sur une feuille de papier commune et les signe.

« Cet écrit devient un titre de propriété pour celui qui en est le porteur et pour la postérité. Il n'est jamais contredit que dans le cas d'un autre arrangement à l'amiable.

« L'usage de l'hospitalité y est encore dans toute sa vigueur. Si la curiosité ou la nécessité y conduit un étranger, le premier insulaire qui le rencontre l'accueille avec honnêteté, le nourrit et le loge un jour et, le lendemain, le remet à son voisin, et ainsi de suite, tant qu'il plaît à l'étranger d'y rester.

« *Il n'y a que les commis des fermes*[1] *qui soient privés de cette hospitalité : dès qu'ils sont reconnus pour tels, on les met dans un bateau et on les reconduit à la terre la plus voisine, mais avec la plus grande douceur.*

« Les Houatais n'ont jamais su dire *une parole offensante.*

---

1. Se rappeler que M. des Tailles écrivait avant la Révolution. On sait que les *fermes* étaient une partie des impôts.

même à ceux qui les insultaient, ils ne se tutoient même pas entre eux[1].

« Ils se marient entre parents très proches, sans dispenses.

« En un mot, ils n'ont pas l'idée du crime dans aucun genre; et plus heureux que les enfants d'Adam, ils n'ont pas encore vu naître un Caïn parmi eux.

« L'abnégation de tous les vices (*sic*), une vie laborieuse, la frugalité, la salubrité de l'air et des eaux, les font jouir d'une santé constante, d'un corps robuste et de la longévité qui en est la suite.

« La moitié du terrain de Houat est très bien cultivée et produit d'excellent froment, de l'avoine, du lin, du chanvre. Les femmes seules s'occupent de cette culture; les hommes ne connaissent que leurs bateaux et la pêche.

« Houat est environnée de rochers affreux et escarpés; cette île a été détachée du continent de Quiberon, auquel elle paraît tenir encore par une chaîne d'écueils. Si elle se trouva peuplée lors de sa séparation, ou si elle l'a été depuis; enfin, quand et comment cette séparation s'est faite : voilà, sans contredit, trois questions fort intéressantes, mais sur lesquelles nous nous garderons de décider.

« L'île entière forme un *Prieuré*, sous la dépendance de l'abbaye de Saint-Gildas de Rhuys.

« L'idiome unique est le *breton*, mais il diffère un peu des autres bretons, et la prononciation en est beaucoup plus douce : elle participe des mœurs de ceux qui le parle. »

On le voit, l'éloge est complet; il est vrai encore de nos jours. Heureuse la population qui le reçoit ! Heureuse, surtout, si elle continue par la suite à le mériter !

En temps de guerre, Houat devient place forte. Louis XIV y fit élever une petite citadelle. Pendant les guerres du premier Empire, les Anglais la visitèrent souvent, ainsi que Hœdic, mais principalement pour se procurer des vivres et y déposer leurs blessés. D'un accord tacite, les deux îles avaient été, en quelque sorte, neutralisées.

Les coups de mer sont fréquents sur ces côtes déchirées,

---

[1]. Le paysan breton emploie rarement le tutoiement.

abruptes et bordées de récifs si redoutables. Les naufrages malheureusement s'y multiplient trop; mais, bien différents de leurs anciens compatriotes de l'île de Sein, les Houatais ont *toujours* montré le plus admirable dévouement envers les victimes de la mer.

Bravant avec audace, écueils, flots et vents, ils se jettent au plus fort des terribles tourmentes, recueillant en frères ceux qu'ils arrachent à la mort, rendant pieusement un dernier hommage à ceux que leur énergie n'a pu sauver.

Saint-Gildas le Sage aimait Houat. Il voulut rendre le dernier soupir dans cette solitude préférée[1]. Une seule fois dans l'année, les insulaires viennent en grand nombre sur le continent. Citons encore M. de Francheville.

« Au printemps, le vingt-quatre mai, une foire, appelée foire de Houat, se tient sur la côte de Rhuys. Les deux flottilles des chaloupes de Houat et Hœdic[2], chargées de bestiaux, appareillent à la même heure et s'efforcent de voguer de concert, afin d'arriver en même temps à la petite crique de *Port-Maria*, en Saint-Gildas. Pour faire le débarquement, les bestiaux sont jetés à la mer et recueillis ensuite sur le rivage. Avant d'être mis en foire, ils sont conduits dans deux prairies séparées qui sont la propriété de chacune des deux îles, et qui ne leur servent que ce jour. Ceux qui n'ont pas été vendus, et cela arrive rarement, ces animaux étant fort recherchés pour leurs bonnes qualités, sont menés, le vingt-huit mai, à la foire de Saint-Colombier, en Sarzeau. »

Un jour ou deux à Houat laissent dans l'âme de l'observateur, dans l'imagination de l'écrivain ou de l'artiste, une trace ineffaçable. Les mille compétitions, les mille lassitudes de la vie moderne semblent alors n'avoir jamais existé.

La vie simple, honnête, dévouée de ces gens qui n'attendent rien, sinon de leur travail sans trêve, et sont pourtant toujours

---

1. Très probablement, et sans que nous prenions sous notre responsabilité de décider la question, Houat ne fut peuplée qu'après que Saint-Gildas l'eût rendue célèbre. Les historiens disent en effet expressément « qu'il aima cette île, parce qu'il put s'y dérober à tout commerce humain »; or Gildas passa en Armorique vers 527.

2. Les Houatais et les Hœdicois ont toujours vécu dans la meilleure intelligence, quoique si proches voisins !...

prêts à partager le fruit de leur opiniâtre courage, cette existence n'appartient pas à notre siècle....

Pourvu qu'elle ne devienne pas trop tôt une simple légende !

Louis XIV avait fait fortifier le havre du Collet; mais l'amiral anglais Lestock le ruina en 1756. Aujourd'hui l'île, mieux défendue, est devenue place de guerre. Peut-être cependant est-elle encore surtout gardée par les difficultés de ses parages.

Après avoir visité Houat, on se tourne involontairement vers Hœdic, sa sœur jumelle.

Mais si, pour employer l'énergique expression bretonne, le curieux *n'a pas d'eau de mer autour du cœur*, inutile de prolonger l'excursion.

Hœdic, un peu moins étendue que sa voisine, et cependant plus peuplée (trois cent vingt-six habitants), donne des produits absolument semblables. Beaucoup moins élevée sur les flots, de constitution essentiellement sablonneuse, elle subit davantage l'influence du ressac et semble destinée à disparaître un jour.

Les mœurs, les coutumes sont celles de Houat; le recteur y cumulait les mêmes fonctions.

Une seule chose différencie Hœdic : elle possède à sa pointe sud, une excellente et assez vaste rade, appelée *Treac'h-en-Argoal* ou encore le *Parc*. Avec quelques travaux, l'Amirauté pourrait en faire une avantageuse station. Comme à Houat, la flotte anglaise de Lestock ruina (1756) les fortifications qui défendaient cette rade. Elles ont été depuis rétablies dans de meilleures conditions et un phare signale les écueils de la côte.

C'est à environ quatre mille mètres dans l'est, au défilé des roches appelées les *Cardinaux*, à cause de leur orientation, qu'eût lieu le désastreux combat dit de : Belle-Ile et, mieux : *Déroute de Conflans*, du nom du maréchal incapable auquel la flotte française fut redevable de sa perte (1759).

Les monuments mégalithiques se retrouvent assez nombreux à Hœdic. Dans l'un d'eux, beau peulven d'une douzaine de pieds de hauteur, une main pieuse a creusé la place nécessaire pour une statue de la *Vierge Étoile de la Mer*.

Une tradition raconte que jadis, si la cure de Hœdic se trouvait vacante et que le desservant de l'île voisine se vit dans l'impossibilité d'affronter le passage, un pavillon était arboré sur l'église de Houat, dès le commencement de la messe.

A l'aide de manœuvres convenues, le pavillon annonçait les diverses parties de l'office, et la population hœdicoise pouvait, par cet ingénieux moyen, remplir ses devoirs religieux.

Temps primitifs... Soit! Il ne s'en dégage pas moins une douce, une réelle poésie.

Pour revenir au golfe du Morbihan et en explorer la rive gauche, c'est-à-dire la presqu'île de Rhuys, il faut aborder le chenal de *la Teignouse*, passe aussi peu gracieuse que son nom, car elle secoue à peu près toujours de façon pitoyable les pauvres *terriens*.

Un phare en signale les dangers.

On double ensuite l'île de Méaban, presque toujours placée, mais à tort, dans les nomenclatures des îles du golfe, et l'on vient aborder à Port-Navalo, sur la côte opposée à Locmariaker.

Il serait possible d'aller aborder à Saint-Jacques, port nouveau, créé, voici deux ans à peine, près de Sarzeau; seulement, alors, il faudrait revenir sur ses pas et accomplir une traite de près de vingt kilomètres, ou laisser de côté, chose étrange, l'extrémité méridionale si pittoresque du pays. Mieux vaut donc affronter la Teignouse, en souhaitant qu'elle ne rende pas trop désagréable la petite traversée.

CHAPITRE XVI

ARZON. — SAINT-GILDAS DE RHUYS

Le pays où nous entrons est, de nos jours, bien abandonné. Il en fut autrement dans les siècles passés. Rhuys, sur le bord oriental de la « Petite Mer », était célèbre et recherché, alors que la rive occidentale recevait à peine un écho affaibli des grands combats livrés, soit à Hennebout, soit à Auray.

Puis, sous l'influence du courant religieux créé par l'établissement du pèlerinage de Sainte-Anne, le mouvement se reporta sur le bord opposé. L'archéologue, l'historien, l'artiste y rencontrant une abondante moisson, le silence commença pour la presqu'île de Rhuys.

Combien de fois l'intention de la visiter n'a-t-elle pas été envisagée comme une chose insensée :

« Un vrai pays de sauvages, disait-on, où il faut apporter son lit avec soi, si l'on ne veut pas coucher sur la lande, à la belle étoile ! »

Et cependant une excursion aux divers points du pays de Rhuys cause une impression profonde, que l'exploration du golfe lui-même change en un plaisir inoubliable.

Il faudrait accumuler toutes les épithètes connues pour arriver à donner une idée même imparfaite des beautés de ce souriant dédale, aussi comprend-on l'étonnement et l'admiration où sont jetés les poètes et les artistes qui le *découvrent* pour la première fois.

On est venu au bout du monde : cent trente lieues de Paris ! Combien est pénible un tel déplacement, quand il n'a pas pour objectif un voyage en Suisse, à Cannes, à Nice, à Monaco, en Italie ou sur quelque plage célèbre !

Que va-t-on trouver ? Des landes mornes, des bruyères, tristes à faire périr d'ennui? Pour un peu, on maudirait l'écrivain dont les récits exposent à une déception cruelle. Mais le golfe apparaît... Aussitôt il a vaincu, comme le fameux Romain qui jadis fit plier la fière nation vénète.

Toute la côte appartenant à la commune de Sarzeau se présente ombragée par une végétation touffue que l'on s'attendait peu à rencontrer au bord de la mer. Dans plus d'une petite crique, les arbres semblent surgir de la grève. La ville et la tour de son église dominent cette houle de verdure, qui fait songer aux forêts signalées par les chroniques.

Les plis des vallons, les hauteurs des collines sont occupés par des châteaux et des villas dont quelques-uns construits avec un goût très pur.

En longeant la presqu'île, les paysages changent d'aspect : on y sent l'influence de l'Océan. L'horizon s'élargit. La mince bande de terre resserrant le chenal du golfe paraît bien faible pour résister aux flots de l'Atlantique, et quand le vent soulève ces flots en tempête, on croirait qu'elle va s'abîmer pour toujours. Elle résiste néanmoins, et résistera longtemps encore sans doute.

Sur cette frêle barrière a été bâti le hameau du NET, dépendant de la commune d'ARZON. Tout près se trouve PORT-NAVALO, excellente petite baie de relâche et de refuge, assez importante par son cabotage, appelé, quand on le voudra, à prendre une sérieuse extension.

Beaucoup d'archéologues affirment retrouver dans ce port le *Vindana-Portus* de Ptolémée. D'autres, il est vrai, trouvent au nom, malgré sa désignation latine, une racine celtique à prononciation simplement altérée, signifiant *Port des Pommes*, parce que Port-Navalo aurait été le grand entrepôt pour l'exportation de ces fruits. Laissons cette discussion. Tant de thèmes, ou ingénieux, ou rigoureusement logiques à première vue, ont été détruits par un examen plus approfondi, qu'il est imprudent de prendre parti dans la mêlée.

D'origine latine ou non, Port-Navalo est un charmant petit bourg, plein d'animation, car le mouvement maritime n'y cesse guère. A l'heure où nous le visitons, il est tout joyeux. Plusieurs équipages sont heureusement de retour d'une campagne lointaine. Il faut bien fêter par une gaieté franche cette bonne arrivée.

Les *Ar'vorenn* (en breton, *femmes du bord de la mer*), ainsi appelle-t-on, en général, les femmes des îles du Morbihan et de la côte occidentale de Rhuys, circulent dans la foule, gracieuses sous leur simple vêtement noir, jolies et modestes sous leur coiffe de blanche mousseline.

Parmi les hommes, c'est le costume du marin qui domine. Plusieurs d'entre eux pourraient cultiver tranquillement une fertile petite propriété rurale, mais ils ne se sentent pas nés, assurent-ils, « pour devenir de mauvais terriens »!!

Le nom d'Arzon n'est pas spécial à un bourg. Il est appliqué à une réunion de villages et de hameaux s'étendant sur la langue de terre qui défend l'entrée du golfe : les principaux sont Port-Navalo et Locmaria.

Tout le territoire garde à chaque pas, pour ainsi dire, les traces du séjour des Celtes et des druides. Les peulvens, les menhirs, les dolmens, les galgals, les tumulus y étaient très nombreux.

A la pointe Saint-Nicolas, une sorte d'enceinte, précédée d'un large fossé, a fort préoccupé les antiquaires et était peut-être un spécimen unique. Mais, de ces curieux monuments, le tumulus du *Petit-Mont* et celui de *Tumiac*, situés en Arzon, étaient les plus remarquables.

Ce dernier mesure près de mille pieds de circonférence, et est élevé de plus de vingt mètres. De son sommet, le tableau découvert n'a pas beaucoup d'égal en splendeur et en étendue, car il domine à la fois le golfe, l'Océan, la presqu'île de Quiberon, la presqu'île de Rhuys, la côte de la Loire-Inférieure, Guérande, Houat, Hœdic, Belle-Ile, Locmariaker, Carnac, Auray, Vannes, les îles du Morbihan, des châteaux nombreux, des baies de toutes formes, et le flot ombrant chaque objet de son reflet mobile! Avec le *Petit-Mont*, sur la crique du Croisty (ou *Croez-ty* : *maison de la croix?*), Tumiac sert de point de mire aux barques et aux bâtiments qui veulent gagner les ports de cette partie du littoral.

Un peu moins élevé que la tombelle dite du Mont Saint-Michel, à Carnac, il était cependant beaucoup plus remarquable, car la régularité de sa forme conique était parfaite. Nous avouons regretter que l'on y ait pratiqué des fouilles. Le résultat est si loin de répondre à la peine que l'on a prise, et la conservation de ces extraordinaires monuments en est compromise d'une manière si grave!

Jusqu'à présent, comme à Carnac, on n'a trouvé qu'une chambre souterraine, formée d'énormes pierres et renfermant un amas de cendres mêlées d'ossements; des celtæ, des colliers, des bracelets, mais, en somme, rien de bien particulier. Gavr'iniss, momentanément du moins, garde la palme des plus singulières découvertes. Il est vrai que l'on y avait travaillé avec patience et méthode.

S'il nous était donné d'émettre un avis, ce serait de voir se poursuivre les fouilles sur un *seul point* : à Carnac ou à Plouharnel, par exemple. Toute la peine, toutes les précautions, ainsi que les dépenses, n'étant pas éparpillées, on aurait infiniment plus de chance d'arriver à un résultat décisif.

Un bruit sourd et rythmé rappelle que l'Océan est proche. La route serpente à travers des champs dont les ondulations vont, sur la droite, se plier aux mille découpures que le golfe a creusés dans les rivages et, sur la gauche, s'avancent jusqu'à l'extrémité de falaises schisteuses que les vagues de l'Atlantique rongent trop souvent avec fureur.

Sur le ciel rasséréné, une tour carrée se profile; chacun la salue avec respect. Elle est la sauvegarde du marin, obligé de disputer aux flots, avec sa vie, le pain de sa famille.

Une légende touchante nous dira pourquoi.

Gildas, fondateur de l'abbaye, veille encore sur le pays tant aimé qu'il avait choisi pour retraite. Les cloches de la tour de l'église, placée sous son vocable, jettent *d'elles-mêmes* une note éclatante, en réponse aux ferventes prières qui, pendant la tempête, implorent le secours de Dieu.

Cette voix bénie, frappant l'oreille du malheureux pêcheur, lui indique la direction des écueils. Ranimé, fortifié, il reprend courage, et quand il abordera à la plus prochaine plage de secours, un cri de gratitude envers saint Gildas jaillira de son cœur à ses lèvres, un voile humide passera devant ses yeux; son âme, émue, sera pleine d'une joie nouvelle...

L'antique abbaye est maintenant visible tout entière. Elle s'élève sur une place d'aspect mélancolique, impression due à une muraille fort laide, percée d'une porte sans cachet monumental, qui sépare l'édifice de la maison habitée par les *Dames de la charité de Saint-Louis.*

Nous employons à dessein le mot : maison, car, des bâtiments de l'abbaye, à peine subsiste-t-il quelques rares débris sans intérêt véritable.

Devenue paroissiale, l'église reste ouverte et l'on peut la visiter tout à l'aise; mais les précieux reliquaires qu'elle possède encore sont gardés à la sacristie. Pour les voir, il faut s'adresser au recteur : la demande est toujours bien accueillie.

Tour à tour reconstruite et dévastée, l'église date d'époques différentes; seuls, le chœur et le transept nord ont une origine primitive. Ils sont généralement reconnus pour appartenir à l'architecture du onzième siècle.

La meilleure preuve de cette assertion se trouve dans l'emploi de l'appareil dit : *feuille de fougère,* si peu usité en Armorique que l'église de Saint-Gildas en est le seul exemple subsistant. « On sait, fait remarquer, avec raison, Cayot-Delandre, que cet appareil, fréquemment employé au onzième siècle, déjà moins répandu au douzième, fut absolument délaissé au treizième. Au-dessus des murs, règne un cordon de modillons ou corbeaux à têtes grimaçantes, qui cessèrent aussi d'être en usage à la même époque. »

Il n'est, en vérité, pas besoin d'avoir fait de grandes études archéologiques pour juger, au premier coup d'œil, de l'antiquité de ces murs vénérables.

Les arceaux en plein cintre, les chapiteaux, étranges de dessin, naïfs de sculpture, surmontant des colonnes cylindriques, massives d'aspect; les tombeaux, péniblement taillés en forme de cercueil, dans quelques menhirs, et déposés dans de petites chapelles aux voûtes surbaissées comme celles d'un four, que la mousse du temps a envahies; tout, jusqu'aux bénitiers creusés dans des chapiteaux ornés de figures fantastiques, débris évidents de piliers primitifs, tout dit que ces parties de l'édifice ont vu la gloire et la splendeur acquises par le monastère de saint Gildas, sous son successeur, saint Félix.

La sépulture de ce dernier religieux, appelé à bon droit « second fondateur de l'abbaye », est placée, nous venons de le dire, dans l'une des petites chapelles du transept nord ; le cercueil de son cher disciple, saint Gulstan, Gustan ou Goustan, est proche, ainsi que ceux de plusieurs des premiers abbés du monastère et de saint Bieuzy, compagnon et disciple de saint Gildas.

Le tombeau du premier fondateur, semblable aux précédents, occupe derrière le chœur une niche fermée d'une grille, construite exprès pour lui. Suspendues à cette grille, des lampes brûlent nuit et jour.

Ce que l'on ne saurait rendre, c'est la noblesse d'aspect, la grandeur vraie, la calme tristesse de ces témoins des vicissitudes de l'abbaye.

La mort règne ici triomphante !

Près des tombes célèbres se rangent, si nombreuses que le sol de l'église en est à peu près entièrement formé, les tombes aujourd'hui ignorées des religieux, des protecteurs et des bienfaiteurs du monastère. Plusieurs doivent remonter au delà du onzième siècle ; du moins certains fragments de lettres brisées permettent de le supposer. Beaucoup datent du treizième et du quatorzième siècle.

Hélas ! ne s'est-il pas trouvé des conseils de fabrique qui proposaient d'enlever ces *vieilleries* et de les remplacer par un *beau pavé en pierre blanche* !... Dieu merci ! ces *embellissements* ont été entravés assez à temps pour qu'une seule chapelle, celle de saint Guiguérien, ait eu à en souffrir. Peut-être, à la longue, ce projet inouï eût-il été repris ; par bonheur, l'église vient d'être classée au rang des monuments historiques et une restauration convenable est commencée. Elle méritait assurément, plus que beaucoup d'autres qu'il serait facile de citer, la protection, si mince parfois, conférée par ce classement.

Grâce à sa situation dans le pays de Rhuys, si fort aimé des souverains bretons, et à sa proximité de Sucinio, « le plaisant logis ducal », l'abbaye fut choisie pour recevoir les restes de trois fils et d'une fille de Jean I*er le Roux*, fondateur du château : Thibaut, mort en 1246 ; Aliénor, morte en 1248 ; un second Thibaut et son frère Nicolas, morts en 1251.

Ils reposèrent dans le chœur, où plusieurs princes et princesses de leur race vinrent dormir, auprès d'eux, le suprême sommeil de la terre : Jeanne, fille de Jean IV, fut du nombre (treizième et quatorzième siècles).

Les effigies et les inscriptions de ces dalles funéraires deviennent, malheureusement, de moins en moins visibles. Un plancher mobile ne devrait-il pas les préserver d'une ruine complète?

Souvenirs précieux, ne devraient-ils pas être l'objet des soins jaloux de ceux qui, tour à tour, et pour si peu de temps!... en ont la garde?

Afin de ramener le sol au niveau primitif, des fouilles ont été faites. Les bases des colonnes, toutes différentes les unes des autres, mais fort simples, sont maintenant au jour. Plusieurs tombeaux très anciens, parmi lesquels une dalle sculptée, portant en relief l'effigie d'une princesse bretonne, et une pierre avec inscription et ornement abbatiaux, ont été retrouvés. Sans doute, l'ère de ces découvertes n'est pas close.

Le maître-autel se terminait par un retable style Renaissance, qui contrastait singulièrement avec le reste de l'édifice. Il vient d'être enlevé et placé dans une chapelle latérale. C'est toujours un hors-d'œuvre, mais au moins ne produit-il plus la note discordante d'autrefois.

Le maître-autel y a gagné de reprendre l'aspect noble, grave, qui est celui de la partie la plus ancienne du monument.

Le trésor possède trois curieux reliquaires en argent (admirable travail du treizième et du quatorzième siècle), ornés de magnifiques pierres fines et ciselés selon la forme de la relique qu'ils devaient recevoir; ils contiennent le *chef*, un bras, l'os d'un des genoux de saint Gildas.

Une châsse moderne, en argent, rehaussée d'hermines et de fleurs de lis, renferme plusieurs autres reliques. Mais la vieille église abbatiale en a perdu quelques-unes auxquelles se rattachaient des souvenirs.

Au milieu des pièces d'orfèvrerie, brille une mitre en soie verte, brochée d'or; les figures qui l'ornaient se distinguent encore assez bien. Pierre Abélard, quatrième successeur de saint Félix, rénovateur de l'abbaye, porta, dit-on, cette mitre.

Un tableau endommagé, à peine *déchiffrable*, représente le meurtre de sainte Triphyne, dont nous retrouverons l'histoire mêlée à celle de saint Gildas.

En suivant le mur extérieur de l'église et sur le pan de la chapelle adossée à son chevet, on distingue des sculptures très frustes.

La première représente deux guerriers combattant à cheval, et se chargeant avec des lances d'une extraordinaire longueur; pour armes défensives, ils ont la cotte de mailles, un casque rond et un bouclier dont la base se termine par une véritable pointe.

Le second bas-relief est plus endommagé encore; à peine saisit-on le profil d'un personnage costumé en *fou;* la pierre est trop dégradée pour que l'on puisse même se fier beaucoup à ces indications sommaires. Il est extrêmement fâcheux que ces débris de sculpture antique n'aient pu être à temps préservés d'une entière destruction.

Non loin de l'église se trouve le cimetière paroissial, occupant l'emplacement d'une petite chapelle, autrefois érigée sous le vocable de saint Goustan. A peine en rencontre-t-on quelques débris.

Une autre petite chapelle, bâtie tout proche le bourg, est appelée Notre-Dame de Guérann. Est-ce en souvenir de Notre-Dame la Blanche de Guérande? Ce qui rend la supposition probable, c'est que le nom de la ville et celui de l'humble édifice sont identiques en langue bretonne.

La nouvelle maison conventuelle, occupée par les Dames de la charité de Saint-Louis, est à peu près entièrement moderne. Le voyageur doit suppléer, par le souvenir, à tout ce que les ravages du temps et des hommes ont fait disparaître. A peine de loin en loin une pierre effritée, un soubassement, un chapiteau, disent-ils qu'autrefois de vastes et magnifiques bâtiments abritaient la florissante colonie monastique fondée par Gildas le Sage.

Une surprise, toutefois. Un bois de vieux ormes fait suite aux jardins du couvent. Rien n'empêche d'y voir les débris de la forêt de Rhuys.

L'imagination aidant, on peut trouver que les arbres, à la cime tordue par le vent et les tempêtes, semblent s'incliner tristement, comme les saules, vers la terre, veuve de ses splendeurs évanouies.

Abri contre l'air trop rude apporté par l'Océan, le bois finit à une sorte de terrasse, du balcon de laquelle le regard plane sur une vaste étendue de mer. Par un temps favorable, les contours des embouchures de la Vilaine et de la Loire se distinguent avec netteté. Les îles de Houat et de Hœdic dominent les flots, et, au loin, une ligne bleuâtre indique Belle-Ile.

Ce n'est pas d'une heure, ce n'est pas d'un jour seulement dont on voudrait pouvoir disposer ici. Le temps coule trop rapide... Mais l'air devient plus frais, le flux monte, c'est le moment à choisir pour voir la côte dans toute sa beauté.

Le chemin de la falaise traverse des champs fertiles, assez bien cultivés et produisant le plus beau froment de la Bretagne entière. Il se déroule au sommet du *Grand-Mont*, dont la côte est inaccessible. Les marins doivent aller relâcher, soit à Saint-Jacques, près Sarzeau, soit à Port-Navalo, ou au Logeo, dans le golfe du Morbihan.

Ce chemin conduit à des grottes où Gildas cherchait souvent le calme d'une entière solitude, trompant ainsi l'impatience qui l'attirait avec tant de force vers sa chère île de Houat.

Quel fut ce saint, dont la mémoire, triomphant de l'oubli, se retrouve pour ainsi dire à chaque pas dans l'étendue entière du département du Morbihan?

Gildas eut pour père un riche seigneur du comté de Somerset, dans la Grande-Bretagne. Saint Ildut, l'un des apôtres de l'Armorique, fut son instituteur. Bientôt le jeune homme résolut d'abandonner le monde et, pour vivre plus inconnu, quittant son pays natal, il se réfugia sur un îlot sauvage des côtes de la Petite-Bretagne : Houat.

Cependant, malgré sa résistance, de nombreux disciples vinrent bientôt lui demander des lois et il dut chercher au monastère naissant un autre refuge.

Il l'obtint de Guérech ou Warroc'h, comte de Vannes, qui offrit aux cénobites un de ces châteaux, situé sur le bord de la mer, dans la presqu'île de Rhuys, en face l'île de Houat.

Le savant Dom Morice dit : « Gildas le Sage s'établit vers 530 à Rhuys, où il écrivit les deux traités que nous avons de lui : *Acris correctio in clerum britannicum* et *De excidio Britannorum*, plus, *huit canons*, à l'usage de l'église d'Hibernie. On regarde ces traités comme la meilleure source de l'ancienne histoire. Le saint mourut l'an 570. »

Gildas voua une profonde reconnaissance à Guérech. Il en donna plus d'une preuve éclatante, notamment lors du mariage de la fille du comte.

Emile Souvestre, dans le *Foyer breton*, est l'écrivain qui, peut-être, a su rendre avec le plus de bonheur cette sombre légende : la cruelle histoire de la pauvre princesse, victime du châtelain de Carnoët, en Cornouailles, COMORRE, le bourreau de quatre autres épouses, jeunes et belles comme TRIPHYNA.

Pour éviter aux vassaux de son père une guerre impitoyable, et d'ailleurs rassurée par saint Gildas, qui lui remet un anneau en argent dont la couleur, si elle change, l'avertira du péril, Triphyna épouse Comorre.

Un an plus tard, la vue de l'anneau, « devenu à peu près noir », lui fait craindre pour sa vie et pour celle de l'enfant qui doit naître bientôt.

La triste comtesse, cherchant à reprendre courage, va, pendant la nuit, se prosterner sur le pavé de la chapelle du château.

Tout à coup, les dalles recouvrant les tombes des précédentes épouses de Comorre se lèvent, les mortes quittent leur cercueil et pressent la comtesse de fuir.

Ici, nous citons de mémoire.

« Comme faire taire les chiens de garde? demande Triphyna, éperdue.

« — Prends ce poison qui m'a tuée! répond la première morte.

« — Comment franchir les hauts remparts?

« — Prends cette corde qui m'a étranglée! gémit le second fantôme.

« — Comment me guider dans la nuit?

« — Prends cette flamme qui m'a brûlée! dit la troisième apparition.

« — Comment me soutenir pendant la longue route?

« — Prends ce bâton qui a brisé mon front! murmure le dernier spectre. Nous aussi, nous devions être mères et Comorre nous a fait périr, parce qu'il n'ignore pas que son premier-né doit le punir de tous ses crimes. »

Après ces paroles la vision s'évanouit et Triphyna, fortifiée, agissant ainsi qu'on le lui a commandé, s'échappe du château.

Elle marche sans repos. Trois jours et trois nuits ont passé, la fille de Guérech regarde avec terreur sa bague devenue « noire comme les plumes d'un corbeau ». Elle se traîne dans un taillis et donne naissance à un fils qu'elle cache soigneusement « au creux d'un vieil arbre ».

Epuisée, elle essaye de gagner Vannes, dont les tours apparaissent à l'horizon, mais Comorre a suivi ses traces. L'abominable époux se précipite vers la jeune femme : d'un coup de sa lourde épée, il lui tranche la tête et s'enfuit au grand galop de son cheval, croyant bien avoir « fait périr la mère avec l'enfant ».

Cependant Guérech, miraculeusement averti par Gildas du danger menaçant Triphyna, s'était mis, avec le saint, à sa recherche. Il est près de « tomber lui-même mort de douleur », quand il aperçoit le corps mutilé de sa fille bien-aimée.

Gildas ne se trouble pas. « Inspiré de Dieu », il se met en prières. Bientôt, d'une voix ferme, il dit au cadavre :

« Lève-toi !... »

La morte obéit.... D'une main, elle prend « son chef », de l'autre, son fils nouveau-né, et marche au premier rang de l'armée épouvantée de Guérech.

On arrive devant le château de Comorre : monté sur le rempart, le meurtrier brave Gildas.

« Comte, dit celui-ci, je te ramène ton épouse, dans l'état où ta cruauté l'a réduite et ton fils tel que Dieu l'a créé !... La Sainte Trinité fasse justice ! »

Alors, plaçant dans la main du nouveau-né un peu de sable, Gildas fait le signe de la croix. L'enfant marche vers le château et lance le sable contre les murailles, qui s'écroulent avec un bruit sinistre, ensevelissant le meurtrier.

Triphyna, ressuscitée, et ne conservant de son supplice qu' « une raie rouge à la place frappée par le tranchant de l'épée, afin que nul n'oubliât cet éclatant miracle », Triphyna vécut longtemps encore, uniquement occupée de bonnes œuvres. Elle voulut, par gratitude, confier son fils au grand saint qui les avait tous deux sauvés. Ce fils, appelé Trémeur, devint l'un des plus fervents disciples de Gildas. Il passa son existence à peu près entière à Rhuys et son corps reposa d'abord dans l'église de l'abbaye. Ses reliques, dit-on, auraient été apportées à Paris après les invasions normandes qui ruinèrent le monastère et elles se trouveraient encore dans l'église Saint-Jacques-du-Haut-Pas.

Des nombreux miracles attribués à saint Gildas, par les légendaires, celui-ci est resté le plus populaire.

« Le pays du blé noir, comme aussi le pays du blé blanc » (ancien comté de Quimper et ancien comté de Vannes) en gardent un très vif souvenir.

Mais nous voici au point culminant de la falaise.... Un pas imprudent, et les flots de la *mer sauvage* nous recevraient, si, auparavant, les rocs ne nous mettaient en pièces.

Toutefois, l'accès d'une grève minuscule est rendu facile, grâce à un immense travail accompli pendant l'hiver de 1878. Le recteur, voyant les pauvres de la commune à la veille de manquer de tout, leur proposa, moyennant un bon salaire, la tâche d'améliorer le point abrupt de la côte conduisant à une grotte souvent visitée par Gildas, car, de cette place choisie, le regard du saint errait sur l'île de Houat, toujours regrettée.

La tâche fut acceptée avec enthousiasme.

Des gradins ont été taillés en plein cœur de roches de micaschiste, mélangées de quartz.

A cause de l'affluence provoquée par les *Pardons*, le travail a été exécuté en double, c'est-à-dire qu'à droite et à gauche de la petite plage on peut aujourd'hui descendre sans danger... à condition que l'on ne néglige point de bien assurer son pied sur ces marches, rendues trop fréquemment glissantes par l'action combinée de l'humidité marine et du soleil.

A mi-côte, sur la droite (quand on regarde la mer), une statue de saint Gildas a été érigée près d'une petite source dont le mince filet glisse, brillant, au milieu d'un épais tapis de mousse et d'œillets marins.

Au bas de la falaise, une grotte peu profonde, mais bien abritée, servait d'asile au fondateur de la vieille abbaye.

Là, de ce bloc surplombant les flots, le cheval du saint prenait un si rapide élan que, d'un bond, il transportait son maître à Houat... L'empreinte des sabots de l'animal reste ineffaçable sur la pierre!!!

On peut sourire de ces légendes, tribut d'une admiration toujours profonde après une longue succession de siècles; on n'en contestera pas le charme gracieusement naïf.

Dans la longue liste des abbés qui succédèrent à Gildas, deux noms seulement ont bravé la rouille de l'oubli.

Vers la fin du neuvième siècle, une terrible invasion normande avait ruiné de fond en comble l'abbaye.

Geoffroy Ier, duc de Bretagne, songea à la réédifier. Il fit part de son dessein à Gauzelin, abbé de Saint-Benoît-sur-Loire, et le pria de le seconder.

Gauzelin choisit un de ses religieux nommé *Félix*, « homme infatigable », dit son historien, qui relate longuement les mille entraves, les obstacles vaincus.

Comme le modèle qu'il avait en vénération, Félix mérita le nom de saint et mourut en 1038. Après lui, trois abbés se succèdent sans laisser un souvenir important.

Mais en 1125 Pierre Abailard, ou Abélard, issu d'une famille noble et natif du Pallet, près de Nantes (1079), est nommé au gouvernement du monastère, où la règle de saint Benoît, introduite par saint Félix, avait remplacé la règle de saint Colomban, apportée par Gildas le Sage.

Laissons parler dom Lobineau.

« Abailard tremblait sans cesse. Il ne se tenait pas un concile, pas une assemblée extraordinaire qu'il ne s'imaginât que c'était à lui qu'on en voulait. Il crut qu'il serait plus en repos et plus en sûreté en Bretagne.

« L'abbé de Saint-Gildas de Rhuys étant mort, la communauté, du consentement du duc de Bretagne, Conan III, le demanda pour supérieur à Suger, abbé de Saint-Denis. Suger y consentit, et Abailard crut, en acceptant le gouvernement de cette abbaye, échapper à la persécution. »

Par malheur, le nouvel abbé devait se heurter à des mauvais vouloirs de toute sorte; pour comble d'ennui, il ignorait les usages et jusqu'à la langue du pays. Cela explique pourquoi, pénétré de ses chagrins, il ait jeté la *seule* note discordante que l'on puisse trouver chez les historiens de la presqu'île de Rhuys.

Une lettre, datée de l'année même de son élection (1125),

donne la mesure de ses sentiments. On y trouve cette phrase caractéristique :

« J'habite un pays *barbare*, dont la langue m'est *inconnue* et en horreur !... »

C'était bien maltraiter le parler breton, si imagé, si poétique dans sa noble, dans sa simple gravité....

Enfin, Abailard, habitué à la vie studieuse du cloître, se choquait de voir les robustes moines poursuivre, dans leurs heures de liberté, les bêtes fauves qui, à cette époque, étaient « nombreuses en la grande et touffue forêt de Rhuys ».

Les luttes intestines commencèrent.

Le légat du pape dut intervenir, et il appuya son autorité d'un jugement du duc de Bretagne. Plusieurs années furent nécessaires pour pacifier absolument leurs différends.

Chose surprenante, ce fut au moment où la paix se trouvait rétablie, que Pierre Abailard résolut de s'éloigner de son abbaye.

Persuadé de l'existence d'un complot dirigé contre sa sûreté, il chercha le moyen de fuir !...

Une tradition, maintes fois affirmée, le montre choisissant une nuit obscure pour descendre dans un caveau, infect vestibule d'un conduit voûté donnant sur l'ancien verger. Arrivé avec grand'peine à l'extrémité de ce conduit, il traverse les jardins, favorisé par les ténèbres, gagne une porte sur la falaise, et s'engage sur les rocs, au risque de s'y briser avant de pouvoir poser le pied sur la grève.

Ses vêtements, ses mains se déchirèrent, mais l'entreprise est couronnée de succès. Une barque, frétée depuis longtemps et qui croisait en attendant le signal, recueille le fugitif.

Triste dénouement, en somme, pour un génie aussi orgueilleux et qui, malgré les efforts de ses admirateurs, est loin de prouver, qu'à son extraordinaire éloquence, Abailard joignit les qualités nécessaires pour mener à bien la tâche que lui-même avait sollicitée.

Nous n'entrerons pas dans le dédale des faits concernant l'abbaye. Bornons-nous à constater que, dès le milieu du dix-huitième siècle, une ruine nouvelle la menaçait.

Le monastère, qui autrefois avait eu *vingt* prieurés florissants sous sa dépendance, n'abritait plus, lors de la Révolution, que *cinq* religieux. Le dernier prieur, dom Bronce, réfugié à Lorient, mourut dans un état voisin de la plus complète misère.

L'abbaye mise à sac, beaucoup d'objets précieux disparurent. Plus d'une liasse de papiers, arrachée aux archives, fit les frais d'un feu de joie.

Par bonheur, une énergique résolution empêcha l'église de devenir la proie des flammes.

La famille du glorieux héros de l'indépendance grecque, Hippolyte Bisson, en devint propriétaire et, lui-même, y avait passé la plus grande partie de sa jeunesse. Héritier du domaine, il tint à honneur de préserver la célèbre abbaye d'une ruine imminente et, par un acte authentique, en fit don à la commune.

En 1824, Mme Molé de Champlâtreux, née de Lamoignon, racheta les bâtiments conventuels et y établit des religieuses.

On commence à venir à Saint-Gildas de Rhuys pour les bains de mer; cependant, la plage n'est pas des plus belles, ni des plus commodes. Mais tout le pays, sur un rayon de plus de quarante kilomètres, est tellement attrayant, offre tellement de contrastes que l'on comprend cette affluence, et que l'on souhaite la voir toujours aller grandissant. Ce coin de Bretagne y gagnant de développer ainsi ses ressources agricoles et maritimes, le canton tout entier s'en ressentira.

En économie sociale, comme en bonne morale, le bien fait à un seul profite toujours par quelque côté à plusieurs.

CHAPITRE XVII

SARZEAU. — LE PORT SAINT-JACQUES

Tous les vieux chroniqueurs s'accordent sur un point : la beauté et la fertilité de la presqu'île de Rhuys. Les descriptions ne la représentent pas autrement que comme une sorte de paradis terrestre, où la vie était rendue facile par la fécondité du sol, par la douceur du climat.

On y trouvait en abondance des grains de toute espèce, des vins généreux, des fruits exquis, du miel délicieux, du poisson excellent, du gibier renommé... Les pâturages y étaient superbes; le lin récolté, magnifique.

La forêt de Rhuys abondait en fauves : cerfs, sangliers... Quelques historiens, Abailard, entre autres, vont jusqu'à parler non seulement de loups, mais d'*ours !* Ce ne fut pas pour le bon duc Jean *le Roux* le moindre attrait du pays, quand il songea à faire construire le château de Sucinio.

Cette forêt préservait la presqu'île des vents terribles du *grand large*. Aussi, les écrivains contemporains ne tarissent-ils point dans leurs éloges sur la « contrée heureuse où, quand l'hiver couvre de ses frimas les terres voisines, poussent déjà et parfument les airs, la violette, la rose, l'églantine, le laurier, le chèvrefeuille, le genêt ».

Albert le Grand qualifie Rhuys « d'agréable et de fertile ». D'Argentré le signale comme « beau et bon séjour, plus fertile et plus agréable que nul autre en terre de Bretagne ». Louis XIV lui-même, le fastueux Louis XIV, le créateur de Versailles et de tant d'autres merveilles, avait coutume (affirme Danielo) de répéter à ses courtisans :

« Désirez-vous un pays de repos et de délices ? Allez habiter l'île de Rhuys !... »

A toutes ces causes : beautés naturelles, climat heureux, sol généreux, les ducs bretons choisirent l'île pour venir se « soulacier » des embarras et des chagrins du pouvoir, ce qui faisait dire à G. de Saint-André :

> « A Rhuys, ils s'en vont aller,
> « Cuidant faire le bourg baller !... »

Dom Lobineau, dans la *Vie de saint Gildas*, écrit que l'île de Rhuys est « un pays les meilleurs et les plus fertile de toute l'Armorique, dont l'aspect, quoique marin est sauvage, et des plus agréables par sa diversité et son étendue ».

Ainsi repassent dans la mémoire ces témoignages d'une prospérité évanouie, mais que chaque pas laisse comprendre, et qu'il serait facile de faire revivre.

Les prairies devraient nourrir nombre de bestiaux, car la belle herbe touffue, ainsi que les fleurettes dont elles sont parées, prouvent la fertilité du sol.

Comme autrefois, la culture de toutes les céréales et des plantes textiles récompenserait largement la peine de l'agriculteur.

Comme autrefois encore, le vin pourrait figurer en proportion notable dans les ressources du pays. Malheureusement, depuis quelques années, le temps a été souvent funeste aux modestes vignobles existants. L'humidité et le froid ont empêché le raisin de mûrir. Aussi le vigneron, découragé, laisse-t-il parfois, sur les ceps épuisés, l'âpre verjus qu'aucune malaxation, si habile qu'elle puisse être, ne réussirait à améliorer.

Néanmoins, le *nectar* de la presqu'île ayant eu les honneurs d'un mot historique, peut-être les dégustateurs modernes commettent-ils une grande injustice en le réléguant au rang des *crus* de la région.

Reste à savoir si, lorsque définitivement soumis à Henri IV, Mercœur l'invitait à venir « en l'île de Rhuys, *goûter son bon vin de Sucinio* », cette parole ne cachait pas une arrière-pensée : tirer une dernière petite vengeance du roi qui l'empêchait de ceindre la couronne tant enviée des ducs bretons.

Que l'ombre du prince lorrain nous pardonne cette supposition toute gratuite. A Henri IV, qui prisait tant le vin des coteaux de

Suresnes, le « bon piot » de Sucinio eût très bien pu sembler parfait !...

Une campagne de plus en plus ombragée, des villas, des maisons, maintenant très rapprochées, annoncent SARZEAU, dominé par le clocher carré de son église.

On ne voit point que cette petite ville ait beaucoup figuré dans l'histoire du vieux duché. Ce rôle effacé se comprend sans peine. Placée entre l'importance que donnait au château ducal voisin, Sucinio, le séjour des souverains bretons, et le lustre si longtemps attaché à l'antique abbaye de Saint-Gildas de Rhuys, elle se trouvait rejetée dans l'ombre.

Sarzeau n'en possédait pas moins des privilèges qui lui furent conservés par les rois de France, devenus ducs de Bretagne. Elle comptait au nombre des *villes* et relevait directement de la couronne; une juridiction royale y était établie, ainsi qu'une communauté de ville, laquelle avait le droit de députer aux États de la province. Longtemps elle posséda une maîtrise des eaux et forêts.

Les maisons nobles y étaient nombreuses, et, comme dans le reste de la presqu'île, son territoire se montrait des plus féconds.

Un historien s'écrie avec enthousiasme : « Tout ce que les plus riches contrées peuvent produire pour la vie de l'homme, on le trouve à Sarzeau. »

Malheureusement, la population ne tire pas tout le parti possible de ces richesses. Dès avant notre siècle, voici ce qu'on disait d'elle :

« Le peuple de Sarzeau est bon et doux, contre l'ordinaire des peuples situés (*sic*) sur la mer; mais s'il n'a pas le défaut de ces derniers, il n'en a point aussi les qualités estimables et utiles, il manque d'industrie dans la situation la plus avantageuse pour le commerce, soit extérieur, soit intérieur. »

Le caractère indolent des Sarahouis, appelés aussi plus familièrement Sarzeautins[1], ne s'applique qu'aux travaux agricoles. La majorité des propriétaires fonciers appartient à la marine et place cette profession infiniment au-dessus de celle du cultivateur. Il en résulte que de grands espaces de terre féconde restent

En breton, Sarzeau s'écrit Saraoh.

en friche, ou bien, aménagés avec négligence, donnent des produits fort au-dessous de ce que l'on en pourrait attendre.

Un certain nombre de fermiers du pays nantais ont depuis peu profiter de l'indifférence des Rhuysiens. Leur initiative a été largement récompensée. Mais il faudra encore beaucoup de temps,

Alain-René Le Sage.

de travail et d'argent, employés avec l'intelligence, d'exemples surtout, pour convaincre la population qu'une alliance entre le travail de la terre et celui de la mer porterait au plus haut point leur prospérité.

Quand ils finiront par le comprendre, on verra moins de familles risquer tout leur avenir sur une ou plusieurs barques de pêche, et vendre pour une somme dérisoire les champs qui eussent assuré leur subsistance, si elles avaient essayé d'en tirer parti.

Pénétré de ces vérités, un grand propriétaire du pays a fondé deux très utiles établissements agricoles : un orphelinat et un asile, sorte de ferme modèle, où il s'efforce de faire prédominer l'amour du sol. Puisse son entreprise atteindre le but si patriotique qu'il s'est proposé ! Toutefois une direction plus pratique y serait, paraît-il, nécessaire.

Sarzeau ne présente pas moins, les jours de marché, l'aspect le plus riant ; on n'y trouve pas de monuments bien artistiques, mais les constructions sont assez confortables.

L'église, tout récemment restaurée avec infiniment de goût, présente un ensemble gracieux. Rien n'y frappe beaucoup la vue ; mais tout se fond dans un harmonieux relief que baigne une lumière douce, tamisée par de jolis vitraux modernes. Le maître-autel possède une élégante colonnade en marbre noir, ajourée et surmontée d'un beau groupe sculpté ; deux charmants retables, aux autels latéraux, datent de 1707.

L'extérieur n'a rien de remarquable et la tour carrée, massive, en écrase un peu l'aspect.

La mairie, élevée sur l'emplacement de l'ancienne Barre-Royale de Rhuys, est d'un style presque élégant.

Mais ce qui sauvera la petite ville de l'oubli, c'est l'illustration dont elle a été revêtue par deux de ses enfants.

ARTHUR DE RICHEMONT, connétable de France, puis duc de Bretagne, est né à Sucinio (où nous esquisserons sa biographie), mais le château ducal fait partie de la commune de Sarzeau.

Après la gloire guerrière d'Arthur, à trois siècles de distance, une gloire littéraire indiscutable se lève en la personne D'ALAIN-RENÉ LE SAGE, le véritable créateur, par l'impérissable *Gil Blas*, du roman français. Le registre des actes de baptême de la paroisse renferme la mention suivante :

« Le traisième (*sic*) jour de décembre mil six cent soixante-huit, ont esté administrées par moy, curé de la paroisse de Sarzeau, les saintes cérémonies du baptême à Allain-René Le Sage, né le huitiesme du mesme moys, fils de noble homme Claude Le Sage, notaire royal et greffier de la Cour Royale de Rhuys, et damoiselle Jeanne Brenugat, ses père et mère, demeurant en ceste ville de Sarzeau. Le parrain a esté Allain Brenugat, cy-devant receveur du domaine de Rhuys, et marraine damoiselle Renée Brenugat.

« Fait en présence des soussignants, ainsi signé : Brenugat, Renée Brenugat, dom Louis Carré, Françoise-Thérèse Dusers, M. Allio, Jeanne Foucher, J. Autheil, Jeanne Le Sage, Le Sage-

Authueil, Foucher, Kernisano, Claude Le Sage, Le Sage-Lenouel, Perrine Penber, Bertrand Le Goff, curé. »

Ce fut dans la rue Bécherel, nommée aujourd'hui rue Saint-Vincent, que naquit Le Sage. La maison de son père existe encore, et, grâce à l'obligeance du propriétaire actuel, on peut la visiter. Rien de très particulièrement curieux ne la signale, mais elle n'en éveille pas moins un profond intérêt.

La pensée aime à interroger le berceau des grands hommes. Elle sait retrouver, parmi les objets extérieurs qui les entourèrent, l'influence bienfaisante sollicitant l'éclosion des germes précieux, cachés encore dans ces cerveaux privilégiés.

Pour nous, en reportant notre imagination aux jours de l'enfance d'Alain Le Sage et sachant ce qu'était alors le pays de Rhuys, « un second paradis terrestre », au dire de *tous* les historiens, nous comprenons sans peine l'influence dont nous parlons.

La forêt de Rhuys ne disparut point entièrement avant le milieu du dix-huitième siècle. Alain put contempler les arbres centenaires de la côte de l'Atlantique, baignant leurs branches « dans la mer Océanne », et ceux de la côte du Morbihan, couvrant non seulement les mille grèves du golfe, mais faisant des îles et des îlots autant de bosquets touffus.

Alors, l'abbaye de Saint-Gildas gardait quelque chose de sa splendeur. Sucinio n'avait rien perdu de sa majesté souveraine. Le vieux monastère des Templiers, à la pointe Saint-Jacques, n'avait pas laissé crouler dans les eaux ses curieuses murailles incrustées de coquilles...

Alors, les ruines romaines étaient restées considérables et, les dominant par un attrait mystérieux, nombre de monuments druidiques gardaient intacts leurs étranges contours.

Alors les mœurs, les costumes, le langage pouvaient être étudiés dans toute leur pénétrante originalité.

Un tel milieu devait laisser et laissa en effet une empreinte indélébile dans les souvenirs du futur écrivain. Même aux plus belles pages de son chef-d'œuvre, parmi les descriptions, si exactes encore, « du beau pays d'Espagne », on retrouve sans peine la trace de ces premiers tableaux.

Si l'esprit littéraire de notre temps était favorable aux parallèles, et si notre cadre comportait ce genre de travail, il y aurait grand plaisir à mettre en relief, puisée à l'œuvre des deux génies bretons, Le Sage et Chateaubriand, la part *collaborative* revenant sans conteste à leur pays natal.

La côte nord du territoire de Sarzeau est baignée par le Morbihan : plusieurs îles du golfe en dépendent[1] ; mais, de ce côté, les vases apportent quelque entrave à la navigation : LE LOGEO reste la baie la plus fréquentée ; des travaux d'importance relativement minime la rendraient fort bonne.

Du côté de l'Océan, plusieurs anses forment presque autant de de petites presqu'îles, la principale est celle de TOUR-DU-PARC, à demi détachée du continent par les bras de mer de Pénerf, de Caden et de Banester.

LA BAIE DE SAINT-JACQUES, de toutes la plus rapprochée de Sarzeau, avait été depuis longtemps signalée comme pouvant offrir un excellent point de relâche aux bâtiments qui ne voulaient ou ne pouvaient aller aborder soit à Port-Navalo, soit à Pénerf, soit au Croisic.

Dernièrement enfin les travaux commencèrent et furent menés avec rapidité. Certes la position est bien choisie, le port nouveau se présente au fond d'une jolie rade, développée en fer à cheval sur une suffisante étendue.

Mais les études ne semblent pas avoir été poussées assez loin ou bien les ressources ont dû manquer au dernier moment. Le fait indéniable, c'est que le port Saint-Jacques, loin de pouvoir abriter des navires, même de faible tonnage, n'offre plus, à marée basse, le tirant d'eau exigé pour une forte barque de pêche. Par surcroît, les roches y sont très nombreuses et constituent un danger permanent. Enfin, la mer gagne sur cette côte aux falaises schisteuses, et le petit môle, protégeant le nouveau port, a déjà été renversé. Il semble, disent les pêcheurs, devoir être détruit encore et, en tout cas, se trouve impuissant à assurer la sécurité des barques ou des canots échoués sur un fond aussi peu favorable.

Voilà de quoi discréditer, avec raison malheureusement, une station dont on croyait obtenir de réels services. Ne faut-il pas tenir toujours compte de la routine naturelle s'attachant, sur-le-champ, à une impression première ?

1. Tascon, Brannek, Gohvilan, Sibidenn, Bailleron, Pladik, Nounnienn, le Guyauz, Enezy, Trohanik.

Les principaux produits d'exportation seraient du froment, du sel, provenant soit des salines établies sur le golfe, soit des marais alimentés par l'Océan ; du poisson, des huîtres, des crustacés et même, dans les années favorables, du petit vin blanc.

Il serait possible d'y ajouter des chevaux et des bestiaux, pour la plupart petits de taille (car beaucoup sont tirés des îles), mais de race sobre, vigoureuse. Les vaches sont excellentes laitières.

Le port Saint-Jacques deviendrait donc une station maritime assez animée et Sarzeau s'en ressentirait très favorablement. Nous doutons beaucoup, à vrai dire, que ces espérances se réalisent. Combien de ports, mieux dotés à tous les points de vue par la nature, attendent et attendront longtemps les améliorations qui leur rendraient leur vitalité première....

La marque des envahissements de l'Océan est visible sur les derniers débris de l'antique maison des Templiers. Par suite des empiétements successifs du flot, elle se trouvait située à l'extrémité de la pointe.

« La tour de l'église du couvent, ruine imposante, d'une belle architecture gothique, s'est écroulée dans la mer, le 27 avril 1807. Des paysans, pour en retirer des pierres, avaient sapé les fondations. Les rochers qu'on aperçoit au large, à une grande distance, faisaient, en 1750, partie de la terre ferme. Des vieillards qui existaient encore en 1830, dans les villages voisins, se rappelaient y avoir fait paître des troupeaux dans leur enfance. »

Aujourd'hui, quelques vestiges à peine subsistent. Vienne une de ces tourmentes d'équinoxes, trop connues pour leur violence, et ces dernières épaves, enlevées avec la roche effritée qui les soutient, disparaîtront sans laisser de trace... comme s'est évanoui le souvenir de leurs possesseurs....

Les ingénieurs du port Saint-Jacques feront donc bien d'aviser, car, si le môle et une partie du quai se trouvaient emportés, n'accuserait-on pas leur prévoyance et jugerait-on utile de recommencer une expérience très coûteuse, en somme, pour la commune qui doit la supporter ?

CHAPITRE XVIII

LE CHATEAU DUCAL DE SUCINIO

On cite beaucoup, et en toute justice, Clisson, non seulement au point de vue de l'art des fortifications, mais encore pour le gracieux paysage qui l'environne.

Sucinio, lui, n'était pas place de guerre, au sens strict du mot. Ensuite, la mutilation de son beau parc le laisse isolé au milieu d'un site presque sauvage. Il est possible, cependant, de le préférer à Clisson, et si l'avant-dernier propriétaire n'avait pas agi envers le château de Jean *le Roux* comme un véritable Vandale, la presqu'île de Rhuys posséderait l'un des plus admirables spécimens de l'architecture féodale.

Deux versions circulent sur la destruction de Sucinio, mais une seule est vraie et la politique n'y fut pour rien.

Jugeant inutile et onéreux l'entretien de l'édifice, craignant d'autre part de n'en jamais retirer un bon prix s'il le mettait en vente, le propriétaire, sorte de barbare à demi civilisé, résolut simplement d'exploiter le pauvre château comme on pourrait exploiter, par exemple, une carrière de pierres de taille.

Il avait là une mine féconde, sinon inépuisable. Rien ne trouva grâce à ses yeux. Plusieurs escaliers massifs croulèrent, marche par marche, sous la pioche des démolisseurs; les linteaux sculptés des portes et des fenêtres allèrent *orner* d'autres portes, d'autres fenêtres d'habitations d'hommes ou d'animaux ou, encore, servirent de bois à brûler!!!

Les curieuses ferrures suivirent... Les murailles intérieures tombèrent... Tout eût fini par disparaître si le destructeur avait vécu plus longtemps.

Seul, à peu près, l'extérieur subsiste et cela par un judicieux calcul d'avare. Les antiques remparts donnaient une *solide* protection au chantier de matériaux établi. Une fois l'intérieur vendu, le reste, à son tour, eût été attaqué.

Et voilà comment un monument, curieux à tant de titres, peut *mourir !*

A l'époque où une épaisse forêt entourait « le plaisant logis ducal », Sucinio devait offrir un tout autre aspect.

Le feuillage des grands arbres, se profilant sur le ciel, rendait moins imposante la masse des remparts et des tours. Le vent du large, murmurant dans les branches, adoucissait l'âpre voix des vagues déferlant contre la falaise, sur le roc de laquelle s'élève le château.

Partout la vie, le mouvement s'accusaient. Les souverains bretons aimaient à y organiser de grandes chasses, que suivaient un monde d'orgueilleuses châtelaines, de chevaliers renommés, d'hommes d'armes et d'écuyers.

Un mariage, un baptême dans la famille ducale, y devenaient l'occasion des fêtes les plus brillantes. Les cérémonies funèbres n'interrompaient point cet incessant concours de population noble et plébéienne.

Disposée en longues files recueillies derrière le char portant le cercueil princier, la foule allait se déroulant, à travers les campagnes, sur le sentier à peine frayé qui conduisait vers l'abbaye de Saint-Gildas...

Après les joies et les tristesses, venaient les joutes guerrières.

Dans une prairie ménagée derrière le château, on établissait une lice.

Vaillants contre vaillants s'élançaient les impétueux seigneurs.

Les armes courtoises s'émoussaient ou se rompaient sur l'acier des armures ; les casques se faussaient, les robustes chevaux, bardés de fer, pliaient. Soudain, les trompettes sonnaient leurs bruyantes fanfares...

Le vainqueur était conduit devant la reine du tournoi.

Aujourd'hui, le silence, l'abandon dans sa plénitude...

La forêt d'abord, puis le parc, reste de la forêt, ne sont plus. Des champs assez mal cultivés les remplacent.

Quelques cabanes étroites, mornes, basses et comme accroupies sur le sol, loin de donner un peu d'animation à la contrée, ajoutent à son cachet mélancolique.

La baie, fort belle cependant, est rarement sillonnée par les barques. Les rocs sont noirâtres ou d'un rouge terne, et sur le sommet veille, semblable à un géant frappé par la foudre, le fantôme de ce qui fut le château ducal...

L'aspect de la vieille forteresse est encore très noble, très imposant. Ses tours semblent prêtes à repousser un assaut, comme à protéger les hôtes illustres qui, successivement, y établirent leur demeure.

Mais franchissons le pont-levis et la grande porte orientale, dont les armoiries, effacées par le temps, laissent à peine deviner la forme d'une *chimère* et celle de deux cerfs : aussitôt la ruine, une ruine presque complète, irrémédiable, apparaît.

De l'extérieur, le château donne encore une illusion à peu près complète.

Il n'est pas besoin d'un grand effort d'imagination pour se figurer que ces belles murailles, couronnées de parapets à mâchicoulis en ogive, sont encore intactes et gardées par des archers ou des hommes d'armes en cuirasse.

On s'attend presque à rencontrer la *chevauchée* du duc, sonnant les trompes de chasse ; et, sous ce portail élevé, le jeu des ombres pourrait sans peine être attribué aux plis des bannières ou aux panaches agités par le vent de l'Atlantique.

A l'intérieur, tout change. L'herbe pousse sur les décombres amoncelés. De sept escaliers il n'en reste plus que deux par où l'on puisse se hasarder sur les remparts croulants.

Trois ou quatre salles, à peu près démolies, ont encore des restes de superbes cheminées à colonnettes. Dans les corridors, de belles voussures ont résisté, ainsi que des encadrements de portes en ogive ou en accolade. De la chapelle, subsistent à peine quelques débris.

On n'y peut plus pénétrer. Pour en apercevoir l'emplacement, il faut maintenant faire un grand détour, en passant sur une muraille peu solide et se pencher au-dessus d'un trou béant, profond, sorte de puits que les décombres finiront par envahir.

De cette partie de l'édifice il reste une grande fenêtre à cintre brisé, de style flamboyant, et deux réduits pratiqués dans l'épaisseur de la pierre. L'un servait de sacristie aux chapelains ; l'autre recevait, pendant les cérémonies religieuses, les personnes de la famille ducale.

On distingue aussi une faible trace de la large arcade faisant, jadis, communiquer la chapelle avec la salle d'honneur du château.

Des appuis-main en fer permettent de passer, de l'ouest à l'est, sur le sommet des remparts. Le tableau que l'on y domine est d'une beauté à la fois sauvage et grandiose, qui semble, par une affinité mystérieuse, s'harmoniser avec les souvenirs de splendeur et la tristesse actuelle de l'antique logis princier.

La mer s'étend au loin. Une baie en forme de croissant arrondit sa large courbe au pied du château et va, à l'horizon, confondre ses flots avec les flots des baies de Banester et de Pénerf.

Lorsque Jean Ier bâtit son château de plaisance, il y avait, sans doute, dans la baie, un débarcadère commode pour « sa nef ». Il devait lui être facile de venir, par eau, soit de Nantes, soit de Guérande, tandis que la route de terre était plus longue, plus pénible.

Ce fut en 1229 que Jean, surnommé *le Roux*, à cause de la nuance fauve de sa chevelure, résolut de faire construire Sucinio. Les historiens ne s'accordent ni sur l'orthographe ni sur la signification exacte du mot.

D'anciens titres portent *Soussinio*, d'où l'étymologie *Souci-n'y-ot : le souci ne peut être son hôte*, et, par abréviation : *Sans-souci*. Le riche duc, ainsi que l'on appelait, non sans raison, le souverain breton, précédait de beaucoup, on le voit, Frédéric II, de Prusse.

Une chose certaine, c'est que lui et ses successeurs venaient surtout chercher « souliacement et loisirs » dans leur demeure de la presqu'île. On écrit encore *Sussinio*, mais l'orthographe que nous employons a prévalu.

Le château s'éleva sur les ruines d'un monastère. Quatre des enfants du fondateur y moururent. Nous avons vu leurs pierres tombales dans l'abbaye de Saint-Gildas. Une de ses filles, Alix, y naquit.

Ce fut de Sucinio que Jean Ier, accompagné de son fils Jean et du comte de Richemont, partit pour aller retrouver, à Aigues-Mortes, saint Louis, occupé des préparatifs de la septième croisade ; mais en route le prince breton réfléchit. Craignant pour son duché, il se contenta de saluer le roi de France et revint sur ses pas.

Jean II, son fils, aima tellement le château qu'il y demeura pendant la plus grande partie de son règne. Il y accumula un véritable trésor en monnaies d'or et d'argent, en vaisselle plate, en meubles, en tapisseries. Son testament porte la preuve du goût qu'il avait pour Sucinio, car, au milieu des libéralités ordonnées, il distingua les pauvres de « sa chère île de Rhuys, sa plus ordinaire et plaisante résidence ».

Lorsque la guerre de Succession éclata, le château subit le contre-coup des terribles commotions qui, pendant vingt-quatre années, devaient ensanglanter « la povre et dolente duchée ».

Charles de Blois s'en empara d'abord ; puis Jean de Montfort. aidé des Anglais, ses alliés, l'en chassa et garda la forteresse neuf années entières, au bout desquelles Du Guesclin, dans un « moult rude assaut », vainquit la garnison anglaise et rétablit l'obéissance au conte de Blois. Ce ne fut pas pour longtemps.

Le comte de Montfort, puissamment secondé par le roi d'Angleterre, rentra en possession de Sucinio, s'y fortifia et y resta jusqu'au jour où il résolut de tenter, dans la lande d'Auray, un dernier effort. Cette fois, il fut absolument heureux : la mort de son compétiteur lui assurant la couronne disputée de part et d'autre avec un si cruel acharnement.

Quand le sire de Craon, assassin du connétable de Clisson, fuyait la colère du roi de France Charles VI, c'est au nouveau duc Jean IV, alors à Sucinio, qu'il vint demander asile.

Le duc François Ier aimait beaucoup aussi le château de la presqu'île de Rhuys. Il l'habitait de préférence à tous ses autres palais. Peut-être le calme de ce beau logis contribuait-il, dans une assez large mesure, à l'apaisement de sa jalousie soupçonneuse, car, le 1er janvier 1448, étant à Sucinio, il envoyait à ses deux frères, Pierre et Gilles de Bretagne, une aiguière d'or, « présent de moult grande amitié ».

Deux ans plus tard, Gilles, jeté dans un caveau souterrain du donjon de la Hardouinaye, se cramponnait aux barreaux de sa prison, suppliant une pauvre « pastoure », qui gardait des moutons le long des fossés, de lui jeter un morceau de pain pour apaiser la faim cruelle torturant ses entrailles.

« La pastoure » ou mendiante eut « le cœur fendu » de cette épouvantable infortune. Au péril de sa propre vie, elle soutint la vie de Gilles ; mais le malheureux prince ne devait point échapper à ses bourreaux.

Empoisonné, puis étouffé, son sang cria contre François[1]. Le duc coupable fut flétri par l'histoire du nom de *fratricide*.

Cette lugubre page de l'histoire de Bretagne semble dès lors se refléter sur le château de Jean *le Roux*. Des deuils et des emprisonnements pèsent sur lui. Il n'est plus « le tant riant et doux logis ».

La veuve du duc François Ier, Isabelle Stuart, princesse d'Ecosse, mise en possession, par testament de son mari, « des seigneuries, dépendances, châtel et châtellenies de Sucinio » s'y retira et l'habita constamment.

Des fenêtres, la duchesse pouvait penser revoir comme une vision idéalisée de sa patrie. La campagne, devenue solitaire autour du domaine, les tours féodales, les rocs battus par la mer devaient lui rappeler l'Ecosse lointaine, et contribuaient trop à apaiser ses tristes souvenirs pour qu'elle songeât à rentrer au milieu des intrigues de la cour ducale.

Elle eut souvent pour compagne Françoise d'Amboise, l'admirable épouse de Pierre II, qui avait passé à Sucinio une partie de sa première jeunesse.

En 1474, le duc François II aurait fait garder à vue, à Sucinio le comte Henri de Richemont, futur roi d'Angleterre sous le nom de Henri VII. Quelques historiens lui donnent Elven pour prison. En tous cas, cette captivité dans l'un ou l'autre château ne fut pas très dure, et François II aida grandement Richemont en ses revendications.

Le séjour prolongé d'Isabelle Stuart à Sucinio explique la légende de l'affection que la dernière duchesse de Bretagne, Anne, reine de France, aurait eue pour le vieux château.

La princesse le visita, c'est probable, mais ne l'habita point.

---

[1]. Voir le second volume : *Du Mont Saint-Michel à Lorient*, chapitre : *Château du Guildo*, pour les détails du sort cruel de Gilles, assassiné par son frère, le duc François Ier.

Elle y tenait si peu quelle le donna à Jean de Châlons, prince d'Orange (28 octobre 1491), son cousin germain, pour prix des négociations dont il avait été chargé lors du mariage d'Anne avec Charles VIII.

La donation était faite « pour toujours », disaient les lettres patentes. Ce « toujours » fut singulièrement abrégé, puisque, vingt-neuf ans plus tard (1520) François Ier, roi de France, duc de Bretagne par sa femme Claude (fille d'Anne et de Louis XII), confisquait le domaine. Juste punition infligée au fils du prince d'Orange, qui avait déserté le service de la France pour celui de Charles-Quint.

Françoise de Foix, comtesse de Châteaubriant, fut un instant, de par le bon plaisir de François Ier, dame de Sucinio. Après la comtesse, Catherine de Médicis en devint châtelaine. Elle n'y dut pas faire long séjour, mais ce nom, allié à tant de sombres souvenirs, trouve une place qui lui convient dans l'histoire de ces murailles déchues.

Mercœur succéda à Catherine. L'ambitieux prince lorrain, traité avec une si rare bonté par Henri IV, posséda Sucinio et s'y montra jaloux d'y recevoir le roi, auquel il voulait faire goûter « le bon vin » de son domaine.

Louis XIV donna le château et ses dépendances à sa fille, la princesse de Conti.

La nue propriété du domaine fut déclarée appartenir à l'État; mais, lors de la Révolution, une interprétation ignorante fit considérer Sucinio comme « bien d'émigré », et décider sa mise en vente. Ce fut le signal de sa ruine complète.

En 1795, la bannière aux hermines bretonnes flotta quelques jours sur les remparts, puis tout rentra dans l'obscurité de l'oubli.

Oubli injuste, car à une époque de tristesse, de deuil et de honte, la France fut, *pendant trente-trois ans*, héroïquement défendue par un enfant de Sucinio.

Le 25 août 1393, Jeanne de Navarre, duchesse de Bretagne, mit au monde, dans le château de Jean Ier, un fils que l'on appela ARTHUR, COMTE DE RICHEMONT.

Le jeune prince se distingua au milieu des guerriers célèbres de l'époque. Ses services lui méritèrent de Charles VII, la dignité de connétable. Arthur déplorait la mollesse du roi que, suivant l'expression d'un historien « il ne tarda pas à maîtriser tout en le servant *avec zèle et à ses dépens* ».

En 1424, lorsqu'il reçut son premier commandement, les Anglais possédaient *la moitié de la France*. Combattre cette honteuse domination devint sa pensée constante. Toujours au premier rang des soldats, infatigable, il ne lui semblait pas que rien fût fait tant qu'il restait quelque chose à faire. Pied à pied, il accula l'ennemi, lui arrachant successivement chacune de ses conquêtes et le mettant dans l'impossibilité de les recouvrer.

Appelé par voie de succession au trône ducal de Bretagne [1], Arthur III, *le Justicier* [2], n'interrompit point son œuvre. La mort seule le força à laisser aux Anglais une *dernière* place : Calais.

Ce prince aimait si tendrement la France, pour le service de laquelle il avait « tant longuement guerroyé », que le jour de son couronnement comme duc de Bretagne, il voulut faire porter devant lui l'épée de connétable, « l'estimant *à l'égal* de ses insignes souverains, car il l'avait gagnée par sa fidélité, son affection et son courage ».

Des seigneurs bretons, offensés par ce langage, lui firent quelques remontrances, parce que, disaient-ils, « la dignité de chef de l'état militaire de France est trop *inférieure* à celle de souverain de Bretagne ».

« La dignité de connétable, répondit le duc, m'a procuré trop de gloire dans ma jeunesse pour qu'elle n'honore pas ma vieillesse. »

Et, depuis ce temps, il ordonna que l'on portât devant lui, dans toutes les cérémonies, *deux épées*, l'une, en souvenir de son titre militaire, l'autre, comme duc de Bretagne.

---

1. Arthur III succéda à son second neveu, Pierre II, décédé sans enfants mâles, comme son frère Frédéric Ier. Celui-ci, avant de mourir, voulut constituer d'une manière stable le droit public en Bretagne. Pour cela, il suivit le traité signé, à Guérande, entre Jean IV *le Conquérant* et Jeanne de Penthièvre, comtesse de Blois. Il déclara, devant son frère Pierre et plusieurs évêques, qu'il instituait Pierre son successeur et, à défaut d'une descendance masculine de ce dernier, son oncle, Arthur de Richemont. Enfin, si Arthur ne laissait non plus pas de fils, son cousin germain François, fils de Richard d'Étampes, plus tard époux de Marguerite de Bretagne, sa fille. Nous verrons bientôt, à Nantes, que ces prescriptions furent rigoureusement suivies.

2. Ainsi nommé et pour son amour de la justice et pour l'ardeur qu'il apporta à faire punir les meurtriers de son neveu, Gilles de Bretagne.

Arthur ne se montra pas uniquement « féal et redoutable chevalier ». Frappé des dévastations commises, à la fin de chaque campagne, par les hommes d'armes momentanément licenciés, il établit les *compagnies d'ordonnance* première base de l'organisation sérieuse et rationnelle de l'armée.

N'est-ce donc assez pas pour assurer au prince breton une place d'honneur dans l'histoire de notre pays?... Cette place, il devrait l'avoir à côté de Jeanne d'Arc...

Le champ de bataille de Formigny[1], où, le 5 avril 1450, il acheva son œuvre, devrait posséder sa statue en pied, avec une légende succincte, mais très explicite.

De même, Sarzeau, à qui, de par les limites territoriales, Sucinio appartient, devrait, à côté de la statue d'Alain-René Le Sage, l'esprit français fait homme, ériger un bronze en l'honneur d'Arthur de Richemont, le grand patriote français, quoique de cœur si breton!...

Mais se souvient-on toujours, avec l'émotion ardente qu'ils méritent, des grands faits du passé?

Voilà ce qu'a été le vieux château, quels hôtes principaux qu'il a reçus.

Ce qu'il est aujourd'hui, nous venons de le constater.

Les murs s'effritent, le ciment soutenant les pierres se désagrège. Le lent, mais inexorable travail de décomposition, poursuit son œuvre.... Serait-ce trop demander pour ces débris, que de réclamer leur admission parmi les monuments historiques? Peut-être, ainsi, les préserverait-on contre les suprêmes injures d'un abandon total!

Le vent de mer souffle avec plus de force. Le jour va finir... et l'on peut à peine se décider à abandonner la place choisie sur les remparts, juste en face de la baie.

Une blonde épaisse enveloppe l'horizon. Les derniers rayons lumineux viennent tracer sur les flots un sillage brillant. Les contours s'effacent peu à peu. Une ligne d'un jaune profond subsiste : c'est la côte de Guérande.

Ce point élevé, c'est le clocher du bourg de Batz. Ces feux

---

1. Voir le premier volume : *De Dunkerque au Mont Saint-Michel* : chapitre XXXII.

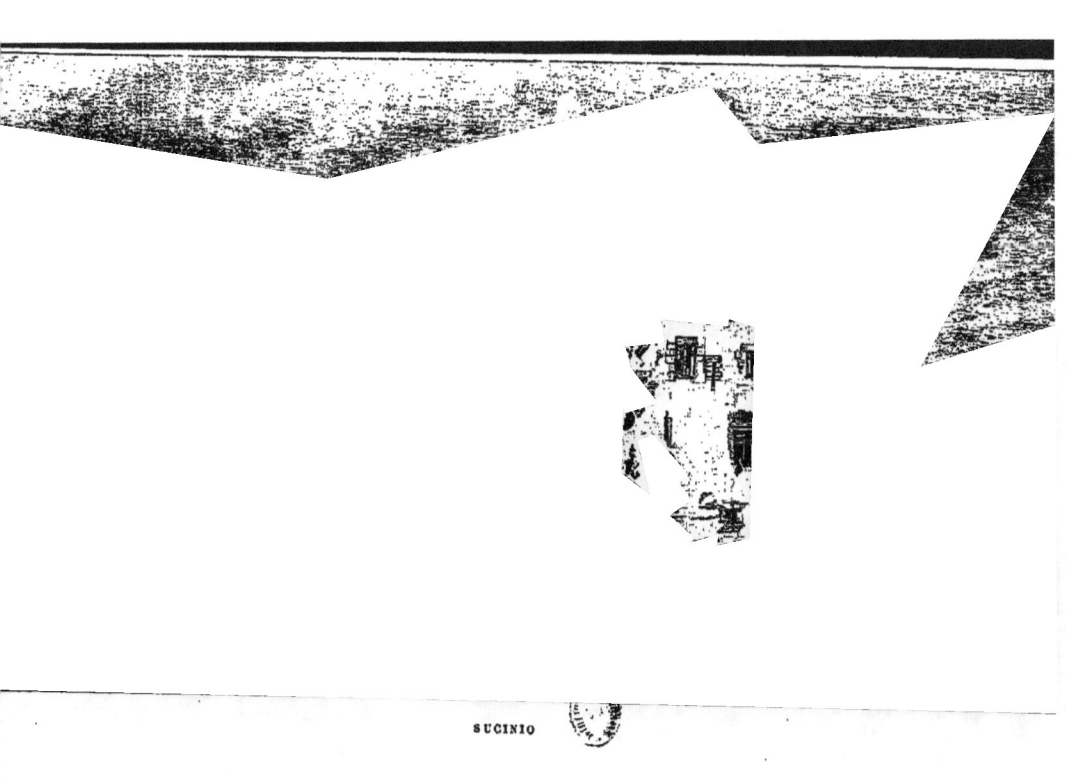

qui rapidement s'allument sont les phares des îles et de l'entrée de la Loire.

L'ombre s'épaissit. Il faut regagner Sarzeau. Marchons avec précaution le long des créneaux : les appuis-main nous guident. L'escalier de l'une des tours de l'Ouest permettra de reprendre pied dans ce qui fut jadis la cour d'honneur.

Mais longtemps, aussi longtemps que cela sera possible, nos yeux resteront attachés à la silhouette se dressant, blanche et imposante, sur le ciel devenu presque noir...

CHAPITRE XIX

LE GOLFE DU MORBIHAN AU COUCHER ET AU LEVER DU SOLEIL PENERF. — LA BAIE D'ABRAHAM

Il faut dominer le Morbihan du point le plus élevé de l'isthme qui relie Rhuys au continent, il faut surtout le voir soit au lever, soit au coucher du soleil, pour comprendre à quel degré de beauté peut atteindre ce paysage breton.

Nous nous souviendrons toujours de l'émotion éprouvée là, il y a peu de temps, par une soirée d'octobre. La journée entière avait été pluvieuse et triste. Nous nous rendions à Sarzeau, quand, vers le centre de l'isthme, la surprise nous arrêta.

Au delà d'une étroite bande de terrain, un rayon lumineux apparaissait. Peu à peu, en s'étendant, le rayon augmentait d'éclat et se colorait des nuances les plus vives, fondues dans un scintillement diamanté, dont les vibrations régulières accusaient le calme mouvement des flots.

La Petite Mer, reposée, souriante, faisait à peine entendre un murmure. Les vagues, comme fatiguées des tempêtes qui les avaient depuis si longtemps déchirées, semblaient glisser timides, hésitantes, autour des obstacles contre lesquels, furieuses, elles se jetaient, la veille, avec un bruit sinistre.

Sur la nappe immense, éblouissante du golfe, des profondeurs noires, restes de falaises écroulées, signalaient le gisement d'îles grandes et petites.

Le soleil couchant ajoutait à ce féerique ensemble. Jamais, encore, nous n'avions admiré ciel plus resplendissant. La comparaison classique des « feux de pourpre et d'or » serait impuissante à donner une faible idée de ces nuages qui, groupés de manière à embrasser la moitié d'un arc gigantesque, égalaient, s'ils ne dépassaient, la magnificence des aurores boréales les plus grandioses.

Pendant une demi-heure entière, aucun contour ne subit la moindre altération ; puis la nuit commença, et déjà nous nous résignions à l'éclipse de ce prodigieux tableau, quand une beauté nouvelle vint s'ajouter à ces merveilles.

La teinte plus sombre qui voilait légèrement le ciel se rehaussa d'étoiles brillantes, en même temps que, sur la silhouette noire des îles, des lueurs, d'abord rares, bientôt nombreuses, répondirent comme un signal.

C'étaient les maisons des insulaires, dont on pouvait presque désigner la place, qui s'éclairaient pour la soirée.

Longtemps, sur notre droite, le Morbihan, tranquille, continua à offrir son magique panorama, pendant que sur notre gauche, un grondement sourd décelait la présence de flots plus puissants. C'était l'écho de la houle de l'Atlantique arrivant, sans obstacle sérieux, du large, pour former la belle rade de Pénerf.

Deux jours plus tard, et de grand matin, nous faisions une excursion aux environs. Notre route commençait par une côte assez longue. Cette fois, le golfe se trouvait sur notre gauche et le vent apportait une senteur marine décelant le rivage.

Le haut de la côte est vite atteint. De ce point culminant, la belle nappe dentelée de la *Petite Mer* se présente de trois quarts. Ses eaux semblent être parsemées de diamants, car la vague se joue autour de la pointe des écueils. Une ligne rose vient teinter le ciel. Les nuages noirs essayent de disputer la place aux premiers feux du soleil, mais ils sont vaincus.... Les plus fraîches couleurs succèdent aux tons plombés. Les rayons enflammés deviennent éblouissants ; ils jettent une nuance très vive sur les flots, et chaque îlot semble, sous leur caresse, émerger d'une large coupe d'or.

Quelques barques profitent de la marée : la brume étincelante fait flamboyer leurs voiles.

Autour de nous une verdure épaisse est couverte de rosée. Futaies des parcs aristocratiques, arbres bordant la route, haies séparant les champs, chaumes sur les sillons, prairies veloutées, vignobles touffus ont revêtu un manteau de blancheur diaphane brodé des pierres les plus précieuses. Les tourelles élevées de nombreux châteaux paraissent s'en envelopper frileusement. Le murmure indéfinissable, composé des voix de la mer et du sol, monte, mélodieux, dans l'espace....

N'emporterait-on d'un voyage à Rhuys que ce souvenir des deux aspects enchantés du golfe, on trouverait les chroniqueurs sincères, toute espérance bien dépassée et l'on ne désirerait qu'une chose : revenir au moins une fois encore !

Le pays garde souvenance des grandeurs évanouies du château ducal. Une ancienne annexe de Sarzeau, devenue commune depuis 1864, leur doit son nom. Elle s'appelle LE TOUR-DU-PARC, quoique les futaies aient disparu et que des champs, sinon des landes, remplacent les sentiers autrefois ombragés. Plusieurs villages en dépendent, tous faisaient partie du domaine féodal : *Pencadennik, Balanfourniz, Rouvran*....

Les marais salants, primitivement établis par des paludiers du Bourg de Batz, sont restés une des industries du pays. La pêche y est aussi suivie que possible, trop suivie, serait-on tenté de dire, car à une exploitation sans relâche correspond une rapide décroissance de la production piscicole. Les fonds les moins riches sont drainés avec la même activité que les fonds les plus favorisés, et le moment peut être entrevu où certains de nos rivages ne donneront, faute de prudence, qu'une insignifiante récolte.

Les huîtres, dites de *Pénerf*, du nom de la baie qui confine, à l'est, le Tour-du-Parc, sont cultivées sur ce côté de la presqu'île de Rhuys. Leur qualité est exquise, comme au reste, à peu près celle de toutes les huîtres du littoral morbihannais.

Le grand nombre d'embouchures de petites rivières offre un terrain très propice pour l'élève de ces mollusques aujourd'hui si appréciés partout.

En suivant les contours des grèves, on arrive à l'embouchure de la petite rivière appelée *Sulé*, *Arcan* ou, plus souvent, *Pénerf*, du nom d'un village dépendant de la commune de DAMGAN, et situé à l'extrême pointe de la rade.

Cette belle rade, enfermée entre les limites orientales du *Tour-du-Parc* et les limites ouest de Damgan, s'enfonce, à l'aide de la *Pénerf*, jusqu'à AMBON, désigné dans des titres du neuvième siècle, comme une *île*. Rhuys et Le Bourg de Batz, également, portent le nom d'îles, dans plusieurs autres chartes.

Très évidemment la mer a beaucoup modifié ces côtes, et plus d'une commune, aujourd'hui presqu'île, s'est trouvée soit artificiellement, soit naturellement, reliée au continent, en attendant le jour où, par un nouveau caprice, le flot détruira son œuvre, comme il détruit si souvent celle de l'homme.

Le nom d'AMBON vient-il de la contraction des mots *Hent-pont :* le *chemin du pont ?* (pour se rendre à Damgan et à Pénerf). Cela est probable, puisque la petite rivière opposait toujours sa traa versée aux piétons.

La commune, très commerçante, est pourvue d'un petit port assez fréquenté ; elle renferme plusieurs monuments mégalithiques. Un très grand dolmen bouleversé se rencontre au champ de Rohel, et un menhir, surmonté d'une croix, sur la route de la baie. La petite chapelle de Broël date du quinzième siècle.

DAMGAN, distrait d'Ambon, occupe tout le sud de la presqu'île. A l'ouest, elle possède le port de PÉNERF, habité par une population d'excellents matelots.

Pénerf exporte des grains de bonne qualité et du sel. Une seconde petite anse, KERWOGAL, est situé sur la côte orientale de la commune, en face l'embouchure de la Vilaine, mais son importance est à peu près nulle.

Pénerf, au contraire, a souvent attiré l'attention des ingénieurs de la marine. Plus d'un projet concernant cette baie a été élaboré, sans résultat, malheureusement.

De même, l'immense étendue de mer circonscrite : à l'ouest. par la presqu'île de Quiberon ; à l'est, par les côtes de Guérande et du Croisic ; au sud et sud-ouest par le plateau du *Four*, les îles de Houat, de Hœdic, de Belle-Ile. Cette sorte de baie intérieure offre des avantages de position bien connus. Plusieurs rades s'y développent et le golfe du Morbihan y a son embouchure, ainsi que la Vilaine. Les rivages ne présentent guère aucun danger qui ne puisse être conjuré. La houle de l'Atlantique s'y montre rarement aussi forte que sur les côtes méridionales des îles regardant le « grand large ».

Malgré tout cela, les ports y sont loin d'avoir la valeur à laquelle ils pourraient atteindre, et de longtemps peut-être on ne verra se créer sur ces côtes que d'insignifiants établissements de bains de mer.

Le port Saint-Jacques, il est vrai, date à peine de deux ans : mais nous avons vu qu'il n'est pas bien tenable.

Rien ne manque pourtant, pas même une population si profondément attachée aux fatigues, aux travaux maritimes, qu'elle en délaisse le sol fécond d'où, par un labeur moins opiniâtre, moins dangereux, elle retirerait un salaire plus rémunérateur.

Le Rhuysien, surtout, aime uniquement sa barque de pêche. Ne lui parlez pas d'agriculture ; à peine peut-il marcher que son père l'a pris pour compagnon de voyage. Aux soins maternels succèdent, sans transition, les émotions, les dangers du rude état de pêcheur.

Tout lui paraît fade quand il revient, pour un instant, s'asseoir sous son toit. C'est encore le Rhuysien des anciens jours. L'histoire de Bretagne, en effet, nous apprend que les ducs trouvaient un ferme appui « en le peuple marin des Sarahouis [1] ».

Si la vocation du marin pouvait mourir au cœur de la presque totalité des populations du littoral français, on la retrouverait, à coup sûr, dans l'âme énergique du pêcheur breton.

1. On se souvient que le nom breton des Rhuysiens est Sarahouis, de *Saraoh* : sarreau.

CHAPITRE XX

BILLIERS — LES RUINES DE L'ABBAYE DE PRIÈRES

La route de la côte n'est pas à présent sans offrir quelques petites difficultés. Des lagunes à sel l'occupent presque en entier. Des marais renommés les continuent : on nous a affirmé que leur herbe salée guérit plusieurs des maladies dont sont frappés les chevaux et le bétail et que de très loin on y envoie les animaux souffrants ou débiles.

Nécessité oblige donc de faire un détour et à passer par Muzillac, ancienne dépendance de la commune de Bourg-Paul ou Bourg-Péaule, qui a fini par absorber non seulement sa paroisse, mais encore un village, Penesclus, appartenant à Ambon avant 1840.

C'est que Muzillac est un point très fréquenté de la route partant de Nantes pour aboutir, en passant par la Roche-Bernard, à toutes les autres voies conduisant dans les diverses localités de la Basse-Bretagne. L'établissement de la voie ferrée a quelque peu diminué cette importance, mais ne l'a pas complètement annihilée.

Elle avait été assez considérable (au treizième siècle), pour que la *Chambre des Comptes de Bretagne* y fût transférée (1288) et y siégeât jusqu'en 1432.

Les bâtiments de la Chambre, tous les titres et papiers qu'ils renfermaient devinrent, affirme Ogée, la proie d'un incendie allumé par les Anglais. A peine un pan de muraille subsiste-t-il encore. En ruines, aussi, la petite chapelle Saint-Antoine, située à Penesclus, où l'on se rend en pèlerinage. Elle ne possède d'ailleurs rien de remarquable, sinon deux statues de chevaliers.

Les seuls vestiges vraiment curieux à visiter sont ceux du château de Pennuer ou Penmeur. Il existait encore intact, en 1290, dit Ogée, qui en fait la description la plus avantageuse et d'ailleurs exacte. Très certainement, « ce château, situé sur un rocher escarpé, environné d'un étang large et profond, où la mer montait alors, avec son entrée d'environ quatre-vingts pieds de largeur », devait être une forteresse appréciée.

Comme bien d'autres, elle a disparu et ses maîtres également, car elle avait des seigneurs portant son nom, ainsi que le prouve le titre de fondation de l'abbaye de Prières, par le duc Jean Ier, *le Roux*.

La mer ne remonte plus jusqu'à l'étang et les dernières pierres s'éparpillent au gré des intempéries, soit dans les eaux, soit sur la pente de la colline. Bientôt il n'en restera plus de traces, ou elles seront aussi difficiles à reconnaître que la voie romaine dont les archéologues ont suivi la ligne indécise, depuis Vannes jusqu'à Gâvre [1].

Très bien entretenu, le chemin qui conduit à BILLIERS n'en est pas moins fatigant, les côtes y étant nombreuses et rapides. C'est une succession de monticules, de vallées profondes, où les terres labourées se mêlent aux prairies, aux landes. La végétation, robuste, forme des bosquets, des petits bois de toute essence.

Un cours d'eau nommé la rivière de *Saint-Eloy* ou de *Brohel*, long de moins de vingt-quatre kilomètres, vient se jeter dans l'Océan, au pied de la colline de Billiers et y forme un petit port fréquenté.

Jadis, de grandes barques pontées, très effilées, et munies de *deux* gouvernails, le premier à l'avant, le second à l'arrière, y étaient employées pour la pêche ; on les connaissait sous le nom pittoresque de *Chattes de Billiers*.

Elles sont maintenant remplacées par des barques de vingt à trente tonneaux, que montent les marins du pays : solides pêcheurs jetant leurs filets sur toute l'étendue du vaste golfe compris entre les rivages orientaux du pays de Rhuys et ceux de la pointe du Croisic. Le poisson frais s'expédie en très grandes quantités.

A la pointe de PENLAN, sur la rive droite de la Vilaine, un fortin et un phare ont été construits. Ils défendent l'embouchure du

---

1. Près Blain (Loire-Inférieure).

fleuve, en même temps qu'ils le rendent accessible, en indiquant la direction du chenal.

De Billiers, par une belle route, mais très raide, on descend vers les ruines de l'antique abbaye de Prières.

En approchant de l'Océan, une haute tour carrée, semblable à celles de Sarzeau et de Saint-Gildas de Rhuys, se dégage d'un grand parc ombreux.

C'est la tour de l'abbaye cistercienne fondée, l'an 1250, par le duc Jean Ier.

Le souverain breton voulait-il expier le tort qu'il avait eu de

Billiers.
Le clocher de l'église sert de phare. Dans cette église se trouve un crucifix en ivoire provenant de l'abbaye de Prières.

s'emparer, pour construire son cher manoir de Sucinio, de l'emplacement d'un monastère ? Cela est plus que probable ; car, pour ce fait et plusieurs autres d'une gravité grande, Jean Ier était excommunié.

Aussi craignit-il de ne point recevoir, pour la fondation nouvelle, accueil favorable près de Cadioc, évêque de Vannes. En conséquence, il résolut d'user d'adresse en envoyant Blanche de Champagne, sa femme, solliciter les permissions nécessaires[1].

Le prélat ne résista point aux vœux des deux époux et s'entremit pour obtenir l'approbation du pape.

---

1. Deux ans après la fondation de Prières, la duchesse Blanche fondait elle-même l'abbaye de la Joye, près Hennebont.

Les princes bretons favorisèrent la prospérité de cette abbaye et plusieurs d'entre eux, sur leur désir expressément formulé, y furent inhumés.

Le défilé funèbre commença par le fondateur lui-même, qui mourut le 8 octobre 1286.

Ysabeau de Castille, duchesse de Bretagne, seconde femme de Jean III, dit *le Bon*, morte en 1328, eut sa tombe dans le chœur de l'église, de même que Jeanne d'Angleterre, première femme du duc Jean IV, *le Conquérant*, décédée en 1384.

Des abbés de cette maison, quelques-uns brillèrent autant par leurs vertus que par leurs qualités rares. L'histoire relate ce trait de dom Henri le Barbu, supérieur de l'abbaye, vers 1380, et nommé évêque de Vannes deux ans plus tard[1]. Il s'était tellement appauvri par sa charité, que le pape ordonna, par une bulle, à tous les évêques de Bretagne, de venir en aide à leur généreux frère.

Dom Melchior de Serent, élu abbé en 1681, gouverna Prières pendant quarante-six ans. Il fit rebâtir la plus grande partie de la maison et reconstruisit aussi l'église.

La première pierre du sanctuaire nouveau fut posée, le 1er avril 1716, au nom du régent, duc d'Orléans, par M. Feydeau de Brou, intendant de Bretagne.

Rien n'avait été épargné pour en faire un édifice remarquable. Très vaste, il fut splendidement orné de sculptures en marbre et en bois d'un travail précieux. Les sépultures des princes bretons furent relevées ; celle du fondateur, renfermée dans un superbe tombeau, prit place à droite du chœur.

Des tableaux avaient été commandés à un peintre breton, VALENTIN, qui a laissé dans les arts un nom estimé[2].

Mais ces importants travaux ne devaient pas avoir une longue existence. A peine reste-t-il de l'église la tour et une partie du chœur arrangée en chapelle.

Quelques sculptures, sauvées de la destruction, ornent maintenant une église de Vannes ; un beau christ en ivoire a été donné à l'église de Billiers... Et c'est tout !

---

1. Il passa du siège de Vannes à celui de Nantes.
2. Le palais de justice de Rennes, ancien Parlement de Bretagne, conserve de lui de belles compositions.

Combien cette ruine complète des monuments est affligeante ! Combien elle dénote de triste sauvagerie !

N'est-ce pas mutiler des trésors qui n'appartiennent point à un seul, mais à tous ? En un mot, n'est-ce point déchirer les pages mêmes de l'histoire d'un pays ?

Les débris de l'abbaye sont enclos dans une belle propriété, mais on obtient facilement de les visiter.

D'immenses jardins, admirablement plantés, des pièces d'eau, des charmilles, des bosquets, des avenues, des pelouses ombragées d'arbustes rares font de ce château un séjour ravissant.

Peut-être cependant cette partie du pays est-elle un peu trop humide, car, sans relief accentué au-dessus de la mer, elle est très boisée et se trouve située à l'embouchure de la Vilaine, entre des collines et l'Océan.

La principale industrie des habitants de la côte est la pêche; néanmoins le sol a un certain aspect de culture qu'on ne voit pas à ce degré dans le pays de Rhuys.

Depuis Saint-Gildas, les grèves s'abaissent sensiblement; elles deviennent surtout sablonneuses et se prolongeront ainsi, désormais, jusqu'au delà de la Vendée.

Les grandes lignes du tableau sont égayées par leurs contours verdoyants, et le bourg de Billiers joue à miracle, du haut de sa *montagne*, le rôle d'une ville importante.

L'œil charmé, l'esprit satisfait, on emporte une impression très douce de sa visite et l'on comprend mieux la poésie du nom attaché jadis à l'abbaye.

Dans cette riante contrée, sous ces ombrages profonds, en face de l'Océan majestueux, la prière devait jaillir si facile vers le ciel !...

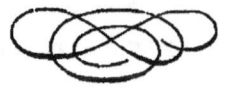

CHAPITRE XXI

LA ROCHE-BERNARD

Il faut reprendre la côte escarpée pour se diriger vers la Roche-Bernard.

La route est une succession de paysages qui, tous, mériteraient d'être décrits. Les ondulations des collines reculent ou rapprochent les bornes de l'horizon dans les proportions les plus imprévues.

Tantôt on chemine sur un vaste plateau dont les limites se confondent de toutes parts avec le ciel. Tantôt on suit un vallon encaissé entre des bois de pins.

Ici, la lande aride s'émaille de bruyères violettes et d'ajoncs jaunes ; là, de grasses prairies, des champs fertiles.

Parfois la route se suspend au flanc d'un ravin, lit de quelque ruisseau jaseur ; parfois elle s'enfonce sous un dôme de verdure épaisse. Pas un quart d'heure ne s'écoule sans que l'aspect se modifie...

Grandiose kaléidoscope qui fait affluer à l'âme et au cœur les plus délicieuses pensées.

Très fréquemment, maintenant, on rencontre des *voiturées* de paysans allant à Muzillac ou se dirigeant vers la Roche.

La tenue de ces cultivateurs annonce l'aisance ; les visages sont honnêtes et gais. Plus d'une fraîche voix de jeune fille jette dans l'air pur une de ces mélodies bretonnes dont le mode un peu lent, doux, mélancolique et comme voilé, est, à distance, si pénétrant.

Tout est paix, vie simple, tranquille, s'écoulant au milieu d'un beau pays.

Rien n'annonce de très loin le pont suspendu, un des premiers, sinon même le premier construit en France, d'après ce système.

La route monte par une pente constante, bien que peu sensible, car elle est aménagée avec un soin minutieux pour rendre facile l'accès du passage.

Voici la rive droite de la *Vilaine*. En vérité, le petit fleuve mérite un peu son nom. Ses eaux coulent, jaunes et limoneuses, sans entraves, la mer étant basse. Son lit se creuse profondé-

Entrée du pont suspendu de la Roche-Bernard.

ment; la raie verdâtre, laissée par le flux, tranche sur la couleur des assises des rives.

Un cri échappe...

C'est qu'une mince ligne blanche, tout ajourée, se dessine sur le ciel gris.

Au premier instant on ne peut croire qu'il soit possible d'arriver à une pareille hauteur. On y parvient, pourtant, et très facilement, grâce à la pente continue de la route qui la prolonge.

Pendant longtemps, le pont a fait la célébrité de la Roche-Bernard. Autrefois il fallait traverser en bac la Vilaine, très profonde et très dangereuse en cet endroit. Or, si le mouvement du trafic est maintenant déplacé, la petite ville se trouve toujours sur la route conduisant de Nantes à Audierne, et son bac ne chômait guère, malgré les nombreux et tragiques accidents qui en faisaient redouter l'usage. Il y avait sujet de craindre. Le fleuve, très profond, nous venons de le dire, et de lit variable, charrie du sable, du limon. Une chute dans ses eaux était toujours grave, et le phénomène de la marée compliquait la traversée. Heureux quand on n'était pas entraîné par les flots...

A cet endroit de son parcours, la Vilaine, large d'un peu plus de deux cents mètres, devient beaucoup plus rapide ; souvent le reflua y rend l'eau *très dure* pour les voyageurs. Un autre moyen de passage était donc vivement désiré.

L'érection d'un pont fut, en principe, décidée. Ce projet, néanmoins, rencontrait de grandes difficultés d'exécution : l'encaissement du fleuve, la mobilité de son lit, la force de la marée, qui remonte jusqu'au delà de Redon ; enfin, la navigation, assez active, pouvait être entravée.

Après mûres réflexions, on adopta les plans d'un ingénieur en chef des ponts et chaussées, M. LEBLANC, qui proposait de construire un pont suspendu.

Beaucoup doutaient encore du résultat de l'entreprise, que déjà l'ingénieur triomphait complètement (1839).

Les culées du pont s'élevèrent de *cinquante-six mètres au-dessus des fondations*, et le tablier fut porté à *trente-trois mètres des plus hautes eaux vives.*

Ce bel ouvrage attira à la Roche-Bernard un grand concours de voyageurs ; on vint l'admirer d'Angleterre, jusque d'Amérique. Mais au bout de quelques années il se rompit. Rétabli, il tomba une fois encore.

La cause en était dans sa position entre deux hautes collines, formant un angle où le vent de mer vient s'engouffrer avec force ; lors du dernier accident, un groupe d'ingénieurs se mit à l'étude et décida de diminuer la largeur du tablier, en même temps qu'on l'élèverait encore.

Naturellement, on cria à la démence, mais les calculs étaien justes ; depuis que ces modifications ont eu lieu, le pont n'a jamais fléchi.

Avant de s'engager sur le passage *aérien*, les conducteurs de voitures ou de bestiaux doivent aller tirer un grand anneau pendant à l'un des câbles. Cet anneau communique avec une cloche placée sur l'autre bord, et chacun des côtés est ainsi disposé. Cela a été sagement imaginé pour empêcher une rencontre. Le pont, fort étroit, recevrait difficilement deux véhicules ensemble,

REDON : LA TOUR

et d'ailleurs, s'il est nécessaire d'y éviter toute surcharge, il est encore essentiel de rappeler à eux les gens distraits.

Le pont franchi, on accède sur le pavé peu commode des rues de la Roche-Bernard.

Saluons la ville ; elle est fort ancienne et porte un fier blason : *D'or, à l'aigle à deux têtes éployée de sable, becquée et membrée de gueule.*

Dès 1026, son histoire fait mention du riche seigneur de la Roche-Bernard, nommé Simon, lequel fonda l'abbaye de Saint-Gildas des Bois.

En 1090, la petite ville est érigée en baronnie ; mais la famille de ces barons s'éteint, de nom, en 1382, où Isabeau, leur unique héritière, épouse Raoul de Montfort.

L'église paroissiale fut, dès les premiers temps, élevée au rang de doyenné et avait droit à des notaires particuliers ; d'autres privilèges lui étaient encore concédés.

Jusqu'en 1551, les faits concernant la ville sont surtout locaux. Cette année-là, Henri II concéda aux habitants, par lettres patentes, le droit de *papegault*, c'est-à-dire du tir à l'arquebuse, à l'arc et à l'arbalète, droit accordé déjà par François Ier.

Une notice fort intéressante de M. DE BOCERET, sur la Roche, nous fournira l'histoire de trois époques curieuses à plus d'un titre. A propos du droit de *papegault*, très envié, l'écrivain donne une partie des lettres patentes, et nous fait ainsi pénétrer dans la vie intime de nos ancêtres.

« Considérant, y est-il dit, que les jeux et industries de la harquebuse, de l'arc et de l'arbalestre sont honnestes et bien requis ès villes et places de frontière, et désirant les jeunes gens et aultres soy appliquent tant pour aucunes fois prendre récréation et éviter oisiveté, qu'aussi grand besoing serait eux employer à latuicion et défenses des frontières d'iceux nos pays et duchée de Bretaigne... pour ce est-il... » Plus tard, Louis XIII donna des lettres de continuation. L'exercice avait lieu le dimanche, durant tout le mois de mai, dans une prairie qui, depuis, en a conservé le nom. Les vainqueurs étaient proclamés *rois du papegault* et jouissaient d'un privilège qui consistait dans le droit qu'avait chacun d'eux de débiter un certain nombre de tonneaux de vin sans aucun droit, impôt ni billot. Le vainqueur à l'arquebuse pouvait en débiter dix tonneaux ; celui qui avait atteint le but avec l'arbalète, dix autres tonneaux, et celui qui l'avait abattu du trait de l'arc, cinq tonneaux ; ce droit se nommait *royauté*.

En 1560, une révolution religieuse s'opéra dans la ville, qui devint un des boulevards du protestantisme en Bretagne.

« En 1561, écrit l'auteur déjà cité, d'Andelot, qui était alors seigneur de la Roche-Bernard, vint habiter son château de la Bretesche, qui est à huit kilomètres de la ville. Ce seigneur, si célèbre dans l'histoire, et qui fut pendant longtemps un des plus fermes appuis des calvinistes du royaume, profita de son séjour dans ses terres pour fonder le culte protestant à la Roche-Bernard (on date de cette époque l'établissement du calvinisme en Bretagne).

« Pour attirer ses gentilshommes dans le parti de la réforme, il les réunissait souvent dans son château, où il avait soin d'appeler le ministre de la Roche-Bernard. Soit qu'ils cédassent à l'influence que devait avoir sur eux leur suzerain, ou que, par ses exhortations, Louveau leur eût fait partager ses doctrines, le fait est qu'un grand nombre d'entre eux embrassèrent la religion réformée.

« ... En 1570, d'Andelot, qui mourut à Saintes, fut transporté à la Roche-Bernard, où il fut enterré à l'hôpital, sous un édifice appelé le Dôme : cet endroit porte encore le nom de Dôme de l'hôpital, bien qu'il ne reste aucune trace des constructions. »

La ville en elle-même, sa position exceptée, n'a rien de remarquable. Elle ne possède aucun monument, et sa vieille église paroissiale, basse, sans style et toute verdie d'humidité, n'a pas plus de mérite intérieur que d'aspect. On vient d'en bâtir une nouvelle tout à côté ; mais, nous ne savons par suite de quelles considérations, cet édifice, d'ailleurs construit avec goût, a des bas côtés absolument insuffisants. Leur étroitesse est rendue plus choquante, comparée aux dimensions de la nef et à leur propre longueur. Le terrain, pourtant, ne semblait pas manquer.

La ville artistique se résume pour ainsi dire dans le pont.

Pour voir ce dernier dans toute sa beauté, il faut se rendre au quai de la rive gauche et gravir le Rocher-Bernard. Ce parrain probable de la ville domine le cours du fleuve, sa forme est très pittoresque. L'ascension n'offre aucune difficulté. Du sommet, arrondi en croupe, on a une vue ravissante.

Les eaux coulent au pied de berges sinueuses et verdoyantes ; la ville, groupée sur la cime et les pentes d'une forte ondulation du sol, est tout entourée d'arbres et de jardins. Puis, brusquement, les rivages se relèvent ; ils viennent s'adosser aux deux hautes collines entre lesquelles le pont est situé.

Un détour du fleuve fait que ces collines semblent se rapprocher pour former le fond du tableau. Sur leur reflet noirâtre, le pont se dessine blanc, svelte et comme voulant se perdre dans les nuées.

Ses longs câbles tordus, ses parapets ajourés, lui donnent l'aspect d'une riche et précieuse dentelle prête à se déployer au souffle du vent venant de la mer...

Quand il se fait sentir, ce souffle, le pont tremble et se balance avec une grâce coquette... dont les gens qui le traversent en voiture se passeraient sans peine... Puis, quand on l'a admiré du sommet du Rocher-Bernard, on veut aller s'accouder sur sa rampe. Ce *plaisir*, toutefois, ne doit pas être recommandé aux personnes sujettes au vertige, surtout lorsque le pont, étant ébranlé, tremble, va, vient et paraît s'infléchir.

Le gouffre n'attirerait-il pas ? Et l'on se prend à discuter les chances de salut qu'aurait le malheureux tombant de cette hauteur dans le fleuve. Une telle idée fait frissonner... Avant de toucher les eaux bourbeuses, le corps serait devenu cadavre ! L'émotion éprouvée devient, à chaque seconde, plus vive...

Mais, si le vertige n'a aucune prise sur le cerveau, c'est avec une sorte de plénitude que l'on jouit de ce superbe accord de l'art avec la nature.

Sous le soleil qui rayonne, le flot montant roule des vagues d'or. Les toits de la ville brillent au milieu des tons variés du feuillage qui les encadre. Les campagnes de la rive gauche se déroulent, veloutées et rafraîchies par de gais ruisseaux.

La marée conduira jusqu'à Redon.

CHAPITRE XXII

RIEUX. — REDON

Tout en remontant le cours de la Vilaine, rappelons les souvenirs que les communes limitrophes peuvent garder dans leurs annales.

Marzan eut autrefois un camp romain sur l'emplacement duquel Jean Ier édifia le célèbre *château de l'Isle*, vers le même temps qu'il construisait Sucinio. Cette nouvelle demeure, pourvue d'un gouverneur et d'une garnison, plaisait beaucoup au duc, qui y venait souvent; pendant une de ces visites il y rendit le dernier soupir (8 octobre 1286). Vingt-six ans plus tard (27 août 1312), son petit-fils, le duc Arthur II, mourait également dans le même château.

Après la réunion de la Bretagne à la France, les moines de l'abbaye de Prières devinrent propriétaires de la vieille forteresse. Ils firent construire sous sa base même une hôtellerie pour les passants obligés de traverser la Vilaine au gué dit de l'Isle.

Plusieurs cercueils en pierre, découverts à Kerjean, près du bourg, témoignent que la communauté fut très anciennement habitée.

Nivillac a longtemps possédé un grand nombre de châteaux appartenant à des gentilshommes dont le nom apparaît avec honneur dans l'histoire de Bretagne, tel « le château du Bot, ayant eu pour maître, en 1585, Alain Prier ou de Perier, sénéchal de Guérande, qui fut l'un des commissaires nommés par le roi pour réformer les anciennes Coutumes de Bretagne ». (A. de Bocoret.)

Béganne était défendue par le château de l'*Etier*. Mais, de toutes les forteresses disséminées sur cette partie du sol breton, aucune n'a eu la célébrité du château de Rieux.

Bien modeste, maintenant, le bourg de ce nom fut une ville considérable, avec un port très fréquenté où, affirment les chroniques, de grands navires pouvaient aborder. Situé dans une excellente position, sur un monticule entouré par la Vilaine et par un petit ruisseau, le château subit bien des attaques et résista même à la démolition qui en fut ordonnée.

Il avait succédé à une station romaine fort importante elle-même, à en juger par les débris si nombreux retrouvés un peu de tous les côtés. Plusieurs historiens et archéologues placent à Rieux la *Durétie* de la carte de Peutinger. La vraisemblance est pour cette opinion, non la certitude.

Au neuvième siècle (de 892 à 907), Alain III, dit *le Grand*, vainqueur des Normands, tenait de préférence sa cour dans la ville de Rieux. Il devint la tige de la puissante maison qui prit ce nom par son fils, Raoul Ier, comte de Vannes et seigneur de Rieux, et par son petit-fils, Raoul II, le premier seigneur dont le titre habituel fut celui de son domaine.

Dom Lobineau et dom Morice ont fait cette réflexion que, dès le dixième siècle, « les seigneurs de Rieux paraissaient avec éclat à la cour des ducs et qu'ils en tenaient une (*cour*) considérable chez eux ».

Leur devise était énergique et fière : *A tout heurt bélier! A tout heurt Rieux!* ou aussi : *Tout un!*

Pendant une longue succession de siècles, cette famille se mêla à l'histoire de son pays; mais, trop occupée de discussions féodales, elle laissa Redon prévaloir sur leur ville et, peu à peu, attirer à lui toute l'importance commerciale. Le maréchal de Rieux eut également le tort de se tourner contre sa légitime souveraine, Anne, fille de François II. La princesse ne l'oublia pas : aussi, quand redevenue puissante, elle put espérer que ses ordres seraient exécutés, le château de Rieux figura, avec ceux d'Elven, de Rochefort et d'Ancenis, tous appartenant au maréchal, sur la liste des démolitions qui devaient punir les anciens rebelles. Mais une cause quelconque sauva Rieux. Ce fut seulement après les guerres de la Ligue que sa perte devint certaine. Richelieu commanda de n'y mettre aucun retard. Pour cela, le secours des bras des hommes de *dix-sept* paroisses fut requis. Le résultat ne répondit pas à l'effort. Des pans de murailles tombèrent et le donjon s'en trouva tout ébranlé. Néanmoins, il subsista jusqu'à l'année 1799, où un tremblement de terre le renversa. Peu avant, en 1795, après la défaite de Quiberon, le dernier descendant de la famille princière bretonne, Louis de Rieux, avait trouvé la mort au Champ des Martyrs.

Un très beau jardin anglais entoure les ruines, encore imposantes, surtout le grand portail. L'adhérence des diverses parties formant les blocs est chose extraordinaire; mais le temps finira par en avoir raison, comme il a raison de tout, et les annales de Rieux se résumeront dans son seul nom.

C'est en 1850 que, distrait du territoire de Rieux, le bourg de SAINT-JEAN-LA-POTERIE a été érigé en commune. Sa principale ou, pour mieux dire, son unique industrie est, son nom l'indique, la *poterie*. Mais, par un renversement original de la distribution ordinaire du travail, on trouve à Saint-Jean surtout des *potières*. Les femmes, à peu près seules, manient la terre spéciale destinée à être transformée en vases de toutes dimensions, de tous genres. Un certain goût relève ces productions. Le grain en est assez fin; quelques dessins d'une touche légère ornent parfois ces bols, ces assiettes, ces soupières, et, pour rester dans la note particulière à la localité, ce sont les hommes qui se chargent d'aller vendre au loin la marchandise ou de l'écouler sur place.

Nous sommes au milieu des marais de l'*Oust*, dont la jonction avec la Vilaine a lieu au pont d'*Aucfer*, limite du Morbihan et de l'Ille-et-Vilaine.

En hiver, l'aspect général de ces vastes étendues est empreint d'une profonde tristesse. Dominant la surface miroitante du marais, se tordent et s'inclinent en tous sens les sommets de pauvres arbres rabougris : saules, aunes, oseraies, marquant la limite des « héritages », car, pendant la belle saison, le pays se transforme en un vaste pâturage entrecoupé d'étangs et de nombreux ruisseaux. A partir de l'automne, les joncs règnent seuls.

Dans ces flaques dormantes croît à profusion une onagrariée, la *macre* ou *macle* flottante, dite aussi corniole, sorte de châtaigne aquatique, très estimée des riverains.

Parfois, un *chaland*, grossier bateau approprié à la navigation spéciale de ces parages, vient jeter quelque animation sur l'ensemble monotone.

Heureusement, les contours de la colline de Beaumont, couverte de châtaigniers et de vignes, et la fière silhouette de la tour de Saint-Sauveur reposent la vue.

Deux fois par jour, une senteur marine se répand dans l'atmosphère. La Vilaine, alors grossie par le flux, roule impétueusement ses eaux trop souvent chargées de limon.

Redon leur doit sa prospérité. Par elles sont exportés des cuirs, des ardoises, des bois, des grains, du bétail, du beurre...

Point d'intersection de la route fluviale de la Vilaine, qui, par le canal d'Ille-et-Rance (débouchant à Rennes), conduit à Saint-Malo; du canal de Nantes à Brest, traversant la Bretagne entière; enfin, de la ligne maritime aboutissant à l'Océan, la navigation et la batellerie redonnaises restent assez animées, le mouvement commercial assez grand, l'importance territoriale assez indiscutée pour que la ville soit devenue un des chefs-lieux d'arrondissement de l'Ille-et-Vilaine.

Sans la première de ces conditions, nous ne nous serions pas autant éloignés de la côte. Mais ainsi nous avons pu apprécier, au point de vue de la prospérité générale du pays, la valeur du principal des fleuves bretons. Cette valeur est grande. Toutefois, il ne faut pas se dissimuler que de sérieuses améliorations sont indispensables au régime de la Vilaine. Nous en aurons la preuve en revenant vers son embouchure. Le sable et la vase, voilà les deux ennemis menaçants, puisqu'il est nécessaire de se souvenir combien les dimensions nouvelles données aux navires, même de tonnage relativement faible, modifient les conditions d'existence des ports. Mais Redon ne peut laisser péricliter sa prospérité et sa sollicitude est toujours éveillée sur ses véritables intérêts. Soigneusement entretenu, son port a été pourvu d'un bassin à flot, et depuis longtemps la jonction de la voie ferrée de la Compagnie de l'Ouest avec celle de la Compagnie d'Orléans, a jeté un heureux élément nouveau dans l'existence de la jolie ville, qui continue ainsi à tenir le rang élevé où l'histoire bretonne la place.

Le nom de Redon, pendant plusieurs siècles, a brillé entre les cités armoricaines, accolé qu'il était à celui de son antique abbaye, l'une des plus illustres et des plus puissantes du duché, si fécond pourtant en communautés nobles.

La fondation de la ville remonte à 832. Un prêtre de haute naissance, archidiacre de l'église de Vannes, CONVOÏON, fixa sa retraite au lieu appelé ROTHONUM. Il y bâtit un monastère, le plaça sous l'invocation de *Saint-Sauveur* et crut s'être assuré la douceur d'une profonde retraite. Mais de nombreux disciples accoururent. Rapidement amenée à un véritable état de splendeur, grâce au gouvernement de son premier abbé, la maison nouvelle étendait sans cesse sa juridiction, et sa renommée balança bientôt celle des plus fameuses abbayes de l'Europe. Noménoé lui assura de grands biens.

Une invasion de Normands (869) arrêta ce développement prodigieux, et pendant un siècle et demi les conséquences du pillage pesèrent sur Saint-Sauveur. La protection constante des ducs répara le mal. En 1038, l'abbaye avait recouvré ses biens, ses privilèges, et son nom brillait éclatant. Un nouvel abbé, CATUALLON, frère du duc Alain III, la dirige. On possède de ce religieux une curieuse lettre adressée à la comtesse d'Anjou, Hildegarde, où il lui demande protection pour un moine chargé d'acheter du vin dans le comté. Les mésintelligences continuelles régnant entre les princes bretons et angevins motivaient surabondamment cette recommandation.

En 1116, ce n'est pas seulement un des membres de la famille ducale, c'est le souverain lui-même qui franchit humblement le seuil de l'abbaye et demande à revêtir l'habit des moines.

ALAIN FERGENT, le vaillant duc, vainqueur de Guillaume le Conquérant, venait d'être atteint d'une maladie. Selon la coutume générale de l'époque, il voulut se faire transporter dans un couvent et choisit Saint-Sauveur. Contre toutes prévisions, la santé lui fut rendue. Il eût pu, à l'exemple de tant d'autres princes et aucun vœu solennel n'engageant sa conscience, reprendre sa liberté; mais, plus scrupuleux ou fatigué du monde, il abdiqua en faveur de son fils Conan III, dit *le Gros*. Alain fut imité par sa femme, Hermengarde d'Anjou, qui, d'abord religieuse de Fontevrault, entra ensuite dans l'ordre de Cîteaux.

Fergent mourut le 13 octobre 1119; on l'inhuma dans le monastère. A ses funérailles assistaient presque tous les évêques bretons et les plus grands seigneurs du duché, honneur mérité, le duc s'étant toujours montré digne de son haut rang.

En 1147, l'abbé de Saint-Sauveur obtint une bulle qui plaçait la communauté sous la juridiction immédiate du Saint-Siège. Mais Pierre de Dreux, prince français, devenu souverain de Bretagne par son mariage avec Alix, héritière de ce duché, fit payer cher cette faveur à l'abbaye (on sait que les démêlés du duc avec le clergé breton lui valurent le surnom de *Mauclerc*). Aussi, de 1248 à 1253, Saint-Sauveur était-il à peu près désert. La prospérité renaquit, grâce aux fidèles; entre tous, une comtesse dont les annales n'ont enregistré que le prénom, AGNÈS, se distingua par sa libéralité.

Pendant un moment, il fut question d'ériger en évêché la maison de saint Convoïon. Le duc François Ier obtint les titres nécessaires. L'évêché projeté devait étendre sa juridiction sur *Avessac, Féyréac, Massérac, Pierric, Guipry, Lohéac, Pipriac, Bain, Baulon-en-Redon, Langon, Brain, Pléchâtel, Bourg-des-Comptes*. Les bulles papales allaient jusqu'à conférer au bourg de Redon le titre de ville, qu'il n'a plus quitté.

Ces actes portent la date de 1446; mais trois ans plus tard une bulle nouvelle, datée du treizième jour des calendes de janvier, annule les précédentes. Le pape, y est-il dit, cède aux représentations de ses frères de Rennes, de Dol, de Nantes, de Saint-Malo, de Vannes.

Le roi de France Louis XI vint, en 1461, s'acquitter d'un vœu fait à « Monsieur Saint-Sauveur ». Il ne donna pas moins qu'une superbe croix et six chandeliers en argent massif; mais il n'est pas téméraire de penser que le rusé monarque espérait trouver moyen de récupérer au centuple sa magnificence. Force lui fut cependant de renoncer à ses projets : l'union du duché avec la France était encore prématurée.

Lors de son mariage avec Charles VIII, Anne de Bretagne ne manqua pas de faire de riches présents à la célèbre abbaye, qui, chose curieuse lui offrit, en retour, un beau calice.

Pendant la Ligue, Redon fut surpris par Mercœur, qui y installa le vaillant Talhouët comme gouverneur; mais celui-ci, devinant plus tard l'ambition du prince lorrain, fit la paix avec Henri IV et lui remit la place, qu'il avait fortifiée.

D'abord ardente pour la lutte, l'abbaye se rangea sous l'obéissance du roi et ne s'occupa plus que de ses propres affaires. Son revenu était considérable, ses juridictions fort étendues. Elle avait droit de menée au Présidial de Rennes.

En 1662, Richelieu gouvernait Saint-Sauveur. Il fit reconstruire et agrandir une partie des bâtiments. Le trésor renfermait des objets d'une inestimable valeur, parmi lesquels un crucifix en argent d'une grandeur prodigieuse, que la croyance commune disait avoir été placé par saint Félix, évêque de Nantes (550), dans son église cathédrale.

L'importance de Saint-Sauveur se maintint, quoique avec des phases diverses, jusqu'au jour (1761) où son dernier abbé, nommé Desnos, fut appelé à l'évêché de Rennes. Ce départ sembla donner un signal de décadence, la prospérité déclina rapidement, et quand, en 1791, fut rendu le décret de suppression des maisons religieuses, l'abbaye n'était plus habitée que par *sept* moines.

Aujourd'hui, l'histoire de la ville se résume en sa belle église, témoignage éloquent de la splendeur et de la puissance de l'abbaye.

Le temps s'écoule vite, si l'on veut admirer chaque détail de cette magnifique œuvre du treizième siècle.

L'abside, principalement, est toute une forêt de contreforts, de galeries occupant une vaste surface de terrain. Ces masses de pierre, à la fois superbes et imposantes, parlent au cœur plus encore qu'à l'imagination, et lui font faire un retour mélancolique vers ce passé trop oublié de nos jours, et auquel il faut revenir pour concevoir la notion exacte d'une impérissable beauté architecturale.

La tour occidentale de l'église en fut séparée, vers 1780 ou 1782, par un violent incendie, qui détruisit également la nef primitive.

Cette tour s'élève, carrée, jusqu'à une hauteur de trente-cinq mètres; chaque face, de même que la partie supérieure, offre une vaste fenêtre ogivale. Les intervalles des contreforts sont remplis par de légères et élégantes colonnettes engagées, que terminent des meneaux également engagés.

Sur le sommet s'élance, haut de trente-deux mètres, un clocher en pierre, très hardi, dont la base est entourée par quatre gracieux clochetons, ayant eux-mêmes pour supports quatre ravissantes et sveltes colonnettes.

Le temps a rehaussé la majesté de l'ensemble, en rendant plus merveilleuse encore la couleur du granit employé à la construction.

Au quinzième siècle, on accola la *chapelle des Ducs* au transept nord de l'église. Le duc François Ier y fut inhumé en 1450.

Intérieur de l'église Saint-Sauveur, à Redon.

Hélas ! des statues, des verrières, des tableaux, des mausolées qui, royalement, ornaient l'abbaye, subsistent à peine quelques fragments brisés : les vandales ont passé par là, et c'est de l'extérieur qu'il faut contempler le noble monument.

Son architecture, les restes des tours et des murs de défense ceignant jadis l'abside, les mâchicoulis de la *Chapelle des Ducs*, nous feront un peu oublier ces mutilations.

A un autre point de vue, l'abbaye de Saint-Sauveur possédait une importance capitale. Son cartulaire fut le plus considérable de tous les documents mis en œuvre par dom Lobineau et par dom Morice, quand ces savants bénédictins entreprirent d'écrire l'histoire du duché de Bretagne.

Les actes authentiques dont il contenait la lettre livraient la clef des droits politiques, des mœurs, de la constitution et de la langue du peuple armoricain. Aussi, en 1842, M. de Kerdrel a-t-il pu dire que ce précieux cartulaire renfermait *entièrement* l'histoire de la Bretagne *avant* le treizième siècle.

L'expression n'est peut-être pas trop forte, puisque, en outre des indications des archidiaconés, des noms d'évêques, d'abbés, de seigneurs, on y trouve les divisions territoriales de la plus grande partie de la province, la nomenclature des voies romaines, des monuments celtiques, et que l'on y apprend la condition du simple seigneur envers le comte, celle du colon vis-à-vis du seigneur, les divers genres de cultures, le prix des denrées.....

C'est encore le cartulaire de Redon qui nous représente les diverses phases de la puissance des Bretons, des Armoricains ou Gallo-Romains et des Francs, phases constatées par la langue employées dans les donations.

Enfin, ce même cartulaire livre l'origine de la puissance du grand Noménoé, question chère à tout cœur breton et qui, pendant une longue succession de siècles, fut le sujet des méditations ardues des « clercs » chargés de déterminer la nature de l'*hommage* réclamé des ducs par les rois de France[1].

Voilà ce que rappelle la vieille église, maintenant séparée du monastère et des dépendances qui lui appartenaient. Ces derniers bâtiments n'ont, pour ainsi dire, pas changé de destination. Ils sont la propriété d'une communauté de religieux fondée à la fin du dix-septième siècle, les Eudistes.

Gracieuse et gaie, telle apparaît la petite ville, quand on y arrive par la voie ferrée de l'Ouest, installée au cœur même des habitations, et jetant sa note bruyante, comme un défi, aux mille échos de la place d'un marché très suivi.

Les alentours de Redon ne font pas mentir cette impression première; il suffit, pour la confirmer, de gagner la colline ou, plutôt, la « montagne » de Beaumont.

---

1. Voir le second volume, chapitre xii.

Un vaste tableau récompense la petite peine prise pour accéder au sommet.

Une partie de l'horizon se présente encadrée de collines couronnées par de superbes châtaigniers, richesse de la contrée. La ville et son faubourg, dit de Codilo, se développent au milieu de ce cadre et, sur le ciel, Saint-Sauveur rayonne dans sa souveraine beauté.

Une autre excursion est indiquée à la « montagne » Saint-Jean, renommée pour ses énormes et excellentes châtaignes.

D'ici on aperçoit le pont d'Aucfer, limite du Morbihan et de l'Ille-et-Vilaine et point d'embouchure de l'Oust, les ruines du château de Rieux, l'écluse de Bellien, donnant accès, dans la Vilaine, au canal de Nantes à Brest, et Saint-Nicolas-de-Redon (paroisse du diocèse nantais, en dépit de son nom), riche en carrières de pierre à bâtir. Un peu partout, des châteaux et des villas en avant de la zone qui, au sud, par les marais, conduit vers la Loire-Inférieure, et, à l'ouest, par des plateaux secs, arides, couverts d'ajoncs, de genêts, de bruyères, ouvre le chemin des derniers contreforts des Montagnes-Noires, assises du Morbihan.

Des bâtiments montent ou descendent le fleuve.

Au loin, bien loin, quand de légers nuages accidentent le ciel, on peut, en imagination, voir onduler les premières voûtes feuillues de la grande forêt de *Gavre*, qui abrite sous son couvert une véritable population de travailleurs à peu près ignorés, bien que leurs produits, des boîtes à sel, des cuillers, des jattes et autres objets ornés de dessins naïfs, témoignent de l'activité des *boisiers*. Ainsi les nomme-t-on, parce qu'ils n'emploient que le bois et ne sortent guère de la forêt.

Mais la marée va baisser, il faut nous hâter de redescendre la Vilaine.

CHAPITRE XXIII

LA RIVE GAUCHE DE LA VILAINE ET SON EMBOUCHURE
LE COMBAT DE BELLE-ILE OU DES CARDINAUX

Les bords du petit fleuve deviennent plus abrupts, ou s'abaissent, permettant de jeter un regard sur le pays voisin. Seule, la rive gauche nous intéresse maintenant. Après La Roche-Bernard, voici Férel, qui possède, dans son église dédiée à Notre-Dame-de-Bon-Garant, une superbe verrière du seizième siècle représentant la généalogie de Jésus-Christ et des fresques de voûte où se déroule l'histoire de l'Ancien Testament. Par malheur, ces fresques ont beaucoup souffert. Au delà de Férel, sur une colline dominant un pays marécageux, est situé le bourg d'Herbignac (appartenant à la Loire-Inférieure), qui garde les ruines du fameux château de *Ranrouët*, où *Ranrouë*, autrefois fief des seigneurs de Rieux.

Camoel est dans une charmante position, mais gagnerait beaucoup à améliorer ses terres. Pénestin (dont on traduit le nom en *pen estenn*, *tête* ou *cap d'étain;* le territoire offre des traces de ce métal) occupe une petite presqu'île située entre la mer et l'embouchure de la Vilaine. La pointe de *Haliguen* y fait face à la pointe de *Penlan*, dépendant de Billiers, mais, fort avancée, vers le nord-ouest, elle semble obstruer l'entrée du fleuve qui de la pleine mer, est à peu près invisible. Néanmoins, cette entrée reste facile, d'une bonne tenue et profonde. Beautems-Beaupré l'indique comme offrant toujours, dans les plus grands reflux, une hauteur de huit à dix mètres.

Ces avantages, il est vrai, se rencontrent surtout dans la rade de Tréhiguier, petit village qui attire à lui une grande partie de la navigation, et a, depuis longtemps, reçu en permanence le bureau des douanes. Pénestin s'en trouve amoindri. Mais il n'en saurait être autrement, jusqu'à l'heure où le banc de vase, gisant entre la pointe de Haliguen et celle de Kerwogal (en Billiers), sera détruit. Il n'y reste pas, à basse mer plus de un à trois mètres et souvent beaucoup moins.

Sans doute la mer modifiera elle-même cet état de choses ; chaque année, ses vagues détachent des blocs de la falaise qui, composée d'argile rouge et de micaschiste ne peut supporter le choc. Plusieurs îlots sont formés par les parties les plus résistantes du sol envahi, témoin *Bélair* et les *Trois Sœurs*, pittoresques roches semblables à des menhirs plantés au milieu des flots.

Des grottes se sont creusées dans les replis du rivage, assez élevé bien que peu accidenté, mais il n'est pas prudent de les visiter, un éboulement se produisant avec grande facilité. Beaucoup de pierres celtiques se voient çà et là ; une grotte aux fées, c'est-à-dire un dolmen, précédée d'une allée couverte, nommée *Pierre de la défense* (*Men arzein*), est la plus intéressante.

Toute la côte revêt une teinte rougeâtre, transformée, sous les rayons du soleil couchant, en nuance d'une pourpre ardente qui jette son reflet sur le bourg assis au flanc d'une petite colline, à moins de mille mètres du fleuve et au fond d'une baie arrondie en fer à cheval.

La population de Pénestin, comme celle du bourg voisin Camoël, se distingue par un teint brun, des yeux et des cheveux d'un noir profond, d'où les archéologues ont conclu à une origine méridionale. Les Carthaginois seraient venus dans ce pays, y auraient fondé une colonie dont on retrouve la trace, et par le caractère de la physionomie des habitants et par des vestiges de forges antiques disséminés au milieu de la campagne.

Ces inductions ne sont pas dépourvues de logique, mais ne sauraient donner aucune certitude.

Le territoire, assez fertile, produit du froment et, dans les bonnes années, un petit vin blanc, en quantité suffisante pour que l'on puisse en exporter. Sur la côte, des marais salants sont bien entretenus.

C'est dans ces parages de Pénestin et de La Roche-Bernard qu'eut lieu l'un des épilogues du néfaste combat naval du 20 novembre 1759, combat dit : *de Belle-Ile,* parce qu'il se livra en vue de l'île de ce nom ; *déroute de Conflans,* parce que le maréchal de Conflans commandait notre flotte ; *combat des Cardinaux*, à cause de roches ainsi appelées et par le travers desquelles nos navires essuyèrent la défaite [1].

Forte de vingt et un vaisseaux, de trois frégates et de deux corvettes, notre flotte, sortie, le 24 novembre 1759, de Brest, avait pour mission d'aller escorter une centaine de bâtiments réunis dans le golfe du Morbihan et destinés à transporter, en Angleterre, des troupes de débarquement commandées par le duc d'Aiguillon. Cinq jours furent perdus à cause des vents contraires ; enfin on arrive dans la baie de Quiberon. Mais l'amiral Hawke survient de son côté, et Conflans voit qu'il ne peut éviter la lutte.

Malheureusement, il n'avait pas le rapide coup d'œil d'un bon manœuvrier, ni la résolution prompte, si nécessaire à un chef d'escadre.

Il choisit le plus mauvais des partis, celui qui sans doute, dans sa pensée, pouvait conjurer les dangers d'un combat avec un ennemi supérieur en nombre et, peut-être, pousser ce même ennemi sur une côte hérissée d'écueils inconnus. Mais tout tourna autrement. La retraite commandée exigeait que nos bâtiments prissent la ligne de file pour passer le chenal dit des *Cardinaux*. Les roches ainsi appelées gisent à l'est de l'île de Hœdic, en face de la pointe du Croisic. Elles sont au nombre de quatre et sensiblement orientées vers les quatre points cardinaux, d'où leur nom.

L'amiral Hawke n'hésita pas à poursuivre Conflans, et le résultat définitif fut des plus cruels pour la France. Nos marins se battirent vaillamment cependant, mais l'inhabileté du maréchal changea en désastre une journée qui eût pu nous donner la victoire si, comme l'affirmèrent quelques prisonniers anglais, « leur propre flotte eût été dans l'impossibilité de soutenir un combat en ordre de bataille ».

Nos pertes en navires, mais surtout en marins distingués, furent immenses. *Le Formidable* ne put échapper à l'ennemi, quoique sa défense reste l'une des plus extraordinaires, des plus

---

[1]. Nous puisons les détails de ce combat dans une brochure intéressante et précise de M. de la Nicollière-Teijeiro.

héroïques dont notre marine s'enorgueillisse. *Trois cents* hommes de son équipage furent tués, et autant reçurent de cruelles blessures ! Son commandant, le chef d'escadre Marc-Antoine du Verger de Saint-André et le frère de cet officier, Louis, qui l'avait aussitôt remplacé, périrent broyés par des boulets !

Huit jours plus tard, l'amiral anglais renvoyait au duc d'Aiguillon les quelques survivants du *Formidable* faits prisonniers. Parmi eux se trouvait un jeune garde-marine qui, vingt-neuf ans plus tard, devait subir une mort terrible et mystérieuse. (C'était La Pérouse, le futur commandant de *la Boussole* et de *l'Astrolabe*, le naufragé de l'île Vanikoro (1788), dont on ne connut le sort avec certitude qu'en 1828, après un voyage de Dumont d'Urville.)

Le Thésée coula avec son équipage *tout entier*. Son capitaine, de Kersaint, nom illustre dans notre flotte, qui venait de voir engloutir deux de ses fils, ne voulut pas leur survivre et mourut en essayant vainement de les sauver !

Le Superbe coula également, en entraînant *tout* son équipage, le capitaine de Montalais et son fils !

Le Juste, commandé par le capitaine de Saint-Allouarn, ayant son frère pour second, périt en essayant de se réfugier à Saint-Nazaire. Cent hommes et deux officiers purent échapper à la catastrophe !

Le Héros, capitaine de Lansay, et *le Soleil-Royal*, sur lequel Conflans avait arboré son pavillon, furent brûlés au Croisic : le premier, par les Anglais ; le second, par les ordres mêmes du maréchal, alors que, selon le rapport des meilleurs témoins oculaires, il eût été possible de sauver ces deux vaisseaux !

Des autres bâtiments engagés, huit parvinrent à gagner Rochefort, sept cherchèrent asile dans la Vilaine. Ce ne pouvait être, pour ceux-ci, que l'effet d'une sorte de terreur et le manque d'ordres. Conflans ayant cessé de diriger la flotte, il en résulta que les capitaines, ou perdirent la tête, ou, ne connaissant pas assez les parages, s'en remirent à l'avis des pilotes côtiers.

Les bien inspirés, nous venons de le voir, se réfugièrent à Rochefort. Les frégates *la Vestale* et *l'Aigrette*, ainsi que les corvettes *Calypso* et *Prince-Noir*, suivirent l'exemple des seconds et pénétrèrent dans la Vilaine.

Mais ce n'était pas tout d'avoir pu, aidés par le flot, franchir la barre vaseuse du fleuve. Il fallait, ensuite, reprendre la mer, bloquée par les ennemis, et des difficultés immenses surgissaient. Difficultés très réelles, que l'opinion générale ne voulut pas comprendre, et qui furent l'occasion de sanglantes épigrammes.

Cette sévérité, on en retrouve l'écho dans plusieurs lettres du ministre de la marine du temps, M. Berryer. Les officiers des navires réfugiés protestèrent et réclamèrent de passer en conseil de guerre : ils exposeraient alors leur conduite. Tout se termina mieux que l'on n'augurait ; mais plus d'un an se passa encore avant la sortie des bâtiments. Il paraîtrait même que deux officiers de la Compagnie des Indes avaient déclaré regarder cette sortie comme à peu près impossible.

« Le chevalier d'Arsac de Ternay, lieutenant de vaisseau sur *l'Inflexible*, sollicita ce périlleux honneur. Il proposa le désarmement immédiat de tous les vaisseaux, qu'il ferait remonter assez haut le cours de la rivière pour que les ennemis ne pussent les apercevoir. Puis, lorsque, tranquillisés par cette manœuvre, ceux-ci se seraient éloignés ou auraient élargi leur blocus, il les réarmerait, et, profitant d'un temps brumeux et d'un vent favorable, il essayerait de les conduire à Brest. »

Contentons-nous de dire que le résultat fut heureux. M. de Ternay, bien secondé par le comte d'Hector, qui, personnellement, fit sortir deux navires, *le Glorieux* et *le Sphinx,* eut le bonheur de voir ses plans réussir.

Le comte d'Hector fut nommé capitaine de vaisseau et M. de Ternay reçut, le 1ᵉʳ février 1763, trois mille livres de pension sur la caisse des Invalides de la marine.

Devenu chef d'escadre, le chevalier de Ternay contribua dans une large mesure à la réussite de la guerre de l'Indépendance de l'Amérique. Il mourut à New-Port, le 15 décembre 1780. Louis XVI ordonna de lui élever un tombeau, sur lequel on grava une épitaphe des plus honorables, des plus louangeuses.

« Tout récemment, ce monument tombait en ruine. Le marquis de Noailles, ministre de France à Washington, voulait le faire relever aux frais de son gouvernement. Mais le Sénat des États-Unis se montra jaloux d'acquitter une dette de reconnaissance et vota, dans ce but, une somme de huit cents dollars, soit quatre mille francs. »

Ce cruel épisode de la funeste guerre de Sept ans qui devait laisser la France humiliée et dépouillée de la plus grande partie de son empire colonial, montre ce qu'il serait possible de faire sur l'un des points les moins en vue du littoral français.

Si plusieurs des officiers du maréchal de Conflans avaient commis une faute en s'engageant dans la Vilaine au lieu de faire voile pour Rochefort, la faute, néanmoins, prouve que le petit fleuve peut rendre de réels services et que l'amoncellement vaseux obstruant son embouchure est le plus grand danger de sa navigation.

Cette barre limoneuse n'est pas au-dessus des ressources de l'art de nos ingénieurs modernes, et il faut espérer que toutes les mesures seront prises pour la détruire enfin complètement et en empêcher la réapparition.

Rien de ce qui est possible, rien de ce qui est avantageux à notre marine militaire ou commerciale, ne doit être négligé, car, en exécutant ces travaux, on assure la prospérité, sinon du présent, tout au moins de l'avenir.

CHAPITRE XXIV

MESQUER. — PIRIAC. — LA TURBALLE. — LES MARAIS SALANTS

La route du littoral a déjà traversé beaucoup de marais salants ; mais tout le *pays de Guérande* est, en Bretagne, le grand centre de cette industrie et, plus peut-être que tous les événements dont sa vieille ville a été le théâtre, le paludier guérandais a contribué à la rendre célèbre.

Le canton entier est intéressant au double point de vue pittoresque et historique.

Mesquer doit son nom au ruisseau de *Met*, navigable, au moment du flux, jusqu'à *Pont d'Armes ;* il se jette dans le *Traict* ou baie de *Pen-Bay*, orthographe défectueuse, probablement, et qui devrait se rectifier par *Pen-Bé*, *tête* ou *cap du tombeau*. Cette supposition trouve une base dans la commune de Piriac où nous allons arriver.

Les clos de vignes succèdent aux marais à sel, aux champs de froment et de seigle, aux bouquets de bois qui reposent la vue. Un assez actif cabotage entretient la population maritime. Kercabellec est le port de la commune, auquel une cinquantaine de petits navires et barques sont inscrits.

Piriac est un très joli bourg qui possède un petit port pouvant recevoir des barques d'une quarantaine de tonneaux. Un vieux château, dominant une haute colline, plane sur des habitations mieux construites que ne le sont d'ordinaire des maisons de village ; mais Piriac, il est vrai, a eu et a tenu le rang de ville. Son nom se trouve mêlé principalement aux guerres de la Ligue.

Rien de plus accidenté que la côte, rien de plus agréable à parcourir. De grands blocs de rochers, des îlots, des grottes, des aiguilles, de jolies petites plages, des prairies en miniature couvrent le sommet des falaises, prairies brodées de fleurettes parfumées et ceintes de l'écume du flot.

Un étrange bloc de granit a reçu le nom de *Tombeau d'Almanzor*, mais rien, dans les chroniques, ne donne l'origine de cette appellation romantique. Beaucoup d'archéologues rangent ce bloc parmi les monuments celtiques. Leur opinion vient de cette circonstance que la pierre semble avoir été façonnée.

Creusée à l'est, la masse entière s'évase comme une grotte. Sa partie supérieure porte dix trous circulaires, profonds de sept à huit centimètres et donnant naissance à un grand nombre de rigoles sillonnant toutes les faces du *Tombeau*. Chaque flux recouvre à demi ce bloc bizarre que le lichen envahit.

Vis-à-vis de Piriac, au nord de la pointe *du Castelli*, se trouve la petite île Dumet ou, mieux, du Met. On s'accorde à la regarder comme ayant été unie au continent, et l'effroyable marée de 709, à laquelle se rattachent un si grand nombre de modifications de la côte bretonne, aurait violemment envahi des terres maintenant cachées sous un chenal de moins de six mille mètres de largeur, mais très souvent agité et dangereux à traverser.

Une autre opinion veut que l'îlot tînt encore au continent vers le douzième siècle.

En 1755, une citadelle, dite *Port-de-Ré*, y reçut garnison, mais pendant la guerre de Sept ans les Anglais la ruinèrent. En 1803, elle fut encore armée. Aujourd'hui, il n'en reste plus que quelques pans de murailles. Le sol, extrêmement fertile, produit, sans engrais, une herbe très nourrissante pour les bestiaux et les chevaux, que l'on y conduit en grandes troupes.

Toute verdoyante et fleurie, l'île du Met est le rendez-vous de multitudes innombrables d'oiseaux de mer et le paradis de bandes de lapins, qui y acquièrent une saveur des plus délicates.

Depuis que la mer a si profondément modifié tout le rivage, La Turballe, petit havre caboteur, est devenue, en quelque sorte, le port de Guérande. La plage, fort belle, est très animée pendant la saison des bains de mer, et quand se produit le passage de la sardine, pour la conservation de laquelle plusieurs usines ont été fondées.

La pêche et les industries qui s'y rattachent sont seules en honneur parmi la population turballaise.

Le sel, naturellement, occupe une large place dans ce labeur. Nous ne saurions mieux faire que d'emprunter à une notice de M. Amédée de Francheville l'historique des salines du pays guérandais.

« Il serait difficile d'assigner une date certaine à l'origine des nombreuses salines qui font la richesse de cette contrée intéressante [1]. La mer venait, autrefois, battre le pied du coteau où est situé Guérande, qui avait alors un port et armait des navires de guerre. Cette petite mer intérieure, nommée le *Traict*, ou plutôt ce Morbihan en miniature, s'étendait sur tout le territoire occupé par les salines ; il avait ses îles. La plus grande était SAILLÉ, maintenant transformée en un grand et populeux village. L'ILE DE BATZ, aujourd'hui la presqu'île DU CROISIC, lui servait de barrière contre les tempêtes de l'Océan.

« Les premiers cultivateurs des marais furent les Saxons. Resserrés dans les étroites limites de l'île de Batz, n'ayant plus, comme leurs pères, les ressources de la mer et des lointaines expéditions, ils se trouvèrent obligés de chercher dans leur industrie des moyens d'existence.

« A cette époque, la mer commençait à abandonner la plage où sont situées les salines ; elle le faisait avec lenteur. Souvent, aussi, à l'époque des grandes marées, elle recouvrait ses anciennes limites et laissait des flaques d'eau sur ce sol glaiseux qui empêche toute filtration ; l'action du vent et du soleil, pendant les chaleurs de l'été, en favorisait l'évaporation, et, avant que le flux ne revînt à la même hauteur, on ramassait sur le sable le sel cristallisé. Les Saxons, industrieux et actifs, perfectionnèrent cette découverte ; ils établirent des salines d'essai dans les criques et les petites baies de la côte. Peu à peu, ils en reculèrent les bornes, et, de nos jours, ils n'ont laissé à la mer que les sables du grand Traict, où la culture du sel est impossible. C'est ainsi que les îles de Batz et de Saillé se sont trouvées jointes à la terre ferme.

« Les descendants des Saxons, devenus paludiers [2], ont suc-

---

1. Cette notice est un peu ancienne, mais fort exact pour le passé. De nos jours, l'industrie des salines a subi de grandes crises et n'est plus profitable comme autrefois.

2. Le mot paludier vient du latin *palus*, marais ; il signifie donc véritablement : habitant du marais et, par extension, cultivateur de marais salants.

cessivement peuplé l'île de Saillé et toute la côte, depuis Careil-Queniguen jusqu'à Clis et Trescalan, et, de même que les Juifs, ils y ont perpétué sans mélange leur type original. On les retrouve à Mesquer, à Pont-d'Armes. Plus tard, des colonies de ces hommes laborieux ont fondé des marais salants à Séné, dans le golfe du Morbihan, et sur le littoral de l'île de Rhuys. Mais, dans ces dernières contrées, le type du paludier s'est fondu avec celui de la population primitive...

« La saline est un relai de mer disposé pour la cristallisation du sel : la forme et l'étendue n'en sont presque jamais les mêmes. La saline a pour accessoires la *vasière*, ou réservoir d'eau de mer, et le *gobier*, qui sert à préparer cette eau avant de la faire entrer dans la saline, qui, elle-même, se subdivise en *œillets*, *fares*, *adernes* et *appartenances*. Ces divers compartiments, séparés par des petites digues hautes de trente centimètres, sont fermés par de petites planches, verticalement placées ; elles servent aux paludiers à retenir les eaux nourricières et à les répandre dans les œillets ou bassins évaporatoires.

« Les *œillets* occupent le milieu de la saline ; ils sont rangés sur deux lignes parallèles et séparés par un étroit canal, profond au plus de quinze centimètres. Les servitudes occupent le reste de la saline. L'eau de la mer, chauffée et préparée par l'action du vent et du soleil, en parcourant les sinuosités des canaux nourriciers, des *fares*, des *adernes*, des *appartenances*, est introduite dans l'œillet à la hauteur de sept centimètres. Le sel blanc, semblable à une glace, se forme à la surface ; le sel gris, ou gros sel, se dépose dans le fond de l'œillet et se recueille sur de petits plateaux ménagés au centre et nommés *ladures*. Il y reste jusqu'à ce qu'il soit amulonné. Une planche, nommée *laz*, longue de cinquante centimètres et large de quinze, à laquelle on adapte un manche de cinq mètres, sert à recueillir le sel. Une *lousse*, ou pelle plate en bois, une *boguette* ou pelle concave, également en bois, sont les seuls outils employés par le cultivateur des marais.

« En 1840, année très favorable, on trouva que chaque œillet avait produit en moyenne vingt doubles hectolitres, soit environ *trois mille* kilogrammes. La partie du territoire de Guérande, qui s'étend depuis Pornichet jusqu'à Pont-d'Armes, produisit, cette année-là, *cent huit millions de kilogrammes de gros sel, non compris le sel blanc.* »

Alors que le gouvernement prélevait *trois décimes* par chaque kilogramme de sel enlevé, on voit quel énorme revenu donnaient les salines guérandaises.

« Les paludiers guérandais ne ressemblent aucunement aux métayers, leurs voisins, avec lesquels ils vivent en perpétuelle mésintelligence [1]. Le métayer est fort, grand, carré et robuste; mais il l'est moins que le paludier. Il a les yeux et les cheveux noirs. Les femmes sont bien faites et jolies; elles sont remarquables par la blancheur de leur peau, par la modestie et la douceur de leur physionomie.

« Le paludier est plus généralement blond que châtain. Il est de haute taille, bien fait et robuste; il a la tête forte, les traits aquilins, l'angle facial très prononcé; mais, fait digne de remarque, la stature est sensiblement moins élevée qu'avant la fin du siècle dernier.

« Les paludiers, quoique exposés pendant les chaleurs de l'été aux ardeurs d'un soleil brûlant, conservent une peau blanche et vermeille; leur taille est élancée, leur démarche aisée et facile. Ce peuple est bien une colonie venue du Nord, et, malgré son mélange avec la race celtique, tout prouve la vérité de la tradition qui le fait descendre de ces aventuriers saxons, terribles précurseurs des pirates normands.

« Les paludiers guérandais n'ont point conservé les inclinations ni l'esprit aventureux de leurs ancêtres qui, dans de frêles barques d'osier, bravaient les tempêtes et les flots. Quoique braves, ils détestent l'état militaire. Voyageurs et habitant les rivages de l'Océan, ils ne sont ni pêcheurs ni marins. Actifs, intelligents, laborieux, leur probité est proverbiale. Sobres dans leurs ménages, ils sont endurcis aux plus durs travaux. Lorsque les marais ne réclament plus leurs soins, pour un modique salaire ils entreprennent, avec leurs mules ornées de clochettes, les plus longs voyages, au milieu des hivers les plus rigoureux. Comme le muletier espagnol, ils passent la plus grande partie de l'année en voyage. Les grands seigneurs d'autrefois, lorsqu'ils

---

[1]. Nous le répétons, ces traits de mœurs s'effacent de plus en plus.

allaient à l'armée, confiaient leurs équipages à des paludiers de Guérande ; c'était un luxe de nos pères : ils savaient pouvoir compter sur la fidélité de ces *arrieros* bretons.

« Presque tous savent lire et écrire. Ne pas savoir faire un compte est un déshonneur pour eux. Leurs maisons sont couvertes en ardoise, ornées de fenêtres vitrées et peintes. L'intérieur, bien meublé, est tenu avec une propreté hollandaise, propreté que l'on remarque sur leurs vêtements et sur leurs sarraux de travail, qui sont toujours de la plus grande blancheur.

« Au milieu d'une contrée toute française, plusieurs villages parlent la langue bretonne. Le costume des Guérandaises, habitant la ville, est remarquable par son élégance. Rien n'est gracieux et joli comme une jeune Guérandaise en toilette du dimanche, portant le mouchoir coquettement drapé, le tablier à piécette et la grande *catiolle* à dentelles, aux barbes relevées, cette antique coiffure nationale de presque toutes les habitantes des villes de Bretagne.

« Les jours de grande tenue (*sic*), la coiffure des métayères et des paludières est à peu près la même ; mais le reste du costume diffère dans la coupe et dans la couleur des étoffes. Les paludières portent de petites coiffes en batiste, à fond étroit et plissé ; les barbes, petites, s'attachent sous le menton dans les jours ordinaires et sont flottantes en costume de cérémonie. Les cheveux, divisés en deux tresses, et entourés, à distances égales, d'un ruban de couleur blanche appelé *serrant*, sont relevés sur le front, en forme de couronne. Un serre-tête en tulle brodé, garni de dentelles, laisse voir le *serrant* et les cheveux. De larges manches rouges, une robe d'étoffe blanche, pour la jeune fille, de couleur violette avec garniture en velours pour la femme mariée, des bas rouges à fourchettes, un tablier de soie à reflets changeants, une piécette d'étoffe éclatante brochée d'or ou d'argent, une ceinture appelée *livrée*, de même étoffe que la piécette, voilà le costume de la paludière.

« Les paludiers portent les *bragou braz* (grandes braies bretonnes) amples et plissés en toile blanche, des guêtres blanches, des souliers jaunes, deux gilets de drap blanc, un troisième bleu, avec des bandes vertes, et un quatrième gilet rouge, appelé *chupenn*, plus court que les trois autres. Pour le travail et les voyages, ils s'habillent d'un sarrau de toile blanche de forme particulière. Lorsqu'ils assistent à des enterrements, ils se drapent dans un petit manteau noir et les femmes s'enveloppent d'une demi-mante en laine noire, revêtue d'une toison longue et fournie.

« Le costume des métayers est le même que celui des paludiers, sauf la couleur des étoffes. Leurs *chupenns* et leur gilets sont bleus, leurs *bragou braz* de couleur brune, et leurs chapeaux petits et ronds : celui des paludiers est à larges bords relevés des deux côtés...

« Les paludiers du bourg de Saillé, soit qu'ils célèbrent leurs noces à Guérande ou dans leur village, se rendent toujours à l'église montés sur leurs mules. Le marié et la mariée marchent en tête sur la même mule. Chacun des conviés, placé sur sa mule, couverte d'un bât et revêtue d'une draperie blanche, est posé sur le devant et porte en croupe, assise sur le côté une jeune paludière qui se tient à son cavalier en lui passant un bras autour de la taille. Ce cortège est des plus pittoresques et demanderait à être reproduit par les pinceaux d'un Léopold Robert.

« A l'époque des guerres de la Ligue, en Bretagne, pendant qu'une flotte espagnole, sous le commandement de don Diégo Brochero, abordait les côtes du Blavet, don Juan d'Aquila débarquait, le 12 octobre 1590, avec cinq mille soldats, à l'embouchure de la Loire, non loin de Guérande. Le sire d'Arradon, le zélé ligueur, vint aussitôt les joindre pour les conduire à Vannes. Quelques soldats de ces vieilles bandes castillanes sont restés dans le pays. Entre le village de Brandu et Piriac, on reconnaît leurs descendants à leur physionomie méridionale et à leurs noms d'origine espagnole. »

Les traits principaux, les couleurs de ce tableau s'effacent de plus en plus. Les chemins de fer suppriment peu à peu toute originalité. Les vieilles mœurs s'oublient. Pour en trouver quelques vestiges, il faudra bientôt avoir recours aux peintres, dont le pinceau a été séduit par cette vigoureuse beauté, et aux écrivains, encore impressionnés par un passé ou glorieux ou pittoresque.

CHAPITRE XXV

GUÉRANDE

On ne peut passer si près de Guérande [1], jadis port de mer, sans aller admirer cette vision encore belle des siècles enfuis.

Enclose par ses magnifiques murailles de granit, GUÉRANDE semble un joyau sauvé de l'écrin brisé du moyen âge. Ces mâchicoulis, ces tours ressuscitent tout un monde à jamais disparu.

Les portes *Bizienne* et de *Saillé*, en forme de char antique, ne rappelleraient-elles pas, à dessein, les premiers occupants de *Grannona*? La porte *Vannetaise*, la plus ancienne, la plus simple, et toute croulante, ne figure-t-elle pas le peuple succombant dans les luttes pour l'indépendance de la patrie? La porte *Saint-Michel*, massive, profonde, noire et comme sourcilleuse, n'est-elle pas l'emblème de l'écrasante puissance féodale?

Elles résistent encore, les nobles pierres, à l'effort du temps. Leurs blessures sont voilées par les arbres des boulevards plantés, en 1822, grâce aux soins intelligents de M. le chevalier Louis de Couëssin, maire de la ville. L'œillet, la giroflée, le lierre terrestre, amis des vieilles murailles, croissent dans le moindre interstice, et de gais jardinets se suspendent, couronne parfumée, au faîte des créneaux.

L'agitation moderne des jours de marché a remplacé les bruits guerriers. Cependant, quand vient le crépuscule, le passé ne reprend-il pas la place du présent?

Sous la première lueur de l'aube ou sous la rouge coloration du soleil couchant, toute une foule d'orgueilleux chevaliers, de

1. Sept kilomètres.

puissantes châtelaines, d'écuyers et d'hommes d'armes ne revient-elle pas saluer la ville ducale ?

Le vent de mer, comme à Sucinio, n'agite-t-il pas encore les hauts cimiers et les bannières au blason d'*hermines pleines en losange, soutenues par des lions casqués*[1] ?

C'est un rêve... Mais un rêve que l'imagination n'a aucune peine à concevoir, car tout y prédispose : la configuration des lieux, des choses et jusqu'à la langue encore parlée par la moitié des habitants. Cette fière langue bretonne a des accents auxquels l'oreille d'un poète ne saurait rester insensible, surtout si, mystérieux accompagnement, elle est murmurée à l'heure où l'ombre, indécise, se jouant des lois de la vision, transforme le moindre objet et semble ouvrir une perspective sur le monde idéal.

La ville, aujourd'hui si modeste, a été pendant longtemps une place importante. Sa fondation remonte aux Romains, qui l'occupèrent jusqu'en 448, époque où les Armoricains, encouragés par saint Germain d'Auxerre, les battirent et s'emparèrent de la cité. Vingt-deux ans après, les troupes romaines reprenaient l'offensive et, pour protéger leur position, construisaient une forteresse appelée *Granonne* ou *Granonna*.

Lorsque les Bretons furent décidément maîtres de leur pays, Guérech Ier, comte de Vannes, donna son nom à la citadelle, sa plus ordinaire résidence, ainsi que celle de son fils Canao.

Ce serait une bien longue, une bien sanglante histoire que celle de tous les sièges supportés par la ville, ainsi que des combats livrés sous ses murailles.

L'importance stratégique de la place justifiait cet acharnement. Elle eut beaucoup à souffrir pendant les vingt-quatre années de compétitions entre Jean de Monfort et Charles de Blois. Son nom fut attaché au traité qui mit fin à ces luttes fratricides.

Le samedi 12 avril 1365, Jean de Craon, archevêque de Reims, chargé par le roi de France, Charles V, de préparer le traité,

---

1. Ce sont les armes de Guérande. Elles avaient été gravées sur la porte de Sauvetout, à Nantes, par le duc François II, en souvenir du dévouement de cinq cents Guérandais venus à son secours, alors qu'il était assiégé dans la seconde capitale de son duché. La porte fut appelée : *de Guérande*.

réunit, à l'église collégiale Saint-Aubin, Jean de Montfort et les procureurs de Jeanne de Bretagne-Penthièvre, veuve de Charles de Blois. La paix fut signée et la pauvre Bretagne, épuisée, put espérer des jours meilleurs. Pourtant, plusieurs fois encore Guérande se trouva attaquée. Un historien a fait remarquer qu'il est dans la destinée de cette ville de subir des sièges chaque fois que la guerre éclate en Bretagne. Ainsi en arriva-t-il le 18 mars 1793 et le 6 juillet 1815.

Guérande fut très aimée des souverains bretons. Le petit-fils de Jean de Montfort, Jean V, résolut de la mettre à l'abri des coups de main qui, tant de fois, l'avaient ruinée. Il en amoindrit le périmètre, fit construire les fortes murailles de son enceinte et les flanqua de onze tours, défendant quatre portes situées aux points cardinaux. La plus imposante de ces portes, appelée de Saint-Michel, était une véritable forteresse. Elle sert actuellement de mairie, de dépôt des archives et de prison.

Sans conteste, le monument le plus curieux de Guérande est cette ceinture de granit, solide encore malgré les siècles, mais non intacte. Plusieurs points auraient besoin d'une intelligente réparation. Une des onze tours, celle de Sainte-Catherine, est tombée, et, si l'on n'y prend garde, les dix autres suivront.

Cela ferait plaisir à quelques habitants... Ne s'est-il pas trouvé des Guérandais pour proposer de raser les murailles et de faire passer de « belles rues » sur leur emplacement!... Par bonheur, la proposition n'a pas été écoutée et la Commission des monuments historiques veille, nous l'espérons.

Après les murailles, il faut visiter la vieille collégiale Saint-Aubin et Notre-Dame-la-Blanche.

La fondation de la première de ces églises remonte au milieu du neuvième siècle. Salomon ayant assassiné, pour s'emparer du trône, le roi Erispoé[1], son cousin germain (857), chercha à expier ce crime par beaucoup d'œuvres pieuses. En autres, il fonda le chapitre Saint-Aubin de Guérande et installa à sa tête le prélat GILARD.

L'histoire de ce Gilard est mouvementée et curieuse. Le roi Noménoé lui avait confié le gouvernement du diocèse de Nantes,

---

1. On sait que les premiers souverains bretons portèrent le titre de *roi*.

au détriment de l'évêque Actard, disgracié parce qu'il aimait trop la France. Mais Erispoé, fils de Noménoé, rendit sa confiance à Actard, et Gilard se trouva sans diocèse. Salomon, devenu roi, lui donna la moitié de la juridiction épiscopale nantaise, appelée, depuis lors, *Lamée*.

Naturellement, car c'était justice, Actard protesta ; cependant une convention intervint. Gilard, tant qu'il vécut, garda le titre d'évêque. Son palais a laissé à la rue où il était situé le nom de « rue de l'Evêché », et l'église nouvelle de Saint-Aubin porta ses armes.

Certaines parties des piliers et des murailles sont encore décorées de mitres, de crosses, et une chaire épiscopale en pierre fut pratiquée, *extérieurement*, dans l'épaisseur de la paroi de l'une des tours.

Mais la dignité du prélat s'éteignit avec lui, il n'eut point de successeurs. Toutefois, son église conserva de grandes prérogatives ; dans tous les actes officiels, elle portait le titre de : *second diocèse* de Nantes, et son chapitre vient immédiatement après celui de la cathédrale.

Une carte, conservée dans les archives nantaises, montre les anciennes limites de l'archidiaconé de Lamée.

Magnifiquement décorée, l'église Saint-Aubin possédait, entre autres riches objets, un christ en argent massif, de grandeur naturelle, placé au-dessus de son avant-chœur. Les trésors ont disparu, la vieille collégiale n'en reste pas moins un noble édifice.

Quelques piliers de sa nef romane, surmontés d'arceaux en plein cintre, attestent son origine. Les chapiteaux de ces piliers ne brillent pas par la beauté de l'exécution, mais ils sont très variés et les sujets très expressifs.

D'anciens et superbes vitraux sont restés intacts, de beaux retables en marbre ornent les autels des transepts, la chaire épiscopale extérieure existe toujours.

Malheureusement on voulut, vers 1860, restaurer le porche principal, celui-là même qui, dans l'épaisseur du contrefort gauche, soutient la chaire en pierre, à laquelle le prédicateur arrivait par un escalier ménagé dans l'intérieur de l'église ; on voulut également réparer le porche méridional. Les travaux furent exécutés avec goût.

Hélas! on ne tint pas assez compte de la pesanteur du clocher ambitieux ajusté au vieil édifice. Peu après, un écroulement sur-

Une des portes de Guérande.

vint, et les ruines accumulées témoignèrent tristement de l'erreur des architectes.

Ce n'est pas la première fois que Saint-Aubin est victime de ces erreurs. En 1804, l'église possédait encore un jubé extrêmement curieux. Au lieu de le conserver avec soin, on le détruisit sous prétexte qu'il gênait le maître-autel !

Et voilà comment certaines *réparations* peuvent causer d'irréparables malheurs.

Notre-Dame-la-Blanche est célèbre dans toute la Bretagne, car son enceinte fut témoin de la ratification du traité de paix entre les familles de Blois et de Montfort. Jean IV, *le Conquérant*, en ordonna, vers 1348, la construction. C'est une très gracieuse chapelle à nef unique, formée par des colonnes engagées.

La chapelle de l'hôpital Saint-Jean possède une ancienne façade assez curieuse.

Guérande réunissait à son gouvernement les villes du Croisic et de La Roche-Bernard. Elle avait une communauté de ville, une juridiction royale, un siège royal de police, une subdélégation, une brigade de maréchaussée. Sa communauté avait droit de députer aux Etats de Bretagne et se composait d'un maire, d'un procureur du roi-syndic, d'un miseur et d'un greffier. Toutes les fois qu'elle s'assemblait, le chapitre y faisait siéger deux envoyés, et trois anciens gentilshommes y assistaient en qualité de propriétaires de maisons.

Soixante-treize juridictions, hautes, moyennes et basses justices, relevant en proches et arrière-fiefs du roi, ressortissaient au siège royal de Guérande. Pendant longtemps elle posséda une prévôté et une amirauté.

Pour comprendre la raison de cette dernière institution, il faut se souvenir que l'Océan baignait autrefois la colline où la ville est assise. Maintenant il faut franchir sept kilomètres pour retrouver, à La Turballe, le rivage maritime.

Vu du haut des tours des remparts, le pays présente une admirable perspective. Au loin, cette ligne glauque, mouvante, fait deviner la mer. En avant du flot, s'étendent les marais salants. Derrière eux, les champs, les prairies, les bouquets de bois, les clos de vignes alternent.

Des vignes à Guérande !... Cela peut faire sourire. Le vin du territoire n'en avait pas moins une excellente réputation. Contenant beaucoup d'alcool, il pouvait se garder très longtemps et gagnait, paraît-il, de qualité en vieillissant.

Si l'on élevait le moindre doute devant certains vieillards guérandais, en essayant de reléguer le produit de leurs clos au rang de celui du cru de Sucinio, ils répondraient avec orgueil que Sa Majesté (future encore à l'époque) le roi de Suède, Bernadotte, passant à Guérande en l'an VIII (1800), se délecta de cet « excellent vin ». Les clos les plus renommés étaient situés près des marais.

« Contre l'usage des autres pays, dit M. de Francheville, les prairies occupent ici le sommet de la colline. Les clos de vignes commencent à la base ; ils sont les restes de nombreux vignobles qui couvraient autrefois toute la partie basse de la contrée...

« Guérande est encore aujourd'hui une ville de la « vieille duchée de Bretaigne » : ainsi elle devait être lorsque le duc Jean V la fit sortir de ses ruines. Les mœurs patriarcales de ses habitants, les noms bretons des hameaux et des métairies, la langue bretonne conservée avec un culte religieux dans quelques villages des marais, le costume si pittoresque de sa belle population à la taille élevée et athlétique, tout concourt à produire une complète illusion...

« A Guérande [1], les noces se font à l'auberge ; chaque invité paye son écot. Un dessert est offert à la mariée par les jeunes filles, qui vont la chercher à travers la ville au son du biniou. Cette cérémonie, faite avec tout le décorum possible, est rendue quelquefois très pittoresque par la variété, l'étrangeté et l'élégance des costumes.

« Le maître de l'auberge fait présent d'un chapeau au marié, d'une coiffe à la mariée. Les convieuses, allant inviter pour la noce, reçoivent dans chaque maison de petits cadeaux de laine, de filasse, d'argent, d'ustensiles de ménage ; coutume bien sage qui empêche les familles de se ruiner pour vouloir afficher un trop grand luxe. Ici, la noce du pauvre est aussi brillante que celle du riche ; un jour, du moins, dans sa vie, il peut se croire son égal.

« Pendant les longues guerres de Bretagne, Guérande a sou-

---

[1]. Autrefois. Maintenant ces usages ont à peu près disparu.

tenu de nombreux sièges. Ses remparts deux fois renversés, ses édifices réduits en cendres, ses habitants massacrés, prouvent en faveur du courage de ceux-ci.

« Les Guérandais se font toujours remarquer par leur urbanité, leur bonté, leur courage ; ils sont très attachés à leur pays, ils le quittent avec regret et y reviennent avec joie. Il serait difficile de trouver, même en Bretagne, dans une ville aussi petite, une société mieux choisie et de meilleures manières.

« Le général BEDEAU, si connu pour sa brillante conduite en Afrique, était Guérandais. »

Tous les traits relevés sont vrais, et l'on peut ajouter qu'un jour de marché, à Guérande, prouve la véracité du portraitiste.

De tous les bourgs voisins, une foule pressée arrive. Les costumes sont variés, mais non, cependant, autant que l'on s'y attendait.

Les habits de forme antique, aux couleurs vives, ne se portent plus guère et, en tout cas, ne sortent des armoires que pour les grandes solennités.

Les femmes sont presque toutes vêtues de noir. La petite coiffe, serrée aux tempes, descendant simplement le long des joues, donne à leur visage grave, comme en général toutes les physionomies bretonnes, un aspect monacal. Cette gravité ne les empêche nullement de s'animer quand l'occasion le comporte. Alors les grands yeux bleu foncé, aux cils noirs, pétillent d'intelligence ; une jolie nuance rose relève la blancheur de la carnation ; un sourire spirituel entr'ouvre les lèvres bien dessinées ; une souplesse gracieuse donne de l'harmonie à tous les mouvements. Ce ne sont point des paysannes lourdes, gauches, mais des femmes belles, fières, quoique charmantes.

Mais nous ne pouvons nous attarder davantage à Guérande, il est temps de reprendre la route de la mer et d'arriver au Croisic.

CHAPITRE XXVI

LE CROISIC. — LE BOURG DE BATZ. — LE POULIGUEN
ESCOUBLAC. — PORNICHET

Le Croisic est une petite ville, de très ancienne origine, dans laquelle on a voulu retrouver l'un des ports bretons désignés par Ptolémée. Toutefois ses autres souvenirs sont assez beaux pour que, sans regrets, elle laisse aux archéologues le plaisir de discuter des textes en somme fort obscurs.

Dès le milieu du cinquième siècle, le Croisic devint une station préférée des Saxons navigateurs. Plusieurs fois ils battirent les Romains et quand, battus, eux-mêmes, ils se voyaient forcés de se retirer, ce n'était jamais pour longtemps, car leurs compatriotes accouraient du nord à la rescousse : la position offrant trop d'avantages pour être négligée par ces habiles marins.

Avant l'établissement des grands ports militaires de Bretagne, le Croisic possédait une véritable importance. Il armait de forts navires, et à toutes les époques de l'histoire du duché breton on retrouve avantageusement son nom. La fidélité de ses habitants aux ducs d'abord, puis aux rois de France, héritiers des ducs, resta si complète que des privilèges considérables lui furent assurés.

Le plus précieux, à coup sûr, était d'échapper à toute domination seigneuriale, de relever directement du souverain et d'avoir le droit de se garder. Les lettres patentes conférant ce rare privilège sont remplies d'expressions flatteuses pour les Croisicais, dont le zèle, la fidélité, le dévouement sont pleinement reconnus et exaltés.

De là, sans doute, vient le blason conféré à la ville : *une croix et quatre hermines.*

Jusqu'au quatorzième siècle, les documents concernant le

Croisic sont assez confus ; mais, avec la triste époque de la guerre de Succession, le nom de cette ville apparaît, et continue ensuite à occuper une belle place parmi les cités bretonnes.

Nicolas Bouchart, amiral de Bretagne, tenant pour Jean de Montfort, fortifia la ville et y bâtit un château (1355). Il réparait ainsi le mal que Louis d'Espagne, partisan de Charles de Blois, avait fait au port treize ans auparavant.

Le duc François II arma une flotte au Croisic, et accorda aux habitants plusieurs privilèges dont ils se montrèrent reconnaissants. Non seulement ils firent lever à l'armée de Charles VIII le siège de Nantes, mais encore ils contribuèrent à reprendre la ville de Vannes, enlevée par les Français. Plus tard, l'union de la Bretagne et de la France ayant été consommée, les Croisicais ne marchandèrent pas leur dévouement au nouveau souverain. Ils s'occupèrent avec ardeur des armements nécessaires pour réprimer les incursions des Anglais sur nos rivages. Quatre de leurs navires obtinrent l'honneur de la journée où si malheureusement périt le trop impétueux Portzmoguer (Primauguet) et où fut détruit le fameux vaisseau *la Cordelière*, construit par la reine Anne (1513)[1].

« Le 29 avril 1557, dit Ogée, les habitants du Croisic écrivirent au duc d'Étampes, gouverneur de Bretagne, pour lui apprendre qu'ils avaient chassé les Espagnols de Belle-Ile et pris une de leurs barques, où il s'était trouvé du sucre et des olives, et lui annoncer qu'ils lui conservaient *quatre pains de sucre et un baril d'olives provenant de cette prise.* »

Jusqu'en 1597, le Croisic resta au rang des plus fortes places bretonnes ; mais à cette époque Henri IV, vainqueur de la Ligue, acheva de pacifier le comté nantais. Le capitaine La Tremblaye vint assiéger et réduisit la ville, dont il démolit les fortifications et le château. A cette occasion surgit une réminiscence du célèbre épisode du siège de Calais par Édouard III d'Angleterre.

Le capitaine avait imposé au Croisic une rançon de trente mille écus, somme considérable, car le marc d'or valait deux cent vingt-deux livres. On cherchait vainement à satisfaire le vain-

---

[1]. Voir le second volume, chapitre xxvii.

queur; alors vingt-deux habitants notables, désirant éviter à leur ville la continuation des représailles exercées par les troupes, s'offrirent en otage.

Les pauvres gens ne s'attendaient point à être si mal récompensés de leur belle action... Soit faute de ressources, soit pour toute autre cause, leurs concitoyens les laissèrent en prison. A grand'peine, et après nombre de suppliques, purent-ils obtenir que la rançon dont leur personne répondait fût répartie sur la paroisse entière !!!

Un des derniers faits d'armes concernant le Croisic se passa le 21 novembre 1759. M. de Conflans, « par une manœuvre sans excuses comme sans précédents dans la marine française (son vaisseau et son équipage étaient intacts), fit couper les câbles du *Soleil-Royal* et vint s'échouer à l'entrée du port vers sept heures du matin ».

Le *Héros*, complètement désemparé, venait aussi faire côte à ce même port. L'épilogue du terrible combat devait être lamentable. Le maréchal français ordonna de brûler son vaisseau, quoiqu'il y ait lieu de croire que le *Soleil-Royal* pouvait être sauvé.

Cet ordre fut exécuté, mais les Anglais « voulurent avoir leur part dans l'incendie », et deux jours après, le 24 novembre, cinq chaloupes ennemies vinrent brûler le *Héros*. Ceci encore se passa sous les yeux de Conflans !...

Hâtons-nous d'enregistrer un fait plus glorieux. Quinze jours environ s'écoulent, et l'amiral Anglais s'avise qu'il doit envoyer retirer les canons des vaisseaux incendiés. En conséquence, il adresse aux Croisicais un ultimatum portant « que si l'on tentait de s'y opposer (au retrait des canons), il bombarderait la ville et la réduirait en cendres ».

« Mais sir Edward Hawke n'avait plus affaire à M. de Conflans. Les Croisicais, loin de se montrer effrayés par ses menaces, refusèrent de laisser enlever les pièces. Irrités, les Anglais s'embossèrent et ouvrirent le feu. Pendant trois jours, les champs furent sillonnés par des boulets. Une bombe tomba dans le milieu du Croisic, devant la porte principale de l'église. Les habitants n'en persévérèrent pas moins dans leur patriotique résolution, et les assaillants durent renoncer à de nouveaux trophées d'une victoire dont ils avaient déjà tant de preuves. »

« Longtemps, on travailla à l'extraction de l'artillerie et des débris des deux bâtiments. Un hardi plongeur, nommé Cotton ou Gotton, né au Croisic, et dont, disait-on, « la fortune était au fond de l'eau », rendit d'immenses services en cette circonstance.... »

Ainsi le Croisic, soit en se défendant, soit en arrachant aux ennemis nos épaves, se montrait digne de son antique réputation, et des lettres patentes qui lui avaient été octroyées, en 1618, par Louis XIII; pour récompenser « le zèle des Croisicais à défendre, *à leurs frais et dépens,* le territoire, nous les dispensons de *toute solde, impault et subsides...* »

La meilleure des étymologies proposées pour le nom de la ville semble être celle qui le dérive du mot *Groaz,* grève. La terminaison bretonne *ic* a la valeur d'un diminutif. Le Croisic signifierait donc, littéralement, *le lieu de la petite grève,* nom fort bien en rapport avec la situation : le pays, très sablonneux, ayant à redouter l'amoncellement des dunes marines.

De nos jours, le Croisic est déchu de son importance. Il n'en reste pas moins un très joli petit port, très gai, très riant, très animé par un actif va-et-vient de navires caboteurs et de barques de pêche, surtout au moment du passage de la sardine.

Les marais salants et les bains de mer, ces derniers très fréquentés, entretiennent la prospérité de la ville. Les constructions maritimes et les conserves de poissons occupent également une partie des habitants.

Les environs n'ont rien de pittoresque. La configuration du sol, pris tout entier sur l'Océan, ne paraît guère souffrir aucune autre culture que celle des marais, mais, de la butte de Lénigo, on jouit d'un imposant panorama.

La mer se déploie avec une majesté puissante, et les îlots qu'elle entoure semblent ne se soustraire qu'avec regret à la caresse de ses flots bleus.

Des phares s'élèvent aujourd'hui sur les plus dangereux écueils : *Le Four* envoie, de demi-minute en demi-minute, son rayon tournant éclairer les roches contre lesquelles se brisèrent deux des vaisseaux de l'amiral anglais Hawke : *l'Essex* et *la Réso-*

lution. Au large, vers le sud et lui faisant face, *le Pilier*, dépendant de Noirmoutier, correspond avec *le Four* et avec tous les autres phares destinés à éclairer l'entrée de la Loire.

Deux feux de port, fixes, marquent maintenant le chenal du Croisic. Pendant longtemps, le clocher de l'église dédiée à *Notre-Dame de Pitié* fut, avec le clocher de Batz, le principal point de repère des navires entrant en Loire.

Les quais sont assez beaux, et plusieurs rochers et petites grottes attirent l'attention des baigneurs.

La vieille église Saint-Goustan, fondée au onzième siècle et classée parmi les monuments historiques, sert de magasin d'artillerie, elle n'en mérite pas moins une visite.

Les peintres ont rendu célèbre, à Paris, le nom du Bourg de Batz, autrefois *île de Batz,* le territoire des marais salants ayant été, peu à peu, conquis sur la mer et relié, par des digues, à la terre ferme.

Le Bourg mérite encore la vogue qu'on lui a faite. Cependant ici, comme partout, les vieux usages disparaissent, emportés par le mouvement de l'industrie moderne.

On n'y retrouverait plus les persévérants sauniers allant, par la Bretagne entière, suivis de leurs mules coquettement harnachées, trafiquer du sel, l'unique produit de leur pays. On aurait aussi quelque peine à revoir le beau costume espagnol, autrefois porté par les hommes : les jeunes gens l'ont à peu près répudié, et les vieillards ne le revêtent plus que de loin en loin. Pourtant, il allait infiniment mieux à cette population, très différente de la race bretonne proprement dite, que le costume moderne.

L'ample manteau, les grands bords, et la plume retombante du chapeau Henri IV, s'harmoniaient bien avec la stature élevée et vigoureuse, la chevelure blonde et le visage souvent imberbe des hommes.

Combien de fois n'a-t-on pas admiré, reproduite dans un tableau de genre, l'élégante et gracieuse parure d'une mariée de Batz ? Avant peu, cette parure sera absolument dédaignée : la beauté des femmes n'y gagnera rien.

Fort bien bâti, le bourg est propre. Ses rues, comme ses mai-

sons, sont tenues avec grand soin. Un proverbe local disait :
« Jetez une boule au hasard, n'importe le côté où elle se dirigera, vous serez toujours certain de la voir s'arrêter devant la porte d'un honnête homme. »

Ce respectueux hommage rendu à la probité reconnue des habitants est toujours vrai. Au moins, sur ce point essentiel, chacun s'efforce d'imiter les anciens.

L'église est presque moderne : son clocher datant de 1656. C'est la seule partie remarquable du vaste édifice. Il est construit en forme de tour carrée, terminée par une assez belle coupole. Le tout, en superbe granit, s'élève à soixante mètres de hauteur. Son érection coûta douze mille livres, monnaie du temps.

Batz avait un prieuré, fondé par le duc Alain *Barbe-Torte*, qui le donna à la fameuse abbaye de Landevenec[1].

A vingt pas de l'église paroissiale, se trouvent les ruines d'une chapelle jadis célèbre : *Notre-Dame du Mûrier*. De style gothique ogival très pur et très riche, ces ruines font regretter qu'une intelligente restauration ne rende pas la chapelle à son ancienne splendeur.

L'océan baigne le pied de la colline du Bourg de Batz. Comme partout, sur ses côtes, le sable y règne en maître, permettant à peine à quelques groupes de rochers de laisser prendre au voyageur un délicieux repos.

Du sommet de ses roches, la vue s'étend librement sur une mer calme. Les barques de pêche sillonnent l'immense nappe bleuâtre. Sur la grève, il y a presque toujours, en été, un incessant mouvement de travailleurs et de baigneurs. Chaque année, le nombre de ces derniers augmente, Batz y trouve une source nouvelle de profit.

Tant mieux pour son honnête population qui, riche au temps des franchises bretonnes, souffrit beaucoup et souffre encore des ordonnances réglant actuellement l'industrie du sel.

Tout change, tout se transforme, c'est là l'inéluctable destin des choses terrestres. Heureux quand on l'accepte avec patience, sans se laisser abattre par l'adversité.

---

1. Voir le second volume : *Du mont Saint-Michel à Lorient*, chapitre XXXIV.

Tout entouré de marais salants, LE POULIGUEN, petit port industrieux, est assez triste d'aspect. Nous avouons préférer les côtes plus rocheuses, les grèves plus abritées. Mais, par une tiède

Matelot et cultivateur de Pornichet.

journée, quand la vague se déroule douce, calme, sous le ciel d'un bleu limpide, une promenade le long des quais de cette plage couverte d'un sable si fin, repose le cœur et le cerveau, en même temps que l'air fortifiant des salines apporte aux poumons une vigueur nouvelle.

Nous trouvons dans la *Statistique des Pêches maritimes*, publiée par le ministère de la marine, les importants renseignements suivants :

« La pêche au chalut (pour le quartier du Croisic) tend à

prendre de l'extension. Les résultats obtenus par les chaloupes subventionnées par l'État ont encouragé un certain nombre de pêcheurs à faire la grande pêche :

« Les essais tentés par plusieurs ostréiculteurs dans le Traict, au Croisic, et principalement dans les marais salants de Batz et de Pouliguen, ont donné d'excellents résultats. Sur deux millions quatre cent cinquante mille huîtres de petite dimension, importées pour l'élevage, la moitié, environ, a été livrée à la consommation.

Voilà donc une industrie nouvelle appelée à prospérer sur ces côtes où, trop souvent, le travail des riverains n'obtient qu'une très faible, une très aléatoire rémunération. Pourvu seulement que l'ennemi redoutable, le sable, ne bouleverse pas les parcs établis !

Car le danger est toujours menaçant, une commune voisine : Escoublac, en a été plus particulièrement la victime. Tous les historiens et chroniqueurs s'accordent pour signaler les ravages causés sur ce territoire par l'envahissement de dunes mobiles. Ogée a écrit :

« Le prieuré de Saint-Pierre d'Escoublac (datant du dixième siècle) est entièrement en ruines. Il ne paraît plus qu'une frise, en partie cachée par le sable que la mer jette en si grande quantité qu'il couvre souvent, *dans une seule nuit*, toutes les portes des maisons de ce bourg. Il arrive même assez souvent qu'à la fin des grand'messes des dimanches et fêtes, on a peine à sortir de l'église, qui se trouve presque ensevelie dans le sable. »

Moins d'un siècle après, Marteville disait à son tour : « Le nom de ce bourg a pour étymologie les deux mots : *Escop-lac*, que beaucoup d'auteurs, se répétant les uns les autres, ont traduit par *Lac de l'Évêque*. M. de Blois a rétabli le véritable sens du mot *lac* qui, dans le vieux breton, signifie *sable,* et même *sable mouvant*. En effet, la côte sur laquelle Escoublac est bâti a pour caractère distinctif un énorme amoncellement de sables que la mer apporte sans cesse. Il n'y a pas plus de soixante ans que le bourg actuel d'Escoublac a été commencé. En 1779, l'envahissement des dunes, contre lequel les habitants d'Escoublac luttaient avec désespoir depuis de longues années, les força d'abandonner l'ancien bourg. Ils démolirent leurs maisons et les reportèrent un peu plus loin, à un kilomètre. La première pierre de l'église actuelle fut posée en 1785. »

Il faut lutter sans cesse contre le sable. Les plantations de pins maritimes, essayées un peu partout, et celle d'autres plantes de rivages, parviendront à donner des résultats appréciables : on en a fait l'heureuse expérience.

Pornichet en est un exemple. Grâce à l'ombrage, chose rare sur ces côtes, qui lui procure son bois d'arbres verts, ce petit hameau a pris un grand développement. Un immense établissement de bains de mer y a été fondé.

Les senteurs aromatiques des arbres jointes aux émanations salutaires des marais salants feraient trouver trop courtes les heures passées sur le rivage. Et, cependant, l'épaisseur de la ligne sablonneuse, son manque de consistance, surtout, y rendent bien promptement la marche très fatigante.

Par bonheur pour les habitants du littoral, les bains de mer sont, maintenant, devenus en quelque sorte indispensables.

Tant mieux, répéterons-nous, car, si les citadins trouvent dans cette coutume un regain de santé, les familles de nos courageux marins y trouvent un allègement à leur pénible existence...

CHAPITRE XXVII

SAINT-NAZAIRE

Il est facile de résumer en quelques mots le passé, le présent, l'avenir de cette ville. Hier, bourgade à peine connue ; aujourd'hui, point d'un transit considérable ; demain, port de commerce de premier ordre.

Avec raison, M. René Pocard-Kerviler, le savant ingénieur doublé d'un brillant écrivain, a donc pu dire dans sa belle notice sur Saint-Nazaire :

« Ce port, simple abri de chaloupes de pilotes, à peine mentionné par Arthur Young et totalement oublié par Piganiol de La Force[1], est aujourd'hui, en revanche, le lieu d'embarquement ou de débarquement de plus d'un million et demi de tonnes de marchandises, et l'année 1881 a vu tripler sa surface de bassins à flot, qui, de dix hectares, s'est élevée à trente-trois. La France ne connaît pas sur son territoire d'autre exemple de si brusque transformation. »

Si, pour l'accomplissement de cette transformation, peu d'années ont suffi, une vive surprise s'empare de l'esprit quand on suppute combien de siècles sont parfois nécessaires pour l'éclosion d'une idée fertile, cependant, en résultats heureux.

De très ancienne origine, SAINT-NAZAIRE-SUR-LOIRE a été désigné comme se rapportant au *Brivates Portus* des Romains. On en donne pour preuve le nom de la petite rivière, le *Brivé* ou *Brivet*, canal d'écoulement des eaux de la *Grande-Brière*, dont l'embouchure est en amont de la ville.

---

[1]. Le premier, on le sait, a écrit les *Voyages en France* pendant les années 1787, 1788, 1789, 1790. Le second a donné une *nouvelle description de la France*, 1754.

Cette preuve n'a pas une valeur indiscutable, quoique rien ne la contredise absolument.

Un souvenir des premiers habitants du pays a été conservé par la jeune ville : un dolmen, le plus important, le mieux conservé du département, formé de deux supports et d'une table pesant plusieurs milliers de kilogrammes. Comme le fait remarquer M. Kerviler, Saint-Nazaire, seul en France, possède sur une de ses places un dolmen authentique.

D'autres témoignages apparurent lors du creusement du bassin de Penhouët.

Ce furent « deux haches en pierre polie, complètement emmanchées, trouvées, en 1877 et 1880, dans les fouilles. Elles constituent des reliques archéologiques extrêmement précieuses. Composées de trois morceaux : la hachette en pierre polie, une douille en corne de cerf et un manche en bois ; ce sont les spécimens uniques de cet emmanchement dans l'ouest de la Gaule ».

A la fin du sixième siècle, l'histoire de Saint-Nazaire sort de l'incertitude. Guérec'h ou Waroch, comte de Vannes, ayant, en 577, refusé tout tribut à Chilpéric, entra en guerre ouverte avec ce prince, le vainquit et voulut résider quelque temps dans le bourg élevé, dès cette époque, au rang de paroisse. Waroch le fortifia, car c'était le meilleur moyen de rançonner les navires qui passaient sous les murs pour chercher à remonter la Loire.

Les Northmen ne manquèrent pas de piller la station bretonne ; malgré ces épreuves, elle finit par acquérir un certain rang : les ducs de Bretagne l'ayant dotée de plusieurs privilèges et exemptée de certains impôts, afin qu'elle pût subvenir à l'entretien de gardes-côtes.

Dans les dernières années du quatorzième siècle, JEAN d'UST, un excellent capitaine, commandait le château de Saint-Nazaire. Son intrépidité sauva la ville de l'invasion des Espagnols.

Malheureusement, elle ne put, pendant la Ligue, échapper aux cruautés du capitaine La Tremblaye. Ce fut le prélude d'une période sombre, ensanglantée par les luttes des guerres civiles.

Avec le dix-septième siècle, commencent à percer les inquiétudes causées par les difficultés de la navigation de la Loire. Le peu de profondeur du fleuve pendant une partie de l'année, ses crues rapides et désastreuses, ses glaces, les bancs de sable dont son lit est encombré, rendaient précaire la remonte des navires à soixante kilomètres plus loin, c'est-à-dire jusqu'à Nantes.

Déjà, les bâtiments de trois cents tonneaux devaient être allégés si on voulait les faire accoster à quai, et des naufrages fréquents détournaient de cette voie les armateurs.

Une société hollandaise soumit au roi Louis XIV un projet où il est question « d'un canal pour faire monter jusqu'à Nantes des vaisseaux de tout port chargés ».

Pour rémunération, les promoteurs réclamaient un droit de « dix sols par tonneau ».

Vauban, à qui notre littoral est redevable de si grandes améliorations et défenses, Vauban étudia la possibilité d'établir un bassin à flot à Paimbœuf. En même temps, une seconde compagnie hollandaise offrait de nouveau à Louis XIV de rendre la Loire constamment navigable au moyen de digues submersibles, et, clairvoyante, demandait, en payement de ses travaux, « que le port de Saint-Nazaire lui fût ouvert en franchise ».

Le dix-huitième siècle tout entier retentit des plaintes des armateurs et commerçants nantais, réclamant l'amélioration du lit de la Loire.

Le duc d'Aiguillon, dont le gouvernement, en Bretagne, se rattache à nombre de mesures utiles, étudia la question, et l'ingénieur des États bretons, MAGIN, fut chargé des travaux à entreprendre. Il reste encore, du passage de cet ingénieur, deux phares (modifiés) portant les noms *du Commerce* et *d'Aiguillon*.

Pendant ces tâtonnements, ces études, Paimbœuf prenait une grande importance. Toutefois il était visible, pour les ingénieurs compétents, qu'un autre port devenait indispensable : la rade paimblotine ne pouvant offrir les avantages capables de retenir, de fixer le commerce. On rappelait que Saint-Nazaire, situé dans une très remarquable position avancée sur l'embouchure de la Loire, avait toujours été regardé comme la clef véritable du fleuve[1].

---

1. M. Kerviler ajoute : « C'est pour cela, sans doute, que la ville de Saint-Nazaire porte aujourd'hui une clef dans ses armes, qui sont : *De gueules à la galère d'argent portant une clé de sable sur la voile ; au chef d'hermine cousu d'une clé en bande, avec la devise* : Asperit et nemo claudit. »

Les navires entrant en Loire saluaient jadis d'un coup de canon une croix élevée sur le rocher de Saint-Nazaire. La clef leur ouvrait alors la porte.

En 1808, la question du port de Saint-Nazaire se posa résolument. Napoléon Ier ayant descendu le fleuve jusqu'à la mer, chargea son ministre Decrès d'élucider le projet. Deux ingénieurs des plus distingués, MM. SGANZIN et PRONY, patronnèrent la construction de nouveaux quais à Paimbœuf, mais déclarèrent, en même temps, qu'un seul point : Saint-Nazaire, pouvait répondre aux vœux unanimement formés.

Dès lors la lutte, une lutte ardente, commença entre le vieux bourg celtique et Paimbœuf, cette dernière ville défendant sa propre existence. Il fallut bien, néanmoins, se rendre à la vérité.

Vaste, profonde, offrant un bon mouillage sur vases résistantes, la rade de Saint-Nazaire, située à l'embouchure de la Loire et abritée des vents dangereux, présentait, de plus, deux larges bassins naturels faciles à creuser comme à maintenir en état : la petite rivière du *Brivet*, appelée encore *Etier de Méan*, ayant justement son embouchure en amont de ces bassins.

Restait une dernière objection : la difficulté de protéger, en temps de guerre, la station de Saint-Nazaire. Très justement on fit remarquer aux Paimblotins que le blocus, par les Anglais, n'avait causé aucun dommage au port futur, dont le stationnaire échappa au sort de stationnaires voisins, tel celui de l'embouchure de la Gironde.

Enfin, de nouvelles enquêtes et un avis nettement formulé de la marine militaire, qui appréciait la situation de Saint-Nazaire par rapport à ses ateliers d'Indret, tranchèrent les hésitations. Paimbœuf essaya en vain de protester « avec toute l'énergie que donne la conscience du bon droit », la question entra dans la phase de la réalisation. Déjà une loi du 16 juillet 1840 avait doté, en principe, l'embouchure de la Loire d'un service postal transatlantique, et par décision du 2 septembre 1842, le ministre des travaux publics arrêta le programme détaillé du nouveau port à établir à Saint-Nazaire.

Mille tracasseries continuèrent à surgir, mais pour aboutir, le 19 juillet 1845, à une loi ordonnant la création d'un port d'échouage et d'un bassin à flot, dont le tiers environ était réservé aux besoins de la marine militaire ou des paquebots transatlantiques. En même temps, le génie militaire faisait approuver des projets de fortification. Saint-Nazaire allait donc atteindre le but où depuis si longtemps il eût dû être arrivé.

Passons sur les péripéties diverses d'une telle construction pour arriver au 25 décembre 1856, jour de Noël, qui vit entrer dans le bassin, portant le nom de la jeune ville, le premier navire précurseur d'une prospérité constamment ascendante. Toutes les prévisions favorables se trouvèrent en effet dépassées.

Le nombre des entrées et des sorties, qui en 1857 avait été de 467, atteignait en 1858 le chiffre de 1424. Il fallait, par conséquent, remédier sur-le-champ à l'insuffisance possible du bassin et doter le port des améliorations et des extensions qui en assureraient la prospérité naissante. L'anse de Penhouët fut choisie et, comme le dit avec raison M. Kerviler, la date du 5 août 1861, qui déclara d'utilité publique la construction du nouveau bassin, est aussi mémorable pour Saint-Nazaire que celle du 19 juillet 1845.

En même temps, le projet d'enceinte fortifiée continue ayant été abandonné, la ville et le port se trouvèrent délivrés des servitudes qu'entraînent le régime militaire.

Par malheur, la spéculation, entrant en scène, causa mille déceptions, presque mortelles au développement de Saint-Nazaire, déceptions aggravées par la faillite d'une compagnie anglaise exploitant des chantiers de constructions maritimes, à Penhouët.

La confiance, néanmoins, reprit vite le dessus ; elle fut assez grande pour que la translation de la sous-préfecture se trouvât décidée.

Le 24 janvier 1868, Saint-Nazaire recevait le sous-préfet de l'arrondissement, jusqu'alors établi à Savenay et ainsi se confirmait l'importance de la ville nouvelle.

De mauvais jours passèrent encore cependant. Les chantiers de la Compagnie transatlantique étaient délaissés, puis éclata la guerre franco-allemande. Un moment la panique agita Saint-Nazaire. Une frégate prussienne, *l'Augusta*, mouillée à l'embouchure du fleuve, menaçait de bombarder la ville et son port. Mais, on sait à quel point nos implacables ennemis poussent la prudence ! Ils virent des batteries échelonnées sur la côte et jusque sur le rocher de Saint-Nazaire ; estimant hasardeuse sa position, *l'Augusta* s'en tint à des menaces.

Le développement de la ville nouvelle est maintenant assuré et l'avenir de sa nombreuse population ouvrière maritime ne la préoccupe plus.

Les beaux *Chantiers et ateliers de la Loire* ; les superbes ateliers et chantiers de la *Compagnie générale transatlantique* ; le grand établissement métallurgique de *Trignac*, appartenant à la Société des mines de fer de l'Anjou et des forges de Saint-Nazaire (usine créée sur le Brivet, à doux kilomètres de la ville) comportent un chiffre élevé de travailleurs.

Le lancement du paquebot *la Touraine* ayant appelé à nouveau l'attention sur les chantiers de la Compagnie générale transatlantique, nous allons les parcourir.

Tout ce qui regarde les constructions navales et leurs accessoires : machines, chaudières, sortent des mains de *deux mille cinq cents* ouvriers, distribués dans des ateliers de forges, de tôlerie, de gros et de petit ajustage, de mâture, de menuiserie, de ferblanterie, de chaudronnerie, de gréement, de voilure, de tapisserie...

Le plus grand navire de commerce mis à l'eau jusqu'à ce jour a été construit à Penhouët : *la Touraine*, affecté au service de la ligne du Havre à New-York.

Les proportions en sont colossales : cent soixante-cinq mètres de longueur sur dix-sept mètres cinq de largeur et onze mètres quatre-vingt de creux, correspondant à un déplacement de onze mille six cent soixante-quinze tonneaux. Deux machines à triple expansion, d'une puissance totale de *douze mille chevaux*, actionnent le navire. Neuf corps de chaudières cylindriques en acier extra-doux (six corps doubles et trois corps simples renfermant ensemble quarante-cinq foyers), fournissent de la vapeur à la pression de dix kilogrammes cinq cents par centimètre carré. L'ensemble de la machine est le plus puissant de ce système en France. Ils donnent une vitesse de dix-neuf nœuds à l'heure [1]. Admirablement et très luxueusement aménagés, les salons comme les cabines sont éclairés à la lumière électrique.

---

1. On sait que le nœud, en terme de marine, correspond à une minute du méridien, soit 1853. Dix-sept nœuds donnent donc une marche, à l'heure, de près de trente-deux kilomètres. Pour les autres termes, voir le premier volume, chapitres : LE HAVRE et CHERBOURG.

Cinq cents passagers de première et de seconde classe peuvent être logés dans le premier et le deuxième entreponts en même temps que quatre cents émigrants trouvent place dans le second entrepont.

Un double fond contient neuf cent quatre-vingts tonneaux d'eau pour lest.

Le navire compte quatre ponts complets, avec teugue à l'avant et à l'arrière, et roufs dans la patrie centrale, recouverts par des ponts-promenades. Des passerelles volantes les relient.

La Touraine est mâtée en trois-mâts-goélette, sans voiles carrées.

Chose extrêmement importante, les matériaux entrant dans la construction de ces paquebots sont d'*origine française*. Les tôles et cornières d'acier de la coque viennent des forges de Saint-Nazaire ; les tôles d'acier extra-doux des chaudières ont été fournies par les aciéries de Denain ; les Etablissements du Creuzot ont fabriqué les arbres moteurs et les arbres droits, dont le diamètre n'est pas moindre de cinquante-deux centimètres ; ils ont fourni également les bâtis et les plaques de fondation en acier coulé ; les cylindres ont été fondus à Nantes [1].

Voici donc des bâtiments français d'un type unique, jusqu'à présent, pour lesquels l'industrie française a suffi.

La Compagnie générale transatlantique a été bien inspirée et il serait à souhaiter que toutes les compagnies françaises, sans exception, imitassent son exemple. C'est grâce à un engouement que rien ne justifie qu'il a été donné aux usines étrangères de faire concurrence à nos usines sur nos propres marchés. L'étranger fabrique à meilleur compte, avons-nous souvent entendu dire. Cela peut être ; mais fabrique-t-il aussi consciencieusement et ses produits durent-ils autant ? Voilà une question capitale à laquelle, croyons-nous, personne n'oserait répondre d'une manière affirmative. Quand donc, répéterons-nous avec insistance, en tout, pour tout, nous montrerons-nous jalousement Français ?

Les ateliers de Penhouët, en tout cas, sauront garder la réputation qu'ils ont acquise.

Car le temps est loin où les premiers agents de la Compagnie

---

1. Nous devons ces détails et les dessins qui les accompagnent à la bonne obligeance de M. Andrade, ingénieur en chef du chantier de Penhouët.

générale transatlantique, croyant peu à la destinée de Saint-Nazaire, pronostiquaient le délaissement de son port.

L'avenir, au contraire, « est assuré, à cause des conditions exceptionnellement favorables de l'atterrissage du port de Saint-Nazaire, car Bordeaux, le Havre et Saint-Nazaire, les trois ports d'embouchure de nos trois grandes villes sur l'Océan, sont à égale distance de la gare de Vierzon, que l'on peut considérer comme le nœud de notre réseau de chemins de fer ; et, tandis que Bordeaux est séparé de la mer par la Gironde, dont les tirants d'eau sont insuffisants ; tandis que le Havre a contre lui la navigation difficile et périlleuse de la Manche ; Saint-Nazaire est à quelques heures de Belle-Ile et en contact immédiat avec des rades exceptionnelles. Or, quand bien même Saint-Nazaire ne resterait, sauf en ce qui concerne le commerce des houilles et des bois du Nord ou d'Amérique, dont l'importation s'y accentue de jour en jour, qu'un simple port de travail, une simple gare de contact entre la mer, la Loire et nos réseaux de chemins de fer, cette situation lui assure dans l'avenir une prospérité solide et durable ».

Le bassin de Penhouët communique avec le bassin dit de Saint-Nazaire, au moyen d'une écluse ouverte au nord de ce dernier. Sa construction, effectuée de 1875 à 1881, au milieu de difficultés exceptionnelles pour atteindre le rocher à travers une épaisse couche d'alluvions vaseuses, a été étudiée de telle sorte que l'envasement n'y paraît pas devoir troubler la navigation. Le vannage de prise d'eau n'a de similaire, sur une échelle plus grande, que dans le nouveau bassin de chasse du port de Honfleur.

Un pont roulant hydraulique, établi sur l'écluse de communication entre les deux bassins, livre passage aux piétons et aux voitures qui peuvent ainsi éviter un grand détour. Ce pont, le seul en son genre livré à la circulation en France, a été construit d'après un programme tout à fait nouveau, dressé par M. l'ingénieur en chef Kerviler, et mériterait une longue description. On peut cependant se borner à savoir que la longueur totale (culasse et volée, celle-ci *unique*) est de quarante-huit mètres; qu'il pèse trois cent mille kilogrammes ; qu'il est levé en *équilibre,* pour l'ouverture, par *un seul* piston hydraulique de quatre-vingtquinze centimètres de diamètre, puis retiré en arrière, sur son axe, et qu'il peut s'ouvrir en *quatre minutes et demie* par le simple jeu de quelques robinets, malgré des coups de vent représentant une pression de cinquante kilogrammes par mètre carré de surface exposée. Ce pont est, aujourd'hui, à juste titre, une des principales curiosités du port de Saint-Nazaire.

Une digue de ceinture a complété le bassin dit de Penhouët, parce qu'il englobe l'anse, jadis ouverte, ainsi appelée. Sa superficie n'est pas moindre de vingt-deux hectares cinquante ares et la hauteur d'eau n'y tombe jamais au-dessous de huit mètres.

L'amorce d'un canal de sortie a été ménagée, soit pour l'établissement d'un troisième bassin, soit pour donner place à un canal futur allant aboutir à une écluse située à un kilomètre plus loin, à Méan, embouchure du Brivet. On peut prévoir le moment où ces travaux seront nécessaires.

Trois formes de radoub sont contenues dans le bassin de Penhouët. L'une d'elles est spécialement réservée aux paquebots transatlantiques; elle a cent soixante-dix mètres de longueur et a pu récemment recevoir la *Touraine*. Une seconde forme est destinée à l'éventualité d'avaries pouvant atteindre un de nos vaisseaux cuirassés à l'embouchure de la Loire. La troisième reçoit les navires de moyen tonnage. Ses dimensions transversales sont moindres, mais elle est double en longueur. Ces trois formes sont reliées, par des embranchements directs, au réseau de voies ferrées qui entoure les bassins et permet d'atteindre en locomotive, sans rompre charge, un point quelconque de celui de Penhouët.

Saint-Nazaire, d'ailleurs, est pourvu, comme nous venons de le voir, des chantiers nécessaires non seulement à la réparation, mais à la construction de nos navires de guerre. C'est de son port qu'est sorti le *Milan*, éclaireur d'escadre extrêmement remarquable.

La jeune ville tient donc toutes les promesses faites en son nom par les défenseurs de son heureuse situation.

Ce qui a fait, ce qui continuera la fortune du port de Saint-Nazaire, c'est l'extrême facilité qu'il offre aux navires de tout tonnage. Ceux de deux mille à trois mille tonneaux, en dehors des paquebots transatlantiques, ne sont pas rares dans le bassin ; ceux de mille tonneaux y sont très nombreux.

Saint-Nazaire reçoit : de l'Angleterre, des charbons et certaines denrées ; de la Suède et de la Norvège, les bois dits du Nord ; du Canada et de la Floride, d'autres bois qui commencent à être fort appréciés ; du Pérou vient le guano, toujours estimé par l'agriculture ; des Antilles et du Mexique, les denrées coloniales ; de la côte ouest africaine, les sésames et les arachides ; de l'île de la Réunion, des sucres et des cafés ; de l'Inde, du riz principalement.

Quatre des grands ports de commerce français : Nantes, Bordeaux, le Havre et Boulogne, ainsi que les ports militaires correspondent avec Saint-Nazaire.

Des services réguliers, à voiles et à vapeur, se sont établis sur les directions où le fret est le plus assuré. Sur trois d'entre elles, le mouvement ne cesse de s'accroître. Ainsi, la Compagnie générale transatlantique assure chaque quinzaine, par ses magnifiques paquebots, les relations avec les Antilles et le Mexique. Chaque semaine, la compagnie Duché envoie un steamer à Londres. Chaque trimestre, un armateur, M. Demange, envoie un navire à voiles à la Guyane française. Des compagnies nouvelles s'organisent pour assurer différents services de grands cabotages à vapeur.

Nos exportations sont constamment en progrès, elles ont triplé depuis treize ans. Parmi ces marchandises diverses, figurent les belles mules poitevines, très souvent demandées, et qui partent au nombre d'environ un millier chaque année.

Tout se réunit pour faire, dans l'avenir, de Saint-Nazaire un port de premier ordre. Devant lui l'Océan ; vers l'est, la grande route fluviale de la Loire et la ligne ferrée, complétée, depuis 1879, par l'ouverture de celle du Croisic, avec embranchement sur Guérande. Aujourd'hui, c'est mieux encore. Un nouveau tracé, abrégeant de trente-trois kilomètres la route, hier la plus courte, conduit, depuis le mois de mai dernier, de Saint-Nazaire à Paris, sans rompre charge, par Châteaubriant, Angers, le Mans. Les conséquences de l'ouverture de cette route nouvelle sont faciles à prévoir. Avantages de tout genre pour Saint-Nazaire, délaissement pour Nantes.

Grosse question, ou plutôt question vitale, que Nantes ne peut se résigner à regarder comme un fait accompli, et dont à chaque pas nous retrouverons l'écho dans la seconde capitale des ducs de Bretagne.

En attendant cette dernière consécration de la fortune, Saint-Nazaire s'applique à améliorer sa physionomie primitive. La transformation est grande. Depuis moins de dix ans, la ville, revenue des spéculations effrénées de la première heure, se développe normalement et si, par quelques côtés, elle reste le bourg breton primitif, tout annonce pour un avenir peu éloigné des améliorations sages, des embellissements réels.

Une des attractions de Saint-Nazaire, c'est le mouvement constant qui l'anime. Le chemin de fer, les pyroscaphes de la Loire, l'entrée et la sortie des navires, les chantiers et ateliers, entretiennent une animation du meilleur aloi, synonyme de travail et d'aisance.

Avec le départ ou l'arrivée des Transatlantiques, la fièvre redouble. Les voyageurs affluent, les quais regorgent de marchandises; le môle, le moindre point, permettant d'embrasser un vaste horizon, reçoivent des curieux attirés par le spectacle, toujours grandiose, toujours nouveau, de ces navires géants revenant, sans trace apparente de fatigue, se reposer dans le bassin d'où ils s'élancèrent, pour reprendre, bientôt après, fièrement leur course vers l'immensité.

Si la jeune ville a longtemps attendu que justice lui fût rendue, la voici désormais en pleine possession des moyens d'étendre, de consolider sa prospérité. Rien ne lui manque plus.

La France a donc le droit de compter sur elle pour prouver à l'ennemi envieux que nous ne dédaignons pas toujours nos vastes ressources, mais que si notre esprit d'initiative sommeille parfois, il secoue bientôt son apathie et produit de réelles merveilles.

CHAPITRE XXVIII

LA GRANDE BRIÈRE

Il semblerait naturel de prendre la voie d'eau pour remonter vers Nantes, mais comme, logiquement, cette route est indiquée pour le retour vers la côte, mieux vaut user du chemin de fer et remettre à s'occuper, pendant la traversée fluviale, de la Loire elle-même, ainsi que des villes ou bourgs riverains.

Toutefois, une large zone du pays dont Saint-Nazaire est le promontoire avancé, offre des particularités qui réclament un instant d'attention [1].

On appelle Brière ou Bryère un vaste bassin tourbeux comprenant, à peu près, tout le territoire de quatorze communes, dont les principales sont Saint-Étienne-de-Montluc, Pont-Château, Cordemais, Montoir, Donges.

La composition de la tourbe n'y est pas identique, mais se divise en couches dites *lacustres*, et en couches *marines*. Ces dernières sont les plus appréciées, elles occupent le centre du bassin ; les autres sont déposées à la circonférence, sur une étendue de plus de cent cinquante kilomètres, où elles se trouvent mêlées à beaucoup de détritus charriés par les ruisseaux.

L'opinion générale attribue la formation de la Grande Brière à 'engloutissement d'une forêt détruite, au septième siècle, par une violente tempête. Le premier, l'abbé Sévot donna l'explication du phénomène, en faisant remarquer que tous les arbres, tirés du marais, avaient leurs racines tournées au sud-ouest et eur tige au nord-est.

Ainsi qu'aux environs de Dol [2], on a trouvé plusieurs essences

---

[1]. Ogée, Marteville, Émile Souvestre, pour ne citer que les principaux écrivains qui se sont occupés de la Brière, en ont laissé d'exactes descriptions : nous les consulterons avec nos propres notes.

[2]. Voir le second volume : *Du mont Saint-Michel à Lorient*, chapitre 1er.

de bois, principalement des chênes, devenus durs, noirs et pesants comme l'ébène.

La profondeur des couches tourbeuses ne dépasse pas, en général, deux mètres ; il s'en échappe souvent une odeur carbonée assez forte et désagréable ; il est arrivé même que les gaz exhalés ont pris feu, formant des *brûlis*. Ces incendies, les pluies de l'hiver peuvent, seules, les éteindre. On garde le souvenir d'un brûlis survenu, vers le milieu du dix-huitième siècle, près l'île de Clairfeuille (en Montoir), et auquel on dut opposer de larges fossés, creusés autour des points menacés. Un espace considérable de la tourbière fut détruit.

Par bonheur, la nature répara le mal ; elle répare, également, le vide que cause l'exploitation constante, depuis un temps immémorial, des *couches marines*. Vainement, jusqu'en ces derniers temps du moins, a-t-on souvent pronostiqué l'épuisement de ces couches drainées, sondées sans cesse et sans régularité. Des amas de végétaux spéciaux à ces contrées, tels le trascart et le scirpe, herbes maritimes, aux racines profondes, comblent vite le puits ou, plutôt, les puits d'extraction.

Ce que l'on nomme la *Grande Brière*, et aussi la *Mottière*, représente une étendue marécageuse d'environ cinquante kilomètres de tour, située au nord-ouest de Montoir et occupant à peu près le centre de la tourbière entière. Ce centre renferme les *Frichés*, points d'exploitation des mottes. Il est circonscrit par les communes de Saint-André des Eaux, Saint-Lyphard, Herbignac, la Chapelle-des-Marais, Sainte-Reine, Crossac, Besné et Montoir.

La tourbe contient du fer et du soufre ; elle est enlevée par grandes masses que l'on divise, ensuite, en carrés, longs d'une vingtaine de centimètres sur six de largeur et quatre d'épaisseur, assez semblables aux *mottes* des tanneurs, dont elles ont pris le nom.

Une fois sèches, on les entasse et on les transporte, à l'automne, dans des *blains*, sorte de petits bateaux, jusqu'à l'étier[1]

---

[1]. Les paludiers nomment *étier*, le petit canal par lequel l'eau de mer pénètre dans les marais, où l'évaporation lui fera abandonner son sel.

Les marins emploient parfois le même mot pour désigner un courant d'eau aboutissant soit à un fleuve, soit à la mer et pouvant recevoir des barques ou de petits navires. Dans les marais de la Loire-Inférieure et de la Vendée, le mot étier est indifféremment employé pour ces deux cas.

de Méan, embouchure du Brivet. Jadis (il y en a encore) un certain nombre de barques chargées de ce trafic, venaient, par la Loire, jusqu'à Nantes et, par mer, à Vannes, à la Rochelle, à Noirmoutier, à l'île de Ré, jusque dans la Gironde. Méan, dans l'île de ce nom, maintenant reliée au continent, est resté le grand point de ralliement des Briérons.

Les mottes sont noires, brûlent lentement, sans éclat, mais non sans odeur ni fumée. Elles fournissent néanmoins un chauffage économique.

La première couche, nommée *pélette*, est enlevée au hoyau, vers le commencement de l'été, par les Briérons, qui la réservent pour leur usage personnel. La couche située au-dessous de cette croûte fournit la tourbe marchande.

Au hameau de Rosée, en Montoir, la majorité des habitants était briéronne et s'occupait uniquement à fabriquer le *noir de brière*.

Cette industrie consiste à retirer, des canaux desséchés, une substance noirâtre et friable, enlevée par les vents à la surface de la Brière. Au moment de l'extraction, cette matière est compacte, puis l'adhésion se détruit, et la sécheresse rend le *noir* à l'état pulvérulent. Trituré, tamisé, il est livré à l'agriculture sous le nom de *charrée* et on l'emploie avec succès dans les terrains argileux, principalement pour amender les champs de blé noir.

Les guanos, les engrais marins et les engrais artificiels ont fait du tort au noir de brière, comme la houille fait du tort aux mottes.

La Grande Brière, cependant, entretient ses habitants, autrefois accoutumés à une vie des plus frugales, où le lait caillé, les pommes de terre, le pain de seigle, quelques bouillies et le lard formaient exclusivement les repas. Mais les ressources du pays ont augmenté; l'extraction de la tourbe n'en constitue plus l'unique travail, et le mouvement industriel qui commence ne paraît pas devoir être interrompu. Tant mieux pour la population des Briérons; laborieux, patients, marins excellents; ils n'auront plus à craindre l'événement tant de fois prédit : la stérilité absolue des tourbières.

L'aspect général de la Grande Brière donne l'impression d'un vaste lac desséché. Sur le fond aride, bosselé, se dessinent des canaux et des chaussées conduisant à des îles verdies par les prairies où paissent des bestiaux.

Le sol, peu consistant, garde en maints endroits, la trace du pied qui le foule. Tout est couleur de suie, les travailleurs comme la tourbière. L'eau des canaux ou des mares reste lourde, sombre, sans courants, arrêtant, au pli de petites moires, les reflets brillants du soleil.

Le plus important des cours d'eau qui traversent la Brière en est aussi le plus utile. Long d'une cinquantaine de kilomètres, le *Brivé*, ou *Brivet*, recueille les eaux des marais de Saint-Gildas des Bois et, sous le nom d'*Étier de Méan*, offre aux Briérons une route vers la mer, depuis Cahilo jusqu'à Méan (trente kilomètres), un peu en amont de Saint-Nazaire, où ses eaux contribueront un jour à l'entretien du nouveau port. Méan, lui-même, grâce à la Brière, reçoit plusieurs milliers de bateaux des mottiers, bateaux, nous l'avons dit, nommées *blains* et, aussi, *futreaux*.

SAINT-JOACHIM est l'une des plus curieuses communes briéronnes. Située au centre des *Frichés*, cinq îles la composent. Le bourg occupe l'île nommée *Pandille*. Son aspect a quelque chose d'original, par suite de cette circonstance que les maisons, situées à une distance uniforme les unes des autres, décrivent un ovale autour de l'église. Pendant longtemps, humble trêve de Montoir, sa petite chapelle était un simple lieu de dévotion. Les cérémonies paroissiales n'y furent pas accomplies avant 1745, époque du premier baptême célébré. Peu de temps après, en 1768, le Parlement breton interdisait les inhumations dans le périmètre de Saint-Joachim. A cette époque, la mesure, pour être rigoureuse, avait sa justification dans l'état du sol, très affermi depuis. La consécration des mariages ne fut pas, tout de suite, l'objet de semblables restrictions. Jusqu'en 1777, les actes de Saint-Joachim témoignent de l'union de nouveaux époux.

Il était, du reste, question, à cette époque, de donner à la trêve de Montoir une existence autonome, car en 1785 une église y fut bâtie, qui devait durer peu et s'abîmer, huit ans plus tard, dans un incendie.

Maintenant encore, Saint-Joachim vit surtout par la Brière, et la majorité de ses habitants s'occupe de l'extraction de la tourbe; les autres sont charpentiers, voiliers, cordiers, marins. Tous, du reste, sont très laborieux, aussi le pays est-il dans l'aisance.

Sur un sol aussi peu résistant, les blocs de granit sont rares. On en trouve, néanmoins, au lieu appelé *Pierres Néçais*, un amas qui, malgré son apparence où rien ne décèle la main de l'homme, passe aux yeux des habitants pour les débris d'un manoir.

Plusieurs fois il a été question de dessécher le marais, mais les États bretons s'opposèrent constamment à l'entreprise « craignant d'enrichir les afféagistes au détriment des habitants, qui ne vivent dans une honnête aisance qu'à l'aide de ce commerce... Il en résulterait encore un autre mal, c'est que le royaume serait privé d'un certain nombre de bons matelots, toujours prêts à servir lorsque le besoin de l'État pourrait l'exiger ».

L'industrie moderne, la production de la houille, les usines qui se sont créées et se créeront, encouragées par le voisinage de Saint-Nazaire, changeront les conditions d'existence des populations de la Brière entière. Un dessèchement, sinon total, chose peut-être impossible à obtenir, mais aussi complet que le permettraient les petits cours d'eau sillonnant en tous sens le vaste marais, ce dessèchement rendrait à l'agriculture d'immenses espaces où, comme à Montoir, les fourrages, principalement, réussiraient bientôt de la meilleure manière. Le pays s'en trouverait assaini et l'on n'aurait plus à redouter l'épuisement de la tourbière ainsi que la détresse des Briérons, qui en serait la suite.

Les conditions d'existence toutes particulières, inhérentes aux habitants de la Brière, ne pouvaient manquer d'influer sur les imaginations, et mille légendes ont cours à propos des causes et des effets de l'état du sol. Un premier narrateur dira :

« Une chose étonne beaucoup de monde, c'est que si on enfonce un bâton ou une canne dans le terrain, qui est toujours humide (ce qui se fait facilement), et qu'on l'y laisse séjourner cinq à six heures seulement, il n'est point d'homme assez fort pour l'en retirer!! »

Un second conteur ajoutera :

« La Bryère aime ce qu'elle tient, et lentement fait disparaître de sa surface les objets qu'on y abandonne. »

Mais la raison suprême de ce phénomène tout naturel :

« C'est que les *Kourigans* ont été dépossédés de leur domaine par des hommes plus rusés qu'eux, et ils cherchent à rentrer dans leur propriété. La meilleure preuve en est dans *l'existence* (!) *du petit charbonnier*, ou *Kourigan noir*, subtile nain qui, ayant réussi à échapper à la malice humaine, est devenu *frère aîné de la Mort*, et se fait un bonheur de signifier aux gens du pays les désastres prêts à fondre sur eux, afin de jouir de leur désespoir!! »

Aux contes fantastiques se mêlent les merveilles religieuses. BESNÉ, qui dispute à Donges l'honneur d'avoir vu naître le contre-amiral HALGAN, garde les tombeaux de saint Fréard et de saint Secondel; la *Légende dorée* qui parle de ces personnages n'est pas la moins poétique du comté nantais.

Si, pour le voyageur superficiel, la Grande Brière est simplement un « pays affreux », le géologue suivra avec un vif intérêt les transformations successives accumulées sur un espace relativement restreint, puisque, aux marais lacustres de Saint-Gildas, succède la *Mottière;* à celle-ci les dunes marines sablonneuses d'Escoublac; et que, du fond de toutes deux, surgissent les pointes de granit occupées par Montoir et Saint-Nazaire.

C'est donc un des innombrables feuillets des révolutions naturelles, préludant aux événements, suites inévitables des dissensions ou des labeurs humains.

Nulle portion du sol ne peut être absolument dépourvu d'intérêt, quand on en étudie l'histoire avec le double sentiment qu'elle comporte : le respect vrai de la science et la philosophie du passé, projetant leur clarté sur les besoins du jour présent.

Ainsi s'accomplit tout progrès vraiment digne de ce nom et se prépare toute ère nouvelle de durable prospérité.

CHAPITRE XXIX

NANTES MODERNE

Subitement élargie, comme pour donner place à ses îles nombreuses et aux eaux de la Sèvre et de l'Erdre qu'elle va recevoir, la Loire se déploie, superbe, à travers le dédale des quais, des ponts, des débarcadères encombrant ses rives.

Le ciel est bleu, le souffle salin accompagnant la marée rafraîchit avec peine l'atmosphère : c'est l'été. Des barques, des canots, des navires à vapeur s'élancent sur le flot, qui glisse, clair, nonchalant, ou enroule ses reflets ensoleillés autour des obstacles.

L'hiver vient, la glace emprisonne le fleuve; un silence accablant a succédé au mouvement tumultueux... Mais bientôt l'enveloppe cristalline, rompue, laisse échapper des torrents furieux qui se répandent au loin, entraînant tout sur leur passage.

Nantes a joui des gaies journées de l'été; les dangers menaçants de l'hiver la retrouvent intrépide.

En aucun instant son activité ne faiblit, et ses maisons, gagnant, à la fois, sur les îles, sur les différents bras, sur les rives de la Loire, paraissent défier le temps, destructeur de toute prospérité.

« Quelle action les siècles ont-ils exercée sur moi, sinon pour ajouter à ma gloire, à ma fortune ! » semble dire la ville orgueilleuse.

Orgueil légitime, en somme. Que manque-t-il à Nantes? Son origine tant de fois séculaire, son rôle prépondérant dans les destinées de la province, son rang, bravement conquis au milieu des premières villes commerciales françaises... Tout se réunit pour mettre à son front la double auréole du mérite et du succès.

Bâtie sur un fleuve navigable, à une distance relativement faible de la mer, au centre d'une contrée fertile habitée par d'excellents marins, Nantes ne pouvait manquer de se sentir attiré vers la navigation et de chercher à en obtenir tout le bien possible. Ses efforts furent récompensés. A défaut de tables statistiques, une simple journée passée dans la ville suffirait à le démontrer.

Vaste en son enceinte, elle se fait remarquer par de belles constructions, des magasins élégants, des quais superbes, des places bien dessinées, des promenades admirables, et si ses monuments sont peu nombreux, elle possède un merveilleux tableau mouvant où se reflètent la Loire, les îles, les navires de son port, les lignes ferrées de ses trois gares.

Au milieu du cadre opulent circule une foule aimable, gracieuse, animée. On ne se trouve pas dans une ville morne comme il s'en trouve trop en province, mais bien dans une ville active et travailleuse, quoique la richesse lui soit depuis longtemps venue.

L'intérêt de Nantes s'est toujours concentré sur le commerce et l'industrie, les deux sources d'existence de la navigation. Un moment vint où la vieille cité bretonne jouit d'un renom universel, et où toutes les nations jugèrent indispensable d'y accréditer un représentant. De cette époque florissante, datent les projets de travaux qui allaient transformer plusieurs quartiers, et faire succéder une élégance de bon aloi à l'étroitesse tortueuse et à la négligence malsaine des rues du passé.

La sollicitude municipale devait, naturellement, se porter de préférence et se porta, en effet, vers les quais et les ponts établissant une communication facile entre la ville et ses divers faubourgs, de plus en plus agrandis.

Il y a bien longtemps, déjà, qu'un tableau animé du spectacle de cette partie de Nantes a été tracé; quoique diffus, il est encore intéressant à relire.

« Qu'il y a de divertissant à Nantes, ce sont ses ponts de pierre, qui traversent plusieurs isles, qui les rendent longs d'un demi-quart de lieue, sur lesquels il fait beau se promener pour avoir la vue de cette belle rivière, d'un côsté couverte de bateaux qui descendent des villes qu'elle arrose, et de l'autre des navires et des barques qui viennent de toutes les parties d'Europe, chargés de diverses marchandises, qui de Nantes, par la commodité des rivières, se transportent dans tout le royaume. Aussi ne faut-il pas s'étonner si nous la voyons si florissante, que la ville n'étant pas capable de loger tant de monde, les faubourgs se sont accrus jusqu'à ce

VUE GÉNÉRALE DE NANTES

points qu'ils surpassent même de beaucoup la ville. Quand il n'y aurait que ceux du Marchix et de la Fosse, où demeurent à présent les plus riches marchands de Nantes, à cause du voisinage du port et de son immense quai, le long duquel on voit de grands magasins et de très belles maisons ; si bien qu'en s'y promenant, on dirait qu'on est sur le bord du Tajo, qui fait le port de la ville de Lisbonne, par la diversité des barques de toutes nations : Car les Espagnols y apportent du vin, des laines fines, du fer, de la soye (sic), des huiles, des oranges et des citrons ; et emportent des toiles, de petites étoffes, de la claincaillerie (sic) et du bled. Les Hollandais y apportent des épiceries de toutes sortes et leurs poissons salés, et remportent du vin d'Orléans, du brandevin de Blois, et autres marchandises de France ; les Suédois, leurs cuivres ; les Anglais, leur plomb, leur étain et leur charbon de terre, et tout cela se distribue dans les provinces d'alentour. Cependant il serait à souhaiter, pour dernière perfection, que les gros vaisseaux qui, par la quantité de sables que cette rivière traine avec elle et qui bouchent son lit, ne montent qu'au Port-Launay [1], qui est à une lieue de distance, puissent aborder sans difficulté tout chargés le long de ses quais, où la marée croit de plus de quatre pieds, mesme jusqu'au delà des ponts, une partie desquels qui est du côté de la ville, est chargée de maisons, et d'un grand marché au poisson, où les jours maigres nous vîmes une quantité prodigieuse de toutes sortes de bons poissons, tant d'eau douce que salée, principalement des aloses, dont la plus grosse n'était vendue qu'un sol marqué, encore fallait-il « qu'elle fît le saut », c'est-à-dire qu'elle fut vivante [1]. »

Toute cette activité commerciale, on ne la retrouverait pas entière, mais aujourd'hui, comme autrefois, les quais et les ponts sont une fort agréable promenade où l'œil se trouve constamment sollicité par de nouveaux sujets de remarque.

Le premier de tous, c'est le développement acquis par la ville, depuis la suppression de l'enceinte fortifiée. De très belles voies ont remplacé les vieilles murailles, et la Loire, maintenue entre les limites des quais, a vu régulariser son cours. En même temps, les îles se peuplant, la rive gauche du fleuve bénéficiait de cette émigration. Elle en bénéficie toujours depuis la construction de la gare des chemins de fer de l'État, et la route qui, du pont de la Bourse, mène à cette gare en traversant le pont Maudit, le pont Haudaudine et la Prairie-au-Duc, n'est pas la moins fréquentée de Nantes.

Une promenade le long des quais fait, sur-le-champ, connaître toutes les richesses monumentales de la ville.

1. Près Couëron.
2. *Le voyageur d'Europe*, par A. Jouvin, de Rochefort. Paris, 1672, tome I.

Quand on arrive de la mer par le fleuve ou par le chemin de fer (pris à Saint-Nazaire), on pénètre dans Nantes en longeant d'immenses carrières, dites de *Miséri*, exploitées depuis près de quatre siècles pour le pavage.

A ce nom de *Miséri*, comme à celui de Roi-Baco, donné à une rue du quartier de l'Ermitage, se rattache une curieuse tradition. Baco, jeune mousse orphelin, partait à douze ans pour les Indes orientales, ne possédant rien au monde que son léger sac de marin. Il revenait vingt ans plus tard, avec des richesses fabuleuses dont il voulait employer une partie à acheter le coteau de l'Ermitage, lieu de sa naissance. Bientôt, par ses ordres, une somptueuse demeure s'élevait; mais, songeant à sa jeunesse déshéritée, au dénûment trop général des vieux matelots, le généreux millionnaire fit, en même temps, élever une sorte de cité où il plaça plusieurs centaines de malheureux qui recevaient tout de lui, vêtements, nourriture et, ce qui vaut autant, soins moraux pleins d'affection, car, chaque jour, Baco ne manquait pas de venir causer avec ses hôtes, et de prendre part à leurs ennuis ou à leurs jeux. On pense si la renommée de l'ancien mousse grandit et si l'on sollicita la faveur de compter parmi les habitants du village créé! Baco, hélas! se vit obligé de repousser les nouveaux venus. Ceux-ci, ne pouvant se résigner à repartir, créèrent un nouveau hameau sur la colline voisine. Par contraste avec le bonheur des *sujets du Roi Baco*, ce nouveau centre reçut le nom de Miséri, désignation exprimant bien les angoisses, la désespérance de ceux qui l'habitaient...

Voilà la légende. La réalité est plus prosaïque. René-Gaston Baco de La Chapelle, né à Nantes, le 25 avril 1751, fut avocat au Parlement et procureur du roi au siège du Présidial de sa ville natale. Plus tard, il est député aux États de la province, puis aux États généraux. Il fut pendant neuf mois maire de Nantes (1792-1793). Cette période administrative lui permit, aidé par le général Canclaux, de repousser l'attaque que les Vendéens avaient dirigée contre la ville. En 1796, on retrouve l'ex-maire aux îles de France et de la Réunion. Plus tard, il est directeur de l'Opéra de Paris. Enfin, il est nommé commissaire du gouvernement à la Guadeloupe, où il meurt le 29 novembre 1800.

Rien ne prouve donc que Baco de la Chapelle, dont le père et le grand-père sont qualifiés de « noble homme » dans les actes de naissance, ait été un mousse orphelin et pauvre. Mais il habitait le quartier qui porte son nom, il y fit beaucoup bâtir, et, assure-t-on, sa morgue, son caractère tranchant, impérieux, dominateur, lui valurent le sobriquet de *Roi*... d'où, par extension, le nom de *cour* appliqué à la rue possédant sa maison. On est ainsi, hélas! bien loin de la poétique légende!

Depuis une trentaine d'années, ce vieux quartier de l'Ermitage est mis en communication avec les quais par un escalier monumental dit : *de Sainte-Anne*, à cause de la très belle statue dont il est couronné.

A quelques pas de là, une toute petite rivière, *la Chézine*, descendant des hauteurs de Saint-Étienne de Montluc, vient se perdre en Loire; on aurait peine à croire que certaines chroniques lui accordent la prérogative d'avoir porté les navires de César!! Il faudrait, alors, supposer un bien grand changement dans le régime de cet humble cours d'eau!

Réputée malsaine et croupissante, la Chézine a été, à peu près en entier, recouverte sur sa traversée *dans Nantes*.

Elle offrait, d'ailleurs, un certain obstacle à l'agrandissement du quartier, où l'on a bâti beaucoup pour le grand commerce, et créé une magnifique place dite : *Canclaux*. Ces travaux ont nécessité des mouvements de terrain à la fois prodigieux et très coûteux; mais le résultat obtenu est fort beau.

Le quai de la Fosse commence. Il a pris ce nom d'un domaine appartenant, au treizième siècle, à l'évêque de Nantes. Sur ce quai, long de près de deux kilomètres, existent encore les maisons, si nobles d'aspect, construites par les anciens armateurs, habituellement désignés, jadis, comme *marchands à la Fosse*, appellation équivalente à un brevet de notoriété, de richesse.

« La maison dite *des Tourelles* frappe les yeux des promeneurs. Défigurée par l'adjonction de deux étages, cette élégante demeure avait été construite par ANDRÉ RUYS DE EMBIBO, riche négociant nantais, d'origine espagnole, qui, en 1565, reçut le roi Charles IX à son passage à Nantes. Henri IV visita également l'opulent financier, dont le dernier descendant, peut-être, CHARLES-CLAUDE

Ruys de Embibo de la Chénardière, intendant de la marine au port de Brest, mourut en 1776[1]. »

Malgré la présence d'un certain nombre de ses vieilles constructions, le changement survenu au quai de la Fosse est grand. A l'animation maritime, bien diminuée, succède le mouvement du chemin de fer de Bretagne, dont la ligne, sortant de la gare primitive établie sur la prairie de Mauves, suit le fleuve pendant tout son parcours à travers la ville, et a rendu indispensable la construction d'une seconde station, placée, celle-ci, près de la Bourse.

Parallèle à la voie ferrée, s'allonge le tramway, suivant, lui aussi, la Loire depuis Doulon, en amont, jusqu'à Chantenay, en aval, et traversant, par conséquent, la ville d'un bout à l'autre de ses faubourgs extrêmes.

Alors que Paris cherchait encore un mode de traction à substituer aux chevaux, Nantes faisait depuis longtemps usage, pour son tramway, de moteurs à air comprimé des plus commodes et des plus pratiques. Nantes, au surplus, est la patrie des *omnibus*. Ils y furent créés en 1826. Leur inventeur, Stanislas Baudry, homme d'une grande intelligence, voulut faire apprécier ses idées à Paris; on sait ce que les omnibus y sont devenus.

Rappelons encore que, dès 1771, Nantes possédait des fiacres, chose fort utile, surtout aujourd'hui où le périmètre de la ville s'est singulièrement étendu, puisque, sur la seule rive droite de la Loire, le boulevard extérieur atteint une longueur de plus de dix mille mètres.

La Bourse est ornée des quatre statues de Jean Bart, de Dugay-Trouin, de Duquesne et de Cassard, le célèbre, l'infortuné capitaine nantais.

Une belle flèche en pierre signale Saint-Nicolas, église moderne bâtie dans le style du treizième siècle, sur l'emplacement d'une autre de ce nom, datant du quinzième siècle.

Une place et deux rues, assez laides, cachent la vue de la place Royale, construite sur les vieilles fortifications. Elle est ornée d'une fontaine, œuvre d'un Nantais, M. Ducommun du Locle,

---

[1]. M. de la Nicollière.

personnifiant la ville de Nantes, la Loire et quatre de ses affluents : le Cher, le Loiret, l'Erdre, la Sèvre.

L'ancienne halle aux blés a fait place à un nouvel hôtel des postes et des télégraphes.

L'embouchure de l'*Erdre*, dite aussi rivière de *Barbin*, rappelle

Le Grand Théâtre, à Nantes.

les travaux du grand évêque saint Félix. L'Erdre, sans berges solides, se répandait en vastes marécages, cause de pestilence aggravée encore par le tribut d'un petit ruisseau, le *Seil*, venant de par delà les prairies de Mauves. Saint Félix endigua la rivière, puis, par un trait de génie, fit creuser un canal destiné à amener les flots de la Loire, qui coulaient plus loin vers l'est de Mauves, au confluent de l'Erdre. Il en résulta que Nantes, alors tout entière sur le terrain qui est devenu la rive droite du fleuve, se vit baignée par ses eaux.

Le canal existe toujours et a gardé, comme c'était justice, le nom de son créateur. L'entreprise valut à saint Félix la vénération de ses diocésains et des éloges unanimes, du milieu desquels ressortent les paroles d'un poète.

C'est votre génie, Félix (s'écriait Fortunat), qui, leur donnant un meilleur cours, force les fleuves à couler dans un nouveau lit... O Félix !

que vous devez être habile à diriger la mobilité des hommes, vous qui avez su soumettre à vos lois des torrents rapides [1] !

La place du *Bouffai* marque l'emplacement d'une forteresse bâtie, au dixième siècle, par le duc Conan *le Tors*, et démolie en 1848. Son esplanade servait parfois de lice pour les duels judiciaires, témoin le combat (1386) de Robert de Beaumanoir contre Geoffroi de Tournemine, qu'il accusait d'avoir fait périr son frère dans un piège.

Plantée d'arbres un peu plus tard, l'esplanade est devenue un marché.

Le *Château* de Nantes, qui, avant d'avoir subi nombre de mutilations et changements, arrachait à Henri IV l'exclamation admirative : « Ventre Saint-Gris, les ducs de Bretagne n'estoient pas petits compaignons ! » ce château s'appela d'abord de la *Tour-Neuve*, puis de l'*Hermine*. Sa construction remonte au dixième siècle, avec réparations et agrandissements du treizième, par Guy de Thouars, époux de Constance de Bretagne, et par Pierre de Dreux, dit *Mauclerc*, gendre de Constance et de Guy.

En 1480, le duc François II et, après lui (1499), Anne, sa fille, s'occupèrent beaucoup du logis ducal. La dernière souveraine de la Bretagne indépendante y était née et y avait épousé, en secondes noces, le roi Louis XII. Gaston d'Orléans, frère de Louis XIII, y fut fiancé avec Marie de Montpensier. Plusieurs rois : Louis XI, Louis XII, François Ier, Charles IX, Henri IV, Louis XIV, enfin Napoléon Ier, y logèrent, Mme de Sévigné y fut reçue en 1648.

Prison d'État, le château vit juger et condamner Gilles de Retz. Bien d'autres captifs, parmi lesquels Fouquet, Paul de Gondi et les malheureuses victimes de la conspiration de Cellamare, y furent détenus, pour en sortir avec des fortunes diverses.

Le duc François II avait flanqué sa demeure habituelle de quatre grosses tours. Trois seulement subsistent. La quatrième, appelée : *des Espagnols*, fut détruite, en 1800, par une explosion des poudres dont elle était bondée. Les suites de l'accident cau-

---

[1]. Fortunat était évêque de Poitiers ; né en 558, il mourut en 630. Parmi celles de ses œuvres adoptées pour les offices de l'Eglise, on remarque l'hymne *Vexilla regis*. Les écrits du savant Fortunat sont un monument précieux pour l'histoire du temps.

sèrent plus de soixante morts et plus d'une centaine de blessures graves.

Tel on le voit actuellement, ce château ne saurait rivaliser avec celui d'Angers, par exemple, mais il n'en garde pas moins une trace féodale permettant de se rendre compte de son aspect primitif et de trouver qu'il devait être une véritable place forte.

La porte franchie, on est en face du *Grand-Logis,* c'est-à-dire de la maison ducale, construite dans le goût noble et à la fois gracieux de la Renaissance. Les rangées de fenêtres sculptées, les hautes cheminées ornementées se profilent admirablement en une ligne imposante. Le beau puits de la cour conserve une curieuse armature forgée. Les vastes salles, aujourd'hui converties en musées d'armes, intéressent surtout par les souvenirs qu'elles rappellent, et l'on regrette de ne pouvoir visiter la chapelle, charmant petit édifice Renaissance, barbarement transformée en poudrière! Pourvu qu'aucune explosion nouvelle ne lui fasse subir le sort de la tour des Espagnols!

La place de la Duchesse-Anne est établie sur une partie des douves du château, près du cours Saint-Pierre, belle promenade qui conduit à la cathédrale.

L'origine de ce dernier monument se perdrait, affirment plusieurs historiens, dans les siècles druidiques. Au sixième siècle, saint Félix acheva de le rebâtir et en fit une merveille pour l'époque. Tous les chroniqueurs en parlent avec un enthousiasme chaleureux. Reconstruit en 1434, il n'a été achevé que de nos jours, mais le nouveau chœur n'est pas encore inauguré.

Les tours, ainsi que les voûtes, ont de belles et vastes proportions. Cependant, l'édifice n'est pas de ceux dont l'ensemble force l'admiration, quoiqu'il ait le privilège de renfermer un chef-d'œuvre : le tombeau élevé par Anne de Bretagne à la mémoire de son père, François II, et de sa mère, Marguerite de Foix.

Un grand artiste, revendiqué par la Bretagne et par la Touraine, MICHEL COLUMB, ou COLOMB, fut chargé du travail. Sous ses doigts, le marbre s'assouplit, docile, et se prêta à toute l'inspiration qui l'animait.

Le socle, en marbre blanc, moucheté d'hermines, porte le chiffre du duc.

Le massif du tombeau, également en marbre blanc, se termine par une table en marbre noir, sur laquelle reposent les statues couchées de François et de Marguerite. Trois anges soutiennent de riches coussins brodés, où les têtes des statues semblent laisser l'empreinte la plus naturelle.

Les pieds du duc s'appuient sur un lion, emblème du courage ; ceux de la duchesse, sur un lévrier, emblème de fidélité.

Aux angles, quatre statues : la Justice, la Force, la Prudence, la Sagesse, disent les vertus des princes défunts. La première représente, croit-on, Anne de Bretagne.

On ne se lasse pas d'admirer ces merveilleuses statues, non plus que les gracieuses petites figures, dites des Douze Apôtres, exécutées en marbre blanc, qui ornent le soubassement et sont, chacune, placées dans une niche, en marbre rouge, toute festonnée. A la tête et au pied du tombeau sont disposées, dans les mêmes proportions que celles des Apôtres, les figures de saint François, de sainte Marguerite, de saint Louis et de Charlemagne.

Impossible de rêver rien de plus mouvementé, de plus spirituel, de plus attachant que ces figurines. Seul, un artiste de génie pouvait les concevoir et les exécuter sans que sa main trahît sa pensée.

Ce tombeau avait été élevé dans l'ancienne église des Carmes, vendue nationalement à la fin du siècle dernier. Enfoui sous terre à la même époque, il put échapper à la destruction et fut réédifié dans la cathédrale.

Anne de Bretagne, mourante, avait souhaité être réunie à ses parents. Louis XII ne le souffrit pas et voulut qu'elle fût inhumée à Saint-Denis. La reine demanda, alors, par testament, que son cœur, tout au moins, reposât à Nantes. Ce dernier vœu fut exaucé, et jusqu'en 1727 le coffret d'or, ayant la forme du cœur qu'il contenait[1], resta placé entre les cercueils ducaux, comme on s'en assura, d'après un ordre du roi Louis XV. En 1792 il en fut arraché, et en 1819 on le retrouvait au département des médailles de la Bibliothèque de Paris. Plus tard on le rendait à Nantes, et il est actuellement à l'Hôtel de Ville.

---

1. Ce coffret avait une triple enveloppe en fer et en plomb, ornées, chacune, d'armoiries.

Il est vraiment fâcheux que ce coffret, précieux à plus d'un titre, n'occupe pas une place d'honneur au musée.

Nantes, ici, semble être toujours la ville qui refusait de recevoir, dans son enceinte protectrice, la jeune duchesse, trahie par ceux dont elle attendait le secours. Rennes agit autrement, et Anne, sa vie entière, garda une profonde gratitude envers la fidèle capitale du duché.

La cathédrale possède un second tombeau de grande valeur

La préfecture, à Nantes.

artistique, œuvre de M. Paul Dubois, le sculpteur-peintre si justement célèbre.

Ce tombeau, en marbre précieux, noir et blanc, simule un lit à baldaquin, dans lequel la figure du général de Lamoricière repose, enveloppée d'un linceul. Aux angles, quatre statues en bronze relèvent grandiosement l'ensemble.

C'est le *Courage*, sous les traits d'un jeune soldat romain plongé dans la méditation ; c'est la *Charité*, entourant de ses bras un enfant qu'elle allaite ; sur ses genoux, un autre enfant attend son tour. L'*Histoire* est personnifiée par un vieillard grave et sévère. La *Foi* a pris les traits d'une jeune fille levant les mains au ciel.

L'œuvre est certainement superbe ; mais peut-être les deux figures du *Courage* et de l'*Histoire*, malgré leur grande valeur, contrastent-elles trop fortement avec la *Charité*, femme du peuple très moderne, très touchante, et surtout avec la *Foi*, exquise statue si vivante, si jeune, si bien imprégnée de pensée...

Après la cathédrale, Nantes ne possède plus guère, parmi les legs du passé, que deux ponts, celui de l'*Arche-Sèche* et celui de *Sauvetout* ; ils furent construits pour unir deux monticules situés près de l'ancien fossé de la ville.

Nantes, d'ailleurs, a assez la coutume de faire bon marché des choses d'autrefois. Son ancien blason portait : *De gueules au vaisseau d'or et aux voiles d'argent. Le chef, aussi d'argent, chargé de cinq hermines de sable*, avec cette devise : *Oculi omnium in te sperant Domini.*

Les armes nantaises sont aujourd'hui : *De gueules, au navire équipé d'or, aux voiles d'hermines, voguant sur une mer de sinople ; au chef d'argent, chargé de cinq hermines*, avec la devise : *Favet Neptunus eunti*. Cette devise ne date officiellement que de 1806.

Avant tout, Nantes se soucie de son commerce.

On doit cependant reconnaître les immenses progrès accomplis par elle sur un autre terrain. Aussi la différence est-elle grande entre le tableau qu'elle offre, de nos jours, avec celui dont le docteur Guépin faisait, en 1844, la peu flatteuse description.

Agrandie, assainie, percée de boulevards, de rues laissant un large accès à l'air, à la lumière ; embellie de promenades bien ombragées ; dotée d'un Jardin des Plantes réellement admirable ; établie dans une très pittoresque situation, sur les deux rives d'un large fleuve parsemé d'îles formant autant de quartiers populeux ; baignée par trois rivières ; traversée en entier par une active ligne ferrée ; animée par une navigation encore soutenue, Nantes est bien une grande ville au sens propre ou figuré du mot. On peut ajouter une belle, une agréable ville, possédant les ressources nécessaires pour conserver la prospérité qui l'a faite telle...

Prospérité toujours décroissante, affirment beaucoup de pessimistes. En parcourant le rôle de Nantes dans l'histoire, peut-être est-il possible de conjecturer si l'avenir réalisera ou non certaines craintes soulevées par le présent.

CHAPITRE XXX

NANTES DANS L'HISTOIRE

Malgré des explications infinies, l'accord n'est pas fait sur l'origine du nom de la ville. Selon toute apparence, pourtant, il vient du celtique. Les Bas-Bretons désignent Nantes par les mots : *ann-aonet,* les *rivières* (le mot *ville* sous-entendu), nom fort bien en situation.

La tribu des *Namnètes,* fondatrice de la ville, devait cultiver les arts et le commerce longtemps avant l'arrivée des Romains. De magnifiques statères d'or portant l'effigie d'un cavalier l'attestent.

César cite expressément la tribu dans son livre troisième des *Commentaires,* et le fait à propos de la guerre contre les Vénètes. C'est de la Loire que sortirent les bâtiments destinés à combattre ce peuple jaloux de sa liberté.

Les Namnètes, alliés des Vénètes, durent, comme eux, se courber sous le joug, mais pour reparaître, comme eux encore, au premier rang, quand une lueur de délivrance put briller.

Condivicnum Namnetum ou *Portus Namnetum,* si l'on s'en rapporte à la table Théodosienne et à une inscription trouvée, vers la fin de 1580, dans la base d'un mur romain, sous la porte Saint-Pierre. Ptolémée l'appelle simplement *Condivicnum* ou *Condivincum.*

La domination de César et de ses successeurs n'entrava pas le développement de la cité, car l'époque dite gallo-romaine a laissé des témoignages variés de l'importance acquise par Nantes. Une ligne de murailles l'entourait, dont les débris n'ont pas entièrement disparu.

Vers la fin du premier siècle de l'ère chrétienne, selon diverses opinions, et du troisième, selon diverses autres, SAINT CLAIR, que

Nantes honore comme son premier pasteur, venait y apporter l'Évangile.

Ses deux premiers disciples : SAINT DONATIEN et SAINT ROGATION, deux frères le plus souvent appelés *les Enfants nantais*, payèrent leur conversion par le martyre. Peu après, SAINT SIMILIEN, troisième évêque du diocèse, était, comme eux, mis à mort.

Décapité, sa tête fut jetée dans un puits, dit la légende. Une église a été bâtie pour renfermer ce puits; elle porte le nom du prélat.

Tels furent les commencements de l'histoire ecclésiastique du diocèse, dont les évêques devaient acquérir une si grande prépondérance que leur pouvoir balança souvent celui des ducs.

La fin du quatrième siècle vit une première invasion des Bretons insulaires, conduits, affirment beaucoup d'historiens, par un chef nommé CONAN MÉRIADEC [1]. L'existence de ce chef ou son nom, du moins, n'a pas rallié toutes les opinions; mais, quoi qu'il en puisse être, Nantes se vit bientôt placée entre les Bretons et les Francs, acharnés, eux aussi, à étendre leurs conquêtes.

En 453, la ville échappa aux Huns, qui pendant soixante jours assiégèrent ses murailles; mais une autre calamité allait fondre sur elle par la présence des Saxons établis à Guérande et dans le pays avoisinant. Budic, comte de Nantes, la défendit valeureusement.

Ainsi se passa une longue période de vicissitudes. Tantôt vainqueurs, tantôt vaincus, les comtes nantais préservaient leur pays ou se trouvaient impuissants à le protéger. A Hoël le Grand, qui chasse complètement les barbares, succède Hoël II, victime de ses propres seigneurs. Et combien les souverains voisins ne cherchèrent-ils pas à agrandir leurs États ! Combien de fois un Conobre ou un Warroch (comtes de Vannes) vinrent-ils ravager les campagnes nantaises ! En même temps, les Francs avançaient. Il s'ensuivra que, plus tard, on pourra dire avec vérité : « En mille ans, la pauvre Bretagne n'a pas eu cinquante années de paix complète ! »

Clotaire, roi de France, s'étant emparé de Nantes, y installe

---

1. Voir le second volume, chapitre : *Saint-Pol de Léon.*

saint Félix, dont on connaît les immenses travaux, entrepris pour le bien de la ville, et la magnificence en ce qui concernait la cathédrale dédiée, par lui, le 30 septembre 568.

Au neuvième siècle, Charlemagne s'empare de la Bretagne, et en 827 son fils Louis le Débonnaire donne le comté de Nantes à Lambert Ier. Il le lui retire peu de temps après, pour punir ce seigneur d'avoir soutenu son fils Lothaire dans sa révolte. Lambert II prit le titre de comte de Nantes, malgré la volonté de Charles le Chauve. Honteusement chassé par les Nantais, il se venge en appelant les Normands sur les bords de la Loire et en guidant lui-même les barques des pirates.

Le sac de la ville fut le fruit de cette cruelle expédition qui vit périr l'évêque Gohard, son clergé et la majeure partie des habitants. Lambert put régner de nouveau sur Nantes ensanglantée ; mais il avait déchaîné la tempête, et les Normands ne devaient plus oublier le chemin de la Loire.

Noménoé chassa Lambert et Amauri qui lui avait succédé. Il réunit au comté nantais ses conquêtes entières, fonda le royaume de Bretagne et voulut soustraire le pays à l'autorité ecclésiastique française, représentée par l'archevêque de Tours. Actard, évêque de Nantes, fit opposition au projet. Toutes les circonstances prouvent que ce prélat avait, d'abord, en vue son propre intérêt [1], et qu'il n'eût point résisté si la dignité archiépiscopale lui eût été destinée.

En 888, Alain, comte de Nantes, touché des maux causés à ses sujets par les Normands, lève une armée nombreuse et deux fois remporte une victoire signalée : aussi l'appela-t-on *le Grand*. Après lui, malheureusement, son fils se montra faible, et de 910 à 936 les pirates règnent dans le comté. Un second Alain, surnommé *Barbe Torte*, les taille en pièces et revient à Nantes. « Il trouve l'entrée de la cathédrale bouchée par les ronces, et à peine y reconnaissait-on les vestiges des maisons et des rues. Il fit réparer ce qui pouvait l'être et bâtit le château de la Tour-Neuve, où il se logea. »

Alain mort, les compétitions entre princes bretons recommencent. A lui seul, Conan Ier, dit *le Tors*, comte de Rennes, est

---

1. Voir le second volume, chapitre : *Dol*.

accusé d'avoir assassiné successivement le fils et le petit-fils du vainqueur des Normands. Les comtes de Cornouailles prirent part à ces discordes, témoin Alain Caignard, qui, bien que beau-frère de Budic II, comte de Nantes, lui fit une guerre acharnée.

L'accord, néanmoins, s'établit avec les années, puisque l'on voit le duc de Bretagne, Conan II, vivre en bonne intelligence avec le possesseur du pays nantais, et habiter ordinairement dans le château même de la Tour-Neuve, qu'il agrandit.

Hoël, fils d'Alain Caignard, succéda en 1066 à Conan, dont il avait épousé la sœur, et en fait l'union du comté de Nantes avec le reste de la Bretagne exista désormais ; le titre ne fut plus porté, et pour peu de temps, que par Matthias, fils cadet de Hoël. Son frère, le duc Alain Fergent (vainqueur de Guillaume le Conquérant), le lui avait donné.

L'héritier des deux frères fut Conan III, *le Gros,* fils d'Alain.

Une usurpation, il est vrai, releva momentanément le titre de comte de Nantes en faveur de Geoffroi, fils du roi Henri II d'Angleterre. Le duc Conan IV, dit *le Petit,* trop faible pour lutter, tourna l'obstacle.

Il donna le comté à sa fille unique, Constance, et la fiança à Geoffroi, avec promesse que le jeune prince succéderait à lui, Conan. Les choses eurent en effet lieu ainsi, mais le roi d'Angleterre n'en garda pas moins le pays nantais jusqu'au mariage de son fils.

En 1186, Geoffroi mourait à Paris, et, peu de temps après, sa femme, Constance, mettait au monde, à Nantes (30 avril), un fils nommé Arthur par les Bretons. Le monarque anglais, grand-père de l'enfant, assemble aussitôt dans la ville les États du duché et réclame la garde du prince au berceau. Sa demande fut rejetée. La Bretagne voyait en Arthur le principe d'un avenir tranquille et indépendant. Elle ne pouvait prévoir la fin tragique du pauvre jeune duc, victime, à vingt ans, de la perfidie de son oncle Jean Sans Terre, roi d'Angleterre.

Jean ne borna pas là ses crimes. Il vint assiéger Nantes, qui dut réclamer l'intervention de Philippe-Auguste. En monarque habile, le roi de France négocia le mariage d'Alix (fille d'une seconde union de Constance) avec Pierre de Dreux (1213), empêchant dès lors, autant qu'il était en lui, un rapprochement de la Bretagne et de l'Angleterre.

Les fêtes du mariage d'Alix eurent lieu au château de Nantes, et si la Bretagne fut très agitée pendant une partie du règne du nouveau duc (surnommé *Mauclerc*, à cause de ses différends avec le clergé), Nantes, en particulier, doit beaucoup à Pierre de Dreux.

Il agrandit le périmètre de la ville, fait creuser deux ports sur la Loire [1] et donne à la rivière d'Erdre un lit nouveau plus direct vers la Loire, toutes choses aussi utiles qu'importantes.

Malgré les démêlés de Pierre non seulement avec son clergé, mais avec ses seigneurs, Nantes jouit, pendant le treizième siècle et la première moitié du quatorzième, d'une tranquillité dont elle profita pour étendre son commerce. Le duc Jean III, celui-là même qui, mourant sans enfants, devait laisser la Bretagne aux prises entre deux compétiteurs acharnés, Jean accorda à sa « bonne ville » divers privilèges et la faculté de racheter plusieurs droits onéreux.

Jean de Montfort, frère du défunt, se hâta de s'emparer de Nantes au mépris des droits de Jeanne de Penthièvre (1341). Ce fut l'occasion de deux sièges subis, le premier, en 1342, contre Charles de Blois, qui s'empare de la ville et envoie son rival prisonnier au Louvre. L'année suivante, les Anglais, soutenant Montfort, arrivent devant la ville, font beaucoup de ravages, mais se retirent en apprenant que Charles vient au secours de ses bourgeois. Ce dernier avait tout intérêt à maintenir dans son parti une cité riche, peuplée, commerçante et située dans une position aussi avantageuse pour la guerre que pour le trafic. En conséquence, il la dota de grands privilèges et la traita toujours avec beaucoup de considération.

Peu de temps après, Nantes vit exposer sur une de ses portes la tête d'Olivier de Clisson, père du futur connétable de France, compagnon de Du Guesclin. Ce seigneur avait embrassé le parti de Montfort. Son exécution fut cause que, pendant tout le reste

---

[1]. Le premier, portant le nom du duc, fut détruit par Mercœur en 1390 ; l'autre existe encore, c'est le port *Briand-Maillard*, du nom du prévôt nantais qui le construisit ; près de ce port, on a trouvé, en 1803, les ruines d'un temple assez vaste, bâti au temps de Néron. Sa forme était carrée.

de la guerre de Succession, son fils combattit Charles de Blois avec ardeur. Devenu duc, Jean IV continua, dans une certaine mesure, les faveurs de Charles aux bourgeois nantais. C'est de son règne (1395) que date l'établissement d'un procureur général syndic, chargé de veiller aux intérêts de la ville. A Nantes encore fut célébré, par procuration, le mariage de la veuve de ce prince (avril 1400) avec Henri IV de Lancastre, roi d'Angleterre. Cinq ans après, Jeanne de France, fille de Charles VI, faisait son entrée dans la ville, aux côtés du duc Jean V, son époux.

De tous les souverains bretons, Jean V est celui qui fit le plus pour Nantes, en considération du dévouement montré par la ville lors de l'attentat de Marguerite de Clisson, comtesse de Penthièvre, contre sa personne. En septembre 1420, par lettres accordées pendant la tenue, à Vannes, du Parlement général, les bourgeois obtenaient le droit « d'élire quand il leur plairait, mais sans contestation, contradiction, ni cabales, dix à douze notables bourgeois ou citoyens, pour la défense et poursuite des causes qui pourraient intéresser la ville ». De cette époque date l'érection de la Communauté de Nantes. Aussitôt, elle prit en mains les affaires municipales et l'un de ses premiers actes fut de commencer la reconstruction de la cathédrale.

Au quinzième siècle, Nantes possédait une fonderie de canons renommée. Ses produits jouent un grand rôle sous les règnes des derniers ducs. Arthur III, pendant qu'il était connétable de France, employa efficacement les pièces nantaises contre les Anglais, qu'il poursuivit sans relâche et battit définitivement à Formigny. Quelques-uns de ces canons, étant d'un fort calibre, garnirent les places ducales ; d'autres, légers, pouvaient être emmenés par les armées. C'étaient des sortes de couleuvrines appelées *cordelières*, à cause de leur ornementation. On connaît les noms de beaucoup de ces pièces : *la Grosse Bombarde*[1], *la la Grand'Margot*[2], *Junon, Pallas, Mélusine, Vénus.*

En 1477 (dit Ogée), GUYON DES LANDES, canonnier de Nantes, fond, pour le compte de la ville, vingt-quatre canons avec leurs boîtes. Douze de ces canons reçurent les noms de chacun des

---

1. Ainsi nommée d'une grosse tour défendant, à Nantes, le port Communeau.
2. Du nom de la duchesse Marguerite de Foix, seconde femme de François II et mère d'Anne de Bretagne.

mois de l'année et, pour cette raison, furent appelés *les Mois;* douze autres reçurent les noms des *Prophètes*.... Plus tard, il y eut

Ancienne collégiale de Nantes.

les Douze Apôtres, les Douze enfants de Jacob; les Neuf Preux.
Quelques-uns d'entre eux tonnaient lors des fêtes célébrées,

à Nantes, pour le mariage ou la naissance de princes et de princesses.

Elles tonnèrent sans doute encore lorsque le duc Jean V, délaissant Vannes, où sa femme venait de mourir, voulut s'installer à Nantes avec ses enfants et sa cour (septembre 1433). Un fait prouve l'importance prise par la ville qui, désormais, comptait au rang des puissances du duché. Le fait se produisit le 14 avril 1434, lors de la pose des assises du portail de la cathédrale nouvelle : Jean V pose la première pierre ; Jean de Malestroit[1], la seconde ; François, prince héréditaire de Bretagne, la troisième ; le Chapitre, la quatrième ; Pierre de Bretagne (cadet de François), la cinquième, et la *Ville*, la sixième.

Quatre ans après cette dédicace, on inhumait dans la cathédrale Richard de Bretagne, comte d'Étampes, le dernier fils du duc Jean IV. Ce prince avait épousé la fille de Louis de France, duc d'Orléans. Entre autres enfants, il eut d'elle François, qui épousa sa cousine Marguerite de Bretagne (fille du duc François Ier), succéda à Arthur III et ne laissa qu'une fille, ANNE.

Deux fois reine de France, la dernière duchesse de Bretagne devait ajouter, à sa nouvelle couronne, le fleuron envié, que, depuis dix siècles, les rois avaient vainement tenté d'obtenir par les armes....

Ainsi tombèrent les précautions prises par le duc François Ier pour assurer la transmission de la couronne de Bretagne. Un moment on vit à Nantes, lors de l'avènement de François II, quatre duchesses : Marguerite de Bretagne, épouse du duc régnant ; Isabelle d'Écosse, mère de Marguerite et veuve du duc François Ier ; Françoise d'Amboise, veuve du duc Pierre II ; Catherine de Luxembourg, veuve du duc Arthur III[2]. François II succédait à ce dernier, dont il était le neveu par son père Richard.

Le duc François Ier avait cru, en écartant les femmes de la succession à la couronne, faire œuvre politique et préserver le duché de l'invasion française.... La force des choses amena la réunion qu'il redoutait tant.

Aucun événement bien remarquable ne se passe à Nantes

---

[1]. Chancelier de Bretagne, évêque de Nantes et gouverneur de la ville.

[2]. L'abbé Travers, le savant historien des évêques de Nantes, a signalé cette coïncidence curieuse.

avant le jugement de Pierre Landais, trésorier de Bretagne et favori du duc François II.

Rien de plus étrange que la destinée de cet homme, fils d'un simple petit tailleur et tailleur lui-même. Sa rare intelligence ne tarde pas à le pousser au premier rang. François II le remarque et lui accorde bientôt une confiance entière.

L'histoire impartiale de Landais est encore à écrire. Tour à tour on l'a avili ou exalté. La vérité est que Landais, ardent défenseur de l'autonomie bretonne, voulait faire échec à Louis XI, en même temps qu'il cherchait à contenir des seigneurs bretons trop puissants. Ses embarras se compliquèrent de querelles avec le clergé. Mais si le trésorier assuma la responsabilité de plusieurs crimes, entre autres de la mort de Chauvin, chancelier de Bretagne, il est impossible de ne pas lui reconnaître un grand esprit diplomatique, une science complète des besoins de sa patrie, dont il s'efforça, par tous les moyens, de stimuler le commerce et l'industrie. M. Guépin, dans son *Histoire de Nantes*, dit que Landais noua des relations commerciales avec l'Espagne et tout le nord de l'Europe ; qu'il fit venir de Florence des ouvriers en soie et les établit à Vitré, sa vile natale ; de même, il fit venir d'Arras des ouvriers en tapisserie, et les installa à Rennes avec de grands privilèges.

Rien ne put sauver le ministre. Une révolte presque générale eut lieu : les plus puissants seigneurs bretons y prirent part, et François II se vit menacé. Timide, il abandonna Landais, en ce sens qu'il n'osa pas prendre résolument sa défense. Après un procès sommaire, le trésorier fut condamné à être « pendu et étranglé ». La sentence s'exécuta le 19 juillet 1485.

Cette même année 1485, le 22 septembre, François créait un Parlement sédentaire, composé des sénéchaux de Rennes et de Nantes, de cinq conseillers ecclésiastiques et de sept laïques. Le Parlement commençait ses séances le 15 juillet et les terminait le 15 septembre de chaque année.

Cependant les heures de la Bretagne, comme duché souverain indépendant, touchaient à leur terme. Pressé de prendre parti pour le duc d'Orléans, qui contestait à Anne de Beaujeu, fille de Louis XI, la tutelle de Charles VIII, François II se laissa convaincre. L'événement fut cruel pour le malheureux prince. Ap des alternatives diverses, son armée, écrasée à la bataille de Saint-Aubin-du-Cormier (28 juillet 1848), ne lui laissa d'autre alternative que de signer une paix équivalant à sa ruine complète.

Peu de semaines plus tard, il mourait, et ANNE, sa fille, enfant de douze ans, lui succédait. La nouvelle duchesse était née au château de Nantes, le 26 janvier 1476.

Un cœur moins résolu que celui de cette jeune fille eût succombé sous l'avalanche des trahisons auxquelles elle se trouva en butte. Son tuteur même, le maréchal de Rieux, se tourna vers ses ennemis et, gouverneur de Nantes, en profita pour ouvrir les portes de la ville à Charles VIII !

Rennes, seule ou à peu près, restant inébranlable dans sa fidélité à la souveraine, s'empressa de lui envoyer de riches présents et de l'appeler chez elle au moment où les traîtres lui refusaient l'entrée de Nantes, avec toutes ses prérogatives de duchesse. Anne n'oublia jamais ces bons procédés ; aussi, constamment, témoigna-t-elle à la capitale bretonne la plus grande affection.

Trois années durant, la jeune duchesse lutta contre sa mauvaise fortune. Enfin, elle écouta les plaintes de la Bretagne agonisante...

Le 6 décembre 1491, Anne épousait Charles VIII, roi de France. Cette première union dura sept ans, puis, Charles étant mort (7 avril 1498) sans laisser de fils pour lui succéder, la reine-duchesse revint prendre possession de ses États de Bretagne. Un moment, le vieux duché crut pouvoir renaître à l'autonomie primitive et, malgré le deuil de la reine, son entrée à Nantes fut saluée de fêtes qui, bientôt, s'animèrent.

« On remarqua à cette entrée une jeune fille superbement vêtue, qui, portée, dans une tour, sur le dos d'un éléphant, présenta à la Reine les clefs de la ville en trousseaux. Deux sauvages conduisaient cette bête, qui était de bois, et mise en mouvement par des hommes qui, sans paraître, la faisaient marcher. Dans la suite, on se livra plus à la joie ; la ville donna au carrefour du Pilori, une *morisque* de moralité, on représenta la *Feinte de Fortune;* au carrefour Saint-Jean, la *Feinte du Mystère des Variétés*, au carrefour Saint-Vincent, une pastorale dans un bosquet artificiel dressé exprès, et le mystère du *Jugement de Pâris*, ou de la fable des trois déesses, Junon, Pallas et Vénus. » (Ogée.)

La Bretagne s'était réjouie à tort. Le 8 janvier 1499, Louis XII, qui venait de faire casser son mariage avec Jeanne de Valois, arrivait à Nantes et épousait la jeune reine douairière.

C'en fut fait : le duché avait vécu... Anne conserva, il est vrai, l'administration de ses États pendant qu'elle vécut ; mais Claude, sa fille, épouse du roi François I*er*, résigna ses droits entre les mains de ce prince. Un instant, le fils aîné de Claude porta le nom de François III, et après lui Henri II, son frère, reçut hommage comme *duc de Bretagne ;* toutefois, la réunion était bien accomplie. Un édit du Parlement de Paris l'enregistra, le 21 septembre 1532, et le conseil de Bretagne l'enregistra également le 8 décembre de la même année.

Une noble province de plus s'alliait à la patrie commune.

Au milieu de tous ces événements, Nantes progressait. Ses franchises municipales compensèrent jusqu'à un certain point les maux causés par plusieurs hivers rigoureux, par des famines, des incendies, des inondations, des maladies épidémiques, auxquels s'ajoutèrent les incursions espagnoles et les troubles suscités par les calvinistes. Lors de la Saint-Barthélemy, Nantes refusa de s'associer à l'affreux massacre.

Néanmoins Nantes suit sa marche progressive. Elle possède une maîtrise des eaux et forêts, un siège présidial, une amirauté, une prévôté, une mairie. Le premier magistrat municipal fut Geoffroy Drouet, installé en 1562. De plus, on répare ou l'on reconstruit un Sanitat, l'Hôtel-Dieu, des ponts, des édifices nombreux, et le tracé de la *Ville Nouvelle* ou Ville Neuve du Marchix (1557) recule les bornes des murailles enserrant la cité.

A ces travaux de la paix succèdent, par malheur, la guerre contre les calvinistes et la guerre de la Ligue, si funeste à la France entière. Mercœur fit de Nantes le centre de la résistance de ses partisans en Bretagne. Il ne fallut pas moins de dix ans à Henri IV pour réduire le prince lorrain. La soumission obtenue, le roi entre à Nantes, le 13 avril 1598. Il y signait, le 30 du même mois, le célèbre pacte qui, du nom de la ville, fut appelé Édit de Nantes.

Il semble ensuite que la vieille cité bretonne doive se trouver mêlée à plusieurs drames sanglants, en attendant qu'elle devienne complètement la proie d'un véritable monstre.

Le passage de Louis XIII à Nantes, où il maria son frère Gaston d'Orléans, fut marqué par l'exécution du comte Chalais (5 août 1626).

A un siècle de distance, le 18 mars 1720, l'échafaud, relevé sur la place du Bouffay, voyait tomber les têtes du marquis de Pontcalec et de trois autres gentilshommes bretons, du Couedic, de Montlouis, de Talhouet-le-Moine, impliqués, comme lui, dans la conspiration de Cellamare et traités avec la dernière rigueur, alors que les plus coupables des complices étaient épargnés.

Entre temps, Nantes avait assisté à l'éclatante disgrâce du surintendant Fouquet (1661). Une grande préoccupation empêcha la ville de prendre beaucoup part à ce revers inattendu. L'impôt du timbre et le monopole du tabac venaient d'être établis, soulevant un mécontentement dont les Nantais furent les premiers à donner le signal. Une seconde révolte marqua la révocation de l'Édit de Nantes et appela une répression rigoureuse.

Cependant, telle était la puissance vitale de la vieille cité, que son commerce non plus que son industrie ne souffrirent de ces convulsions. Colbert lui avait donné de nouveaux débouchés en créant chez elle une chambre de direction commerciale en rapport avec la Compagnie des Indes Orientales (1664).

La pêche de la morue et de la baleine occupait un grand nombre de navires, et c'était une centaine de bâtiments qui partaient, en 1715, pour les Antilles.

Ici, malheureusement, il faut le dire, un hideux trafic soutenait cette dernière branche de commerce.

Nantes avait si bien accueilli l'idée de la Traite des Nègres, que pendant près d'un demi-siècle ses navires débarquèrent annuellement aux Antilles *dix à douze mille esclaves,* et les *bénéfices* de l'entreprise flottaient entre *seize et quarante millions!*

Grâce à Dieu, l'abominable commerce « du bois d'ébène », ainsi que disaient les négriers, est maintenant un souvenir... Mauvais, il est vrai, et qu'il eût été désirable de pouvoir effacer complètement, si l'histoire ne le réclamait.

Elle réclame encore, et, cette fois, la tâche s'augmente d'une douleur patriotique, elle réclame un mot sur les épouvantables scènes qui terrifièrent Nantes à la fin du dernier siècle.

Mais ne suffit-il pas de dire que le nom de Carrier sera toujours placé parmi ceux qu'une nation voue à l'infamie, car un instant ils ont terni son honneur !...

CATHÉDRALE DE NANTES

CHAPITRE XXXI

NANTES DANS L'AVENIR

A toutes les époques de son histoire, Nantes s'est préoccupée d'étendre son commerce. Une si constante sollicitude éleva la fortune des négociants nantais au plus haut point de prospérité.

Après avoir disputé à Saint-Malo la prépondérance de la richesse, parmi les villes bretonnes, elle disputa, sans l'obtenir, il est vrai, le premier rang aux villes françaises, mais sa place fut encore aussi honorable qu'enviée.

Deux circonstances capitales ont ébranlé cette opulence; elles menacent, aujourd'hui, de la réduire dans de graves proportions.

Le premier obstacle est la Loire.

M. Bouquet de La Grye, si connu par ses magnifiques travaux hydrographiques et par son projet de faire de Paris un port de mer[1], a défini ainsi le régime des eaux du fleuve :

« La Loire est de tous les fleuves de France celui qui offre le plus grand écart entre l'élévation des hautes eaux et celle des basses eaux d'été; celui dont les inondations sont le plus à redouter. Dans les fortes crues, souvent elle atteint un débit de dix mille mètres cubes, autant que le Mississipi; alors elle s'élève à six ou sept mètres au-dessus de l'étiage. »

Il est donc naturel que le régime torrentiel de la Loire ait eu, comme conséquence directe, une modification incessante des côtes à l'embouchure et que depuis la période historique on ait à constater des bouleversements topographiques.

On a calculé que l'envasement de la Loire, en amont de Saint-Nazaire, avait été annuellement de quatre cent six mille mètres

---

[1]. Voir le premier volume, chapitre : *Paris port de mer*.

cubes, en moyenne, de 1821 à 1844. Si l'on suppose que l'envasement soit proportionnel dans la région moyenne, cela donne à Nantes, année moyenne, un million trois cent soixante-treize mille mètres cubes.

Un million trois cent soixante-treize mille mètres cubes de vases ou sables apportés annuellement à Nantes ne peuvent manquer, il n'est pas besoin d'y insister, d'exhausser le lit du fleuve ou, tout au moins, d'y former des bancs, des îlots, causes de courants et premières assises de bas-fonds futurs.

En ce qui concerne la Loire, les deux phénomènes se produisent.

Le tirant d'eau diminue progressivement et les bas-fonds se multiplient. Il y a longtemps que cet état de choses inquiète les Nantais, mais doivent-ils en prendre leur parti ou ont-ils fait tout le nécessaire?

Il est plus facile, croyons-nous, de réclamer une amélioration du régime des eaux de la Loire que de l'exécuter d'une manière satisfaisante.

Grâce aux progrès constants de la science, canaliser à peu près entièrement la Loire ne serait sans doute pas une entreprise impossible, mais il resterait à donner à ce canal une profondeur et une largeur assez grandes pour que cette voie nouvelle eût une utilité indiscutable; il resterait surtout à lui assurer un tirant d'eau constant, difficulté dernière que l'établissement d'immenses réservoirs ne parviendrait peut-être pas à vaincre.

C'est un des côtés caractéristiques du régime de la Loire qu'en dépit de ses nombreux affluents, l'abaissement du niveau d'eau y devient parfois extrême.

Fréquemment, pendant l'été, il arrive que le fleuve laisse, en une foule de places, apercevoir tout le fond de son lit, à peine semé de flaques plus creuses où se réfugie le poisson. Mais viennent les crues, ce n'est plus un fleuve, c'est un torrent dévastateur forçant les digues les plus solides. On ne l'a que trop éprouvé et les *Levées de la Loire*, établies depuis le département du Loiret jusqu'à Nantes, n'ont pas empêché de terribles désastres.

Néanmoins, la plus grande difficulté pourrait peut-être encore provenir des conditions actuelles de la navigation.

Chaque jour semble accroître la tendance à l'augmentation du tonnage des bâtiments. Chaque jour, le commerce, élevant ses exigences, réclame une rapidité, une exactitude dans les relations qui, forcément, conduisent à l'emploi des seuls moyens propres à acquérir ces qualités.

Forcément aussi, on n'obtiendra pas que des navires construits en vue de voyages fructueux d'un port maritime à un autre port maritime, réduisent leurs dimensions, et, par suite, le nombre de leurs voyages, pour se soumettre aux lenteurs inhérentes à la navigation des canaux ou des fleuves.

Donc, la question se présente connexe :

D'une part, améliorer, autant que faire se peut, nos ports maritimes.

D'autre part, améliorer nos voies de navigation intérieure et encourager l'industrie de la batellerie fluviale. Cette dernière condition est-elle possible, eu égard à l'état de nos voies ferrées ?

Nous en sommes absolument persuadé et nous ne pouvons mieux faire que de répéter ce que nous disions dans notre second volume à propos du canal d'Ille-et-Rance[1].

Un puissant mouvement local tirait parti des ressources naturelles ou industrielles de la région... Le mouvement se produisait, en dépit des prédictions pessimistes, montrant le canal davantage délaissé depuis l'établissement de la ligne ferrée. Notre ferme conviction est que la batellerie peut, pourtant, tenir fort bien le rôle d'auxiliaire de chemins de fer, beaucoup de marchandises encombrantes et de nature particulière, tels les engrais, offrant un sensible avantage pour ce mode de transport. Et la culture bretonne, en général, réclame l'emploi judicieux d'engrais.

Ce n'est pas en se lamentant sur la stagnation des affaires, sur la routine trop connue des agriculteurs, qu'on remédie au mal. Il y a des exemples généreux à donner, des initiatives intelligentes à prendre : le succès répondra aux efforts persévérants.

Pourquoi la ville de Nantes ne se résignerait-elle pas à rester un port fluvial très florissant, puisque son rôle comme port maritime est bientôt terminé ?

La part est encore assez belle, d'autant plus belle que beaucoup de petits navires caboteurs ne l'abandonneront pas.

Tous les moyens pouvant conduire à l'amélioration, à la régularisation du régime d'eau de la Loire, sont véritablement indi-

1. Chapitre VII.

qués, et leur emploi ne causerait aucun des mécomptes destinés à surgir de la création du CANAL MARITIME, actuellement en voie d'exécution.

Le canal, cela est certain, restera inutile et à peu près *inutilisé*. On ne s'en servira pas, parce qu'on n'aura pas intérêt à s'en servir. Deux raisons péremptoires permettent de prophétiser ainsi :

D'abord, l'accroissement continu du tirant d'eau des navires, même des steamers charbonniers.

Ensuite, la régularité de navigation qui tend à se rapprocher de celle des chemins de fer.

Certains steamers charbonniers font aujourd'hui quarante-deux voyages par an, de Saint-Nazaire à Cardiff. Ils n'en feraient plus que vingt-cinq, de Nantes à Cardiff, en passant par le tronçon de canal et seraient obligés de réduire leur tonnage, lequel augmente en moyenne de cent tonnes depuis dix ans.

Notre cadre serait dépassé si nous traitions à fond une telle question. Bornons-nous à dire qu'il est habile de savoir se résigner à changer de rôle, en prenant toutes les précautions pour que le rôle nouveau ne conduise pas à la déchéance.

Nantes possède assez d'initiative, croyons-nous, pour ne pas se borner à de stériles lamentations.

Une autre industrie nantaise, la raffinerie des sucres, semble également être frappée à mort. Bien des causes ont amené ce résultat, mais en dehors de catastrophes commerciales particulières et des conditions dans lesquelles, pendant trop longtemps, se sont trouvées les importations du sucre de nos colonies, il faut compter avec le développement pris par la culture de la betterave dans le Nord de la France.

Encore, on le sait, les raffineries qui transforment les produits de cette culture doivent-elles lutter contre une concurrence étrangère acharnée.

Mais Nantes peut créer d'autres industries, en devenant le point de concentration de la production agricole ou manufacturière d'une grande partie du bassin de la Loire. Ses fabriques de conserves alimentaires ont pris un grand développement, et des négociants nantais sont propriétaires ou commanditaires de beaucoup de fabriques semblables (établies au bord de la mer), pour les conserves de poissons.

Voilà un bon, un profitable exemple commercial. Il sera suivi de plusieurs autres. Nantes est dans une trop heureuse situation territoriale, rayonne sur un pays trop riche pour ne pas savoir conjurer la décadence dont elle était menacée.

Ce n'est pas en s'obtinant à la recherche de l'impossible, mais en étudiant patiemment tous les aspects d'une question que l'on finit par trouver la solution juste.

La Loire ne pouvant, désormais, conduire vers la mer les grands bâtiments, il faut faire en sorte qu'un nombre toujours considérable de petits navires sillonnent le lit du fleuve capricieux.

Lorsque Nantes favorisait la création d'un bassin à Saint-Nazaire et croyait ainsi se ménager simplement un avant-port, Nantes oubliait la marche ordinaire du progrès industriel. En s'opposant ensuite aux améliorations réclamées par le port nouveau, surtout en essayant de détourner vers elle-même la fortune qui le favorise, Nantes s'illusionne et lutte volontairement contre la force des lois économiques les plus élémentaires.

Heureusement, ce n'est pas la première fois que la riche et belle ville doit surmonter une crise dangereuse. A son honneur, nous le croyons fermement, elle sortira de celle-ci comme des précédentes, car il ne lui faut pour cela que de l'initiative et de l'argent.

Cette seconde condition, elle la possède depuis longtemps. Ce serait lui faire injure ou plutôt se montrer absolument injuste que de lui dénier la première.

Après avoir fait preuve d'énergie, Nantes montrera sa sagacité et bientôt, espérons-le, elle se trouvera largement récompensée de sa confiance en l'avenir.

CHAPITRE XXXII

HAUTE-GOULAINE. — CLISSON

Une excursion à Nantes ne serait pas complète si l'on ne donnait quelques heures aux châteaux historiques de Haute-Goulaine et de Clisson, très voisins, le premier surtout, de la belle ville ducale.

Deux communes, dans la Loire-Inférieure, portent le nom de Goulaine[1], un des plus anciens, des plus estimés de Bretagne. Lorsque la famille fit ses preuves de noblesse, elle put présenter des actes remontant au delà du dixième siècle et tous les témoignages s'accordent pour reporter la première *reconstruction* du château à l'année 944. Il y avait donc eu là déjà une autre demeure seigneuriale.

Mêlés à beaucoup d'événements importants de l'histoire du duché, les Goulaine contractèrent des alliances avec la famille souveraine. Les armes attestent les grands services qu'ils ont rendus : « Mi-partie d'Angleterre et de France. » Le savant P. Du Paz, d'accord avec un grand nombre d'historiens, donne pour origine à ce fier blason un traité de paix et d'alliance préparé par le duc de Bretagne, Geoffroy II (fils de Henri II, roi d'Angleterre, époux de Constance, fille et héritière de Conan IV *le Petit* : 1169), entre son père et le roi de France. Alphonse de Goulaine avait été choisi pour représenter le duc dans cette négociation. Il agit si bien que les deux monarques lui accordèrent chacun de porter moitié de leurs armes. Un dessin allégorique, gravé en maint endroit du château, rappelle le seigneur diplomate : Trois D forment un triangle ; ceux de la base sont couronnés. Une devise

---

1. Haute-Goulaine et Basse-Goulaine.

les accompagne : *De cestuy-cy, de cestuy-là, j'accorde les couronnes.*

La seigneurerie de Goulaine fut érigée en marquisat par lettres patentes du mois d'octobre 1620, en faveur de Gabriel II de Goulaine, fils de Gabriel Ier et de Marguerite de Bretagne; mais ce fut le premier et le dernier marquis de la branche aînée, car son fils aîné, devenu l'unique héritier du nom, choisit la carrière sacerdotale et mourut vers la même époque que le père.

Anne de Goulaine, fille et sœur des précédents, porta le marquisat dans la famille de Romadec, où il resta jusque vers la fin du dix-huitième siècle.

Tous ces seigneurs possédaient de grands biens et leur château patrimonial, s'il n'était un des plus forts et des plus vastes de la contrée, en était à coup sûr le plus richement orné. Par ce que l'on peut encore admirer, on se fait facilement une idée juste de ce qu'était cette royale demeure... La qualification n'est pas excessive. Mieux que Clisson, Haute-Goulaine pourrait revendiquer le surnom de « Petit-Versailles », donné à tant de demeures féodales bien loin de l'égaler en beauté.

Située à huit kilomètres de Nantes, la route qui y conduit traverse une campagne très boisée. Les champs, les prairies, sont tout verdoyants ; mais cette verdure intense n'améliore point l'état du pays, resté marécageux quoique souvent on ait accompli de grands travaux pour remédier au mal. En 1655, un arrêt ordonnait le défrichement des parties du sol envahies par les eaux stagnantes. Depuis des mesures, dont l'urgence n'est que trop démontrée, ont été prises : néanmoins, il faudra lutter longtemps encore. Toute la partie sud de la Loire-Inférieure, jusqu'aux limites de la Vendée, est marécageuse. Les étymologistes font même dériver le nom du château du mot *Goalen* (fausse rivière ou eau dormante). Dom Morice a inséré dans ses *Preuves* une charte de Louis le Gros, où il est parlé des *eaux de Goulaine*. Cette charte est invoquée par les champions de l'origine bretonne.

Quoi qu'il en soit de la signification de son nom, Haute-Goulaine est une admirable demeure, que, par une restauration intelligente, on rendrait sans trop de peine à son antique splendeur.

Toutefois, ce qu'on ne pourrait lui restituer de sitôt, ce sont les magnifiques avenues dont les arbres séculaires ont été jetés bas. Quelques buissons chétifs remplacent les chênes immenses, les ormes majestueux, et la chaussée de ces avenues, sillonnée par les lourds chariots des fermiers auxquels la garde du domaine est confiée, reste remplie d'ornières profondes.

Un petit pont permet de franchir ce qui reste des fossés.

Le château se présente noblement. Reliées avec art aux parties les plus modernes, les parties anciennes se composent de grosses tours ayant encore une apparence très guerrière. De belles portes ogivales, de hautes fenêtres, des lucarnes, des gargouilles sculptées, en un mot toute l'ornementation extérieure dispose bien la vue aux merveilles intérieures qu'elle promet.

Un large escalier tournant, en pierre, conduit à une suite de salles où la surprise le dispute à l'admiration. Que l'on se figure des boiseries chargées des plus fraîches peintures et rehaussées d'arabesques, ainsi que de fonds dorés si brillants qu'ils semblent sortir des mains de l'artiste.

Une salle à manger et l'un des salons surtout éblouissent. Les lambris, les portes, les trumeaux, les chambranles, les volets des croisées, les moindres arêtes des sculptures étincellent sous la lumière entrant à flots par les baies serties de plomb des fenêtres.

Les plafonds, divisés en caissons, n'auraient rien à craindre d'une comparaison avec ceux des résidences souveraines les plus renommées. L'or s'y marie à l'azur et au rouge vif dans la gamme la plus harmonieuse, la plus délicate.

Trois des salles sont entièrement tendues de précieuses tapisseries échappées aux ravages du temps. Quelques-unes sont en cuir peint et doré ; les autres proviennent des Gobelins et de Beauvais.

Un ameublement de salon est presque intact. Il représente les héros de La Fontaine, en costume de la cour de Louis XIV. Ce meuble doit être contemporain du Roi-Soleil. Une sorte de chambre galerie renferme une suite de portraits. Ces toiles ne sont pas dans un égal état de conservation. Plusieurs tombent en poussière, d'autres ont une certaine valeur, tel un châtelain grave, fier sous son vêtement sombre, à peine égayé par une cravate de dentelle, et une belle dame coiffée à la Sévigné.

Au milieu de ce luxe si éloquent dans sa dévastation, il semblerait qu'aucune pensée sévère ne pouvait atteindre les heureux possesseurs de Goulaine ; on se tromperait en jugeant ainsi. Non loin de la grande salle des fêtes, une autre salle était disposée pour recevoir, en attendant la sépulture dernière, la dépouille des puissants seigneurs.

Comme le reste du château, cette chapelle funéraire est ornée de peintures appropriées à sa destination. Les murailles, les portes, les solives du plafond sont d'un noir d'ébène relevé par des filets argentés, des larmes, des ossements, des crânes en sautoir. Un catafalque recouvert en velours noir richement brodé, complétait autrefois l'ensemble. Après un temps plus ou moins long, les cercueils étaient transportés dans l'enfeu de l'église paroissiale.

Au moment où nous passions à Haute-Goulaine, on venait de ruiner accidentellement cette antique sépulture. Devenue insuffisante, l'église avait été démolie, mais un pan du mur, attaqué sans précaution, s'était écroulé, détruisant tout sous sa masse. Des cercueils brisés s'échappèrent quelques débris... Une longue chevelure de femme apparut... Ces restes, pieusement recueillis, ont repris leur place dans les tombeaux involontairement profanés.

Henri IV et Louis XIV ont séjourné au château de Goulaine. Il ne reste plus trace de l'ameublement de la chambre royale, car il est impossible de s'arrêter à la version qui prétend faire d'un meuble de travail assez grossier le lit des deux souverains.

Dans une demeure où le moindre détail témoigne du soin jaloux apporté à l'ornementation, il n'est pas admissible qu'une couche aussi *vilaine* (ce mot pris dans la vieille acception) ait pu être offerte à un roi.

La chapelle du château vit, en 1539, la consécration d'un évêque de Quimper, Guillaume Eder, abbé de Saint-Gildas.

Les châtelains avaient introduit dans leur domaine l'usage de couronner des *rosières*. Les registres paroissiaux en fournissent la preuve. Ils relatent qu'à la date d'octobre 1784, le marquis et la marquise de Goulaine choisirent une jeune fille, Marie Fonteneau, et s'occupèrent encore de son mariage avec un nommé Pierre Boyer. Pour donner un lustre particulier à la fête, nombreuse et brillante assistance y fut conviée.

Une vieille légende se rattache au château de Goulaine, l'une des tours en conserve la mémoire. Son fronton sculpté porte la figure d'une femme, casque en tête et un poignard levé, prête à frapper sa poitrine demi-nue.

Ce fronton représenterait une Yolande de Goulaine défendant (pendant la guerre entre Blois et Montfort) la forteresse, lors d'une absence de son père, contre une troupe d'Anglais. Presque seule, son courage ranima l'ardeur de ses soldats terrifiés et quand, succombant à la fatigue, ces derniers allaient se rendre, Yolande jura de se tuer plutôt que de subir la loi du vainqueur. Honteux, ses défenseurs redoublèrent d'énergie et le sire de Goulaine put arriver à temps pour faire lever le siège.

Cette légende est digne de prendre place dans les fastes d'une guerre qui fut surtout soutenue par deux femmes, Jeanne de Bretagne-Penthièvre, comtesse de Blois, et Jeanne de Flandre, comtesse de Montfort. Celle-ci triompha; mais avec le profit, l'honneur ne doit pas lui revenir tout entier, et il y a justice à rappeler le nom des femmes qui combattirent, comme Yolande de Goulaine, pour le droit et pour la coutume conservés depuis des siècles dans leur pays natal.

Clisson, « le Versailles de Nantes », affirment les Nantais. Cette comparaison pèche par la base. Versailles, ville moderne, doit entièrement à l'art sa magnificence.

Au contraire, Clisson, quoique son château ait été pendant si longtemps abandonné à l'action destructive des éléments, reste un ravissant séjour, empruntant de la nature seule ses principales beautés.

Calme et souriante entre ses collines boisées, la petite ville ne songe plus guère à son passé chevaleresque. Ce fut pourtant autrefois une véritable place forte, et ses seigneurs ont joué un rôle prépondérant, non seulement dans leur province, mais en France.

Olivier de Clisson, vaillant compagnon de Du Guesclin, succéda aux honneurs décernés à son illustre ami. Le bâton de connétable lui fut octroyé après les obsèques du vainqueur posthume de Château-Randon. Charles V, roi de France, avait, en mourant, recommandé de donner à Olivier cette récompense de son cou-

Ruines du château de Clisson.

rage sans bornes et de son inviolable fidélité. Charles VI obéit à son père le jour même de son propre sacre à Reims (25 octobre 1380).

Deux ans plus tard, le nouveau connétable gagnait sur les Flamands une importante bataille.

La seconde fille d'Olivier, Marguerite, épousa le conte de Penthièvre, fils de Charles de Blois. Les historiens de la province s'accordent à blâmer l'orgueil indomptable, l'ambition démesurée de cette princesse, qui ne rêvait rien moins que de faire revivre les droits de la maison de Blois et ainsi, par conséquent, de placer la couronne ducale sur la tête de son mari. Après la mort de son père, elle osa tendre une embûche au duc Jean V, le retint prisonnier pendant quelques jours, et son plan réussit, mais une telle audace eut pour résultat d'appauvrir momentanément la famille.

Tant qu'Olivier vécut, il refréna les projets de sa fille même plusieurs fois; il lui prédit, assure-t-on, qu'elle serait la perte de l'honneur et des biens de ses enfants.

Olivier aurait eu alors une sorte de prescience de l'avenir, car c'est seulement douze ans après sa mort (1419) qu'eut lieu l'attentat de Marguerite.

A la vie du connétable de Clisson se rattache le triste épisode de la première manifestation de la folie du roi de France Charles VI.

« Dans la nuit du 13 au 14 juin 1392, Pierre de Craon, secondé par une vingtaine de « malandrins », attaqua Olivier dans la rue Culture-Sainte-Catherine, le fit tomber de cheval, et l'accabla de coups. Le connétable revenait de souper chez le roi. Dès que celui-ci fut instruit du crime, il alla voir Clisson...

« Craon s'échappa et vint en Bretagne, mais il partit bientôt.

« Le roi envoya quatre chevaliers sommer le duc de le lui livrer. Jean IV répondit qu'il était étranger à l'assassinat et que Pierre de Craon avait quitté le duché. Le roi partit néanmoins à la tête d'une armée pour se venger de la réponse du duc...

« Olivier et ses partisans dirigeaient le roi par leurs conseils, malgré les efforts des ducs de Berry et de Bourgogne... »

Hélas! les suites de cette expédition devaient être effroyables pour la France. On sait ce qu'il advint dans la traversée, par le roi, de la forêt du Mans.

Une mise en scène fantastique, destinée à envelopper un dernier avis, ébranla le faible cerveau de Charles. Une démence furieuse s'empara de son esprit, il tua quatre de ses serviteurs, et ce fut à grand'peine que l'on paralysa ses mouvements.

Lié, puis ramené à Paris, jamais il ne recouvra complètement la raison. Le royaume devint la proie de l'infâme Isabeau de Bavière et des factions féodales, en attendant qu'il devint celle des Anglais.

« Cet événement coûta à Clisson son rang de connétable. Philippe d'Artois, comte d'Eu, gendre du duc de Berry, le remplaça. Quinze ans plus tard, le 21 avril 1407, Olivier mourait à son château de Josselin, où il fut inhumé.

« Ainsi finit ce guerrier si redouté des Anglais, qui l'appelaient *le bouclier de l'armée française*. Il fut l'ami, le frère d'armes, le successeur de Du Guesclin, mais il ne faut pas confondre les mérites de ces deux hommes. Du Guesclin avait toutes les vertus et Clisson bien des vices. Inflexible dans sa haine et prêt à tout sacrifier à sa vengeance, il aimait mieux se plonger, avec sa patrie, dans une multitude de maux que de fléchir devant son souverain. Sa cruauté le fit haïr de ses ennemis, et son avarice de ses vassaux et de ses soldats, dont il retenait souvent la paye pour se l'approprier. Ce fut par ce dernier moyen qu'il acquit une fortune si considérable. Mais, en blâmant ces vices honteux, nous ne pouvons nous empêcher de rendre justice à son courage, à son activité, à son habileté, à son expérience dans les armes, et surtout à son zèle et à sa fidélité pour sa patrie. Ces vertus rachètent bien des défauts et lui vaudront une place distinguée dans la mémoire des hommes, surtout des Français. »

Ces derniers mots dévoilent un écrivain breton. Ils sont justes, d'ailleurs, car Olivier de Clisson défendit bravement la France au milieu des circonstances les plus critiques.

En 1442, le duc François Ier réunit la seigneurie de Clisson à sa couronne. Le duc François II y naquit et conserva pour la jolie petite ville une grande affection. Souvent il y séjourna et y donna le spectacle d'une cour des plus fastueuses. Son second mariage avec Marguerite de Foix fut béni dans la chapelle du château. De cette union devait naître Anne, dernière souveraine de Bretagne...

Les annales de Clisson conservent encore les noms de plusieurs autres illustres visiteurs. En 1205, c'était Philippe-Auguste ; après lui, saint Louis et Blanche de Castille.

Le duc d'Orléans, depuis Louis XII, y trouva un asile. Charles VIII et la reine Anne signalèrent leur séjour au château par des fêtes splendides.

Le roi François I*er* prit grand plaisir à voir Clisson. Puis y vinrent aussi Charles IX, Catherine de Médicis, Henri IV, Louis XIII, Louis XIV. Mais l'antique demeure féodale avait perdu son importance comme place de guerre. Il ne lui restait d'autre gloire que de pouvoir être considérée comme l'un des plus beaux spécimens de l'art des fortifications au moyen âge.

Les restes du vieux donjon du sommet de la colline, où ils sont situés à une hauteur prodigieuse et sur une immense étendue, semblent être encore gardiens de la contrée, et l'on comprend le rôle important que pendant si longtemps ils eurent dans les affaires de la province.

Une partie seulement est accessible aux visiteurs. Dans les points prudemment réservés, les lourdes pierres se détachent des arceaux, les marches des escaliers s'ébranlent. Il est donc préférable de passer simplement dans le labyrinthe de l'enceinte, de visiter la chambre dite du connétable et celle dite de la châtelaine.

Pour arriver à ce dernier appartement, il fallait traverser le premier... C'était pousser loin le désir de protection ! On voit encore quelques vestiges d'un lieu de torture et un cachot sinistre à destination d'*oubliettes*. On se repose un instant à l'ombre d'un chêne recouvrant l'orifice d'un puits, mais on se hâte de le quitter : tant de cadavres y furent ensevelis !...

Les créneaux des murailles donnent heureusement le moyen d'oublier les tristes souvenirs, en permettant d'embrasser l'éblouissant tableau qui, de toutes parts, s'offre à la vue.

Les rues serpentent au flanc des collines. Tantôt leurs maisons se dressent sur le bleu du ciel, tantôt elles semblent s'abîmer dans de profondes vallées. La tour de la vieille collégiale Notre-Dame paraît la protéger.

Un pont tout enguirlandé de lierre est jeté au confluent de la *Sèvre* et de la *Moine*. Rien de plus délicieux qu'une promenade le long de ces cours d'eau.

RUINE INTÉRIEURE DU CHATEAU DE CLISSON

La Sèvre, le plus important des deux, est une *vraie* rivière, coulant à pleins bords au milieu d'un pays si pittoresque, que plusieurs ouvrages descriptifs lui ont été consacrés. Pourtant, la Moine attire davantage ; capricieuse, elle se fraye une route accidentée le long de la *Prairie des Guerriers*[1], au milieu de rochers dont les entassements devraient arrêter son faible courant; mais ses eaux pures franchissent, en la contournant, la barrière redoutable : elles se cachent sous les berges verdoyantes, ou bruissent parmi les joncs... Ici, l'étroit ruban miroite à peine, tellement les rives boisées s'élèvent.

Là, dégagé de tous les obstacles, il moire sa surface des mille couleurs des nuages emportés par le vent.

Les heures passent bien courtes au milieu de ces enchantements.

Clisson a tout pour lui.

Les superbes ruines du château font l'admiration des ingénieurs qui les proclament une merveille de fortification militaire avant l'époque où l'emploi du canon changea les règles de cet art.

Dans la forme des fenêtres, dans celle des créneaux, des mâchicoulis, dans le plan même de l'édifice, l'archéologue retrouve discute l'influence des croisades et soutient que l'architecture moresque y éclate très pure.

Le peintre s'arrête, ravi, croyant reconnaître à chaque pas la trace de Nicolas Poussin. Une seule chose peut le troubler : l'abondance de ces beautés, on voudrait choisir, et chaque aspect nouveau laisse indécis.

L'écrivain n'est pas moins bien partagé sous ces bois ombreux; au bord des rivières murmurantes ; entourée de souvenirs guerriers, historiques ou de « gaie science », l'imagination ne peut se montrer rebelle.

Près de Clisson s'élève une petite chapelle fondée par le connétable, en exécution d'un vœu prononcé au milieu de la joie causée par l'annonce de trois heureuses nouvelles. Olivier venait d'apprendre qu'il était père d'un fils, que les Anglais avait perdu

---

[1]. Ce nom est un souvenir du séjour du duc François II. La Moine traverse la Garenne-Valentin.

une importante bataille, et enfin que le roi de France avait terminé une grave contestation entre lui, Clisson, et le duc de Bretagne. Aussi donna-t-il à sa fondation le vocable de *Notre-Dame de Toute-Joie*. Pendant longtemps, cette chapelle avait été, et elle est redevenue le but d'un pèlerinage fréquent.

Pour s'y rendre en venant de la ville, on doit passer près du viaduc unissant les deux rives de la Moine ; cet ouvrage mérite d'être admiré. Élevé de vingt mètres, les piliers qui le supportent ne sont pas massifs ainsi que d'ordinaire on les construit. Taillés en arceaux aigus, gracieusement évidés, l'œil, quand on regarde de l'une des extrémités des quinze travées, semble se perdre sous la voûte d'une église gothique. L'illusion est complète, la beauté du travail et la netteté de la pierre y prêtent encore.

Désormais, la route monte toujours; pourtant, si un sentiment religieux ne s'attache à la suite du voyage, il est inutile. En effet, la petite chapelle n'a rien de remarquable. Elle se présente verdie et comme accablée par la mousse que les siècles ont accumulée sur ses murailles.

A l'intérieur, même simplicité ; nulle sculpture, nulle précieuse boiserie : une voûte basse, écrasée, humide. Pour tout ornement une pauvre statue et de naïfs *ex-voto*.

Le ciel, un peu menaçant jusqu'au milieu de la matinée, se pare à présent de teintes brillantes. Tout resplendit, les eaux, les feuilles, encore chargées de rosée, la surface des prairies. En se réfléchissant dans les fenêtres des maisons, les rayons du soleil mettent une ondoyante ligne de feu à chaque contour des collines. Le jeu de la lumière produit, du milieu des murs demantelés du château, les effets les plus inattendus. Le tableau entier est auréolé d'un nimbe éblouissant.

Il est presque pénible de s'arracher à cette vision charmeresse on voudrait la fixer en traits inaltérables.

Sur quelques pays privilégiés, le Créateur a ouvert sa main libérale et des perles en sont tombées.

Ces perles, nul ne pourra en reproduire l'éternelle beauté et toute image restera une froide ombre décolorée...

CHAPITRE XXXIII

LA LOIRE DEPUIS NANTES JUSQU'A LA MER

Soixante kilomètres séparent Nantes de la mer. Les voies ferrées conduisent depuis longtemps aux extrémités des rives de la Loire ; mais, dans les longs jours de l'été, il vaut mieux, ne fût-ce que pour jouir du panorama des berges du fleuve se confier au bateau à vapeur. Le voyage est intéressant.

Dès les premiers tours de roue, la pensée retrouve mille souvenirs.

Trois petits îlots, dépendant de la commune de SAINT-PIERRE-DE-BOUGUENAIS[1], apparaissent. L'un d'eux, TRENTMOULLE, a été chanté par les bardes de la Table-Ronde. Sa grève sablonneuse, ses antiques ruelles resserrées, ses impasses fort laides et ses masures croulantes, avec escalier extérieur pour permettre d'accéder au premier étage, lorsque, pendant l'hiver, l'île est inondée, tout donne une idée peu avantageuse du lieu jadis célèbre, maintenant habité par une population de pêcheurs et d'ouvriers du port nantais.

Une route reliée par un pont à la terre ferme conduit au fameux monastère des COUETS, fondé en 1149 par Hoël VI, comte de Nantes, pour sa fille Odeline, religieuse de l'abbaye de Saint-Sulpice. Françoise d'Amboise, femme de Pierre II, duc de Bretagne, releva cette maison et y établit des carmélites, dont elle prit l'habit.

Les bâtiments des Couëts sont aujourd'hui occupés par les élèves du petit séminaire.

Trentmoulle forme l'extrémité ouest de l'île des *Chevaliers*, nom qui rappelle encore la Table-Ronde, et qui viendrait de la

---

1. Rive gauche de la Loire.

défaite infligée, sur ce sol, à toute une troupe de Normands, par trente chevaliers bretons. La partie est de l'île touche l'embouchure de la Sèvre, et le bras de la Loire, qui la sépare de la terre ferme, porte le nom de *Seil de Rézé*, à cause du bourg important établi sur la rive gauche. Rézé, d'après les découvertes faites sur son territoire, a dû être une grande ville avec port; on y a trouvé des ruines de quai, encore munies d'*organeaux* ou anneaux de fer pour retenir les câbles; de plus, les noms de *Goulet* et de *Petit Fougant de mer*, donnés à deux hameaux, coïncideraient bien avec l'existence du port présumé. La Loire a dû amonceler des sables sur la grève, et, par suite, le sol s'est étendu.

Rézé a fourni de belles médailles aux numismates; de l'examen de ces pièces, il semblerait que jadis le bourg se nomma *Ratiate*; mais, si importants et si nombreux que soient les débris romains, aucune certitude ne peut être établie touchant la question.

Encore bien moins pourrait-on prendre au sérieux l'étrange opinion qui expliquerait l'appellation donnée au beau pont de *Pirmil*, par le nom du fameux général Paul-Émile!

En face Trentmoulle, sur la rive droite, se trouve l'escalier monumental couronné par une belle statue de sainte Anne.

Les voitures de tramway passent. La fumée d'un train de chemin de fer se mêle à la fumée lancée par les machines des bateaux, et bientôt se confond dans les nuages.

Véritable prolongement de Nantes, CHANTENAY occupe un coteau dont les assises granitiques fournissent, depuis des siècles une très belle pierre à bâtir. Les vergers, les champs de cultures maraîchères alternent avec un grand nombre de maisons de campagne, et sur le rivage, des constructeurs de petits navires se hâtent au travail.

BASSE-INDRE[1], peuplée de pêcheurs, de marins, d'ouvriers possède de riches prairies et approvisionne Nantes d'excellents poissons, tels les saumons, les aloses, les lamproies, ainsi que d'une sorte de crevettes rose tendre appelées *de Loire*.

Les conserves de lamproies nantaises sont renommées. Ce poisson, comme l'anguille, a le corps allongé, cylindrique et

---

1. Rive droite.

privé de nageoires ventrales. Il n'appartient cependant pas à la même famille et en diffère essentiellement à tous les autres points de vue. C'est un membre de la tribu des *cyclostomes* (*bouche en rond*). Il a reçu le nom particulier de *Pétromyzon* (*suceur de pierre*), à cause de la propriété qu'il possède de s'attacher aux pierres, au bois, à tous les corps durs, à l'aide de sa bouche qui fait fonction de ventouses.

Sa structure est étrange. La colonne vertébrale est formée par une série d'anneaux cartilagineux enfilés sur une sorte de tendon rempli de moelle mucilagineuse. Aucune arête ne part de ces anneaux, mais l'appareil des branchies se trouve relié par des cartilages. Ces branchies montrent l'organe respiratoire, tout simplement constitué par *sept trous* percés de chaque côté de la tête, qui se termine par un museau rond. La lamproie atteint une longueur d'un mètre environ ; sa peau gluante, d'un jaune sale tacheté de brun, ajoute à la laideur de l'ensemble, mais sa chair est délicate, surtout quand elle n'est pas *cordée*, c'est-à-dire que les anneaux du squelette ne sont pas endurcis.

Toute la commune actuelle de Basse-Indre était primitivement composée de trois îles : *Haute-Indre, Basse-Indre* et *Indret.* Seule, cette dernière, quoique reliée à la rive gauche par une belle chaussée, peut encore être regardée comme occupant une position insulaire.

Quant aux deux Indre (on orthographiait jadis *Aindre,* traduit en latin, dans les titres, par *Antrum*), la qualification de *haute* et *basse,* à elles appliquée, tenait à leur situation respective sur le cours de la Loire, et non à leur configuration géologique, car Basse-Indre groupe ses maisons le long des pentes d'une colline assez escarpée, dont le sommet est couronné par l'église.

Une jolie église moderne a succédé au prieuré créé sur les ruines du monastère fondé par saint Pasquier ou Pascaire, évêque de Nantes, en faveur de saint Hermeland et de ses compagnons. Ce monastère fut pillé, en 843, par les Normands, qui venaient de mettre Nantes à feu et à sang.

L'usine nationale d'INDRET, créée en 1778 pour le service de la marine, a fait la fortune de l'île du même nom. C'est un des plus importants établissements de France. Jadis on y fondait les canons de marine, aujourd'hui l'on y confectionne des machines à vapeur et des coques pour navires en fer. Tous les perfectionnements de la mécanique moderne ont été introduits dans ces magnifiques ateliers.

Le directeur occupe le château reconstruit (1594) par le duc de Mercœur. L'ancien chef de la Ligue, en Bretagne, aimait beaucoup le séjour d'Indret, où il trouvait le calme, et il passait souvent des journées entières dans un petit ermitage situé à quelques centaines de mètres plus loin.

C'est à la partie ouest que se trouve l'étrange petit monument connu sous le nom d'ermitage de SAINT-HERMELAND OU SAINT-HERBLAIN.

Il faut se figurer « deux pièces contiguës de forme ovale, presque ronde, ayant chacune leur entrée à l'ouest. Elles sont toutes deux voûtées et recouvertes d'une plate-forme sur laquelle on monte par un escalier extérieur. C'est une sorte de *solarium*, qui a été, en ces derniers temps, garni d'une pièce de fonte, dans un but de conservation.

« La construction en est assez grossière, mais très solide. Les pierres en sont brutes et forment saillie jusqu'à trente centimètres. Dans la chambre du nord, on trouve un autel en pierre, au-dessus duquel s'ouvrait autrefois une grande fenêtre.

« Dans celle du sud, communiquant avec l'autre par une porte intérieure, il existe une petite cellule fort étroite, qui était éclairée par une petite fenêtre aujourd'hui bouchée. On y voit encore, fixé à la voûte, un crochet en fer qui a pu servir à suspendre une lampe ou quelque autre objet. »

Depuis lors, l'ermitage a été réparé. La fenêtre éclairant l'autel et celle qui donne du jour à la cellule ont été débouchées et garnies de vitraux coloriés. Le premier représente saint Hermeland tenant à la main la lamproie avec laquelle, disent les légendaires, il nourrit toute sa communauté.

La première impression causée par l'aspect de l'oratoire est toute d'étonnement. Ce petit édifice porte le cachet d'une haute antiquité et il serait difficile d'assigner une date quelconque à sa construction.

Il semblerait que les pierres aient été, à l'origine, simplement juxtaposées, les plus longues dépassant les autres de trente centimètres. Comme le fait remarquer l'auteur de la note citée, on croirait voir deux embryons de tours, rasées un peu au-dessus des fondations et toutes hérissées d'épines formées par les saillies des matériaux non dégrossis.

Un escalier tourne le long du flanc nord, aboutissant à une plate-forme que l'usine d'Indret a revêtue d'une coulée de fonte pour empêcher l'action destructive du temps.

De cette terrasse, le religieux solitaire pouvait voir, sur l'autre côté du fleuve, son abbaye et promener longuement son regard sur la vaste étendue allant des faubourgs de Nantes aux confins de la mer, en passant par la succession des collines ondulées bornant les rives.

La végétation était alors riche et touffue ; les cheminées d'usines n'obscurcissaient pas de leur épaisse fumée le bleu du ciel. Les flots coulaient, libres d'entraves, mêlant leur note brillante aux beautés de la terre.

Aujourd'hui, pour être moins primitif, le paysage reste encore d'une admirable grâce.

Le petit ermitage rappelle les premiers siècles de l'histoire de Bretagne ; les coteaux aux lignes fuyantes retracent l'aspect général des campagnes bretonnes, les arbres semblent être les sentinelles avancées de forêts majestueuses... La Loire, superbe, roule nonchalamment ses eaux pailletées d'argent ; les navires, les barques, les canots, se pressent, remontant ou descendant son cours.

Sur la rive droite, Basse-Indre se déploie orgueilleuse comme une ville opulente. Les usines envoient dans l'air leurs appels graves ou perçants. De tous côtés, surgissent les traces du progrès commercial et industriel.

Le soleil achève de déchirer les derniers lambeaux de brouillard encore accrochés au front des collines. Une pluie de rayons lumineux jette partout un reflet doré. Les brins d'herbe scintillent diamantés : c'est un mélange de couleurs à la fois vives et douces, harmonieuses et caressantes, que l'on voudrait pouvoir instantanément fixer sur la toile pour en garder, inaltérable, le radieux souvenir.

Couëron, gros bourg de la rive droite, avance, comme Basse-Indre, jusque sur la grève sablonneuse. L'église, tout entière visible, prend un faux air de forteresse, et les collines qui l'entourent semblent prêtes à atteindre à une grande hauteur. Mais elles s'abaissent bientôt vers l'ouest, pour former une des limites des tourbières, puis, se relevant vers le nord, finissent par se confondre avec la chaîne de monticules connue sous le nom de *Sillon de Bretagne* et courant de Nantes à Pont-Château. Du sommet de cette petite chaîne, on domine le cours inférieur de la Loire et son entrée dans l'Océan.

La Loire forme ici un petit port commode et fréquenté. Une seconde petite baie, *Port Launay,* se trouve à deux ou trois cents mètres plus à l'ouest. Les Hollandais y avaient établi un canal et construit des ateliers où ils envoyaient beaucoup de navires.

Les grains, les fourrages, les vins de Couëron jouissent, dans le pays, d'une certaine réputation. Les ducs de Bretagne fournissaient toujours amplement leurs celliers de ces vignobles. Ils possédaient, sur la commune un superbe et vaste château nommé *Gazoire*. Le duc François II y mourut d'une chute de cheval, le 8 septembre 1488.

Vis-à-vis Couëron, un assez joli clocher moderne signale Le Pellerin (on orthographiait aussi : *Le Pèlerin*), bourg commerçant, étagé sur un coteau et doté d'un petit port qui fait des expéditions de blés, fourrages, bestiaux... Jadis, l'importance de ce havre était plus grande ; il recevait les navires d'un tirant d'eau trop élevé pour remonter la Loire. On y percevait également un droit de tonnage et, selon Dom Morice, le bourg, de cette circonstance, prenait le nom de *Pont-des-Tailles,* d'où le mot breton : *Pont-Tellou.*

Après le Pellerin, et vis-à-vis l'*île de Bois,* se trouve l'embouchure de l'*Achenau,* rivière, ou plutôt canal, servant de déversoir au lac de *Grand-Lieu,* immense nappe d'eau de forme ovalaire, couvrant près de sept mille hectares de terrain. Long d'environ dix-huit kilomètres, le canal avait été creusé par les moines de l'abbaye de Buzay. Un certain nombre de communes prennent part maintenant à son entretien, l'importance de cette voie étant réelle pour la région qu'elle traverse. Le chemin de fer, toutefois, concourt d'une manière de plus en plus active à l'exportation des produits agricoles.

Deux écluses situées, l'une à Messan, l'autre à Buzay, et distantes d'environ trois kilomètres, assurent le bon fonctionnement du canal dit de l'Achenau, appelé plus souvent *étier de Buzay*.

Au delà de l'étier, deux petites anses, *Le Migron* et *Port-la-Roche,* dépendent de Frossay, qui, avec la décadence de la navigation fluviale, a vu diminuer sa prospérité commerciale, mais reste en possession du territoire très fertile auquel son nom latin de *Frugiacum* semble se rattacher.

Ermitage de Saint-Hermeland, près d'Indret.

Dans leur ensemble, les berges du fleuve se présentent basses et son lit tout parsemé d'îlots verdoyants (le plus grand se nomme *Belle-Ile*), ainsi que de bancs de sables, prairies futures. Quand des crues énormes, de plus de sept mètres au-dessus de l'étiage, donnent un débit semblable à celui du Mississipi, c'est-à-dire dix mille mètres cubes par seconde (M. Jules Girard), les eaux, que nul obstacle sérieux ne brisent, se répandent au loin sur les campagnes, entraînant partout la dévastation ; mais si la crue est normale, elle dépose un épais limon, engrais fécond des prairies riveraines. Parfois, encore, ces dépôts sont tellement considérables qu'ils peuvent former des terrains nouveaux.

La tradition affirme que Cordemais a été, de cette manière, séparé de la Loire, dont les flots baignaient primitivement la masse granitique sur laquelle le bourg est bâti.

A l'exception de ce rocher, tout le pays, plat, uni, fournit à l'agriculture un sol très riche.

Très commerçant et favorisé par sa situation, ce bourg opulent, l'une des plus anciennes paroisses du département, fait face à Paimbœuf (construit sur la rive gauche), chaque jour plus délaissé. Un service de bateaux à vapeur est installé entre les deux localités.

Donges avait titre de vicomté et, paraît-il, était fortifié. De son importance féodale il a conservé l'*Auditoire*, curieux monument, siège de la haute justice des seigneurs, qui l'exerçaient sur dix-sept communes. Les témoignages du séjour des Celtes sont encore assez nombreux à Donges. L'un des plus beaux, superbe peulven nommé *Pierre de la Vacherie*, est remarquable par sa hauteur.

Le bourg possède des tourbières et faisait, il y a peu de temps encore, un grand commerce de sangsues avec l'Angleterre; mais les progrès de la science annulent cette branche d'industrie.

Du milieu des plaines monotones se dresse un monticule appelé la butte de *Cesmes* et placé à souhait pour le plaisir des yeux. L'horizon s'étend jusqu'à Noirmoutier, aux derniers points de la côte de Saint-Nazaire et embrasse toute l'embouchure de la Loire, la pointe de Mindin, Paimbœuf, le cours du fleuve... Par une belle journée d'été, le tableau est vraiment admirable.

Une jetée protégeant le port a pris le nom de l'amiral Halgan, que Donges, de par les titres de l'état civil, réclame pour un de ses enfants. L'illustre marin naquit dans ce bourg le 31 décembre 1771. On sait quelle brillante carrière il devait parcourir. A peine âgé de treize ans, il s'engage comme volontaire, se fait remarquer partout où on le rencontre, et spécialement dans l'affaire des brûlots de l'île d'Aix (1809), puis pendant la guerre de l'Indépendance grecque. Louis XVIII lui donnait le surnom de *Soter* (*sauveur*). Emmanuel Halgan, devenu vice-amiral (il avait été pair de France), mourut le 20 avril 1852.

Après Paimbœuf, où nous allons revenir, la Loire décrit une courbe au sommet de laquelle se trouve Montoir, centre d'expédition des mottes enlevées aux tourbières; ensuite, subitement rétréci par la pointe de Saint-Nazaire et celle de Mindin, son lit s'élargit de nouveau pour venir former le large estuaire contenu entre les pointes de Chemoulin et de Saint-Gildas, cette dernière située à l'extrémité sud-ouest du département.

Un ban de sable dit *Barre des charpentiers,* large de quatre cents mètres et long d'un mille, obstrue l'entrée de la Loire ; les pilotes, toutefois, ne le redoutent guère et, pour détruire ce que le mot de *barre* éveille de craintes, ils lui ont substitué celui de *traverse*. Leur expérience avait bien jugé la situation, puisque le départ et l'arrivée des immenses paquebots transatlantiques peuvent s'effectuer à heure fixe.

Il y a plus, pour obtenir l'annihilation complète de l'obstacle, l'ingénieur en chef du port de Saint-Nazaire, M. Kerviler, va faire procéder à des essais de dragage. Si les espérances fondées sur ces essais se confirment, Saint-Nazaire pourra recevoir à toute pleine mer des navires de *huit mètres de tirant d'eau* et, comme ses rades sont d'une *sécurité absolue,* il deviendra le premier port marchand de l'Atlantique. Son avenir peut donc atteindre au plus haut point possible de prospérité.

« Un autre banc, dit *Bonne anse,* s'est formé vers 1850, *mais tend à disparaître*.... Il y a toujours autant d'eau et beaucoup moins d'agitation sur ce banc que sur les *Charpentiers,* dont il est si peu éloigné. Ainsi, bien que Saint-Nazaire soit situé à l'embouchure d'une rivière chargée de sables, ses passes d'accès ne sont point exposées à varier d'une année à l'autre, comme il n'arrive que trop souvent en pareil cas. Elles persistent, au contraire, dans des conditions de permanence éminemment favorables à la navigation. » (M. Kerviler.)

Saint-Nazaire a bénéficié de son exceptionnelle situation, constituée par de vastes élargissements du chenal du fleuve, l'un sur la rive gauche, immédiatement à l'aval, l'autre sur la rive droite, en amont de la vieille ville.

Mais l'estuaire de la Loire et son embouchure n'en offraient pas moins des dangers, heureusement contre-balancés par la sûreté des atterrages. En effet, la position de Belle-Ile, avec ses abords commodes, puis le gisement caractéristique de l'Ile-d'Yeu, rendent une reconnaissance prompte, certaine. De plus, chaque écueil est signalé par des phares, des feux ou des bouées.

Belle-Ile, avec le phare de Bangor, dont l'éclat se voile de minute en minute, et l'Ile-d'Yeu, avec son beau phare à lumière fixe, précisent les points les plus éloignés de la route à suivre.

Viennent, ensuite, le phare du *Pilier*, au *sud* de la Loire, sur un écueil appartenant à l'île de Noirmoutier et situé à sa pointe nord-ouest. Feu fixe de second ordre, le Pilier a des éclats précédés et suivis de faisceaux de rayons rouges.

La *Chaussée des Bœufs*, sa voisine porte un feu à *la Pointe des Dames*, qui complète les indications du premier.

Au nord de l'embouchure, le phare du plateau du *Four*, isolé en mer à trois milles et demi du Croisic, éclipse sa lumière de trente en trente secondes. L'une des deux bouées qui le balisent fait résonner une cloche, système si utile pendant les nuits sombres et les jours brumeux.

Au large, convergeant à peu près dans l'axe de l'embouchure, le grand plateau rocheux de *la Blanche* se hérisse de blocs curieux. Le plus remarquable, masse immense, est troué d'une arche naturelle assez large et élevée. A la pointe de ce plateau, un feu fixe de troisième ordre, établi depuis vingt ans, projette une lueur pourpre sur les flots.

Enfin, les deux phares à feu fixe, nommés d'*Aiguillon* et du *Commerce* sur la rive droite de la Loire ; les deux feux rouges de quatrième ordre établis sur la pointe de la *Lève* et sur celle de la *Ville-ès-Martin* achèvent de jalonner le chenal du fleuve.

Tout danger peut donc, à peu près, être évité.

L'imagination des ingénieurs a même trouvé un curieux moyen d'achever de faire disparaître ou, tout au moins, d'atténuer ces dangers.

Un écueil, appelée *la Couronnée*, gît un peu au sud de la pointe Saint-Gildas ; pendant la nuit, le phare du Pilier y projette un faisceau de lumière rouge, et pendant le jour une bouée-bateau le dénonce au moyen d'une couronne de miroirs !

La Loire ne peut donc plus, comme autrefois, engloutir un nombre de bâtiments de commerce représentant, *annuellement, douze cent mille francs* environ ! Et il ne s'y ajoutera plus, comme de 1799 à 1802 « les naufrages d'une frégate, de deux corvettes et d'un grand transport [1] ».

---

1. M. Kerviler. *Historique du port de Saint-Nazaire.*

CHAPITRE XXXIV

PAIMBŒUF. — CORSEPT. — MINDIN ET SAINT-BRÉVIN

Fantôme de ville, pourrait-on dire en parlant de Paimbœuf.

Elle s'étend, déserte, oubliée des navires qui, trouvant une rade plus profonde et plus sûre à Saint-Nazaire, ne manquent pas d'y jeter l'ancre, ou bien, remorqués par un bateau à vapeur, suivent la Loire pour aller s'amarrer en plein cœur de Nantes.

Les pas résonnent sur les quais, où nul encombrement n'arrête la marche; dans les rues, où le silence règne en maître; dans les habitations, d'où nul bruit joyeux ne semble pouvoir s'échapper.

La torpeur est complète. Paimbœuf achève de vivre. Son importance, lente à venir, s'est promptement évanouie. Qu'une rivale heureuse lui enlève l'administration de l'arrondissement, et la pauvre ville recevra le dernier coup. En attendant, elle porte le deuil de sa prospérité passée.

Sa situation sur la Loire n'en reste pas moins très belle, et le quai principal, planté de vieux arbres, terminé par le monticule du Calvaire, d'où l'on découvre un large horizon, offrirait la plus agréable des promenades, si des vases n'encombraient les mouillages de jadis.

Paimbœuf se déploie sur plus de trois kilomètres le long du fleuve, mais son étendue en largeur est presque nulle. Plusieurs avenues ont été tracées autour de la gare; aucune ne paraît destinée à devenir un centre de population. Pour entretenir la vie, il faut vivre soi-même, il faut être ou riche ou industrieux. Les riches Paimblotins, s'ils n'ont tous émigré, conservent au plus un pied-à-terre qui leur permet de rayonner sur toutes les plages voisines.

Les industriels ne peuvent soutenir ou fonder aucune maison

dans ces conditions d'infériorité trop évidente vis-à-vis de leurs concurrents.

En revanche, des petits rentiers, des employés retraités, des pensionnés de l'Etat, tous à la portion congrue, peuvent trouver à Paimbœuf un lieu d'asile où le repos bien gagné ne sera pas détruit par les exigences toujours croissantes de la vie moderne.

L'arrondissement forme la plus petite des circonscriptions de la Loire-Inférieure ; mais, eu égard à son périmètre, elle est la plus peuplée. Sa sous-préfecture est une ville toute moderne par rapport aux quatre chefs-lieux de canton [1] sur lesquels s'exerce sa suprématie.

C'est à peine vers la fin du dix-septième siècle (1667) que la bourgade de *Penochen* ou *Penbo*, établie dans une île du fleuve, fut reconnue par les marins, que les difficultés du lit de la Loire commençaient à préoccuper. Jugeant le mouillage excellent, ils trouvèrent sage de ne pas exposer leurs navires, et tout fret dépassant trois cents tonneaux était chargé sur des gabares ou barges qui le transportaient à Nantes.

Rapidement, Paimbœuf profita de sa fortune nouvelle ; des quais furent construits et la rade aussi améliorée que possible. Comme les vents du sud-ouest et du nord-ouest le bouleversent souvent, une partie du port fut aménagée pour prévenir toute avarie. On lui donna le nom d'*Anse des Quatre-Amarres*, de l'opération qui consistait à lier solidement les navires par quatre côtés : deux étant fixés à terre et deux étant mouillés, avec des ancres très fortes, dans le lit du fleuve.

De 1778 à 1782, l'intendant de la province de Bretagne, CAZE DE LA BOVE, accueillit les plans de l'ingénieur GROLLEAU et lui fit construire le môle, orienté du sud au nord, sur une longueur de soixante-dix mètres et une largeur de sept. Ce bel ouvrage, remarquable encore par les soins apportés au travail, n'a pu malheureusement empêcher la rade de s'ensabler.

Le commerce de Paimbœuf se reportait naturellement en entier vers les besoins de la navigation. Les radoubs, la construction, les fournitures en vivres et objets de toute sorte, nécessaires à l'existence d'un bâtiment, se trouvaient sous la main du marin...

---

1. Le Pellerin au nord-est ; Bourgneuf au sud-est ; Saint-Père-en-Retz vers le centre, Pornic au sud.

Bientôt, un premier coup fut porté par le remorquage à vapeur. Le second ne devait pas tarder. Saint-Nazaire, apprécié enfin, allait prendre sa véritable place. Les efforts, les dépenses se concentraient sur ses mouillages, si bien situés, si avantageux. Paimbœuf lutta avec l'énergie du désespoir, mais rien ne peut prévaloir contre la force des faits. Les proportions des navires augmentant chaque jour, les difficultés de la traversée du fleuve ne pouvaient être sûrement vaincues. La pauvre ville, si brillante pendant environ un siècle, dut se résigner... Le météore s'évanouit dans l'ombre avec la même soudaineté qu'il en avait surgi...

Un peu à l'Ouest de la ville, se présente une belle plaine au milieu de laquelle est assis le bourg du CORSEPT. L'île de Saint-Nicolas en dépend. Vauban avait, semble-t-il, conçu le projet de faire un port de cette plaine. L'idée, abandonnée, fut en quelque sorte reprise, car on commença, à Saint-Nicolas, la construction d'un lazaret ; beaucoup d'argent s'y trouva dépensé, et, finalement, on renonça au projet.

Mieux connue, la position de Saint-Nazaire appelait avec raison l'attention des ingénieurs et méritait que tous les efforts fussent concentrés de manière à obtenir ce qu'elle est devenue : un excellent port en train de conquérir le premier rang.

« Le fameux MINDIN, que plusieurs regardent comme une ville, n'est qu'un simple rocher situé sur le bord de la mer, avec fort de son nom, bâti, en 1754, aux frais du roi. Il y avait autrefois dans ce lieu un village qui n'existe plus ; ce qui lui a donné la réputation étonnante dont il jouit, c'est la sûreté de son mouillage, précisément à l'embouchure de la Loire. C'est de là que les marins datent leur départ pour les voyages de long cours, et leur entrée en rivière à l'arrivée. » (Ogée.)

Or, le mouillage de MINDIN participe en quelque sorte à la fortune de Saint-Nazaire, vis-à-vis duquel il est exactement situé. Il en forme la *grande rade* sur une longueur de deux mille mètres, une largeur de six cent cinquante mètres et une profondeur d'eau de huit mètres, lors des plus basses mers. L'ancrage, extrêmement sûr, composé de vase compacte, donne une excellente tenure aux ancres des navires (M. Kerviler).

Un fort protège cette rade et en a pris le nom, mais les dunes l'assaillent, car Mindin fait partie de la commune de Saint-Brévin, ou Breven, bourg situé à l'entrée d'un petit havre que la mer encombre de sables. Les traditions affirment qu'au commencement du dix-huitième siècle les vagues baignaient les murs du cimetière. Leur retrait, en une soixantaine d'années, atteignit près d'un kilomètre.

Les dunes, par bonheur, sont loin d'être absolument stériles; elles produisent, au contraire, des légumes excellents. Quelques petites plantations ont réussi, et depuis une douzaine d'années Saint-Brévin (dont, par analogie de nom, sans doute, on a voulu, un instant, faire le *Brivates Portus* des Romains) figure au nombre des plages fréquentées pendant la saison des bains de mer.

Ce n'est pas médire d'ajouter qu'on y peut aussi, et surtout! prendre sans fatigue « des bains de sable » utiles, bien certainement, puisque la Faculté les recommande dans plusieurs cas déterminés.

La population, adonnée à peu près en entier à la pêche, puise dans la mode salutaire des bains de mer un accroissement de bien-être. Les baigneurs, il faut l'espérer, y trouvent, eux aussi, un surcroît de santé.

CHAPITRE XXXV

LA COTE. — PRÉFAILLES ET SA SOURCE. — SAINTE-MARIE. — PORNIC

En quittant Saint-Brévin, on arrive à Saint-Michel de Chef-Chef, bourg habité surtout par des marins, quoique la terre commence à y être assez bien cultivée.

Il a fallu passer au milieu de dunes profondes, et désormais le rivage se partagera en vastes espaces sablonneux ou en larges étendues de vases qui, se continuant au delà des côtes de la Vendée, vont se réunir aux marais de la Charente-Inférieure. Plusieurs pointes rocheuses en émergent; elles ne peuvent, néanmoins, empêcher le dépôt des alluvions dont la présence comble peu à peu la baie de Bourgneuf.

L'extrémité sud-ouest du département, dite *pointe Saint-Gildas*, marque la limite sud de l'estuaire de la Loire et termine, au nord-ouest, cette même baie de Bourgneuf.

La marée basse permet de se rendre compte des phénomènes qui modifient d'une façon relativement si rapide les conditions d'existence de ces parages.

Sur son parcours de plus de mille kilomètres, la Loire entraîne, dépose ou désagrège une immense quantité de sables. A chaque flux, la mer rend à ses rivages des sables encore, des terres, des vases, remués, triturés par les courants arrivant du golfe de Biscaye et de l'extrême occident de la côte sud bretonne.

Le gisement de l'île de Noirmoutier couvrant, sur plus de vingt kilomètres, la face occidentale de la baie, ajoute à l'action des vents du nord-ouest, lesquels, refoulant constamment ces masses, leur fait contracter une adhérence soit avec la côte, soit avec le fond maritime primitif.

La présence de quelques roches disséminées sur le vaste périmètre de la baie excite d'autant plus le dépôt de ces alluvions que la profondeur n'a jamais été grande, et que l'influence des marées s'y trouve, à un certain moment, neutralisée par les courants du sud. Une inertie complète en est le résultat, inertie très favorable à l'abandon, par les eaux, des molécules organiques qu'elles charrient. On prétend, a écrit M. F. Piet, que « depuis un siècle, les côtes de cette baie ont gagné, en divers endroits, des relais de mer dont la totalité est supérieure à cinq cents hectares ».

De son côté, M. Desjardins a écrit :

« La baie de Bourgneuf devait être une plage ayant quelque ressemblance avec celle de la baie du Mont Saint-Michel.

« Elle s'étendait, au commencement de notre ère, jusqu'au pied des collines voisines des murs de Machecoul. Au milieu s'élevait l'île de Bouin.

« Une carte de Pierre Roger, de 1579, mentionne Notre-Dame de Bouin, accompagnée d'une autre île basse, probablement l'île Chauvet ; on y voit aussi plusieurs villes existantes, telles que Saint-Jean-de-Monts, La Barre-de-Monts, Beauvoir. D'autre part, un portulan du seizième siècle indique Saint-Gill, qui représente probablement Saint-Jean-de-Monts ou Moutiers. »

M. Girard, après avoir relaté l'opinion précédente, ajoute :

« Ceci permettrait de croire que c'est seulement entre Bourgneuf et Pornic que la mer a continué à combler la baie. Mais en se rapportant à la topographie du littoral, il paraît probable que la mer venait jusqu'au pied des collines qui s'étendent, sur une ligne ondulée partant de Pornic, jusqu'à Machecoul, alors situé au fond du golfe et se développant ensuite jusqu'à Beauvoir, dont la désignation « sur mer » est significative.

« Les marais qui s'étendent depuis cette ville jusqu'à La Barre-de-Monts remplacent aussi d'anciennes grèves comblée insensiblement par la mer. »

Nous pourrons nous en convaincre en continuant notre route.

Le territoire de la commune de LA PLAINE s'étend jusqu'à la pointe Saint-Gildas, à l'ouest, et est borné au sud par la baie de Bourgneuf ; ainsi que le nom l'indique, le sol se montre à peine ondulé. Les engrais marins y entretiennent une grande fertilité, les blés principalement sont renommés.

Les bains de mer ont fait depuis longtemps connaître deux

villages dépendant de la commune : Préfailles, ou Préfail, et Quirouard. La position du premier, situé à une petite distance de Saint-Gildas, et les travaux qui y ont été exécutés pour rendre le plus confortable possible le séjour des baigneurs, lui ont assuré la préférence. Le grand avantage de cette plage, qui d'ailleurs n'a rien de remarquable, est d'offrir toute facilité pour les « bains à la lame ». Les promenades aux alentours permettent d'admirer de beaux horizons. Celui de la Pointe est splendide, il s'étend jusque par delà l'embouchure de la Loire et englobe, avec la baie de Bourgneuf, le Pouliguen, le Bourg de Batz, le Croisic.

Le canton entier renferme plusieurs sources minérales ferrugineuses; Saint-Michel possède celle de la *Viauderie*. La Plaine en a une assez importante, pour l'aménagement de laquelle le Conseil général de la Loire-Inférieure vota des fonds en 1821. Une conduite fut ménagée et les abords rendus plus faciles ; par malheur, la source, à cause de sa situation, se déversant immédiatement dans la mer, causa un différend entre l'État et le département. Les travaux furent suspendus, et l'eau salutaire reste à peu près sans emploi, les buveurs prenant rarement, sauf pendant la saison des bains, le chemin de la fontaine.

C'est sur le rivage même, au milieu d'un entassement rocheux, que la source a frayé son passage. Tous les blocs avoisinants portent la trace de l'oxyde de fer. A mer haute, si le vent souffle avec force, il devient impossible d'approcher, et plusieurs fois les lames ont bouleversé la petite crique. Il y aurait donc, ce semble, urgence à entreprendre des aménagements nouveaux, pour le cas où la science confirmerait pleinement les bons effets attribués depuis longtemps à ces eaux.

Le banc de roche de Quirouard s'étend par le travers de la côte sur laquelle se dresse Sainte-Marie de Pornic, oasis de verdure qui repose délicieusement les yeux, après une marche à travers les sables ou les pierres réverbérant avec intensité la lumière.

C'est seulement depuis la fin du dernier siècle que l'ancien bourg formé autour d'une abbaye de religieux augustins est devenu simple petite commune.

Jusqu'alors, la ville de Pornic était soumise en partie à la juridiction abbatiale, autorité étendue à un très grand nombre d'autres cures ou prieurés.

L'église primitive devait avoir une très ancienne origine, car « en 1050, Glevihen ou Glévian, prince de Bécon, et son fils Droalius, seigneur d'un canton d'Herbauges, donnèrent à l'abbaye de Saint-Sauveur de Redon l'église de Sainte-Marie, avec la moitié des dîmes de la paroisse et plusieurs autres domaines ».

Les divers événements qui suivirent n'ont, d'ailleurs, pas un grand intérêt. Le seul d'entre eux dont le bourg ait pu se lamenter, se rattache à sa séparation d'avec la petite ville voisine. Mais il y a déjà nombre d'années que le mal, en un sens, se trouve neutralisé.

Sainte-Marie a vu bâtir sur son territoire toute une ville nouvelle et des plus élégantes, rendez-vous d'une population nombreuse de baigneurs.

Des jardins, des parcs entourent les villas, qui toutes ont cherché à dominer la mer et à se pourvoir d'un accès facile sur le rivage. La promenade y est ravissante.

Le bourg lui-même se recommande par la jolie église moderne qui a remplacé la vieille abbaye du onzième siècle, dont les ruines sont soigneusement conservées. Une véritable nécropole, composée d'une série de grottes et de divers monuments celtiques, épars maintenant sur le périmètre de Pornic, sont l'occasion d'excursions attrayantes.

Si, au point de vue administratif, la vieille abbaye de Sainte-Marie et son ancienne succursale demeurent séparées, en fait l'union subsiste : nulle solution de continuité ne décelant les bornes respectives des deux communes.

La route se poursuit entre de charmantes maisons de plaisance et de véritables petits castels abrités par des bosquets de toutes essences, le climat étant assez doux, le sol assez généreux pour permettre la réussite des plantations les plus délicates. Parmi ces propriétés, la *Malouine*, la première de toutes qui fut créée, est encore très remarquable.

Aimable, attrayant, gracieux, tel se découvre Pornic, caché sous ses beaux ombrages, le long des bords d'un petit havre encaissé comme un oiseau dans son nid. C'est pour cela, probablement, que l'ancienne orthographe, la plus constante, terminait par un *d* le nom de la petite ville : Sainte-Marie, de *Pornid*, écrivait-on. « Cette terminaison s'accorde parfaitement et sans contraction avec le sens du mot latin *nidus*, car elle est l'expression figurée de notre port, qui, encaissé entre deux coteaux, est comme un *nid* où les marins qui fréquentent la baie de Bourgneuf viennent chercher un refuge et un abri. » (F.-J. Carou.)

La terminaison bretonne *ic*, toujours employée comme diminutif, signifie littéralement *petit*, et, vraiment, Pornic est un petit port, mais très sûr, le plus sûr de la baie de Bourgneuf.

Bâti sur un coteau dont plusieurs points dépassent quarante mètres d'altitude, Pornic se divise en haute et basse ville, reliées entre elles par des escaliers.

Du fond des terres, une petite rivière, *la Haute-Perche* (ou rivière du Clion), véritable canal d'égouttement des campagnes, vient se jeter dans le port, où des vantaux d'écluse la retiennent pour obvier à l'encombrement du chenal.

La rive gauche du port se prolonge, toujours de plus en plus élevée, jusqu'à la pointe de *Gourmalon*, dépendant jadis de la commune du Clion [1]. Un sentier, pompeusement appelé la *Corniche*, contourne la pointe où de belles maisons ont été bâties et se pressent, assez nombreuses, au delà même de l'anse de *Malmy*, célèbre pour sa source ferrugineuse. Le vent de mer rend Gourmalon moins favorable à la végétation que Pornic, situé sur la rive droite et plus abrité du souffle du large. La ville occupe à la fois les pentes et le sommet de son coteau, que l'ancienne forteresse des sires de Retz semble encore protéger. Le contraste est plein de poésie entre ces vieilles tours, symbole de guerre ; le port, toujours animé avec le flux, et les masses de verdure envahissant jusqu'aux murailles du donjon.

La ville est petite, mais si coquette, si souriante ! Sa plage de bains existe à peine, mais la campagne est si verte, si ombragée ! Mais les paysages qui l'entourent ont tant de charme ; mais les replis du rivage se dentellent si pittoresquement, offrant cent petites grottes, cent petites baies où, fantasque, la mer soupire doucement en attendant qu'elle s'y brise en tourbillons fougueux... Et lorsque, de l'extrême pointe sud on laisse errer les

---

1. C'est depuis 1836, par ordonnance royale, que la commune de Pornic englobe la côte sud, jusqu'à la source de Malmy, et la côte ouest, jusqu'aux limites de la plage de la Noveillard.

yeux autour de soi, tout se confond en un ensemble harmonieusement accidenté, dont les premiers rivages de la Vendée ferment la ligne d'horizon.

Pornic doit être une fort ancienne ville, puisque l'acte de donation de Glévian à la future abbaye de Sainte-Marie lui accorde expressément ce titre ; mais, sauf vers la fin du siècle dernier, on ne lui voit jouer aucun rôle important. Au quatorzième siècle, des différends entre les seigneurs de Retz et les ducs de Bretagne appellent un instant l'attention sur le château fort. En 1437, le duc Jean V y installa un de ses capitaines, Gilbert Vulgast, sur la fidélité duquel il pouvait compter.

Le duc Arthur III la possédait encore en 1457, puisqu'il y établit une foire fixée au 15 juin de chaque année ; mais deux ans après un acte dit que « la châtellenie de Pornic appartient, avec tous ses droits et franchises, à René de Machecoul, sire de Retz ». Comment René était-il rentré en sa possession ? On l'ignore.

Les guerres religieuses, suites de l'établissement de la Réforme, faillirent ensanglanter Pornic ; grâce à la prudence du curé de la ville, nommé Fouon [1], tout se termina pour le mieux et un signe de réconciliation fut choisi. Il existe encore : c'est la croix en pierre de grès plantée sur le rocher situé à la base de la grosse tour du château. Elle a conservé son nom primitif de *Croix des Huguenots* et présente cette singularité d'être fortement inclinée vers le midi, sans qu'aucun accident naturel ait été la cause de sa position. Le procès-verbal de l'érection eût pu donner la clef de l'énigme ; mais il est perdu.

La seigneurie de Pornic avait passé aux mains des ducs de Villeroy, qui, probablement, la vendirent ou l'échangèrent, car, en 1786, elle appartenait au marquis de Brie-Serrant.

Ce gentilhomme se montra très préoccupé d'accroître l'importance de la ville. A lui revient l'idée d'un projet de *canal entre Pornic et Nantes*. Il faisait valoir la facilité, la sûreté du port contre les dangers de l'entrée de la Loire. Ce canal fût venu déboucher dans le fleuve, un peu au-dessous du Pellerin.

Les événements politiques ne permirent pas une longue étude

---

1. M. Carou. *Histoire de Pornic.*

du projet. Toutefois il ne fut pas oublié puisque, sous le règne de Louis-Philippe, l'amiral Le Roy (sa statue s'élève aujourd'hui au centre du môle de sa ville natale) se chargea de le défendre devant la Chambre des députés.

Nantes, on le sait, rejeta l'idée... pour en adopter (actuelle-

Statue de l'amiral Le Roy, à Porny.

ment) une autre dont les résultats semblent devoir être bien précaires !

Un fait d'armes rappela, en 1812, l'attention sur le port de Pornic. Un fort convoi marchand, parti de Bordeaux, se dirigeait sur Nantes. Poursuivi par les Anglais, il se réfugia dans la baie de Bourgneuf, où le peu de tirant d'eau semblait devoir le protéger. Mais les vaisseaux anglais avaient des péniches et le convoi dut chercher un abri à Pornic même. Par malheur, deux des bâtiments qui le composaient vinrent échouer sur la côte du Clion, où les ennemis résolurent de les brûler. Vainement, le commandant du petit fort de la Noveillard essayait de s'opposer à l'attaque, une adroite manœuvre mettait toujours les péniches hors de sa portée, quand un garçon meunier de la paroisse Sainte-Marie, appelé Thomas, déjoua le plan, et force fut aux Anglais de se retirer. Le nom de Thomas, oublié comme tant d'autres, mérite d'être inscrit avec honneur dans les annales de Pornic.

Le port n'offre pas un tirant d'eau de plus de cinq à six mètres, et il assèche presque complètement à mer basse. Il n'en est pas moins fréquenté, à cause de sa sûreté et de la facilité de son entrée, qui en font un refuge pour la vaste baie sans abri dite de *Bourgneuf*. On y fait de bonnes constructions maritimes.

Le château fort, devenu propriété de plaisance, a été restauré et a subi des additions moins que médiocres au point de vue de l'art; mais il conserve le pont qui le mettait en communication avec la partie haute de la ville, et ses vieilles tours, au nombre de quatre. « L'une d'elles est en terre ; quand on la répara, les outils entraient dans les murailles comme dans un pain de beurre, » affirme la bonne vieille femme, chargée de guider les visiteurs à travers les superbes jardins plantés sur le rempart et sur l'esplanade de la forteresse, dont les parties les plus anciennes doivent remonter au douzième siècle.

La jolie promenade de la Terrasse avoisine le château. Les beaux arbres qui l'ombragent sont dus à un ingénieux moyen. Comme l'aménagement de la Terrasse eût été trop coûteux pour la ville, « le maire alors en fonctions (1820) proposa aux habitants aisés de planter eux-mêmes chacun un arbre, de s'en faire le patron et d'en prendre soin jusqu'à ce qu'il eût atteint son complet développement. L'appel fut entendu. Chacun voulut avoir son arbre, s'y attacha et rivalisa de zèle... » (M. Carou.)

Les excursions aux monuments druidiques et aux *Cheminées*, curieuses grottes taillées en plein schiste par la mer, d'où les flots jaillissent comme en fumée, ajoutent encore à l'attrait exercé par Pornic.

CHAPITRE XXXVII

BOURGNEUF. — MACHECOUL. — LES LIMITES DE LA BRETAGNE

La côte suit le territoire accidenté de la commune appelée LE CLION, dépossédée, depuis un demi-siècle, de la pointe de Gourmalon et de l'anse de Malmy.

Un peu après cette époque, LA BERNERIE était distraite des MOUTIERS. Les bains de mer avaient fait la fortune du village. Sa grève est assez belle, quoique souvent vaseuse, et la mer gagne beaucoup sur les dunes de sable dont elle est entourée. Une source ferrugineuse jaillit sur le territoire, elle a les mêmes propriétés que la source de Malmy.

On passerait sans s'arrêter devant LES MOUTIERS [1], si le bourg ne possédait une église dont la curieuse charpente en chêne est semblable à un navire renversé, et si son cimetière ne conservait une *lanterne des Morts*. Cette lanterne est moins belle que celle de Saint-Jean du Doigt (près Morlaix) [2], mais la Loire-Inférieure n'en offre pas un autre exemplaire. En France, d'ailleurs, ce genre de monuments est très rare.

Le pays a changé totalement d'aspect. Aux côtes rocheuses succèdent les sables et les marécages. La mer, en se retirant sur beaucoup de points, aggrave le mal, car elle laisse des flaques saumâtres qui, jointes aux eaux stagnantes dont le sol est saturé, constituent un foyer d'émanations essentiellement insalubres. C'était bien pis avant qu'une commission syndicale eût exécuté de grands travaux de dessèchement ou d'assainissement. La contrée entière se voyait en proie à la fièvre paludéenne et aux maladies dangereuses qui en sont la suite.

1. M. Carou. *Histoire de Pornic.*
2. Le nom vient de cette circonstance que la commune avait autrefois quatre chapelles.

Bourgneuf a beaucoup souffert du retrait de la mer. Son port était florissant ; plus de deux cents navires en partaient chaque année, et la baie sur laquelle il ouvrait avait pris son nom. Les sables commencèrent à troubler la navigation, puis l'instant vint où il fallut songer à les contenir. La mésaventure d'un bâtiment anglais échoué, en 1752, sur un banc d'huîtres, précipita cette résolution. Le commandant de la ville, Robard ou Robert, fit construire une chaussée destinée à protéger le chenal (1755). Vains efforts. Longtemps on vit dans un champ les débris du bâtiment anglais, et le Port-Robard est aujourd'hui à près de quatre kilomètres de la mer ! ! ! Aussi les pêcheurs en sont-ils réduits à demander avec instance la construction d'un port-abri.

La décadence de Bourgneuf a déterminé la prospérité croissante de Pornic, dont le port, situé à l'entrée de la baie et protégé par ses assises rocheuses, échappe au dépôt des alluvions.

La ville dépendait de la duché-pairie de Machecoul. Son prieuré, dit de Saint-Laurent, était sous l'autorité de l'abbé de Sainte-Marie de Pornic. Gérard de Machecoul et sa femme, Aliénor de Thouars, furent inhumés (1343-1363) dans le couvent des Cordeliers, qu'ils avaient fondé à Bourgneuf.

On ne trouve rien de remarquable, sinon une très ancienne maison, réputée pour avoir servi de temple aux protestants.

Mais Bourgneuf se glorifie d'avoir eu pour fils le célèbre François de La Noue, dit *Bras de Fer*. Plusieurs historiens ont écrit que le vaillant capitaine naquit à Fresnay, commune voisine. L'erreur portait sur cette circonstance que le manoir de *La Noë-Briord* ou *La Noue-Briord* se trouvait situé en Saint-Cyr, sur la limite de ce village avec Fresnay. Or Saint-Cyr fait partie de Bourgneuf depuis 1458 (Marteville), et La Noue était né en 1531.

On sait quel indomptable courage montra toujours ce noble soldat, ami de Henri IV, et comment, obligé de subir, après le siège de Fontenay, l'amputation d'un bras, on lui en ajusta un en fer (d'où vint son surnom), ce qui ne diminua nullement son ardeur guerrière. La Noue a laissé plusieurs écrits intéressants. Entre autres, des *Mémoires* et des *Remarques sur l'Histoire*.

Machecoul est encore une ville importante par sa situation, ses foires et ses marchés. Cependant, si les ruines de son château fort n'étaient là pour témoigner de sa splendeur passée, on ne soupçonnerait pas qu'elle fut, jadis, la capitale de la duché-pairie de Rais ou Retz, la résidence de très puissants seigneurs, issus, affirmaient-ils, de Lambert, comte de Nantes (843).

Harcoid ou Harcouet est le premier baron un peu connu. Il demeurait au château de Sainte-Croix, berceau de la ville qui avait pris son nom [1]. Un descendant de ce baron fonda, près de sa demeure, la célèbre abbaye de la Chaume.

Deux frères, Garsile et Gosselin, se firent appeler Machecoul : ils vivaient en 1138. De châtelain en châtelain, la seigneurie de Machecoul finit, en 1347, par être réunie à la baronnie de Retz dont elle ne fut plus séparée.

Les faits concernant Machecoul et les démêlés de plusieurs de ses seigneurs avec les ducs de Bretagne deviennent secondaires vis-à-vis de l'effroyable renom acquis par Gilles de Retz (né en 1404), dont la voix populaire a fait le type de *Barbe-Bleue*.

Le récit de son procès est certainement empreint des préjugés, aussi bien que de l'ignorance du temps ; mais il est impossible de nier la justice de la sentence qui frappa le coupable.

Gilles de Laval, seigneur d'Ingrande et de Chantocé, baron de Retz, fut très estimé dans sa jeunesse. Nommé chambellan, puis conseiller du roi de France, il devint maréchal du royaume (1429) et assista, en cette qualité, au sacre de Charles VII. Bientôt, toutefois, quelques extravagances dénotèrent un fâcheux dérangement dans les facultés cérébrales du baron. Il s'entoura d'un luxe extraordinaire, gaspillant ses immenses revenus avec une insouciance, une ardeur que rien ne pouvait atténuer. Ses biens mis ainsi au pillage, Gilles voulut se créer des ressources nouvelles en cherchant la fabuleuse *pierre philosophale*, douée de la propriété de changer en or les métaux les plus communs, et de faire découvrir les trésors cachés !

Jusqu'alors, si la folie était grande, au moins ne ruinait-elle que le baron et sa fille unique, Marie. Mais tout ne se borna pas là. De prétendus savants, des *sorciers*, des *enchanteurs*, pour employer le langage de l'époque, dominèrent l'esprit de Gilles.

---

1. Les premières armes de Machecoul étaient d'*or à la croix de sable* (une croix noire sur fond jaune). Elles sont, maintenant, de *gueules à trois chevrons d'argent* (trois chevrons blancs sur fond rouge).

La recherche de la fameuse pierre exigeait surtout du sang !!! disaient-ils.

Aussitôt, les jeunes garçons, les jeunes filles des vassaux furent traqués. On les amenait au château. D'affreuses tortures leur étaient infligées. Goutte à goutte, seulement, leur sang tombait dans les creusets. Parfois, ils devaient mourir d'épuisement ; parfois les plus cruelles blessures leur étaient faites et ils succombaient lentement à ces horribles souffrances !...

Le nombre grandissait chaque jour des victimes disparues dans les *oubliettes* du château. D'un bout à l'autre des possessions du fou sinistre, s'éleva une longue clameur de deuil. Les pères, les mères criaient justice ; tous tremblaient pour les enfants qui leur restaient encore !

La punition ne pouvait plus être différée : le procès commença. En outre de meurtres trop avérés, on trouva des preuves de la complicité du baron de Retz avec les ennemis du souverain, Jean V, duc de Bretagne. Une sentence capitale condamna Gilles à subir la peine du feu, mais le duc permit que le bourreau adoucît la peine. Le coupable fut étranglé et son cadavre brûlé.

Le bûcher fut dressé le 23 octobre 1440, à Nantes, sur la prairie de Biesse.

Les vassaux respirèrent. Néanmoins, le souvenir des horreurs passées plana sur le pays. Il suffisait encore, vers la fin du siècle dernier, de prononcer le nom de Gilles de Retz devant les paysans pour provoquer en eux un mouvement d'effroi.

Des seigneurs qui succédèrent à Gilles, il faut relever le nom de Claude Annebaud, baron de Retz et de la Hunaudaye, maréchal et amiral de France sous François Ier. Sa carrière de soldat et de marin fut admirable. Entre autres actions d'éclat, il gagna trois victoires navales sur les Anglais et, par ce moyen, conclut la paix entre la France, l'Empire, l'Angleterre. Il mourut le 2 novembre 1552.

Par alliance, la baronnie passa dans la famille de Gondi. L'histoire de Belle-Ile-en-Mer nous a appris quelle faveur méritée suivit le premier de ces nouveaux seigneurs de Retz, sous Charles IX et sous Henri III, qui érigea la baronnie en duché-pairie (1581).

Albert de Gondi, duc de Retz, fut promu à la dignité de

maréchal de France et de gouverneur de Nantes. Un curieux droit féodal se rattachait à cette dernière fonction.

« Le jour du mardi gras, le maréchal exerçait un droit sur tous les bouchers nantais. Chacun d'eux devait lui donner un denier, et si le boucher ne remettait pas la pièce de monnaie dans le même instant qu'un des officiers du gouverneur lui présentait une aiguille, ledit officier pouvait piquer le premier morceau de viande qui lui plaisait et l'emporter. » (Ogée.)

Ce droit fut-il jamais très onéreux? On l'ignore; en tout cas, il était assez original.

Henri IV assiégea vainement Machecoul, mais ne garda pas rancune au duc de Retz qui, dans la suite, le servit fidèlement.

Relevons les noms de CHARLES DE GONDI, amiral de Bretagne, et de HENRI DE GONDI, le célèbre coadjuteur de l'archevêque de Paris, son oncle, devenu archevêque lui-même, puis cardinal, après sa fuite du château de Nantes et son séjour de Belle-Ile-en-Mer.

Paule de Gondi, duchesse de Retz, marquise de la Garnache, épousa le duc de Lesdiguières, gouverneur du Dauphiné.

Enfin, la dernière descendante de Retz porta ses possessions en dot dans la famille ducale de Villeroi.

Il retentit lugubrement encore à la fin du dix-huitième siècle, le vieux nom de Machecoul... Mais ces luttes, l'oubli, seul, ne doit-il pas les couvrir?

Autrefois, et encore à une époque relativement récente, les eaux des marais et des ruisseaux voisins couvraient si bien le pays, qu'en hiver les routes devenaient absolument impraticables. Souvent, par surcroît, un automne et un printemps pluvieux, prolongeant la situation, faisaient des routes, des champs, des prairies autant de rivières. Il fallait, pour voyager, employer des barques d'une forme spéciale, que l'on dirigeait avec de longues perches.

La fièvre régnait en maîtresse sur le pays de Machecoul. Heureusement, de grands travaux ont assaini et le pays et la ville. Les bourgs voisins ont également plus souci de ne pas donner trop de prise à la méchante visiteuse, et de faire mentir le proverbe, vrai (?) il y a à peine un demi-siècle : « Une nuit passée à Machecoul, donne la fièvre au voyageur! »

Quoique ruinées, les murailles du château conservent l'aspect de la force ; au temps de leur splendeur, elles devaient être imposantes. De larges fossés pleins d'eau les défendaient... Les herbes aquatiques envahissent ces marais, les pierres tombent une à une, rendant les cours impraticables et comblant ce qui fut des salles splendidement ornées... Le lierre, la joubarbe, le violier sauvage ont pris possession des moindres interstices, où le vent a fait s'accumuler la poussière soulevée de la plaine.

Peu à peu, le crépuscule envahit le ciel et les étoiles brillent, répandant une faible lueur sur les murailles croulantes. À travers les meurtrières, des ombres semblent se pencher : les nuages, chassés par la brise, causent cette illusion. Le cri strident d'un oiseau de nuit retentit.

Et l'on s'éloigne en silence, sans prendre garde que la ville, ville peu large, mais très longue, est fort embellie, qu'elle a repris de l'activité, enfin, qu'une belle promenade a été plantée en face du donjon féodal.

Voici la limite de la Loire-Inférieure et de la Vendée, départements souvent confondus entre eux par rapport aux mœurs et au caractère de leurs habitants, bien que de nombreux traits absolument distinctifs les séparent.

Ici même, pourtant, les distinctions semblent s'effacer, et qui pénétrerait en Bretagne par la voie du Bas-Poitou [1], sans pousser le voyage plusieurs lieues au loin, risquerait de ne rien comprendre aux tableaux pittoresques faits du sol du vieux duché.

Ces plaines marécageuses, tristes, enveloppées d'un horizon monotone, fatiguent vite. Serait-ce là le pays dont on a tant vanté les aspects multiples, le charme pénétrant !... La description resterait aussi vraie que le fut celle du poète Saint-Amand, portant aux nues la beauté des îlots disséminés au milieu des étangs de Princé [2].

La superbe forêt du même nom est plus qu'à demi détruite, son château n'existe plus, et les fameuses îles enchantées se réduisent à quelques mottes de terre émergeant de mares stagnantes !

---

1. On sait que la Vendée est formée du Bas-Poitou.
2. Le château et la forêt de Princé appartenaient aux sires de Retz et étaient situés en Chéméré.

Les habitants n'y ont pas davantage de coutumes bien spéciales, ils seraient plutôt dépourvus de l'originalité des cultivateurs du marais vendéen.

Mais, cette limite si peu attrayante, il faut la franchir sans crainte. Dès les premiers pas, la terre de Bretagne se présentera avec ses contrastes fortement accusés. Dans la Loire-Inférieure, seule, les surprises se rencontreront tranchées : côtes rocheuses et déchiquetées de Pornic ; dunes de sables de Saint-Brévin ; rivages de riche culture bornant le fleuve ; ravissantes oasis de Clisson, des bords de la Sèvre et de l'Erdre ; opulence de Nantes ; animation de Saint-Nazaire ; désert morne de la Grande Brière ; collines sablonneuses de Guérande ; falaises sauvages de Piriac...

N'est-ce pas ainsi que, des bords du Couesnon, sur la limite normande, la ligne côtière bretonne s'est déployée, donnant, tour à tour, mille impressions opposées, comme la physionomie de ses habitants. Si dans le vieux comté nantais cette physionomie reste moins empreinte des traits du passé il faut se souvenir des guerres continuelles dont le pays fut le théâtre, il faut surtout se rappeler que les *Namnètes*, fiers de leur antique origine, eurent toujours le désir de se garder indépendants du reste de la Bretagne et, pour y parvenir, frayèrent le plus possible avec leurs voisins de « France ». Ils le firent bien voir en diverses circonstances, principalement quand, au neuvième siècle, Noménoë tenta de créer un clergé national breton [1].

En dépit, également, de ses efforts, le comté, s'il possédait, à Nantes, la résidence la plus habituelle des ducs, ne put jamais enlever à Rennes, sa rivale en ancienneté, le titre de capitale, et peut-être faut-il chercher dans un reste de jalousie le secret de son défaut de sympathie vraie pour les compatriotes que, non sans ironie, il appelle les « Bretons » !

Néanmoins, là encore un contraste se révèle, et à côté du Nantais-Français, s'il est possible de s'exprimer ainsi, on trouve le Nantais-Breton qui se souvient, en la regrettant, l'époque où la Bretagne était indépendante !... Oh ! s'il pouvait...

Une force nouvelle : la facilité des communications, jointe à des lois économiques mieux comprises, achèvera avant peu de

---

[1]. Voir le second volume, chapitre : *Dol*.

niveler les aspérités morales comme, en attendant, elle a vaincu les obstacles du sol.

Dans trente ans, et c'est beaucoup dire, retrouvera-t-on un seul des costumes des ancêtres? Les cantons reculés parleront-ils la langue maternelle? A ces usages, à ses allures reconnaîtra-t-on, sur-le-champ, un Trégorrois d'un Cornouailles, un Léonard d'un Gwennédis?

Faut-il donc complètement oublier le passé... Le passé et ses grandeurs, quoiqu'elles fussent côtoyées par d'effroyables misères? Ne peut-on garder avec respect les témoignages de l'art, des croyances, de l'énergie des aïeux?

Et faut-il répéter à satiété que l'avenir se prépare à la lueur du passé?

Ainsi que dans le monde physique, où le moindre atome ne saurait être absolument anéanti par la créature; ainsi, dans le monde moral, la chaîne des pensées ne peut être détruite, et celui qui, dédaigneux, refuse de pénétrer au cœur de la vie, de l'intelligence des hommes d'autrefois, celui-là restera toujours esprit incomplet, sans vues solides pour la marche du véritable progrès.

Au milieu du monument qui l'emporte, la Bretagne reste calme en apparence; mais ce calme typique cache une ardeur réelle, une bonne volonté dont l'explosion se fait jour en toute circonstance favorable.

Puissent-elles être de mieux en mieux comprises, cette ardeur, cette volonté, capable des plus grands travaux, des plus coûteux sacrifices, de la plus indomptable énergie!

Ses richesses latentes, sa virile population, la Bretagne souhaite les voir davantage concourir à la prospérité commune, car aujourd'hui, ou plutôt depuis longtemps, elle est, de cœur, sincèrement française.

Son appel, notre patriotisme nous dit qu'il sera entendu!...

CHAPITRE XXXVII

PREMIERS PAS EN VENDÉE. — L'ILE DE BOUIN
BEAUVOIR-SUR-MER

La partie de l'ancien comté nantais avoisinant le Bas-Poitou est généralement triste. Ces plaines marécageuses, aux canaux croupissants entourant des îlots de toutes formes, de toutes dimensions, sont d'un aspect morne et peu faites pour exciter l'intérêt. On souhaiterait pouvoir donner, sur-le-champ, un cours rapide à ces eaux pesantes, toutes chargées de détritus malsains ; on voudrait couronner les *bossis* ou îlots de la verdure gaie de quelques beaux arbres ; on détourne les yeux du *marais gât*, ancien marais salant qui, abandonné par la mer, restera au moins un quart de siècle avant de rien produire, sinon des miasmes, germes de fièvres tenaces. Le *marais arrouché*, c'est-à-dire envahi par les roseaux, les laîches, les iris ou autres plantes de ce genre, parure des eaux stagnantes, produit des exhalaisons non moins redoutables, jusqu'au jour où une grosse herbe, de médiocre qualité, croissant sur ce fond de plus en plus en plus surélevé, finira par former des prairies où s'ébattront des milliers d'oies, de canards et des troupes de moutons, en attendant qu'un amendement judicieux ait préparé la nourriture des chevaux ou du gros bétail.

Une grande partie des *bossis* est cultivée en fèves. Au mois de mai, c'est, à perte de vue, une mer verte, émaillée de quenouilles de fleurs violettes, ponctuées de noir, bientôt transformées en gousses épaisses, doublées de belle ouate blanche pour favoriser la maturité des fruits qui les gonflent.

L'exportation des fèves est toujours assurée d'un marché très suivi en Angleterre, où elles sont surtout employées pour les animaux de ferme.

La lentille est également cultivée, ainsi que l'orge et le froment, mais les procédés de culture gagneraient à être perfectionnés.

Et la route conquise sur ce sol peu résistant court sans relief, droite, blanche, souvent entre deux berges vaseuses. Et l'on franchit une limite administrative avant de se douter qu'un département nouveau commence. On pourra de même suivre les cent quarante kilomètres de rivages de la Vendée sans trouver beaucoup de changement.

Aux marais bourbeux, succéderont les dunes sablonneuses, bientôt affaissées sur des plages de limon, lesquelles, éventrées un peu plus loin par des rochers et par le sillon de plusieurs rivières, resteront définitivement maîtresses de la côte, jusque par delà l'embouchure de la Sèvre-Niortaise.

En vain y chercherait-on l'imprévu pittoresque du littoral de Bretagne. Les tableaux vraiment beaux ou grandioses y sont rares... Rares autant que les monuments dignes d'être loués.

C'est même un grand sujet de surprise pour le voyageur qui a exploré les rivages bretons, de chercher vainement les sœurs des admirables tours, des merveilleuses flèches, profilées si nombreuses à tous les points de l'horizon armoricain.

La Vendée n'a pas une renommée religieuse moindre que celle du vieux Duché ; mais, comme lui, elle n'a pas traduit sa foi en d'immortels poèmes de pierres (nous parlons du marais maritime, dont quelques parties sont, il est vrai, modernes), disséminés au milieu des baies, sur la pointe des caps, au sommet des montagnes, dans les sites les plus gracieux ou les plus déserts, les plus sauvages.

C'est bien là un trait caractéristique s'imposant à la pensée, qui hésite à le traduire.

Toutefois, de telles réflexions ne doivent pas nous faire perdre de vue notre route. Elle nous a conduits sur le territoire de Bouin, appartenant au comté nantais, qui, lors de la division de la France en départements, a dû le céder au Bas-Poitou, représenté par la Vendée.

Nous sommes dans une ancienne île rattachée au continent par une bonne route, et à laquelle des dessèchements bien entendus ont donné une circonférence d'environ vingt-quatre kilomètres. Comme pour attester de l'ancien état de la mer dans ces parages, *le Fain*, sorte de canal accessible aux plus grands navires, s'étend en face de Bouin, vers la côte orientale de Noirmoutier.

Des étiers, ou canaux maritimes, larges, commodes, au nombre de quatre, servent à drainer le sol, en même temps qu'ils permettent aux barques de trouver un refuge et, par conséquent, d'entretenir un certain mouvement de navigation au cœur de la commune.

Nous empruntons à M. Gallet la description suivante [1] :

« La baie de Bourgneuf était, à une époque très reculée, beaucoup plus étendue que de nos jours. La mer couvrait alors tous les marais de Bourgneuf et de Machecoul, ceux de Bois-de-Céné, de Châteauneuf et de Saint-Gervais. Toute la partie située à l'ouest de Beauvoir était couverte par les eaux : elle formait une seconde baie comprenant les marais actuels de Saint-Gervais, Saint-Urbain, Sallertaine, la Barre, Notre-Dame, Saint-Jean, et ayant pour limite la côte sablonneuse de Monts, île longue et étroite, se projetant, du nord au sud, entre le goulet de Fromentine et le canal de Besse.

« Lors de l'expédition de Louis XIII contre le duc de Rohan-Soubise, chef des huguenots dans l'île de Riez, en avril 1622, le marais septentrional était encore, d'après le maréchal de Bassompierre, qui accompagnait le roi, soumis à l'action périodique du flux et du reflux de l'Océan. La haute mer le couvrait presque en entier « hormis plusieurs petites « mottes où il y a des maisons bâties en (*sur*) quelques-unes et les autres « (*mottes*) servant à retirer le bétail jusqu'à ce que le flux se soit retiré ». La basse mer laissait le marais à sec, « hormis les canaux où passent les eaux ».

« A cette époque, le littoral formait plusieurs îles : l'île de *Riez* (*Insula Cranica*) entre la rivière de *Vie* et l'étier de *Besse*; l'île de *Monts* (*I. de Montibus*), voisine de la précédente, et l'île de *Bouin* (*I. Buginum*), formée par un canal large et profond, appelé le *Dain*. Ces bras de mer étaient navigables. L'étier de Besse avait la largeur de la Seine devant le Louvre. A l'époque où Henri IV vint assiéger Beauvoir, le canal du Dain était large de quatre kilomètres.

« Il y avait, en outre, l'île du *Perrier* (*Insula de Perio*), l'île de *Sallertaine* (*I. Salartena*), l'île *Chauvet* (*I. Calveti*) et l'île *Boisseau*. Les espaces qui séparaient ces îles, archipel dont *Noirmoutier* (*Insula Hério*) et l'île d'*Yeu* (*I. Oya*) formaient les points avancés, ce sont successivement rétrécis en étiers, puis en fossés servant à l'écoulement des eaux pluviales et à l'alimentation des maris salants. Ils seraient même depuis longtemps comblés, sans de coûteux travaux d'entretien. Les îles n'existent plus que de nom

---

1. *La ville et la commune de Beauvoir-sur-Mer.*

et tout le marais compris entre Saint-Gilles et Bourgneuf ne forme qu'une seule plaine, avec laquelle elles contrastent par la nature de leur sol.

« Avant que la mer se fût retirée au point où nous la voyons aujourd'hui, Bourgneuf était un port assez considérable. Fréquenté par les navires du Nord, il servait à de nombreuses expéditions de blé, de fèves, de sel, d'huîtres. Le *Port-Robard*, qui recevait des navires de cent cinquante tonneaux, est, maintenant, à plus de trois kilomètres du rivage. Le port *Laroche*, où le cardinal de Retz, évadé du château de Nantes, s'embarqua pour passer à Belle-Ile, est à une demi-lieue du Dain. Beauvoir-sur-Mer est éloigné de quatre kilomètres de l'Océan, qui le baignait autrefois. Enfin, des documents authentiques attestent qu'en l'an 1771, il y avait dans les communes de Bois-de-Céné, Châteauneuf, Machecoul et Fresnay, *soixante mille* aires de marais salants alimentés par le canal du Dain. Ces marais, ayant cessé depuis longtemps de recevoir les eaux de la mer, ont complètement disparu pour faire place à des pâturages.

Plusieurs causes ont concouru à ces changements si importants.

D'une part, les alluvions pélagiennes ; de l'autre, les modifications survenues dans le régime des eaux ; puis, très probablement, un soulèvement partiel du littoral. Cette dernière assertion peut se prouver par l'étude du curieux passage unissant, à mer basse, l'île de Noirmoutier au continent, passage que nous trouverons tout à l'heure en sortant de Beauvoir.

Mais, actuellement, nous sommes à Bouin, gros bourg aux maisons blanches et propres, aux jardins bien ombragés, contrastant avec le reste du pays. En été, lorsque, les récoltes enlevées, le sol apparaît nu, crevassé, Bouin devient un îlot riant, fête des yeux fatigués de la monotonie du marais.

Au temps où le bourg était encore à naître et où la commune future formait une position insulaire assez importante, elle avait pour habitants, c'est-à-dire pour habitantes, une peuplade de *Bacchantes*, femmes des *Samnites*, lesquels avaient formé une colonie à Ancenis !

Tout de suite, la légende fondée sur un passage plus ou moins bien interprété de Strabon, revient à l'esprit.

« Cette ville (Ancenis) paraît très ancienne. M. de Corneille, Denis le *Periégète* et autres la font capitale d'une colonie d'*Amnites*, ancien peuple d'Italie, dont le pays s'appelait *Samnium*. Strabon, plus instruit de leur véritable nom, les appela *Samnites*... Cet écrivain célèbre rapporte que leurs femmes se tenaient presque toujours dans l'*île Strabon*, connue aujourd'hui sous le nom d'*Ile de Bouin*. Elles y avaient un temple où elles faisaient des sacrifices à Bacchus, leur principale divinité. Tous les ans, à un jour marqué, elles ôtaient la couverture de ce temple, qu'elles recouvraient le même jour avant le coucher du soleil. Dans leurs cérémonies, chaque femme portait un fardeau, et si quelqu'une laissait tomber le sien, celles qui l'accompagnaient se jetaient sur elle, la déchiraient, la mettaient en pièces, et portaient au temple de Bacchus les membres épars de l'infortunée, avec des cris horribles, qui ne cessaient qu'avec leur fureur.

« Strabon observa qu'il ne se passait pas d'années que quelqu'une ne subît la loi. Aucun des maris de ces femmes ne pouvait entrer dans l'île. » (Ogée.)

Les époux ne se rencontraient qu'à des époques déterminées par des rites solennels, puis, ces entrevues terminées, les femmes regagnaient l'île dans leurs bateaux, et les hommes revenaient à Ancenis « pays autrefois couvert de forêts, où ils ne s'occupaient que de la guerre ou de la chasse ».

A son tour, l'abbé Travers écrivit : « Les femmes des Samnites habitaient l'île de Bouin ou quelque autre à l'embouchure de la Loire. Elles y employaient la plus grande partie de l'année au sel et à la culture du froment, tandis que leurs maris ne s'occupaient que de la guerre ou de la chasse. Ces femmes découvraient, à certain jour de l'année, ce qui leur restait de l'ancien sel, sur lequel elles amoncelaient le nouveau, et le recouvraient le même jour. Elles le portaient sur la tête, comme on fait encore aujourd'hui, par des sentiers étroits et glissants ; et si quelques-unes venaient à tomber et à renverser leur fardeau, les autres, pour détourner de dessus elles le mauvais présage, les mettaient impitoyablement en pièces. De là vient la superstition qu'*on ne peut renverser le sel à table qu'il n'arrive malheur à quelqu'un de la compagnie.* »

On doit remarquer ces mots de l'écrivain : « l'île de Bouin ou *quelque autre* de l'embouchure de la Loire ». Les lignes de Strabon étant loin de se trouver explicites, tour à tour les îles des côtes vendéennes et bretonnes ont passé pour avoir été le lieu de résidence des « femmes samnites », mais, en fait, nul document n'a pu fixer ce point d'histoire ; sans doute faut-il supposer une confusion entre ces fameuses bacchantes et les druidesses jadis vénérées sur ces rivages.

Au neuvième siècle, l'île fut ravagée par les Normands; au quatorzième siècle, elle était affermée, dit Ogée, pour une somme totale de quatre cent une livres, dix sous, savoir : les trois quarts de cette somme dus par Pierre de Craon, seigneur de *Machecou* (aujourd'hui Machecoul).

Au reste, les habitants devaient jouir d'une certaine aisance, puisque, vers la même époque ils consentaient à faire construire et édifier deux moulins, l'un à seigle, l'autre à froment, destinés à remplacer de vieux moulins tombant en ruines.

Dans les premières années du dix-huitième siècle, l'île de Bouin était érigée en baronnie et la moitié de son territoire se trouvait réunie au Bas-Poitou.

Depuis lors, elle fut placée, pour la navigation, sous l'autorité administrative du port des Sables-d'Olonne.

Bouin ne possède aucun monument remarquable. En revanche, l'agriculture y a fait de grands progrès. Des canaux et des digues, entretenus avec soin, brisant l'effort de la mer, protègent les marais salants, ainsi que les prairies où vaguent, dans une demi-liberté, de superbes bœufs, de très beaux chevaux. La pêche du poisson frais, unie à celle des huîtres, assure pour une large part le travail des habitants.

En résumé, amélioration sensible des modes de culture, jointe à l'assainissement du sol. Que demander de plus, sinon une progression constante sur ce chemin, dont chaque étape augmentera le bien-être de ceux qui le suivent résolument, sans se laisser détourner par les obstacles?

Un embranchement de la route conduit au petit port de l'*Épois*, « désigné sous le nom de l'*Espay de Boing*, dans une charte de Girart Chabot, seigneur de Rays et de Machecoul, daté de l'an 1303 ». On le visite pour les ruines de sa chapelle et pour son banc d'huîtres fossiles. La Vendée, comme la Charente-Inférieure, possède plusieurs de ces bancs; parmi eux, le gisement de Saint-Michel en l'Herm est le plus considérable, et aussi le plus curieux, car il forme une véritable colline, tandis que le banc de l'Épois, situé à deux kilomètres du rivage, ne dépasse pas le niveau du sol environnant.

« C'est aujourd'hui une terre arable sur laquelle la charrue passe tous les ans, bouleversant et brisant les innombrables coquilles qui se trouvent superposées, par couches serrées, dans le terrain d'alluvion… Plusieurs filons d'huîtres fossiles entourent ce banc principal et s'échelonnent depuis Beauvoir jusqu'au village du Port. » (E. Gallet.)

Beauvoir-sur-Mer se montre entouré de grands arbres, mais cette promesse est trompeuse. Le bourg, triste au possible, ne mérite guère son nom. Quant à sa situation, l'Océan l'a considérablement modifiée en abandonnant plus de trois kilomètres de terrain. Les digues, il est vrai, ont aidé à ce changement.

Si assainie que soit la campagne environnante, le bourg ne jouit pas d'une atmosphère salubre; la fin de l'été et l'automne y éprouvent parfois rudement les constitutions les plus solides; mais il est juste d'ajouter que la moyenne de la vie tend à se relever d'année en année.

Beauvoir possède un port, situé à trois kilomètres, sur le canal de *Cahouette*, et distant également de quatre kilomètres de l'Océan. Deux écluses en assurent le service. Il reçoit surtout de la houille, bien nécessaire dans une contrée où le bois devient de plus en plus coûteux. Les exportations consistent en froment, fèves fraîches ou sèches, pommes de terre, sel, poisson, huîtres, maintenant cultivées avec soin sur plusieurs points.

Mais ce qu'il faudrait à toute cette partie du marais maritime, comme aux rivages qui la suivent, c'est un emploi judicieux et opiniâtre de plantations appropriées au sol. Les insuccès partiels ne doivent pas décourager.

Le pin, sans compter plusieurs autres essences, finirait par croître fort bien, et en même temps qu'il deviendrait une réserve pour ses propriétaires, sa présence contribuerait dans une large mesure à assainir le pays.

Et, à un point de vue des plus secondaires, ne ferait-il que rompre la monotonie de lignes de ces plaines vaseuses, le voyageur saluerait joyeusement son dôme de verdure, repos des yeux, source d'émanations bienfaisantes.

CHAPITRE XXXVIII

LE PASSAGE DU GOIS

Beauvoir est le point obligé de départ, lorsqu'on veut se rendre à l'île de Noirmoutier, en suivant le passage du Gois, c'est-à-dire en traversant, à pied ou en voiture, les vases résistantes laissées à sec par le reflux. Les marins nomment plus souvent ce passage le *Pé*, mot emprunté au latin *podium*, hauteur, parce qu'il constitue un véritable haut-fond.

Pour atteindre l'extrémité *continentale* du passage (s'il est possible de s'exprimer ainsi), on franchit un peu plus de trois kilomètres d'une route sinueuse, orientée vers l'ouest. Elle est établie sur des terres d'alluvion, produit des courants limoneux de la baie de Bourgneuf. L'exhaussement progressif du sol y a également contribué. L'ensemble des lais de mer obtenus forme l'*île de la Crosnière*, située entre l'étier de la *Lasse* et le *Gois*. Le premier des terrains conquis n'avait pas une étendue moindre de deux cent cinquante hectares. Il fut desséché, en 1770, par Corneille-Guislain Jacobsen, Hollandais d'origine (dont nous retrouverons le nom et le souvenir à Noirmoutier), et Jacques-Augustin Joly du Berceau. Depuis lors, de nombreux endiguements ont consolidé ce littoral vaseux depuis Bourgneuf jusqu'à la Barre-de-Monts. Le travail a été rémunérateur : les *polders*, pour employer le terme hollandais, se montrant d'une extrême fertilité.

La paroisse Notre-Dame-du-Pé reçut cette désignation de sa position à l'extrémité du *Pé* ou *Gois;* elle fut érigée par l'évêque de Luçon, le 16 janvier 1772, et exista pendant vingt ans sur les dessèchements de la Crosnière. Il n'en reste plus qu'une croix et le cimetière où reposent M. Jacobsen, décédé à Noirmoutier, le 24 mars 1787, et son fils, mort en 1834[1].

Deux fois la Crosnière fut envahie par les flots. Le 5 février 1811, les digues, forcées, s'abîmèrent sur une longueur de plus de six kilomètres. Deux mètres d'eau couvrirent les terres, emportant à la dérive récoltes, bestiaux, ruines de maisons! En 1820, le même désastre se renouvela.

Il faut toujours se souvenir, dans une lutte contre la mer, que la vigilance la plus minutieuse est à peine suffisante, et que l'ennemie, sournoise ou hautaine, se tient constamment prête à ressaisir sa proie.

A l'extrémité de cette côte endiguée, commence l'une des entrées du Gois. Rien n'en a signalé l'approche. Tout à coup, une petite cabane, refuge de douaniers, une sorte de magasin ou hangar construit en planches, et un fanal donnant, le soir, une lumière rouge marquent le *pierré*, c'est-à-dire le pavé en pente douce qui permet d'accéder au passage.

Et, ici, nous devons exposer les raisons qui nous ont fait adopter l'orthographe du mot Gois. Successivement on a écrit *Goua*, imitation assez exacte de la prononciation des habitants qui disent *Goï*, dans une seule émission de voix[2]; *Gua*, altération visible du mot gué. M. Bouquet de La Grye, dans *le Pilote des côtes Ouest de la France*, adopte une orthographe préconisée par M. Plantier, et suivie pour les documents administratifs: *Goa;* mais, très certainement, le souvenir de la célèbre capitale des possessions portugaises, dans l'Indo-Chine, n'a rien à faire ici, et avec MM. de Sourdeval, Piet et Gallet, il semble plus rationnel de faire dériver le nom du passage du mot de patois *Gois*, d'où est venu le verbe *goiser*, équivalent : « de la phrase passer en se mouillant les pieds », explication absolument juste, même encore maintenant où certaines parties du gué conservent toujours de l'eau, que les piétons doivent se résigner à traverser sur d'assez larges étendues.

Si l'on entre dans le Gois à mer complètement basse, la première impression n'est pas très vive; on aurait même quelque

---

1. Nous avons emprunté à M. Gallet beaucoup de nos renseignements.
2. Docteur Viaud-Grand-Marais.

peine à se rendre compte de l'utilité des piquets, des hautes balises et, surtout, des trois bizarres refuges jalonnant le chemin. A quoi peuvent-ils bien servir? La route, assez mal empierrée, est boueuse, parce qu'elle franchit des marais, se trouve en contre-bas de la côte et que des ruisseaux l'inondent çà et là...

Tout à coup la pensée, obéissant à l'imagination, emporte l'illusion trompeuse.

Ce sol humide et sourd, c'est le lit même du flux qui bientôt envahira son domaine. Ces sables, ces vases affaissées gardent encore la trace de la pression des vagues. Ces ruisselets ne sont autres que le dernier effort des courants irrésistibles dont, à mer haute, le détroit est sillonné; ces piquets, des mains patientes les ont bien souvent relevés avant qu'ils pussent sûrement indiquer le chemin à suivre; ces balises garnies de crampons de fer, au sommet desquelles il paraît si difficile de se maintenir, plus d'un piéton, surpris, leur a dû la vie. Ces trois refuges simulant une cage garnie d'un fanal, deviendront peut-être, pendant les longues nuits d'hiver, le port de salut des imprudents qui, soit habitude, soit oubli, soit inconscience, n'ont pas compté avec le danger.

Au loin, des deux côtés, une ligne ronde, teintée de vert glauque ou d'azur, serait le seul indice du voisinage de la mer, si des barques, des canots, échoués dans le limon, ne décelaient son prochain retour.

Sur la ligne d'horizon, les contours se fondent au milieu d'une brume transparente, enveloppant de son reflet lumineux les côtes les édifices, le gué, le port.

Trois îles semblent émerger des profondeurs d'une eau cristalline et brillante, où le bois de chênes verts de la Chaise jette comme une ombre noirâtre.

La réverbération des rayons du soleil sur les vases et la configuration de l'île de Noirmoutier, si étroite sur la moitié de sa longueur, et si profondément creusée en deux endroits, aident à la production, puis à la continuité du phénomène.

Il faut, en quelque sorte, toucher le rivage pour voir cesser cette vision optique.

« Ce passage si curieux est tout moderne; il aurait été franchi il est vrai, dès le neuvième siècle, par des prisonniers des Normands, qui étant parvenus à s'échapper pendant une relâche à l'île de *Her*[1] et à se cacher dans les bois, regagnèrent la terre ferme, *mare retracto*, préférant courir le risque de se noyer ou de s'ensevelir dans les vases, que de rester au pouvoir des pirates. Mais ce fait, dont l'authenticité a été vivement controversée, est purement accidentel et n'autorise pas à dire que le passage du Gois existait dès cette époque. Il y a juste cent ans[2] que les habitants de l'île ont reconnu la possibilité de parvenir au continent par cette voie. Des insulaires employés au dessèchement de la Crosnière, en 1766 et 1767, sachant que quelques personnes avaient déjà réussi à gagner, à mer basse, le rivage de Beauvoir, prirent l'habitude d'aller et de revenir en ligne directe de leur chantier à la Bassotière. Vers le même temps, un cordonnier de Barbâtre[3], nommé Gauvrit, qui était boiteux et bossu, se risqua à passer le gué à cheval. Il réussit : d'autres imitèrent son exemple, et bientôt le passage fut régulièrement fréquenté. »

Une ligne tortueuse de jalons indique les détours à suivre sur la chaussée soigneusement macadamisée. Quand on arrive de la terre ferme, les piquets occupent la gauche du voyageur; au delà de cette voie, on s'enterrerait dans les vases comme dans les tangues du Mont Saint-Michel.

Dix grosses balises, établies sur de solides cônes en maçonnerie, achèvent d'assurer la sécurité du passage, en même temps qu'elles signalent aux marins la présence du haut-fond.

Sept de ces balises se composent de simples poutres garnies de poignées en fer. L'entreprise n'est pas des plus commodes lorsqu'il s'agit d'accéder à leur sommet. Trois autres, espacées chacune d'un kilomètre, sont formées de deux poutres réunies par des échelons en fer et couronnées par une véritable hune de refuge. Dans ces cages, l'imprudent, surpris, peut attendre soit le passage d'une barque, soit l'heure du reflux. Il n'est exposé qu'à l'émotion vive de sentir osciller sa retraite sous l'effort du vent ou *des courants de foudre* se précipitant, au sud, vers le détroit de Fromentine.

---

1. Her, Héri ou Hério, nom celtique de Noirmoutier.
2. M. Gallet, à qui nous prenons ces lignes, écrivait en 1867.
3. Ces deux derniers points sont en Noirmoutier.

Ces courants sont parfaitement nommés, « car la mer monte si rapidement aux extrémités, par deux courants contraires qui se joignent au milieu, que le meilleur cheval, eût-il gagné le prix d'Epsom ou de Chantilly, ne saurait lutter de vitesse avec elle ! »

La preuve indéniable de sa vitesse est dans ce fait que *trente centimètres* d'eau, à la marée montante, suffisent pour intercepter le passage, alors que près d'*un mètre*, au moment du reflux, permet fort bien de suivre la route, à condition toutefois, cela va sans dire, de profiter d'un temps calme et de chevaux bien dressés.

Il n'y a guère d'année qui ne soit signalée par des sinistres arrivés dans le Gois, mais toujours l'imprudence les a causés, et à peu près toujours, aussi, les victimes sont des riverains oublieux des plus élémentaires précautions. L'ivrognerie a trop souvent sa large part dans ces sinistres.

Et pourtant, à chaque marée, le Gois reste libre cinq heures durant !

Mais n'est-il pas habituel aux hommes de jouer avec le danger connu ? Le projet de fermer le gué par deux barrières placées sous la surveillance des douaniers, serait donc d'absolue nécessité : personne ne pouvant plus dès lors s'engager à contre-temps sur la chaussée.

Des *filées*, traces des courants marins, coupent çà et là le chemin. « Elles ont subi, depuis cinquante ans, de grandes modifications ; leur fond s'élève de plus en plus et elles changent de place.

« Près de la côte de la Crosnière se trouve la *filée vieille*, et en approchant de Noirmoutier, la *filée verte* ou *des cailloux*, autrefois très redoutée. Elles servent de chenaux pour les navires au moment de la haute mer. Le seuil du Gois a été surélevé, dans des endroits creux, de près de dix à quinze centimètres par des travaux récents...

Plus d'un fait d'armes a eu lieu dans le Gois ; nous n'en voulons relever qu'un tout à l'honneur des insulaires et des habitants de Beauvoir.

Le 1ᵉʳ juillet 1800, une division anglaise, forte de quatre vaisseaux, d'une frégate et d'un cutter, parut dans le goulet de Fromentine. Elle voulait s'emparer de quarante bâtiments chargés de grains pour Bordeaux. Ces navires étaient mouillés sous la protection d'un brick et des batteries de la Barre-de-Monts et de la Fosse.

Afin d'exécuter ce projet, une vingtaine de chaloupes, pénétrant dans le Gois avec la mer montante, vinrent ouvrir le feu contre le brick, trop faible pour résister à pareille attaque. Vainqueurs une première fois, les Anglais continuèrent en incendiant la plus grande partie des navires marchands. Ils s'applaudissaient de si beaux exploits, quand soudain la consternation les frappe. Le combat avait été long et la mer descendante ne leur permettait plus de regagner les vaisseaux !... Échoués sur les sables, à portée des batteries du rivage, invinciblement il fallait attendre l'heure du flux.

Les habitants de la Crosnière et de Noirmoutier avaient assisté exaspérés, impuissants à la destruction du convoi. Ils résolurent de prendre une éclatante revanche. S'emparant de la première arme venue, vieux fusils, faux, bâtons, ils se rendirent dans le Gois. Les Noirmoutrins, sous la conduite du capitaine d'armes Solin-Latour ; les gens de la Crosnière, sous celle de Mourain-Bijonnière et de Rousseau.

Pris entre ces deux troupes, les Anglais durent abandonner leurs embarcations. Deux cents d'entre eux, et dans ce nombre quatre officiers, furent faits prisonniers, onze chaloupes armées d'obusiers, d'espingoles et de pistolets furent conduites à Noirmoutier.

Le premier consul s'attendait peu à trouver des alliés en Vendée, aussi ordonna-t-il que les chefs de l'expédition et seize des principaux combattants fussent envoyés à Paris pour lui être présentés. Chacun des visiteurs, en outre d'une hospitalité qui dura huit jours, reçut une gratification de six cents francs et une carabine d'honneur.

Un autre fait, tragi-comique celui-ci, laissera l'esprit sous une impression plus heureuse que tous les souvenirs de guerre.

« Une veille de foire de Saint-Filbert, par un beau soir d'août, une troupe de saltimbanques fut surprise par la mer. Voiture, cheval, loques de pitre et de paillasse sont entraînés par les flots. Les saltimbanques se réfugient sur une balise et, pour appeler du secours, organisent un concert en plein vent d'un nouveau genre, dans lequel l'harmonie est ce qui les préoccupe le moins. Fifres, grosse caisse, tambours, cors de chasse, triangle et chapeau chinois font un bruit d'enfer.

« Le capitaine Truhin, mouillé en Fromentine, surpris d'un bruit inusité, se rendit compte de sa cause à l'aide de sa longue-vue, et envoya un canot recueillir ces bruyants naufragés. »

Le Gois est long de cinq kilomètres. Avant qu'il fût découvert ou plutôt qu'il devint d'un usage général, on abordait à Noirmoutier par le goulet de Fromentine (large de huit cents mètres long de quinze cents), situé entre le bourg de la Barre-de-Monts, sur le continent, et le village de la *Fosse*, dans l'île. On ne traverse plus guère en bac ce détroit, où les vents soufflent presque toujours avec impétuosité, où les courants sont violents et la mer agitée.

De nos jours, le passage du Gois est surtout pittoresque aux époques de foire ou de grands marchés. Rien de curieux comme la file de véhicules de toute sorte, chargés de récoltes et de produits vivants ou morts, sinon la vue des piétons conduisant qui un cheval, qui un bœuf ou une vache, qui un porc et ainsi de suite.

Les braves gens ont résolument retroussé pantalons et jupes, abandonné bas et chaussures et, sans sourciller, quoique parfois leurs jambes deviennent d'un violet foncé sous l'impression du froid, ils s'efforcent de maintenir leurs bestiaux effrayés par l'approche de la voiture du courrier, chargé du service postal.

On échange des saluts, des paroles aimables, des souhaits d'heureux négoce... Les animaux crient, les rires leur font écho.

C'est une toile variée, qui eût tenté le pinceau des artistes flamands, si habiles à traduire le *bruit*, la bonne humeur, la gaieté l'animation des kermesses de leur pays.

CHAPITRE XXXIX

L'ILE DE NOIRMOUTIER. — LE PILIER

On entre dans l'île par le *pierré* de la Bassotière, en face de la pointe de la *Cassie*, sur l'extrémité de laquelle une croix a été élevée et domine le gué.

Rien de monotone comme les premiers pas sur cette route plate, poudreuse, limitée d'abord par des digues, des dunes mouvantes, puis par des marais à sel, enfin par des champs de fèves, de pommes de terre ou de froment. Les habitants ne sont pas de physionomie plus gaie et leur langage, composé bizarre de patois et de français, prend des tournures d'idiome absolument inconnu.

A moins d'être du pays, comment deviner le sens de phrases semblables à celles-ci :

Iai vendu tos mes agrouts. J'ai vendu toutes mes volailles.

O sera trejout pouët pr'anet ! Ce ne sera pas pour aujourd'hui.

Te buffes dans tes dóïgts pre t'achaler, gas ! Tu souffles dans tes doigts pour t'échauffer, mon garçon ?

O t'apprendra à aller belettère. Ça t'apprendra à écouter aux portes !

Ventère-bè, ventère-jà ! Peut-être bien, peut-être non !

Vrenez tos tchus potets ! Chassez tous ces canards !

Tchiau gas est-i vriot ! Ce garçon est-il vigoureux !

Si le patois est étrange, plus étrange encore est la prononciation, faite de syllabes brèves ou d'une longueur démesurée, entrecoupées d'émissions de voix, ou sourdes ou éclatantes.

Le tout semble revêche, ainsi que le nom de la première commune traversée : BARBATRE. Ce nom, il est vrai, a été judicieusement déduit par F. Piet, des mots : *barren*, signifiant en celtique la *barre*, le *port*, et de *barte*, appliqué, en vieux français, à un bouquet de bois. C'est exactement la situation de Barbâtre, très voisin de l'ancien et du nouveau débarcadère. Quant au bouquet de bois, appelé autrefois *Bois du Paradis,* synonyme évident de sa beauté, les dunes l'ont enseveli et elles enseveliraient très promptement le bourg, si l'on n'employait tous les moyens pour arrêter leurs ravages.

Cependant, au cours du chemin, des changements se produisent. Des *étiers,* c'est-à-dire des canaux dans lesquels remonte la marée ; des *courseaux,* canaux portant à la mer l'eau retenue par les dunes, sont traversés. Au loin, apparaissent les premiers profils de la petite ville, assise sur le havre appelé *Luzan,* et l'on se trouve sur l'isthme sablonneux de la *Tresson,* la partie la plus étroite de l'île, celle où l'Océan peut, dans une tempête, se frayer un passage dévastateur.

« Les travaux d'endiguement au niveau du village de la Guérinière sont insuffisants contre les tempêtes du sud-ouest. Déjà plusieurs fois la mer y est arrivée avec un courant de foudre et presque toujours en pleine nuit, envahissant l'église, la cure et les maisons voisines.

« Le 27 octobre 1882, elle est montée à *quarante-cinq centimètres* dans les maisons, réveillant les habitants en sursaut et courant se perdre dans les marais voisins. Le vent ayant tourné subitement, la digue des Isleaux, du côté nord-est, fut renversée à son tour et les deux flots marchèrent à la rencontre l'un de l'autre. Si l'on n'y prend garde, l'île sera coupée quelque jour en ce point. »

Les Noirmoutrins comparent familièrement la forme de leur île à celle « d'une épaule de mouton ». On peut, ce nous semble, avec autant de raison comparer ses lignes à celle d'une hache, à manche quelque peu élargi vers la base.

Toute la partie méridionale n'est qu'un mince ruban de terre cerné par les dunes et les vases dont, seule, la tenace volonté de l'homme a arrêté le progrès.

La partie septentrionale, creusée (sur son flanc est) par le havre de Noirmoutier, s'élargit en une sorte de croissant, et tout de suite, quoique les causes de destruction restent les mêmes, l'influence d'une plus vaste surface se fait sentir. Des arbres poussent dans les jardins de la *Guérinière* et de l'*Épine ;* de jolis bosquets ombragent un certain nombre de propriétés de la ville, pendant que, vers la pointe de la *Chaise*, le feuillage du bois de chênes verts promet une excursion charmante.

Douze kilomètres sont franchis ; Noirmoutier est là. Ses maisons basses, ses rues un peu tortueuses ont un air engageant et propre. Le château lui prête son relief imposant. Une place, ornée d'arbres, confine le port, fréquenté par les barques de pêche et les navires caboteurs.

Peu profond, menacé par les atterrissements de la baie de Bourgneuf, sur laquelle il s'ouvre, le port n'arme plus comme autrefois pour le long cours, et se souvient à peine que le second navire français, explorateur, en 1816, du fleuve le Paraguay, lui appartenait [1].

De nos jours, les navires jaugeant deux cents tonneaux peuvent encore entrer à Noirmoutier ; mais les derniers travaux exécutés, non seulement sont insuffisants, ils présentent, dit-on, un véritable danger, à cause de la mauvaise disposition de la jetée. Longtemps on hésita à les entreprendre ; toutefois, comme ils devaient aider à faire subsister une partie de la population, on passa outre.

Quand viendra l'heure de réaliser le projet de dessèchement du Gois, Noirmoutier se verra à peu près obligé de renoncer à son port. Tout au moins, le véritable mouvement de la navigation se détournera-t-il vers la rade de l'*Herbaudière*, située au nord de l'île, rade très probablement destinée à devenir le port de l'avenir. Une assez belle jetée y a été construite, et tout y est mieux disposé pour satisfaire aux conditions actuelles réclamées par le commerce.

Très souvent prôné, plus souvent aussi critiqué, le dessèchement du Gois s'imposera de lui-même. Il serait même prochain. L'agriculture y gagnerait une immense surface, sans nul doute fertile, et, comme un canal serait ménagé pour éviter la destruction des marais salants, l'entreprise donnerait les meilleurs résultats.

Les insulaires d'aujourd'hui y rencontreraient une source de profits, en obtenant ainsi les moyens de déployer leur industrie.

---

1. L'armateur de ce navire s'appelait M. Joseph Pineau. — Docteur Viaud-Grand-Marais.

Noirmoutier perdrait sous le côté pittoresque, mais le bien-être de ses habitants compenserait, et au delà, la modification.

Le chenal du port conduit à la rade de l'*Atelier*, distante de près de trois kilomètres de la ville ; des plantations ont été faites sur les berges : elles changeront cette partie saharienne de l'île en une jolie promenade.

La ville ne possède aucun monument très important. Le château, dont la fondation remonte au neuvième siècle, fut construit par Hilbod, abbé du monastère de Saint-Filbert, pour mettre ses religieux et ses vassaux en état de résister aux invasions normandes. Les quatre angles de cette petite forteresse étaient flanqués de tours. Deux d'entre elles, bien conservées, montrent leur toiture effilée en poivrière. Sur l'une de ces tours, un télégraphe unique correspond avec la pointe de Chémoulin, près de Saint-Nazaire, et avec l'Ile-d'Yeu.

La construction entière forme, avec ses murailles épaisses et d'une grande solidité, un quadrilatère d'environ cent mètres de longueur sur moins de cinquante en largeur. A l'aide d'écluses, le flux remplissait les douves profondes, mais depuis environ deux siècles cette défense n'existe plus. Les douves ont été cultivées, quoique le château, à différentes reprises, ait reçu des prisonniers d'État ou de guerre.

Sa place d'armes est devenue l'encadrement du port, qu'elle limite sur un de ses côtés.

Dédiée à saint Filbert, l'église occupe l'emplacement d'une vieille chapelle de l'abbaye primitive. Sa tour, de style roman, est assez élevée, mais moderne. Les retables des autels ne sont pas sans valeur ; toutefois, l'intérêt qu'ils peuvent offrir disparaît devant une visite à la crypte, non que cette dernière soit extrêmement remarquable : son principal mérite réside dans son ancienneté, dénoncée par des dispositions architecturales primitives.

Le plus inattendu, en ce qui concerne l'église noirmoutrine, c'est d'y retrouver la légende des *Sept Dormants* ou des sept frères d'Éphèse, qui, lors de la persécution ordonnée par l'empereur Dèce, auraient été murés dans une caverne où, cent cinquante-sept ans plus tard (sous le règne de Théodose II), on les retrouvait : ils paraissaient être simplement endormis !

Un arceau pratiqué au milieu de l'épaisseur de la muraille, près de la chapelle de la Vierge, abritait, paraît-il, les statues des *Dormants*. On a voulu, chose très probable, y retrouver l'emplacement d'un enfeu : le nom, conservé par tradition, semble démentir cette opinion.

On ne s'attarde pas beaucoup, au reste, dans ces recherches architecturales ou légendaires. Noirmoutier offre d'autres sujets d'un intérêt plus saisissant. Battue sans relâche par la mer, qui lui a enlevé nombre de lambeaux, laissant subsister à leur place une dangereuse ceinture d'écueils, l'île, de forme très irrégulière, est plus basse à son centre qu'à sa circonférence, et, sur les deux tiers de son étendue, embrassant en ses replis cinquante kilomètres, elle se trouve au-dessous des hautes marées.

La côte ouest, recevant les flots du large, est la plus exposée. L'isthme de la Tresson, réunissant les deux communes de Noirmoutier, reçoit des chocs formidables, et un îlot dit du *Pilier* est maintenant distant de cinq kilomètres de la pointe de l'Herbaudière, qu'il prolongeait jadis, sinon naturellement, tout au moins par le moyen d'une petite digue.

A l'action de la mer, se joint la progression menaçante des dunes, pouvant atteindre, d'après des calculs rigoureux, une activité de vingt mètres par an !

« En 1763, par un seul ouragan, plus de dix maisons de la paroisse de Barbâtre furent ensevelies sous les sables, et l'on voyait encore quelques années plus tard le sommet d'un moulin à vent qui y fut englouti, comme le monument irrécusable de cet affreux événement. » (F. Piet.)

Contre un pareil état de choses, il ne peut y avoir qu'un remède : les plantations de végétaux poussant vite et bien dans les sables, car, ainsi que le constatait F. Piet, l'activité des dunes vers les parties ouest et sud-ouest « a quelque chose d'effrayant ».

De sages mesures ont été prises, et un arrêté du préfet de la Vendée, arrêté toujours en vigueur, tellement son utilité est reconnue, défend d'opérer sur les dunes aucune coupe d'herbes, broussailles, arbustes, roseaux ou racines quelconques des plantes communément employées à la fabrication des balais, comme, aussi, d'y laisser vaguer des bestiaux destructeurs de ces mêmes plantes, et d'y opérer des fouilles ou enlèvement de sable.

Les pins se dresseront bientôt, il faut l'espérer, à la place des roseaux; le danger sera conjuré, et les habitants, comme ceux des Landes, auront trouvé une source nouvelle de revenus.

La côte orientale n'a pas subi moins de transformations. Profitant des atterrissements incessants fournis par la baie de Bourgneuf, des digues furent élevées et des terrains, situés à près de deux mètres au-dessous de la mer, se trouvèrent conquis à l'agriculture. Il faut lire dans les *Recherches sur l'île de Noirmoutier*, de F. Piet, les tâtonnements, les déboires, les désastres et, toutefois, la réussite de l'entreprise. Sans ces digues, l'existence même de l'île eût été depuis longtemps compromise. De nos jours, elles sont soigneusement entretenues et le dessèchement du Gois les assurerait, les continuerait de la manière la plus heureuse.

Noirmoutier deviendrait alors une sorte de presqu'île, pointant dans l'Océan.

Le littoral de l'île peut donc être à peu près exactement divisé moitié en dunes, moitié en digues, et F. Piet calculait que si la surface cultivée, située *au-dessus* du niveau de la haute mer, est de sept millions vingt-deux mille six cents mètres carrés, la surface, également cultivée, mais placée *au-dessous* de ce même niveau, atteignait vingt-neuf millions six cent neuf mille sept cent quatre-vingt-dix-sept mètres carrés.

En admettant que l'homme, abandonnant ce domaine, eût laissé les dunes et la mer achever leur œuvre commune, l'époque peut presque être calculée où Noirmoutier aurait sombré sous les flots, ne gardant intact, comme l'îlot du Pilier, que le noyau granitique, son assise.

Bien loin donc de se trouver, maintenant, menacée de disparition, Noirmoutier a énergiquement entamé la lutte, et la victoire lui est restée.

Sur le sol ancien et nouveau poussent de belles cultures qu'il serait possible de rendre meilleures encore : du froment, du seigle, de l'orge, des fèves, du lin, du fourrage. Depuis quelque temps, on s'occupe beaucoup de la pomme de terre hâtive, si recherchée en Angleterre, et de la culture des asperges, qui y deviennent excellentes.

L'île possédait, autrefois, des vignobles assez importants, donnant un vin faible, mais précieux pour la population, privée de belles sources courantes. Actuellement, le vin figure à peine dans la production générale.

Une industrie agricole, celle du beurre, réclamerait de promptes améliorations. Les cultivatrices de Noirmoutier auraient grand besoin qu'une fermière des environs de Rennes, par exemple, vînt leur enseigner à tirer meilleur parti du lait de leur bétail, chose facile, ce lait, bu pur, étant excellent; mais les procédés de fabrication le convertissent en beurre médiocre et souvent détestable.

A Barbâtre, on élève d'assez bons chevaux, et partout dans l'île on s'occupe d'élever des ânes.

Le sel a toujours été une des grandes ressources des Noirmoutrins, chose naturelle, vu la grande surface occupée par les marais salants. Puis vient la pêche en général, fournissant du poisson, des crustacés, des mollusques exquis. Les huîtres y sont fort belles et excellentes.

L'emploi des engrais marins tend à augmenter, de même que la production de la soude et, ainsi que le constate la *Statistique des Pêches maritimes* du Ministère de la marine, « en général, la situation des pêcheurs est satisfaisante et tend à s'améliorer ».

L'avenir des habitants semble ainsi entrer dans une certaine voie de progrès, que l'on a plaisir à consigner, et que les projets à l'étude achèveront, il faut l'espérer, de rendre stable et fructueuse.

Le nom de l'île a donné lieu à nombre d'interprétations, parmi lesquelles le latin et le celtique tiennent la première place. L'opinion commune reconnaît l'orthographe de HER ou HÉRIO comme véritable; parfois, aussi, on écrivait ER; l'*N*, qui, plus tard, précéda le nom, tiendrait à la racine même du mot, d'après dom Le Pelletier.

On y ajouta, comme une sorte de qualificatif, le mot *moutier*, forme du vieux langage désignant un couvent, une abbaye, parce que SAINT FILBERT, le fondateur de l'abbaye de Jumièges, obligé de fuir la persécution d'Ebroïn, maire du palais de Clotaire III, se réfugia près d'Ansoald, évêque de Poitiers, qui l'envoya créer une fondation nouvelle à l'ILE D'HER. L'abbaye de Saint-Filbert suivit la règle de saint Benoît; les religieux, par conséquent, portèrent la robe noire, et le peuple les désigna bientôt sous le nom de *moines noirs*.

Filbert vécut dans l'île de 674 à 684 ; il y mourut le 20 août. A lui incontestablement revient l'honneur d'avoir encouragé chez les Noirmoutrins le goût des travaux de la terre.

Son abbaye, richement dotée par Charlemagne et Louis le Débonnaire servit de refuge et de lieu d'exil à plusieurs personnages célèbres parmi lesquels on cite « ADALARD, petit-fils de Charles Martel, neveu de Pépin le Bref et cousin de Charlemagne, qui l'aimait beaucoup ». De l'ombre où reste l'histoire de l'île, surgissent les tristes épisodes des invasions normandes au septième et au neuvième siècle. De 830 date la fondation du château, qui n'empêcha pas le retour des calamités, puisque, cinq ans plus tard, les religieux, expulsés, devaient céder la place aux pirates tenant garnison dans l'île.

ERMENTAIRE, moine de Noirmoutier, contemporain de ces faits, en a écrit la relation dans sa chronique de la translation des reliques de saint Filbert sur le continent.

C'est encore à la même époque qu'il faudrait, d'après la *Chronique de Saint-Brieuc*, faire remonter le premier essai de traversée du passage du Gois à marée basse.

Une assez longue période de troubles divers suivit, et en 1096 on trouve les seigneurs de la Garnache et de Beauvoir propriétaires de la plus grande partie de Noirmoutier, au lieu et place des moines de saint Filbert.

Au douzième siècle (1137), le divorce d'Éléonore de Guyenne et de Louis VII rompit le lien qui, un moment, avait réuni l'île à la France. Comme le reste du Poitou et de l'Aquitaine, elle fut portée en dot, par Éléonore, à Henri Plantagenet, roi d'Angleterre. Une lutte affreuse de plus de trois siècles de durée entre les deux royaumes fut le fruit de cet événement.

En 1205, Pierre de la Garnache, mourant, voulut réparer quelques-unes des exactions commises par ses ancêtres contre les Bénédictins. Il fonda une maison en faveur de religieux Bernardins, établis sur l'îlot du Pilier, voisin de Noirmoutier, et leur légua, dans l'île même, des terres depuis lors appelées, pour leur ensemble, l'*abbaye Blanche*, qualification tirée de la couleur du costume des nouveaux venus.

On retrouve, parmi les noms des seigneurs de Noirmoutier, ceux de Marguerite, seconde femme de Pierre de Dreux, duc de Bretagne ; de Clisson, le père du connétable, ayant épousé l'héritière de l'île, Jeanne de Belleville, dame de Montaigu et de la Garnache[1]. Puis, vient le nom de Louis de Sully, dont la famille porte l'héritage dans la célèbre maison de La Trémoille, qui compte plusieurs personnages historiques, entre autres, Louis VII, *le chevalier sans reproche*, le vainqueur de la bataille de Saint-Aubin-du-Cormier, journée qui décida du sort de la Bretagne. Marie-Anne de la Trémoille, princesse des Ursins, fameuse par sa beauté et par sa puissance en Espagne, à la cour de Philippe V, fut dame de Noirmoutier. C'est elle qui obtint l'érection en duché du marquisat du même nom, pour son frère Antoine-François de la Trémoille.

Le prince de Condé, devenu propriétaire de l'île, la céda à la couronne, pour une somme de dix-neuf cent mille livres.

Les Anglais apparurent souvent sur les côtes de l'île. Leur funeste visite, en 1390, faillit ruiner complètement Noirmoutier, mais les habitants ne cédèrent pas à la force et, bravement, conservèrent possession du château.

En 1524, les Espagnols ; en 1562, les protestants de la Rochelle ; en 1674, les Hollandais, sous la conduite de Tromp et de Horn ; puis, dans tout le courant du dix-huitième siècle, les Anglais firent éprouver de grands dommages aux Noirmoutrins. Toujours courageux, cependant, les services rendus par eux à la patrie commune leur valut des privilèges spéciaux, et *les Loups de mer*, ainsi que les Anglais appelaient les matelots du pays, continuèrent à faire l'admiration de leurs ennemis eux-mêmes et à justifier le nom d'*Ile de la Marine*, que la France donnait à Noirmoutier.

Jacques Beaugé, chef pilote sur les vaisseaux du roi, sauva *seul* à l'État, en 1692, *quatorze vaisseaux de guerre*.

Vers le même temps, un Noirmoutrin, Dorineau de la Jousselinière, voyant un petit navire de l'île poursuivi par des Anglais, qui l'avaient forcé de s'échouer et comptaient l'amarriner en

---

1. C'est probablement en souvenir de ce passage d'un Clisson dans l'île, qu'un des marais salants de Noirmoutier s'appelle *Josselin :* la capitale du comté de Porhoët appartenant à Clisson.

pleine mer, se mit à la tête de plusieurs braves marins, monta à bord du navire échoué, malgré une pluie de balles et de boulets, puis finit par le ramener au port.

Le 18 mars 1781, un second fait du même genre avait pour héroïne une jeune fille, Mlle Félicité Bévier.

Une gabare française, poursuivie, s'était réfugiée à la côte de la Martinière, près du village de l'Epine... Déjà l'équipage, trop faible, était descendu à terre, quand Mlle Bévier, attirée comme plusieurs autres personnes par le bruit de la canonnade, reprocha vivement aux hommes, spectateurs du combat, la lâcheté qu'ils montraient en laissant capturer la gabare. Ses reproches restant sans effet, elle n'hésite pas, s'empare d'un fusil et s'élance vers le rivage pour courir au secours de la gabare. Sa conduite fait rougir les marins, bientôt ils l'ont rejointe; le navire français est sauvé, pendant que les Anglais s'éloignent à toutes voiles.

Trois ans après, le 17 juillet 1784, le maréchal de Castries, sur l'ordre de Louis XVI, écrivait à l'héroïque jeune fille pour lui exprimer toute la satisfaction du roi [1]...

Un nom célèbre et aimé à Noirmoutier, celui de Jacobsen, a l'honneur d'apparaître dans l'histoire de Hollande, dont la famille est originaire, et dans celle d'Espagne, où l'un de ses membres, Michel Jacobsen, amiral général de Philippe II, mérita par ses exploits le glorieux surnom de *Renard de la mer*, et après sa mort une place dans la cathédrale de Séville, près de Christophe Colomb et de Fernand Cortez.

Ce nom appartient également à notre histoire maritime, puisque une des filles de Michel Jacobsen fut la mère de Jean Bart !

Un arrière-petit-fils de Michel, Cornil-Guislain Jacobsen, né à Dunkerque, maintenu dans sa noblesse, en 1787, par le roi Louis XVI, s'établit à Noirmoutier et y fit des desséchements importants. C'est lui qui renferma, à l'extrémité de l'île, la propriété de la Lyde, appliquant à son œuvre la méthode employée par ses ancêtres en Hollande. Grâce à lui, l'île de la Crosnière, près Beauvoir, fut conquise (1767) sur l'Océan et la paroisse de Notre-Dame du Pé lui dut son existence. Le roi l'en fit patron et

---

1. Ces faits sont empruntés : le premier à F. Piet, les deux autres à J. Piet, qui nous apprend que la lettre originale du maréchal est conservée dans la famille d'Arondel.

seigneur. Un navire, *le Duc-de-Bourbon*, armé par ce Jacobsen et ayant à bord un équipage noirmoutrin, fit, vers le dernier tiers du dix-huitième siècle, deux glorieuses campagnes.

Jean-Corneille Jacobsen de La Crosnière, son fils, maire de Noirmoutier, continua ces utiles travaux et dessécha, à l'entrée du port de Noirmoutier, le *grand* et le *petit Mullembourg*, connus sous le nom de *terrains Jacobsen*.

Auguste Jacobsen, lui aussi maire de l'île, suivit les exemples de son père et de son grand-père. De 1829 à 1833, il obtint les magnifiques dessèchements de la Nouvelle-Brille et de la Tresson.

Il nous reste à parcourir les sites principaux de l'île, qui ne tarderaient pas à être célèbres si on les connaissait davantage.

Le plus grand inconvénient de Noirmoutier est de manquer d'eau courante. Elle possède seulement des puits. Deux sont fort estimés. Le puits de l'*Aquenette* et le puits *Pignolet* ; ce dernier donne des eaux ferrugineuses.

Chemin faisant, rappelons-nous que des vestiges de monuments mégalithiques et de ruines gallo-romaines ont été retrouvés dans l'île ; mais ils n'ont pas dû avoir, comme en Bretagne, à Carnac et à Locmariaker, une importance capitale.

Cela n'a pas empêché plusieurs écrivains, Édouard Richer, particulièrement, de réclamer pour Noirmoutier l'honneur d'avoir possédé le collège des druidesses dont parlent plusieurs auteurs latins, et surtout Pomponius Mela, collège généralement placé dans l'île bretonne de *Sein*. La difficulté d'accorder des textes obscurs et des noms n'arrêta pas Richer. Il prouvait fort bien, comme on peut prouver ces sortes de choses, que Noirmoutier était l'île nommée Sein, résidence des druidesses ou des femmes Samnites, tour à tour placées à l'île du Met et à Bouin.

Mieux vaut ne pas discuter ces questions sans réponse précise possible, et, après avoir joui du beau coup d'œil dominé par le coteau du Pé-Lavé[1], entrer dans le bois de chênes verts de la Chaise, qui prolonge les plantations de pins faites par la famille Jacobsen.

Serait-on toujours à Noirmoutier, cette île presque sans relief, sans un seul ruisseau d'eau courante, et n'offrant guère à la

---

1. L'étymologie réelle de ce mot paraît être : colline de l'Abbé, du latin *podium*, hauteur. En Auvergne, le mot *puy* est encore employé dans le même sens.

vue que des rivages vaseux ou couverts de dunes, à peine égayés par sa jolie petite ville ?

Voici une côte élevée, rocheuse, accidentée, toute couverte de chênes verts, mêlant leurs racines à des blocs de grès énormes. Chaque pas conduit vers de nouveaux aspects : le temps s'écoule et l'on n'y songe que pour regretter de ne pouvoir doubler les heures.

La *pointe Saint-Pierre*, très élevée, regarde la baie de Bourgneuf. De son pied s'étend, jusqu'à la *pointe des Dames,* une jolie plage de sable fin, bordée par la vague qui vient s'y briser avec douceur.

Du sommet rocheux, l'horizon embrasse la baie et la côte entière de Pornic, dont les moindres contours se révèlent, accusés sur le fond du ciel, en même temps que Bourgneuf et Bouin se détachent, semblables à des îles, au-dessus de la surface du marais.

La pointe du phare ou des *Dames* amoncelle pittoresquement ses rochers, ses arbres pour former la voûte d'une anfractuosité, au creux de laquelle se tapit une petite cabane occupée par les douaniers de service. On ne saurait souhaiter halte plus romantique, et les masses de granit descendant, heurtées, vers la mer, y ajoutent une nuance sombre qui fait valoir les couleurs douces du tableau. Par malheur, ce coin privilégié se trouve justement à la place voulue pour recevoir l'embarcadère du bateau à vapeur de Pornic. Pendant la belle saison, ce bateau fait régulièrement le voyage, chose très agréable pour les baigneurs, mais qui, en nécessitant l'établissement du pont, gâte la plus charmante des retraites du bois de la Chaise.

Très près de cette pointe, on visite la grotte où saint Filbert, dit la légende, aimait à venir méditer et prier. L'oratoire naturel, admirablement choisi, est formé par des roches de grès se rejoignant presque entièrement à leur partie supérieure. Ici encore, hélas ! l'incurie tend à détruire le travail des siècles. Ces roches sont minées sans relâche dans toutes leurs parties friables, par des gens qui en retirent de la « terre à polir » ! De fortes amendes devraient punir un tel vandalisme.

Et l'on avance toujours avec plaisir, n'ayant pas assez de regards pour tout voir, pour tout admirer.

Au moins, faut-il obtenir la permission de gravir la tour Plantier, observatoire si ingénieusement disposé et qui plane au-dessus d'un horizon si vaste, si riant.

Vers l'ouest, la côte du Croisic et la tour carrée du clocher du bourg de Batz sont visibles ; l'embouchure de la Loire, la pointe Saint-Gildas viennent ensuite, continuées par les rochers de Préfailles, les rivages dentelés et le château de Pornic, enfouis sous les arbres ; les plages limoneuses de la Bernerie, de Bourgneuf, de Bouin, et les premiers contours de Noirmoutier. Entre ces grèves, la mer, brillante, fait onduler ses vagues, plaquées d'or par le soleil, et les voiles des barques passent, agiles, pendant que les filets, soulevés, laissent, çà et là, transparaître les écailles diamantées des poissons.

On descend de la tour avec regret, mais le bois de la Chaise n'a pas livré toutes ses beautés. La *pointe du Tambourin*, un peu plus aride, un peu plus sauvage, s'échancre pour former une grotte spacieuse où, volontiers, on resterait des heures à contempler l'Océan.

Comme il fait bon se livrer au flot sur ces plages calmes et si bien abritées ! Vaste également, la grève de la *Claire*, contenue entre la pointe du *Cob* et celle du *Vieil*, mais la côte la défend mal du vent du nord. Pendant que les dunes remplacent les chênes du bois, une herbe rare et courte tapisse ces monticules sablonneux, émaillés d'une petite églantine naine, jaunâtre, très vivace.

Recevant sans obstacle le souffle de l'Atlantique, la pointe du Cob, située en face de roches formant îlot à mer haute, recule constamment effritée. Une masse de terre pend à son extrémité, retenue seulement par les racines d'un petit chêne entrelacées à celles des arbres voisins...

L'air de la mer passant au-dessus du bois, rasant la cime des pins et la tige des bruyères, prend une pureté exquise, favorable aux poitrines délicates. Le feuillage des chênes verts, ou yeuses, est sans doute un peu triste, mais il brave les plus grandes chaleurs comme les froids les plus rigoureux, et sa couleur foncée repose la vue des éblouissements projetés par le jeu de la lumière sur les flots.

Puis, comme si c'était trop peu de ces séductions, auxquelles il ne manque que des ruisseaux d'eau douce pour être parfaites, le bois de la *Blanche*, reste de l'abbaye des Bernardins fondée par Pierre de La Garnache, invite à fouler ses pelouses, rafraîchies par des ormeaux, des coudriers, des haies de plantes toujours vertes.

Le port de l'*Herbaudière* conviera au spectacle attrayant de l'arrivée des pêcheurs.

Enfin, un petit voyage à l'îlot du Pilier tentera les esprits plus aventureux.

Une tradition constante veut que le Pilier ait été réuni à Noirmoutier; l'étude des lieux porterait à l'accueillir.

Ces chaussées de brisants ont dû résister à l'attaque continue de la mer, mais les terres, les sables, les vases ont été emportés. Évidemment, les *Pères*, les *Bœufs*, le *Pilier* devaient être reliés entre eux ou du moins, ainsi que nous l'avons déjà dit, il devait être facile de passer d'un îlot à l'autre, passage que l'on essaya de conserver par le moyen d'une digue détruite depuis bien des siècles.

Le *Pilier*, dont le nom a fait l'objet de vives discussions [1], est un bloc de granit d'un kilomètre à peine de pourtour, orienté vers le sud-ouest de Noirmoutier.

Deux tours, l'une munie d'un phare, sont bâties dans la partie nord; un fortin, des retranchements, un corps de garde, une citerne ont été construits sur la partie sud par Louis XIV (1710-1713), qui avait reconnu la nécessité de protéger l'entrée de la Loire et d'empêcher l'établissement, sur le *Pilier*, de corsaires ennemis. Des modifications ont rendu ces défenses efficaces. Quatre plates-formes permettent de se servir de canons rayés tirant à barbette. En temps de paix, cette position n'a plus de soldats, et les trois gardiens du phare restent toujours seuls au milieu de l'immensité.

La condition de ces braves gens est toutefois meilleure que celle des gardiens des *Héaux de Bréhat*, des *Roches Douvres*,

---

1. On a voulu, principalement, le faire venir de l'existence du fameux collège de druidesses, dont parle Pomponius Mela. On est même allé jusqu'à dire qu'il dérive du mot *pibler*, peuplier, opinion bizarre, appliquée à une roche dénudée. Il nous est peut-être permis de dire que nous croyons le nom défiguré par une prononciation mauvaise et que, vu son extrême aridité, l'îlot dut être qualifié de *pelé*.

près Paimpol; d'*Amonenn,* près Sein; du *Diamant,* près de la petite ville du Conquet; quoiqu'ils puissent parfois se trouver pendant une quinzaine entière privés de toutes communications avec la terre ferme.

Leurs loisirs sont occupés par des essais de jardinage, infructueux du reste; par la chasse aux oiseaux de passage et la préparation d'algues délicates pour albums. Les abords du *Pilier* sont, sous le rapport de la récolte des plantes marines, d'une incroyable fertilité.

Mais, à la louange de ces esclaves du devoir, il faut dire que trop souvent, pendant l'hiver ou lorsque la tempête souffle, un de leurs soins principaux est de se tenir attentifs au moindre bruit pouvant déceler à leur expérience des naufragés à secourir.

Reprenons pied à l'*Herbaudière*. La jetée de ce port, destinée selon toute vraisemblance à un si grand avenir, est longue de quatre cent soixante-cinq mètres. La mer, par malheur, y envoie trop souvent des *paquets;* mais, dans ce cas, les vents permettent d'aller mouiller sous l'abri du bois de la Chaise. En somme, donc, la position est bonne. Elle conservera à Noirmoutier un certain mouvement de navigation, et si, comme il y a lieu de l'espérer, cette navigation est enfin encouragée, l'*Ile de la Marine* prendra une grande part dans la prospérité commune.

Sa population, si bonne, si laborieuse, si énergique, le mérite largement. Puissent les prévisions ne pas se montrer trompeuses.

CHAPITRE XL

LA COTE ET LE PAYS DE MONTS. — CROIX-DE-VIE
SAINT-GILLES-SUR-VIE

Nous quittons une île conquise, en grande partie, sur la mer et dont l'existence doit toujours être défendue contre un retour des flots ; nous franchissons, une seconde fois, un passage dont la réunion au continent n'est plus qu'une question de peu de temps ; enfin, nous voici de retour sur des rivages marécageux, menacés à la fois par la mer et par les dunes.

Il faut avouer que le littoral vendéen n'est pas, en dehors de rares exceptions, bien intéressant à visiter. En réalité, sauf LES SABLES-D'OLONNE, SAINT-GILLES-SUR-VIE, qui paraît mériter des améliorations, NOIRMOUTIER et l'ILE-D'YEU, rien n'y captive l'attention, rien ne laisse un de ces souvenirs dont la pensée aime à s'entretenir.

Et quelle route monotone ! Du moins celle des rivages. A perte de vue, des marais salants, des *charrauds* (canaux) où l'eau dormante se recouvre d'une teinte verdâtre ; des *nioles* (yoles)[1] à fond plat en sillonnent les détours quand vient le temps de la pêche. Ces nioles sont dirigées à l'aide d'une longue perche terminée par une pointe de fer. Une seconde perche appelée *ningle*, dont l'extrémité épaisse et fourchue offre un excellent point de résistance, sert au *maraîchin* à franchir lestement, à la façon des montagnards, les fossés ou canaux, s'il a besoin d'abandonner sa niole et de raccourcir son chemin.

Sur un sol à demi spongieux, des *bourines* (chaumières) construites en argile et couvertes en *rouches* (roseaux), bien loin de

---

1. Le patois vendéen ajoute fréquemment un *n* au commencement des mots : témoin Noirmoutier pour *Hermoutier*; *niole* pour yole.

rechercher l'air, le soleil, se terrent en quelque sorte dans la vase, à demi cachées, par surcroît, sous le maigre feuillage de saules ou de peupliers rabougris!

En apparence, toutefois, le maraîchin est d'une belle, d'une forte race et porte assez élégamment sa petite veste, son chapeau *raballet* (à larges bords), sa ceinture rouge.

En apparence, avons-nous dit ; c'est un écrivain du pays, M. Gallet, qui donnera la raison de notre réserve.

« La race maraîchine semblerait être d'une solidité à toute épreuve, surtout parmi les familles aisées des fermes. Le tempérament sanguin paraît dominer chez les jeunes gens des deux sexes. Les hommes sont grands, ont les épaules larges, le teint clair, les cheveux longs et plats, souvent blonds ou roux. Les jeunes filles, fortes en couleur, ont le teint hâlé par le soleil ; mais leur peau est très blanche et leur taille moyenne est bien prise.

« Mais ces apparences sont souvent trompeuses. Des chairs molles, abreuvées de sérosités, des dents gâtées, une démarche nonchalante, de grands pieds et de grandes mains accusent, chez beaucoup d'individus, un fort mélange de tempérament lymphatique.

« De fortes filles de dix-huit ans, aux contours accentués, deviennent femmes maigres à trente ans ; elles meurent étiques et épuisées entre cinquante et soixante ans. Les hommes maigrissent également en vieillissant. A cinquante-cinq ans, ils en montrent quinze de plus et bien peu atteignent l'âge de soixante-dix ans. Hommes et femmes sont vieux avant l'âge et ne parviennent jamais à l'extrême vieillesse. »

Nous ne continuerons pas la citation, M. Gallet faisant un trop déplaisant tableau moral de ses compatriotes, tableau qu'il termine, il est vrai, par des paroles auxquelles nous nous associons de grand cœur, ayant eu plus d'une occasion d'en vérifier la justesse.

« En dehors de ces courants qui entraînent dans une misère sordide une partie de la population, il y a chez nous, grâce à Dieu ! tout un monde d'honnêtes gens qui se transmettent de père en fils les vertus de l'âge d'or. Entrez chez les habitants de la campagne, vous retrouverez presque partout l'hospitalité des anciens jours. Ils ont d'abord facile, généreux, montrent un grand fond de probité et de religion, et sont ennemis des procès et des chicanes ; leur gros bon sens se fait souvent jour à travers leur physionomie peu expressive. Les crimes sont très rares parmi eux. Nous aimons leur franchise, leur gaieté un peu bruyante, leur bonne foi... »

Pour ce qui touche l'agriculture, M. Gallet s'exprime ainsi :

« Les prairies naturelles réclament impérieusement deux améliorations : le nivellement et l'engrais. La plupart sont formées de hauteurs et de bas-fonds ; les parties hautes sont trop tôt desséchées, les parties basses sont trop longtemps sous l'eau. Les terres provenant du curage de fossés sont rejetées négligemment sur la lisière, qu'elles exhaussent chaque année aux dépens du centre, transformé ainsi en marécage, sans écoulement possible. C'est le contraire qui devrait avoir lieu. Un nivellement général serait très dispendieux, mais on pourrait l'opérer peu à peu en prenant chaque année une couche de terre sur les hauteurs pour la répandre dans les *loires*. Une fois ce travail fait partiellement, il serait plus avantageux d'étendre sur les prés la cendre provenant de la combustion de la fiente des animaux que de la vendre aux habitants du Bocage. Le sol, même le plus fertile, exploité sans recevoir jamais d'engrais, produit moins qu'il ne devrait et finit par s'épuiser à la longue. Lorsque nos agriculteurs maraîchins auront remédié à ces défauts essentiels, ils auront des prairies qui ne le céderont à celles d'aucun autre pays, pour la qualité et l'abondance des herbages printaniers et des fourrages d'hiver...

« Partant de ce principe erroné que les prairies n'ont pas besoin d'engrais, on recueille tout le fumier des animaux, que l'on pétrit ensuite avec de la paille, pour en former des tourteaux appelés *bouzats*. Ces bouzats, séchés au soleil, se vendent *quinze francs* le millier, et il y a tels fermiers qui en fabriquent *trente ou quarante mille*. Ils donnent une chaleur âcre et persistante et répandent une légère odeur de musc, désagréable au premier abord, mais à laquelle on s'habitue aisément. La cendre, entassée avec soin, est enlevée par les *Dannions*, qui l'emploient à fumer leurs terres et donnent, en échange d'un millier de bouzats, une valeur de *douze francs*, soit en bois-fagot, soit en argent ; on s'est donc chauffé pour trois francs.

« Cette cendre est l'objet d'une telle recherche qu'à certaine époque de l'année, les routes sont défoncées et encombrées par les lourdes charrettes des *Bocageons*, voyageant toujours par bandes nombreuses. Ils se réunissent surtout pour traverser le Gois, afin de pouvoir se prêter main-forte en cas de besoin, et forment des convois interminables...

« Les *Bocageons* (habitants du Bocage) sont encore appelés *Dannions* ou *Dagnons*. Ce mot est interprété de deux façons différentes. Écrit *Dannion* par les uns, il viendrait de *damné homme*, terme de mépris dont la cause première est inconnue. D'autres, qui écrivent *dagnons*, font dériver ce terme d'*Agnonotes*, peuple qui refoula les *Colliberts* dans les Marais.

« La haine se serait perpétuée entre les deux races, et le *dagnon* ne serait pas un *damné*, mais un *ennemi*. Pour adopter cette dernière opinion, il faudrait prouver que nos Maraîchins descendent, comme ceux des rives de la Sèvre niortaise, des *Colliberts*, peuplade de pêcheurs originaires de l'île de Maillezais [1]. L'analogie de race et de mœurs qui existe entre les habitants des deux marais n'est pas une preuve de cette origine commune. »

Ces lignes révèlent une sorte d'antipathie existant entre *Maraîchins* du littoral et *Bocageons*, antipathie facile à surprendre, et

---

[1]. Petite ville située entre la Sèvre et l'Autise, dans l'arrondissement de Fontenay-le-Comte.

qui se fait jour même dans la manière dont les gens des deux pays parlent de l'aspect de leurs campagnes respectives.

On sait que, contrairement au Marais, le *Bocage* prend son nom de la grande quantité de bois dont il est couvert.

« — Chez nous, au moins, disait un Maraîchin, on peut humer le grand air, le beau soleil à pleins poumons, et s'élancer, sans craindre de perdre sa route, au milieu d'espaces immenses donnant une sensation de liberté complète ainsi que, sans doute, la donnent les prodigieuses savanes américaines. Ce n'est pas comme dans le Bocage, où l'on ne saurait faire cinquante mètres, sans risquer de ne plus voir même le bout de son nez !!! »

Eh bien ! après tout, le Maraîchin avait raison. Nulle contrée, en France, ne peut, croyons-nous, se montrer *absolument laide*, et il ne tiendrait qu'aux Vendéens du littoral de donner à leurs campagnes un aspect plus riant.

Un meilleur mode de construction rurale, un entretien plus convenable des abords des maisons, une meilleure méthode de nettoyage des fossés, surtout des plantations nombreuses, là même où la présence des arbres verts serait si utile pour assainir l'atmosphère.

Cela et quelques vieilles habitudes routinières mises de côté, transformeraient bien vite le pays, tout en améliorant grandement les conditions d'existence des populations.

Passons rapidement sur toute la côte, nulle de ses parties n'appelant une étude spéciale.

Le Pays de Monts, où nous nous trouvons, est, ainsi que Noirmoutier, arraché pour une notable partie à l'Océan. Sur d'anciennes îles sont bâtis les principaux bourgs et villages.

La Barre-de-Monts est le lieu habituel d'embarquement des voyageurs qui se dirigent vers l'Ile-d'Yeu. Un bateau à vapeur part chaque matin de Port-Joinville, dans l'île, touche à la Barre-de-Monts et repart une demi-heure après. Le service est aussi régulier que le permettent le temps et la marée, et le trajet, d'environ vingt-quatre kilomètres, se fait en moyenne en trois heures.

Nous devrions donc nous embarquer ici pour visiter l'île ; mais nous pouvons nous permettre de prolonger notre voyage par terre, et aller demander à quelque brave marin, de Saint-Gilles ou des Sables, de nous transporter sur ce point isolé dans les embruns de l'Atlantique, et si peu souvent abordé par les touristes que, sauf son nom, il demeure pour ainsi dire inconnu.

Notre-Dame de Monts, Saint-Jean de Monts, Notre-Dame de Riez, Saint-Hilaire de Riez se ressemblent par un trait commun. Leur territoire est divisé en marais salants, en dunes fixes et mobiles. Partout où il est possible d'abriter une barque, les pêcheurs ne font pas défaut, quoique la population, en une foule de localités, semble être beaucoup moins attachée à la mer que les populations bretonnes.

Croix-de-Vie s'étend sur la rive droite de l'embouchure du petit fleuve côtier la *Vie*. Saint-Gilles-sur-Vie occupe, un peu plus haut, la rive gauche, et son territoire se prolonge jusqu'au delà du confluent du *Jaulnay* ou *Jaunay*, mince cours d'eau venant emprunter le lit de la Vie, pour recevoir, comme elle, l'influence de la marée.

Depuis quelques années, on s'efforce d'établir des bains de mer à Saint-Gilles. On peut principalement, comme à Saint-Brévin, y préconiser les bains de sable, car les dunes, presque mobiles, sont extrêmement favorables à ce genre de médication.

Croix-de-Vie et Saint-Gilles ne devraient former qu'une seule ville et, cela étant, leur prospérité en serait plus assurée, puisqu'elle ne s'éparpillerait pas dans des rivalités préjudiciables à l'avenir commun.

Le *Vie* offrirait, certainement, un port des plus commodes, des plus avantageux. C'est même, semble-t-il, l'estuaire le plus anciennement fréquenté de la Vendée entière. Mais les sables et le limon l'encombrent, un dragage énergique ne suffirait pas. Un creusement considérable s'impose avec des retenues de chasse, faciles, du reste, à établir, le *Jaunay* ou la *Vie* elle-même pouvant en fournir les éléments.

Nous avons grand'peur de voir retarder encore ces éléments de succès. Chacune des deux petites villes voudrait attirer tout à elle, et Saint-Gilles est assez humilié de n'avoir pas sur ses limites la gare des chemins de fer de l'État.

En vérité, le travail d'un pont spécial eût été pour le moins superflu : dix minutes suffisant largement au piéton pour se rendre, de la rive gauche, à la gare, située sur la rive droite.

Croix-de-Vie a possédé la première usine de la Vendée entière, où la sardine ait été confite.

Quant à Saint-Gilles, le commerce y est assez bien compris, et l'agriculture en progrès. Des vignes sont plantées jusqu'à la dernière limite des sables. Leurs produits sont encore très médiocres, mais, avec le temps, ils peuvent s'améliorer, et, en tout cas, ils procureraient à la contrée une boisson plus saine que l'eau dont elle est fournie.

Les environs de la petite ville ont fourni des ruines mégalithiques et gallo-romaines assez intéressantes. Les maisons seigneuriales s'y trouvaient, d'un autre côté, assez nombreuses, et les vestiges du vieux château, transformé en habitation particulière, y sont encore reconnaissables.

L'église, de différents styles, n'est pas d'un grand intérêt, bien que plusieurs de ses parties présentent le style roman très pur. Sa fondation remonte au neuvième siècle, mais, souvent détruite et rebâtie, elle gagnerait à être complètement, intelligemment restaurée.

Le cimetière possède quelques dalles tumulaires, dont les plus anciennes datent du quinzième siècle.

Incontestablement, Saint-Gilles est d'origine très ancienne, mais son histoire reste entourée d'une certaine obscurité. On n'y peut guère relever avec certitude que des épisodes se rapportant aux guerres de la Ligue et à la révolte des protestants. C'est ainsi qu'en 1621 le duc de Rohan-Soubise tenta vainement de s'emparer de la place. Il devait, peu de mois plus tard, être complètement défait par Louis XIII, à Croix-de-Vie.

La ville s'honore d'avoir vu naître Pierre-Garcie Ferrande, le célèbre auteur du *Grand Routtier de la Mer*, intrépide marin du quinzième siècle, dont M. Dugast Matifeux a fait, en 1868, revivre le souvenir.

Narcisse Pelletier dont, en 1875, le *John-Bell* opérait le rapatriement, émerveilla ses compatriotes par le récit de son séjour de dix-sept années au milieu des noirs Australiens. Pelletier, né en janvier 1844, n'avait donc pas plus de quatorze ans quand il commença son extraordinaire existence dans les déserts horribles de l'Australie. Un Vendéen, croyons-nous, a mis en ordre ses curieux mémoires.

La pêche de la sardine est la principale source de travail pour la population maritime de Saint-Gilles et de Croix-de-Vie. Ses produits commencent à se relever, mais pour combien de temps, avec l'imprévoyance dont on fait preuve !... Les expéditions de poissons frais d'autres espèces sont assez fréquentes.

Par malheur, l'entrée du port, déjà difficile en temps ordinaire à cause du peu de tirant d'eau (trois mètres), réclame impérieusement des travaux importants.

Aussitôt que la mer devient mauvaise, la situation des pêcheurs n'est plus tenable, telle, par exemple, la saison d'hiver de 1882.

Les bancs de moules, autrefois fructueux, sont de plus en plus envahis par les sables, et les crevettes tendent à disparaître.

Les plaintes se multiplient et l'aisance décroît chaque année. Hélas ! cette gêne, l'imprévoyance ne la cause-t-elle pas ?

Faut-il donc constamment répéter que la mer, immense réservoir, ne fournit pas plus que la terre des animaux comestibles se reproduisant instantanément. Est-il possible que des fonds dragués chaque jour avec acharnement aillent néanmoins en s'enrichissant ! ! !

L'homme est un mauvais usufruitier de ses richesses. Il ignore la science de les employer simultanément et de les conserver par un simple système de prévoyance. Et pourtant si, tout au moins, à certaines époques, la pêche était pratiquée avec plus de retenue, les produits des campagnes suivantes compenseraient vite la perte causée par quelques jours de chômage volontairement acceptés. La question est de celles qu'il est urgent d'étudier et de faire accepter par nos populations maritimes, trop éprouvées déjà.

Puisse, en attendant, Croix-de-Vie, un peu plus avantageusement située que Saint-Gilles, se mettre d'accord avec cette dernière ville.

A elles deux, la tâche de mener rapidement les travaux du port ne pèserait guère, et cela vaudrait mieux que de réclamer trop de l'État, impuissant, en somme, à concilier tous les intérêts.

Et quel but plus beau que de rendre l'animation à toute une contrée, menacée dans son existence même par l'état de choses actuel !

CHAPITRE LXI

L'ILE-D'YEU

Défendue par de terribles écueils tristement célèbres dans les annales des naufrages, entourée par des courants rapides que, trop facilement, le vent affole et fait se heurter avec violence, l'ILE-D'YEU dresse ses côtes granitiques à vingt kilomètres de la terre ferme.

Très peu explorée, les passages qui y conduisent ayant une réputation trop méritée, elle est, cependant, extrêmement intéressante et mériterait d'être mieux connue. Plusieurs ne la valent pas qui sont citées avec enthousiasme, et c'est avec raison que l'un des historiens de l'île, M. O.-J. Richard, a écrit :

« ... Si l'Ile-d Yeu était située sur les côtes de l'Angleterre, si seulement elle était transportée entre Jersey et Guernesey, que d'affiches seraient envoyées de tous les côtés, que d'industriels s'empresseraient d'y établir des hôtels, des casinos, et des *excursions-cars!* Et des curieux, venus de tous les points de l'Europe, s'entasseraient dans les bateaux à vapeur pour visiter l'antique *Oya*, qui ferait encore merveille non « *contre* les Anglais », mais « *comme* les Anglais », quand il s'agit pour ceux-ci de faire valoir leur propre territoire. J'ai visité, sur les côtes d'Angleterre et d'Ecosse, des îles qui sont loin d'égaler l'Ile-d'Yeu, soit comme sites, soit comme histoire locale, mais qui, pour une vague légende ou quelque ruine insignifiante fait partie de *l'itinéraire obligé*, préconisé par tous les guides... »

Heureusement, l'indifférence pour les joyaux que possède notre sol commence à faire place au juste empressement de mettre en lumière nos richesses sans emploi, et grâce à cette agitation de bon aloi, l'Ile-d'Yeu trouvera enfin la belle place qui lui est due.

Un seul obstacle : les communications un peu précaires, tend à disparaître. Déjà un service postal assez bien organisé met l'île à moins de trois heures du continent. Plus tard, nous n'en doutons pas, tout sera mieux encore et, peut-être, après étude sérieuse, l'embarcadère sera-t-il établi dans un lieu plus accessible que la Barre-de-Monts. En effet, pour ce dernier village, la route laisse grandement à désirer. On arrive par le chemin de fer à Challans ; de ce bourg, une voiture peu confortable, dite courrier, mène le voyageur à Beauvoir-sur-Mer, où un second véhicule des plus primitifs, car il consiste en un simple char à bancs découvert, conduit au lieu d'embarquement. Un petit bateau à vapeur fait, pour l'instant, le service... Mais ce bateau devrait céder la place à un paquebot plus fort, plus solide, en ce sens qu'il est trop souvent obligé de relâcher pour cause de réparations. Alors la traversée a lieu par un petit navire à voiles, et le temps nécessaire au passage s'en trouve, du coup, plus que doublé, chose effrayante pour les voyageurs novices ou sujets au mal de mer.

Un lieu nouveau d'embarquement ou des moyens de transport plus commodes ; un beau steamer semblable, par exemple, à celui qui fait le service entre les îles de Ré, d'Oléron et la Rochelle ; un peu d'initiative de la part des Ilois pour faire connaître leur pays, aussitôt, un mouvement s'établirait et irait toujours croissant, pour le plus grand profit de l'île et de ses habitants.

Rien de variable comme l'orthographe du nom de ce roc, jeté au plus avant du large de la baie vendéenne. *Oïa* semble être la forme ancienne, du moins se trouve-t-elle dans les récits de Baudement, historien de *saint Amand*, apôtre du Poitou, et d'Ermentaire, moine de Noirmoutier, historien de saint Filbert. *Oïa* est la traduction latine du mot local *Oya*. On trouve, ensuite, *Oga, Ogia, Oys, Eoys, Oix, Oye, Hoyes, Hoys, Heoys*, sans compter plusieurs autres.

En 1520, chez Anguilbert de Marnef, paraît, à Poitiers, le *Grand Routtier, Pillotage et ancrage de la mer*, œuvre de Garcie Ferrande, et le nom de l'île y est orthographié *Dieulx*. En 1602, le *Théâtre du Monde*, d'Abraham Orteluis, porte les mots *Isle de Dieu*. En 1755, l'abbé Joussemet, curé de Saint-Sauveur (la première église de la contrée), et auteur d'un grand travail sur l'île, adopte la forme : *Isle d'Ieu*. L'*Histoire de la Rochelle*,

ILE-D'YEU : RUINES DU CHATEAU

du P. Arcère, orthographie *Isle d'Yeu*. Les pièces administratives de la fin du siècle dernier portent *Isle-Dieu* ou parfois, en un seul mot, *Lisledieu*. Depuis, le nom adopté est *Ile-d'Yeu*.

En vérité, il y avait urgence à faire un choix définitif!...

Ce choix, toutefois, n'a pas tranché la question encore controversée de l'étymologie du nom-protée. On a voulu y trouver un rapport avec les yeuses ou chênes verts croissant anciennement dans l'île. Par malheur, le mot *yeuse* vient de *ilex*, houx, les chênes verts portant, comme le houx, des feuilles piquantes et non caduques.

Ensuite, on a pensé que l'excellence de la chair des petits moutons ilois pouvait bien compter dans le débat. Hélas! si la pensée avait de l'ingéniosité, elle était également des plus spécieuses, car on se demande comment une île à demi inconnue eût pu faire arriver ses produits à la célébrité!

Et, si nous devions nous prononcer, nous dirions, avec M. de La Fontenelle de Vaudoré, rallié à une opinion rationnelle, que la plus ancienne église de l'île ayant été consacrée sous le vocable de *Saint-Sauveur*, il devenait tout simple de donner à son territoire une dénomination analogue. Bourg-Saint-Sauveur, représentant pendant des siècles la vie religieuse et administrative de l'île entière, on conçoit très bien que son nom, par analogie, ait pu être transformé en *Bourg-de-Dieu, Bourg-Dieu,* puis, tout simplement *Dieu,* et la contrée partagea sa fortune.

Au surplus, nul éclaircissement ne résulterait d'une plus complète discussion et l'ILE-D'YEU offre, du reste, d'autres problèmes tous également insolubles.

Que les druides aient possédé un collège dans l'île, comme le veut M. de Sainte-Hermine, c'est très vraisemblable. Druides et druidesses aimaient à s'entourer d'un appareil propre à frapper l'imagination ainsi que l'esprit des peuples.

L'Ile-d'Yeu, avec sa ceinture de récifs hurlant sous la lame du large, était une station parfaitement choisie. Les monuments de cette époque ou, plutôt, offrant quelques-uns des caractères de l'époque, se partagent en dolmens, menhirs, tumuli. Tous ont un nom légendaire ou provenant, soit de leur situation, soit de leur aspect; mais pas un seul ne présente, à beaucoup près, l'intérêt des monuments d'Erdeven, encore moins de Plouhar nel ou même de Plouhinec.

Plusieurs autres pierres, bizarres d'ailleurs, ont été rangées, mais à tort, parmi les monuments mégalithiques, elles sont de simples roches ayant subi l'action du vent, de la mer, des siècles accumulés.

Celles qui méritent davantage de fixer l'attention sont : le *Caillou Blanc*, amas de roches du quartz le plus pur et blanches comme du cristal ou de la glace.

La *Planche à Puare*, petit dolmen (?) en mauvais état, imite grossièrement le relief d'une énorme tortue.

La *Pierre de Tonnerre* est peut-être un menhir, reste d'un ancien cromlec'h, car tout autour règne une sorte d'enceinte, et la tradition veut que des pierres plus basses aient été détruites dans cette même enceinte.

Le *Grand Bec*, admirablement nommé, ressemble au long cou d'un plésiosaure surgissant des régions antédiluviennes de l'île.

A la *Roche-aux-Fras* ou Fadets, ou Farfadets, nous retrouvons une version de la légende gwénédis [1] : *Les Korils de Plaudren*, où un tailleur bossu est délivré de son infirmité, parce qu'il aide les Korils à compléter leur chanson séculaire roulant sur les noms des jours de la semaine. Ici, Satan en personne vocalise la chanson et un marin bossu fait écho avec enthousiasme. Sa voix mélodieuse plaît à l'Esprit du mal, qui le délivre de son infirmité. Apprenant cette merveille, un autre bossu court à la *Roche-aux-Fras*, tout haletant d'espérance. Catastrophe inouïe !

Le malheureux chante *faux !*

L'oreille délicate de messer Satan en souffre horriblement et... une seconde bosse pousse instantanément sur la poitrine du suppliant ! ! !

L'aiguille du *Chiron-Ragon* est une véritable pyramide triangulaire, dont deux faces se présentent unies et la troisième, qui est bombée ; les arêtes en sont vives, le sommet assez aigu. Elle pourrait, elle aussi, avoir marqué l'emplacement d'un cromlec'h : de petites pierres formant cercle autour d'elle.

---

1. Recueillie par Émile Souvestre dans le *Foyer Breton*. On se souvient que les habitants de l'ancien comté de Vannes sont appelés Gwénédis par les Bretons.

La Pierre Branlante cède aux efforts que font les curieux pour la mettre en mouvement, et sa lourde masse, simulacre d'un phoque au repos, s'ébranlant sur sa base, prend des allures grotesques fort réjouissantes… quand elles n'arrachent pas des cris de peur aux imprudents, mal rassurés sur les suites d'un exploit, pourtant inoffensif.

Dans toutes ces pierres, les géologues, plus que les chercheurs de monuments celtiques, trouveraient, croyons-nous, le sujet d'études sérieuses.

L'incertitude règne sur les origines de la population primitive de l'île, comme elle règne sur l'orthographe et la signification de son nom.

Fut-elle, dans la nuit des siècles, réunie au continent ? Il n'y a guère de probabilités pour l'affirmative ; mais il y en a pour lui donner une superficie plus grande. L'Océan qui, chaque jour, s'acharne sur ces roches, a dû en emporter des lambeaux, et des terres, émiettées maintenant, devaient combler des espaces devenus de terribles défilés entre les récifs.

Le souvenir de deux apôtres, saint Martin et saint Hilaire, est resté dans la mémoire des Ilois, sans qu'il soit possible de décider si le saint Martin désigné fut l'illustre patron de la Touraine ou le religieux dont Vertou (Loire-Inférieure) revendique la naissance et dont la majeure partie du pays vendéen honore le nom.

La confusion ne cesse pas en ce qui concerne la date de la fondation du monastère placé sous le vocable de saint Hilaire de Poitiers. Sixième ou septième siècle (?). Nul ne pourrait l'affirmer. Mais avec la date 609 et le nom de saint Amand, jeune gentilhomme du comté nantais, réfugié par humilité au couvent de l'Ile-d'Yeu, la lumière commence. On a bien parlé d'une autre île plus voisine de la Rochelle, l'*île de Loix*, maintenant rattachée au continent : des preuves tirées des actes mêmes que l'on citait réduisent l'assertion à néant.

« Sauvage et couverte d'une vaste forêt, » disent les traditions, l'île ne tarda guère à changer de face sous la direction des moines.

L'abbé du Tressay affirme que Charlemagne envoya dans l'île un de ses *missi dominici*. Ce même abbé parle d'un second monastère, dédié à saint Etienne, et fondé, de 996 à 1031, sous le règne de Robert le Pieux. Il disparut dans un violent incendie, sous le règne de Charles IX. Ses religieux avaient fait faire beaucoup de progrès à l'assainissement de la contrée.

L'histoire féodale de l'Ile-d'Yeu se résuma, pendant longtemps, par celle de la maison des seigneurs de la Garnache, qui en avait la possession.

Aussitôt apparaissent, comme à Beauvoir, comme à Noirmoutier, les noms de Marguerite, dame de Montaigu, seconde femme de Pierre de Dreux ; de Maurice de Belleville ; de sa fille Jeanne, femme d'Olivier III de Clisson et mère d'Olivier IV, le connétable ; enfin, le nom de Rohan, du chef d'Alain VIII, époux de Béatrix, fille d'Olivier, et de ses descendants.

Par alliance ou achat, les maisons de Guénégaud, du Chastel, de Retz, de Rieux, du Pas, possédèrent la seigneurie de la Garnache, qui relevait de la vicomté de Thouars, et eurent des droits plus ou moins honorifiques sur l'Ile-d'Yeu.

Le dernier de ces seigneurs de la Garnache fut un du Pas qui, en 1789, adressa aux nobles, réunis à Poitiers, un très curieux mémoire contre les empiètements de la couronne sur les droits féodaux. Il se plaignit aussi de plusieurs des seigneurs, ses prédécesseurs, violateurs de ces mêmes droits.

C'était, il faut l'avouer, bien choisir le moment pour discuter semblables questions !

L'Ile-d'Yeu suivit ces divers changements et passa de la possession de la famille de Rieux à celle de la maison de Rochechouart-Mortemart, puis de la maison Rochechouart-Vivonne, pour revenir à la première, et c'est Victurnien-Jean-Baptiste-Marie de Rochechouart, duc de Mortemart, qui vendit au roi, le 11 février 1785, la seigneurie de l'Ile-d'Yeu.

La cession, consentie pour un million de livres, rappelait que l'île était sous la *mouvance* de la seigneurie de la Garnache ; son propriétaire la vendait avec ses *droits et devoirs.*

« Ainsi, fait spirituellement remarquer M. O.-J. Richard, le roi devenait le vassal du sieur du Pas, marquis de la Garnache et capitaine des chevau-légers de sa garde. »

Le million stipulé ne fut d'ailleurs jamais payé, les événements politiques ayant amené la confiscation des biens féodaux.

Dans la liste, toute succincte qu'elle soit, des seigneurs de l'Ile-d'Yeu un nom étranger fait son apparition. Le traité de Brétigny (8 août 1390) ayant démembré la France, l'Aquitaine, dont faisait partie la seigneurie de la Garnache et, conséquemment l'île, passa sous la domination anglaise. Par suite, Robert Knoll, l'adversaire constant, mais rarement heureux (quoiqu'il causât le plus grand mal au pays), de Du Guesclin et de Clisson, fut mis en possession du fief.

Cette possession dura huit ans, concurremment avec celle de Clisson et de son gendre, Alain de Rohan. Fut-elle effective ? On l'ignore, nulle trace n'en est restée. Tout au moins, exista-t-elle de nom, car en 1368 Knoll céda ses droits à son compatriote, Richard de Cunay ou de Gréné, qui lui-même les abandonna, en 1392, à Guy de la Trémoille, vicomte de Thouars.

Un moment donc, l'Ile-d'Yeu fut possession anglaise. Toutefois, les guerres continuelles empêchèrent les rois d'Angleterre de s'occuper de ce nouveau fief, et ce fut un bonheur, écrivait de La Fontenelle de Vaudoré, « car si nos ennemis l'eussent effectivement occupée, elle aurait était perdue, pour nous, comme les îles normandes. Ce serait un autre Gibraltar, un autre Héligoland ».

Cette honte, grâce à Dieu, nous a été épargnée !

Du passage éphémère des Anglais, il reste seulement une vague légende de *Diables* ou de *Ventres rouges* ayant habité le vieux château. D'ailleurs, les faits historiques concernant uniquement l'Ile-d'Yeu sont rares, et cependant, si difficile que pût être l'accès de cette terre, les actes de la paroisse conservent la preuve que plusieurs des seigneurs y vécurent, principalement les de Rieux, marquis d'Assérac, souvent parrains, non honoraires, mais présents et signant.

Une héritière de la maison, Anne de Rieux, épousa, le 24 mai 1660, Léon de Balsac d'Hilliers, marquis de Fiez ou de Gié, qui résidait dans l'île *depuis plus d'un an*.

Si les faits concernant les maîtres de l'île sont peu nombreux, ceux qui concernent le rôle de cette position, pendant nos guerres maritimes, ne le sont pas davantage. Et pourtant on ne peut guère douter qu'elle eut beaucoup à souffrir de ces guerres;

mais ou les relations ont été perdues, ou elles sont encore à découvrir.

Peut-être aussi les dangers de la navigation dans ces parages ont-ils gardé la pauvre petite contrée. De plus, la bravoure de de ses habitants devait la protéger efficacement, puisqu'un acte de Charles VII accorda aux Ilois de grands privilèges, avec l'exemption entière de toutes charges.

Leur zèle ne se ralentit pas avec les faveurs, car Louis XI accorda, lui aussi, de nouveaux privilèges, par cette raison « que les habitants *avaient fait merveilles* contre les Anglais ».

Merveilles serait bien le mot, l'île n'ayant été, en réalité, fortifiée que sous le premier Empire.

D'une ordonnance de Henri II (12 mars 1551) semblerait résulter que les pauvres gens eurent énormément à souffrir de la part des Anglais, des Espagnols, et, surtout, des habitants de la Rochelle, d'Olonne et de la Chaume, « qui ne les voulaient pas souffrir trafiquer ».

Il dut y avoir nombre d'autres faits malheureux, et la trace s'en retrouve dans les registres paroissiaux, où l'on peut lire plusieurs actes libellés « dans le temps de la déroute et que l'on fuyait les ennemis » (1703).

Une autre déroute, celle de Conflans (1759), eut un écho dans l'Ile-d'Yeu ; mais l'amiral Hawke se montra clément et empêcha que l'on maltraitât des pêcheurs sans défense... Action remarquable de la part d'un officier de Pitt, notre ennemi acharné, et que M. O.-J. Richard fait justement ressortir ; car c'était vraiment alors une bonne occasion, pour l'Angleterre, de conquérir l'île et d'en faire « un nouvel Héligoland ».

Moins d'un demi-siècle plus tard (fin septembre 1795), les Anglais cependant abordaient dans l'Ile-d'Yeu, mais c'était pour prendre part à nos discordes civiles. Le 2 octobre arrivait, à son tour, le comte d'Artois... il se rembarquait le 18 novembre, pour l'Angleterre, sur le *Jason*.

Pendant les guerres de la République et du premier Empire, plus d'un combat naval eut lieu devant l'île et les habitants durent repousser plus d'un débarquement ; mais les moyens de défense leur avaient, enfin, été donnés et, en somme, ils ne souffrirent pas trop des événements qui bouleversaient la face entière de l'Europe.

Le plus ancien centre habité de l'île est LE BOURG, nommé aussi Bourg-Saint-Sauveur, ou simplement Saint-Sauveur. LE PORT a fini par devenir le point important et il a dépossédé le Bourg, même de son titre curial séculaire, le réduisant au simple rang de succursale.

D'abord appelé PORT-BRETON, il a pris, en 1844, le nom de PORT-JOINVILLE, qu'il a conservé.

« La petite ville apparaît coquette, avec ses maisons blanches, ses frais jardins, qui sont protégés contre les vents d'ouest par le massif entier de l'île. Pendant l'été, au moment de la pêche de la sardine, le port est encombré d'une multitude de barques bretonnes, aux voiles brunes, qui amènent parfois une population flottante de près de dix mille marins. Une activité extraordinaire règne partout, et le soir les maisons regorgent de monde. Des chants étranges en langue gaëlique, tels qu'étaient sans doute, autrefois, ceux des Gaulois, retentissent au milieu du calme de la nuit, avec l'accompagnement toujours si saisissant des flots qui, de minute en minute, s'abattent sur les rochers du rivage. »

Sa population fixe comprend environ la moitié de celle de la contrée entière, quatorze cents habitants sur trois mille. Port-Joinville est d'ailleurs l'unique commune formant le canton dit de l'Ile-d'Yeu.

Tout le travail, on le comprend, toutes les préoccupations des Ilois se portent vers la mer, et les industries qui en sont la conséquence : la pêche au premier rang. Cependant, sur cette côte si battue par la vague, les pêcheries fixes n'existent pas, non plus que les parcs à huîtres. Les campagnes des bateaux armés pour le passage des anchois et des sardines ont été fructueuses dans ces derniers temps ; elles ont compensé les fâcheux mécomptes éprouvés en 1881, par exemple. Un seul poisson, le maquereau, semble vouloir déserter ces parages, mais d'autres espèces, comme le thon, deviennent plus abondantes. Il en résulte une moyenne satisfaisante et les pêcheurs îlois ne sont pas les moins favorisés de la côte vendéenne. Les fabriques de conserves sont en pleine activité. Le goémon, récolté avec soin, est brûlé dans l'île et devient l'objet d'un certain trafic.

D'autre part, les points dangereux des rivages sont indiqués avec exactitude ; néanmoins il a été reconnu que les quatre phares ne suffisaient pas, aussi le conseil général de la Vendée a-t-il émis le vœu de voir élever un cinquième feu sur les redoutables récifs des *Chiens Poirins* : ce vœu sera, sans nul doute, entendu.

L'île, ensuite, ne restera pas sous le coup de la renommée sinistre que des désastres successifs lui ont faite. M. Auger a relevé, de 1860 à 1878, *treize naufrages principaux*, arrivés soit au *Caillou Blanc*, soit dans son voisinage.

Les *Chiens Poirins* ou *Perrins*, « terribles rochers toujours hurlant et aboyant, sinistres gardiens de cette côte dangereuse, cerbères jaloux et féroces », ont eu leur part dans les catastrophes où tant d'hommes ont trouvé la mort !

L'équipage de la *Mathilde*, seize marins sur dix-sept !

Les quatre-vingts matelots de la corvette *l'Active* !

La perte de l'*Active* décida de la construction du grand phare de première classe, établi, à cinquante-quatre mètres d'altitude, sur la butte de la *Petite Foule*.

Quant à l'énumération des barques ou chaloupes perdues, elle serait bien longue...

Les côtes peuvent se partager en deux catégories distinctes d'aspect. A l'est, des grèves commodes, des rivages en général moins élevés. A l'ouest, la lame, battant sans obstacle les assises granitiques, a découpé dans les roches tourmentées les figures les plus étranges, les grottes les plus intéressantes que la fantaisie d'un artiste ait jamais rêvées. Puis, comme si tout cela ne suffisait pas, un travail humain, d'origine ignorée, se mêle, merveille inattendue, à ces merveilles naturelles.

Le *Vieux Château* (ainsi se nomme-t-elle) occupe un îlot séparé de la terre ferme. Autrefois, un pont-levis établissait les communications nécessaires ; de nos jours, l'accès en est, pour ainsi dire, impossible. La construction entière forme une sorte de trapèze orienté, par sa façade la plus étroite, vers la mer, à l'ouest, que ses tours dominaient d'une hauteur de plus de vingt-cinq mètres. Ces tours, au nombre de quatre, sont maintenant en partie effondrées ; elles ne s'en présentent pas moins très noblement, et la masse entière surprend autant la raison que l'imagination.

C'était une hardiesse extraordinaire que l'entreprise d'une

telle œuvre dans des conditions semblables et, pour ajouter à son prestige actuel, l'obscurité la plus complète règne sur son origine. On a cru lire deux dates sur un des créneaux et elles seraient ainsi disposées : $\frac{1\ 27}{1\ 96}$. Mais, en outre de l'incertitude régnant sur l'authenticité de ces chiffres, à peine déchiffrables, même avec une bonne lorgnette, il resterait toujours à combler les deux blancs et l'on s'en trouve réduit aux simples conjectures. S'il était possible de monter jusqu'au créneau et de l'étudier longuement, les contours ou les vides, invisibles à distance, donneraient sans doute le mot de l'énigme. En l'état actuel, personne, très probablement, n'en trouvera la solution.

Le Vieux Château porte, dit M. de Sourdeval, le cachet de l'architecture militaire au quatorzième siècle, et Olivier de Clisson dut, pour le moins, contribuer à son achèvement. La vérité est que ce caractère architectural n'a rien de bien tranché. Il faut se contenter d'admirer et se résigner à ne rien savoir de plus, les chroniques restant muettes, sinon pour garder le souvenir, très affaibli du reste, d'une garnison de *diables* ou *ventres rouges* : qualification se rapportant certainement aux Anglais, mais nul titre ne confirme la véracité de ce souvenir.

En face de la forteresse, sur la terre ferme, un ensemble de constructions complétait la défense de ce point de l'île, et un chemin, aujourd'hui abandonné, les mettait en communication avec le Bourg-Saint-Sauveur.

Un moment, vers 1809, il fut question de placer garnison au Vieux Château ; un pont volant permit d'y accéder ; mais l'idée resta en projet, le pont tomba en ruines et, de nouveau, la forteresse fut abandonnée.

La commission des monuments historiques ferait bien de passer par là et d'arracher ces superbes débris à la destruction inévitable.

La difficulté du travail serait seule invoquée, croyons-nous, mais, pour conserver une pareille œuvre, un peu de peine ne devrait pas entrer en ligne de compte.

Quel étrange spectacle, lorsque les flots, arrivant mugissants, semblent monter à l'assaut de ces murailles séculaires !

Les nerfs, comme le cœur de la garnison ou des châtelains, devaient être solides pour résister à l'incessant fracas de la vague hurlante, au retentissement effrayant de la tempête acharnée sur ces tours massives !

Par un jour sombre ou une nuit d'hiver, le Vieux Château, déjà sinistre sous le rayonnement du soleil, prend un aspect légendaire, bien fait pour frapper de terreur les simples habitants de l'île.

Mais, pour un poète, quelles délices de s'enfermer dans la forteresse mystérieuse et, du haut des créneaux, de laisser passer les heures si promptes quand tout est harmonie, grandeur, immensité !...

Avec le Vieux Château, on n'a pas épuisé les tableaux que renferme l'île.

Un vallon verdoyant, entouré par d'énormes rochers, cache le petit port de la *Meule*, « le plus ancien de l'île et qui a été minutieusement décrit par Garcie Ferrande ».

Une jetée naturelle semble devoir y promettre un refuge assuré aux navires, mais « la grande mer » est trop voisine, et sitôt que le temps se gâte, chose fréquente, on doit haler les embarcations à terre. Impossible, par conséquent, d'y tenir. Les travaux qui pourraient le rendre meilleur seraient infiniment trop coûteux, mis en regard des services qu'on en retirerait.

Sur le sommet de la colline élevée et tourmentée qui surplombe ce port, une petite chapelle dédiée à la Vierge est, chaque année, le lundi de Pâques, l'objet d'un pèlerinage fréquenté.

Le fort de *Pierre Levée* occupe le point culminant de l'île ; en temps de paix, aucune garnison n'y réside.

Le vieux Bourg-Saint-Sauveur, tout mélancolique de sa déchéance, ne présente rien de remarquable en fait de monuments, pas même sa vieille église romane, mais il plane sur un admirable horizon, permettant d'embrasser à la fois l'île entière et la ligne mouvante de l'Océan, avec ses reflets splendides.

Du Bourg, on arrive facilement à l'extrémité sud du pays, nommée *Pointe-des-Corbeaux*, où se place une légende célèbre dans le Poitou entier et ailleurs, car elle remonte à la plus respectable antiquité : Strabon ayant pris la peine de la transcrire en même temps que les récits concernant une île habitée par des druidesses ou des femmes samnites, île encore à désigner avec certitude.

Nous empruntons la page suivante à M. Richard.

« Voici, dit-il, comment s'exprime le célèbre géographe grec :

« Artémidore raconte que sur la côte baignée par l'Océan, il existe un port nommé le *Port des Deux Corbeaux;* que les personnes qui ont quelques démêlés entre elles viennent en ce lieu, placent sur une éminence une planche, sur laquelle chacune des deux parties pose séparément des gâteaux; que les corbeaux y volent et que, des deux portions qui leur sont offertes, ils mangent l'une et dispersent l'autre, et que la personne dont la portion est ainsi gaspillée passe pour avoir gagné son procès. »

« Ce passage de Strabon paraît bien s'appliquer à l'Ile-d'Yeu. En effet, non seulement la pointe sud de l'île porte le nom de *Pointe des Corbeaux* ou des *Deux-Corbeaux*, mais encore, ainsi que l'ont constaté M. Savary et M. de Sainte-Hermine, la légende telle qu'elle est racontée par Strabon, est restée longtemps fort populaire dans l'île. Les habitants s'y seraient même montrés tellement attachés qu'ils auraient manqué faire un mauvais parti à un Anglais qui se serait permis de tuer un corbeau. Le désespoir des Islais se comprend d'autant mieux que (d'après la tradition) il n'y a jamais que deux de ces oiseaux dans l'île, un mâle et une femelle. Ce couple féroce ne permet point aux autres corbeaux du continent de venir partager son empire et il ne craint pas d'exiler sa propre progéniture, lorsqu'elle peut se passer de ses soins. »

Nombre d'autres légendes pourraient être recueillies ; parmi elles, la légende du *Pont d'Yeu*, qui aurait, voilà bien des siècles, uni l'île à la terre ferme, rappelle entièrement l'histoire du *Chat de saint Kado*, entendue près Étel[1].

Mais, c'est peut-être nous attarder trop au milieu de ces magnifiques paysages. Clôturons donc notre séjour à l'Ile-d'Yeu, par une dernière visite au *Caillou Blanc*, « sorte de muraille du quartz le plus pur, blanc comme la neige, aux arêtes vives, tranchantes, résistantes mieux que l'acier lui-même, et couvrant, comme d'un linceul funèbre, la plage où il a causé tant et de si terribles naufrages ».

Eh bien! ces dangers de chaque instant, ces récifs effroyables n'ont pas atténué l'intrépidité des marins de l'île. Combien de fois se sont-ils dévoués au prix de leur propre existence !

Un exemple seulement.

Le dimanche 15 novembre 1876, une épouvantable tempête régnait sur mer. Environ vers quatre heures de l'après-midi, un

---

1. Voir le présent volume, chapitre : *Etel.*

canot de l'île, monté par deux hommes, est signalé comme étant en perdition.

« Aussitôt le canot de sauvetage est mis à la mer. Les hommes qui vont être chargés de le manœuvrer sont presque tous des jeunes gens. Ils n'ont pas eu le temps de changer leurs habits de fête ; quelques-uns remettent leurs paletots à des amis, et s'embarquent en manches de chemise, comme pour une partie de plaisir. La précipitation est telle que, bien qu'il fût facile de prévoir les difficultés du retour, car le vent soufflait de la côte, on n'emporta ni vivres ni aucun cordial. Le bateau filant vent arrière ne tarde pas à accoster le canot au moment où celui-ci vient de chavirer et de sombrer. Puis les deux hommes qui s'y trouvaient sont saisis, hissés à bord et solidement maintenus par leurs camarades, malgré la fureur des flots...

« La victoire est gagnée, mais la retraite paraît impossible. La violence de la tempête semble augmenter encore. La nuit est venue...

« A quatre reprises différentes, la barque est tellement battue et roulée qu'elle semble vouloir se retourner la quille en l'air. Elle se redresse péniblement, mais, hélas ! deux hommes de son équipage ont disparu ! Comment les rechercher, les apercevoir et les entendre, au milieu du fracas des vagues démontées !...

« Lorsque le bateau accosta le môle, on connut la triste vérité et l'on s'empressa d'emmener les parents des victimes au milieu de la consternation générale.

« Les survivants de cette rude campagne arrivaient au port, brisés, à bout de forces, après un travail effroyable de *huit heures et couverts de blessures comme des soldats qui ont soutenu le feu de l'ennemi...*

« Quant aux deux infortunés... leurs cadavres furent retrouvés quelque temps après sur la côte de Noirmoutier, encore revêtus de leur ceinture de sauvetage. »

Voici les noms des treize marins qui montaient le bateau de sauvetage dans cette terrible nuit du 15 novembre 1876 :

François Maud, patron ; Guérin, sous-patron ; Dupont, pilote lamaneur ; Chaillou ; Nolleau ; Turbé ; Fradet ; Simonneau ; Papin ; Bellégo ; Orsonneau. Plus les deux hommes qui devaient succomber : Palvadeau, maître au cabotage ; Marchandeau, marin.

Ce serait affaiblir la sublimité de telles actions que d'essayer de les louer.

Répétons seulement avec orgueil : « Nulle part dans le monde entier, mieux qu'en France, on ne comprend la fraternité humaine. Nulle part on ne rencontre équipages de bateaux sauveteurs plus dévoués, et plus la côte est dangereuse, plus le recrutement de ces équipages est facile ! »

Honorer ces héros, trop souvent inconnus, c'est accomplir un devoir strict de reconnaissance, et n'eût-on rencontré à l'Ile-d'Yeu que l'occasion de raviver d'aussi nobles souvenirs, le voyage ne serait pas inutile, l'impression gardée plus vive, plus touchante [1]...

1. Nous avons emprunté beaucoup de nos détails à M. O.-J. Richard et à M. le docteur Viaud-Grand-Marais, auteurs d'importants travaux sur l'Ile-d'Yeu.

CHAPITRE XLII

LES SABLES-D'OLONNE. — LA CHAUME

De Saint-Gilles-sur-Vie aux Sables-d'Olonne, la côte ne présente pas un seul point qui puisse motiver une longue exploration. On fait cependant un léger détour, car OLONNE est là, tout voisin de la belle ville moderne qui lui a enlevé son importance.

Peu d'Olonnais même se souviennent que leur bourg était une très ancienne baronnie appartenant à la maison de la Trémoille. en faveur de laquelle elle fut érigée en comté (1600). Gilbert de la Trémoille, marquis de Royan, porta, le premier, le titre de comte d'Olonne.

Fort riche et réputé pour la splendeur de ses églises, le bourg était encore une place forte qui dut repousser plus d'un assaut. Mais l'époque où son nom apparaît le plus souvent est celle des guerres de religion. En 1570, le fameux La Noue Bras de Fer s'en emparait et le ruinait totalement.

En 1622, les huguenots, conduits par le duc de Rohan-Soubise, firent d'Olonne le quartier général de leurs opérations contre la ville des Sables, dont ils voulaient s'emparer. Mais les troupes de Louis XIII les vainquirent.

Ce fut vers la fin du quinzième siècle qu'Olonne commença à entrevoir le déclin de sa prospérité.

Louis XI, esprit sagace, était venu dans le Bas-Poitou pour se rendre un compte exact des ressources du pays. Le port des Sables lui parut offrir de tels avantages qu'il rendit sur-le-champ une ordonnance (10 novembre 1472), contenant, entre autres prescriptions, l'obligation, pour « les habitants d'Olonne, d'aller faire le guet en la ville des Sables, en cas de péril évident ».

Le cardinal de Richelieu, digne continuateur de la politique de Louis XI, protégea également les Sables, ne laissant subsister de l'ancienne suprématie d'Olonne que des droits forts légers à acquitter.

« Dix livres tournois à payer chaque année, à Noël, à la cure d'Olonne et une procession à faire le jour de la Nativité de la Vierge à l'église du bourg. »

Obligations peu rigoureuses, on le voit, et tenues fidèlement jusque vers la fin du siècle dernier.

Actuellement, Olonne est peuplé de pêcheurs, de sauniers et de maraîchers. Les produits de ces derniers jouissent, à bon droit, d'une grande réputation.

Dans les environs du bourg, les curieux sont attirés par le *fossé des Sarrasins*, souvenir de l'invasion arrêtée par Charles Martel ; par le menhir de la *Chèvrerie* et par la forêt d'Olonne, agréable refuge dans ce pays de dunes, où le soleil d'été semble insupportable.

Le faubourg de la Chaume occupe la rive droite du port des Sables, et on peut le considérer comme ayant été l'origine de cette dernière ville, car sa fondation remonte à l'époque de la conquête des Romains. Afin de maintenir le pays sous leur joug, les vainqueurs y établirent une forte station militaire. Tout aussitôt, une colonie maritime se réfugia à l'abri de cette protection efficace, et la Chaume se trouva fondée.

Plus tard, un château fort fut élevé dans le bourg, devenu important, mais la date de sa construction est ignorée. On lui donne le nom de *Château d'Arundel*, parce que, de 1387 à 1388, un Anglais, le comte Richard d'Arundel, s'en serait emparé et y aurait installé les troupes de sa nation dont il avait le commandement.

Lorsque les guerres de religion éclatèrent, le château d'Arundel ou de la Chaume devint une des places fortes des huguenots, et ne tomba qu'après La Rochelle. Ses derniers débris servent d'assise à un phare projetant sa lumière indicatrice à dix milles en mer. Il renferme également un appareil destiné à donner les renseignements atmosphériques indispensables aux marins de cette contrée, si fréquemment désolée par de violentes tempêtes.

Un pavillon est toujours arboré au sommet du phare. Sa couleur et sa forme varient suivant l'état de l'atmosphère.

Se présente-t-il sous l'apparence d'une flamme mi-partie *jaune* et *bleue* ? C'est que le baromètre monte, promettant un temps favorable.

Le pavillon a-t-il revêtu une couleur jaune uniforme ? La pluie prévue, le baromètre baisse, le temps peut devenir mauvais.

Mais la forme de la flamme est-elle échancrée et sa couleur rouge ? Les indications sont menaçantes, les vents impétueux, la tourmente prochaine.

Les barques de pêche ne s'aventureront pas loin, si même elles sortent. Combien d'épouvantables désastres ont pesé sur elles ! Le cimetière de la Chaume en garde une preuve touchante ; le mausolée élevé, en 1868, à la mémoire de *six* malheureux pêcheurs victimes, avec *dix* sauveteurs accourus à leur aide, d'une tourmente horrible !

Le faubourg, hélas ! participe toujours, dans une très forte proportion, aux désastres accablant les Sables, car sa population fournit la majorité des équipages du port, et elle a la réputation bien méritée d'une énergie à toute épreuve.

L'extrémité du quai de la Chaume se termine par un brise-lames remplaçant une ancienne digue insuffisante, et, sur les rochers de la côte, le fort *Saint-Nicolas* a pris la place d'une vieille chapelle, autrefois consacrée sous ce vocable.

Nous retrouverons aux Sables le nom du fort qui prit une part si active à la glorieuse journée du 24 février 1809.

Le nom de SABLES-D'OLONNE vient de la position occupée par la ville au milieu des dunes sablonneuses appartenant autrefois à la seigneurie du bourg d'Olonne. L'Ile-d'Yeu, au nord, et l'île de Ré, au sud, s'avancent comme pour protéger une position, très importante sur cette côte si peu hospitalière, où la mer brise par des fonds de *douze mètres*. Toutefois, la construction du phare des *Barges* et le balisage, exécuté avec soin, de la passe, ont beaucoup amélioré les abords et l'entrée du port.

Excellente par les vents d'est, la rade, sous l'influence du vent d'ouest, subit une très forte houle, que tous les navires ne sauraient supporter ; des frégates, néanmoins, ont pu s'y maintenir.

Un môle très long protège le port, où des écluses de chasse entretiennent le chenal. Un beau bassin à flot, et un vaste bassin d'échouage offrent au long cours, au cabotage, à la pêche, toutes les facilités possibles.

C'est donc un port complet et son mouvement dépasse trente mille tonnes. C'est également un port de pêche des plus actifs, malgré plusieurs années improductives. Le maquereau, principalement, ne donne guère lieu à de bonnes campagnes, et l'on se déshabitue d'armer pour son passage.

La sardine apparaît, maintenant, tardivement, et séjourne peu sur cette partie du littoral. Pour remédier à l'insuffisance des prises, les bateaux du quartier vont explorer les parages de l'Ile-d'Yeu, où la pêche est mieux assurée et où le poisson se montre de dimensions plus avantageuses.

Le thon fournit un des meilleurs éléments de récolte maritime. En 1882, il ne figura pas pour moins de trois cent vingt mille francs dans le total des expéditions sablaises ; mais, chose à remarquer, les marins occupés à ce travail sont presque tous étrangers au quartier : les Sablais se consacrant principalement à la pêche de la sardine, dont le passage coïncide avec celui du thon.

Du reste, les années mauvaises, pas plus que des pertes nombreuses de matériel de pêche, n'ont pu ébranler le courage des Sablais ni des Sablaises. Celles-ci ont une réputation bien méritée d'intrépidité. Sans relâche, elles explorent toute la côte, capturant de gros crabes, des crevettes délicieuses et des poissons de rivage.

Les parcs à huîtres, presque entièrement dévastés par le grand hiver de 1879-1880, se repeuplent bien ; mais il y a craindre de voir avant peu nos huîtres françaises, si délicates, supplantées par l'huître, ou plutôt par un mollusque de ce genre, une *gryphée* de beaucoup moins savoureuse, importée du Portugal. Pour remédier à la pénurie des parcs, on l'a fait venir aux Sables, où elle est maintenant fixée, trop bien fixée sur les roches de la côte sud.

Elle peut constituer une ressource, c'est vrai ; mais on doit surtout s'efforcer de propager nos huîtres françaises, infiniment meilleures et avantageuses.

La ville actuelle des Sables-d'Olonne est moderne. Sa plage splendide a fait sa prospérité. Son nom, toutefois, remonte loin dans le passé, et quelques archéologues ont voulu y retrouver une fondation romaine, chose improbable. Les dunes sur lesquelles la ville a été bâtie sont très certainement d'origine presque récente, et n'ont aucun rapport avec les solides assises de la Chaume.

Certains écrivains ont donné une origine basque à la population sablaise, mais, pendant une longue suite de siècles, on ne voit qu'une seule fois la ville elle-même mentionnée, à l'occasion d'une apparition de Northmen sur les côtes du Poitou. Le silence se rétablit jusque vers le quinzième siècle, où plusieurs chartes donnent le nom de *ville* à la localité.

La certitude commence avec Louis d'Amboise, vicomte de Thouars, qui dote sa fille Marguerite, épouse de Louis de la Trémoille, « de la châtellenie des Olonnes ».

Les facilités offertes par le port des Sables aux marins dut attirer tout de suite une population nombreuse, car elle excita les préoccupations du roi Louis XI.

« Il vint aux Sables, dit M. René Valette, en compagnie du sire de Commines et fut si émerveillé des heureuses dispositions maritimes de la ville que, par ordonnance royale signée aux Sables mêmes, le 10 décembre 1472, il détacha de sa cour deux de ses chambellans, les seigneurs du Fou et de Bressuire, chargés de surveiller le *creusement* du port et d'en fortifier les accès. Ce fut le point de départ de la fortune des Sables-d'Olonne.

« Le monarque comprit vite que le port, sans ville défendue, serait une faute, un danger sérieux; il fit donc présent de cinq mille livres aux habitants des Sables, *et les affranchit de tailles et aides*, à la condition expresse de fortifier leur cité; et, comme s'il ne suffisait pas de ces privilèges pour témoigner de son affection au port des Sables, *il exempta de droits pour vingt ans les blés qu'on y amenait.* »

Puis, afin d'assurer l'exécution de ses projets, Louis XI substitua l'autorité de Comines à celle des La Trémoille, qui ne recouvrèrent pas leur seigneurie avant l'avènement de Charles VIII.

La sollicitude royale donna les fruits les plus heureux. Le port des Sables devint l'un des plus riches de l'Océan.

L'industrie paludière y était aussi en pleine activité.

La découverte de l'Amérique y ajouta encore. Les armements pour la pêche de la morue prirent une grande extension. Il faut bien que tout ce que disent sur ce sujet les chroniques soit vrai, car une législation spéciale fut imposée aux marins fréquentant les bancs de Terre-Neuve. Cette sorte de code est désigné sous le nom de *Législation Olonnaise*, ou encore *Us et coutumes d'Olonne*.

Les troubles intérieurs du seizième siècle faillirent ruiner à jamais la ville des Sables.

Deux fois assiégée et conquise (1577-1578) par La Noue Bras de Fer, elle fut reprise par les catholiques. Mais, en février 1622, le duc de Rohan-Soubise imposa à la pauvre cité trois heures de pillage tellement complet, que les dévastateurs ne savaient comment emporter leur butin ! De plus, il fallut payer une rançon de *deux cent mille écus*, de *quatre-vingts canons* et de *trois vaisseaux*.

On voit quelle était l'importance de la ville, bientôt vengée par Louis XIII. Promptement elle se remit de ses pertes, puisqu'un document, daté de 1668, lui attribue une moyenne annuelle de *cent un navires mis à la mer*, alors que la Rochelle en mettait seulement trente-deux et Nantes quatre-vingt-neuf.

Lorsque Louis XIV monta sur le trône, les Sables comptaient quinze mille habitants. Colbert s'occupa activement du « bon port de Gascogne ». L'inscription maritime l'engloba et une caisse de la marine y fut créée, que la ville a conservée.

A cette époque, un grand nombre de noms célèbres dans les annales de la mer se font distinguer parmi les équipages sablais.

Malheureusement, une ère de désastres allait bientôt commencer. En juillet 1696, une flotte anglo-hollandaise veut venger, sur les Sables, le mal que les navires de ce port ont fait à leurs nations. Elle ne compte pas moins de cent trente voiles. Après avoir atrocement pillé les côtes voisines, elle s'embosse devant la ville, décidée à une résistance absolue. Mais que peuvent le courage, la constance, avec des moyens de défense à peu près nuls, et quand cinq cents bouches à feu lancent sans relâche leurs projectiles sur des habitations aussitôt enflammées ! ! !

La catastrophe fut affreuse; elle eut pour résultat le relèvement des fortifications, ordonné par Louis XIV. Le coup, toutefois, était porté et les guerres incessantes du règne du Roi-Soleil en accentuèrent les suites. Décimée, la marine sablaise agonisait, et en 1755, lors de la réunion officielle de la Chaume aux Sables, la population de ces deux centres était diminuée des *deux tiers*, cela depuis moins d'un siècle !

L'Océan lui-même parut vouloir contribuer à cette ruine. Une période de onze ans (1747 à 1758) fut constamment traversée par d'épouvantables ouragans. Les murs effondrés, le port à demi comblé, attestèrent ces violences !

Louis XV, néanmoins, s'était pris d'affection pour les Sables et croyait à la renaissance de la prospérité passée. Le conseil d'amirauté, qui y était installé, fut conservé ; une compagnie de gardes-côtes dut veiller sur le port et les côtes voisines. Le *Remblai* date de cette époque. On nomme ainsi le beau quai, en granit, prolongé sur tout l'arc de cercle formé par la plage, vaste conque naturelle, mesurant quinze cents mètres de l'une à l'autre de ses extrémités.

Une catastrophe nouvelle menaça les Sables. Les dunes envahissaient de plus en plus le port : il fallut d'immenses travaux pour conjurer le mal, mais le port fut préservé.

Rien n'y fit. On avait bien essayé, vers les derniers jours du règne de Louis XVI, de reprendre la pêche de la morue ; les guerres de la République et du premier Empire eurent besoin de trop de marins olonnais, braves gens dont beaucoup périrent sur les infâmes pontons de l'Angleterre !

Par un juste retour, la ville des Sables assista à une éclatante victoire, remportée sur une escadre anglaise, et eut la joie de contribuer dans une large mesure à ce triomphe.

Napoléon Ier voulait envoyer une expédition aux Antilles. Pour le succès de l'entreprise, l'escadre du port de Lorient devait se joindre à celle de l'île d'Aix [1], chose difficile, les Anglais surveillant soigneusement nos côtes de l'Océan.

Le capitaine JURIEN LA GRAVIÈRE fut chargé du commandement des trois frégates : *l'Italienne*, *la Cybèle* et *la Calypso*. Il fit voile vers l'île d'Aix ; mais, le soir même, par le travers de Belle-Ile, apparut la flotte ennemie, composée de *trois* vaisseaux auxquels, le lendemain matin, se joignirent *quatre* bâtiments assez forts.

Le commandant Jurien se décida aussitôt à tout faire pour

---

[1]. On sait que l'île d'Aix gît à vingt et un kilomètres de Rochefort-sur-Mer.

choisir son champ de bataille. Forçant de voiles, il vient s'embosser, le 23 février 1809, devant le chenal des Sables, entre les deux batteries de l'*Estacade* et de *Saint-Nicolas* : ce dernier fort était sous les ordres du capitaine de frégate RENÉ GUINÉ, qui se disposa à seconder nos marins de tout son pouvoir.

Le combat fut soutenu avec acharnement. Si inférieurs en force que se trouvassent nos navires, ils avaient pour soutenir le courage de leurs hommes le cœur d'un héros !

Trois heures durant, la lutte se poursuivit sous les yeux de la ville des Sables, frémissante à la fois de crainte et d'orgueil.

Enfin ! un cri de triomphe s'échappe de toutes les poitrines. L'escadre anglaise plie, elle rallie ses vaisseaux presque désemparés, au nombre desquels se trouve le *Bellérophon*, destiné, si peu d'années plus tard, à recevoir Napoléon captif !

Le capitaine Jurien la Gravière, on le sait, devint un de nos plus brillants vice-amiraux. Après 1830, il fut créé pair de France.

On sait encore avec quel éclat son nom glorieux est porté par un fils, chez qui le mérite militaire s'allie à un rare talent d'écrivain.

Le combat de 1809 avait attiré l'attention de Napoléon sur les Sables-d'Olonne, et lui inspira le projet d'en faire un port militaire. Les désastres de la fin de son règne ne permirent pas de poursuivre l'idée ; à peine si des travaux urgents furent exécutés.

La pauvre ville, délaissée, dut attendre jusqu'en 1847 la réalisation de promesses d'où dépendait son existence même.

Louis-Philippe fit creuser le bassin à flot et établir les écluses de chasse destinées à entretenir le chenal, rendu plus profond. Suspendus, puis repris, ces travaux indispensables ont été menés à fin, et désormais les Sables-d'Olonne possèdent un port complet. Il faut toujours veiller cependant : les dunes n'ont pas cessé d'exister et leur fixation est bien loin d'être complètement obtenue.

Une chose assure encore la prospérité de la ville : sa plage si admirablement dessinée et où le sable, quoique doux et fin, n'impose pas au marcheur une fatigue bientôt excessive. Aucun galet, nul obstacle si léger qu'il soit sur ce tapis velouté, et une vue de mer superbe. Rien d'élégant, de mieux compris, pour les exigences de la vie moderne, comme les belles constructions élevées autour du Remblai ; aussi les bains sont-ils de plus en plus suivis. Le chemin de fer, inauguré depuis 1866, leur a donné une vogue universelle et méritée.

Les points d'excursion ne manquent pas. Le sémaphore, le beau phare des Barges, le fort Saint-Nicolas, le Vieux Château de la Chaume, le *Puits d'Enfer*, gouffre ouvert au milieu de masses rocheuses, les ruines de l'abbaye de Saint-Jean-d'Orbestier, et le bois de chênes verts dit, aussi, de Saint-Jean, la forêt d'Olonne...

On a peut-être eu raison d'assigner à la population une origine basque ou espagnole. Le type n'est pas fait pour démentir cette assertion. Les Sablaises, aux cheveux foncés, à l'œil noir très vif, aux lignes fines et régulières, sont charmantes sous leur petit bonnet, leur corsage de couleur claire, bien cambré et aux larges manches, leur tout petit jupon rouge, découvrant en entier une jambe moulée dans des bas, généralement de nuance aurore ; les pieds, assez jolis, chaussent de coquets sabots.

Pour les jours de fêtes, le *papillon*, ample coiffe de dentelle, accompagne gracieusement le visage ; de larges boucles d'oreilles, un collier d'argent, des bagues complètent la parure.

Et les pêcheuses se meuvent avec aisance dans ce costume si difficile à porter, qu'aucun artifice de couturière ne réussirait à le rendre *regardable*, sur une femme mal faite, gauche ou timide, défauts, les derniers surtout, qui ne sont guère ceux des braves Sablaises.

Environ cinq cents chaloupes ou barques de pêche appartiennent au port des Sables, qui compte un effectif moyen de deux mille cinq cents pêcheurs. Plusieurs petits caboteurs entretiennent le trafic maritime, et des confiseries de sardines donnent du travail aux femmes et aux enfants des matelots. Le chemin de fer a beaucoup aidé au développement du commerce sablais, en lui offrant des communications avec le centre de la France.

Moyennant une vigilance constante, le port peut donc compter sur l'avenir. Le réveil intelligent de l'attention publique, par rapport à tout ce qui concerne notre marine, ne fera pas mentir cette espérance.

CHAPITRE XLIII

LE CHATEAU DE TALMONT. — LA TRANCHE. — L'ABBAYE D'ANGLES ET LA COTE

Au sud des Sables, le rivage s'élève ; mais il est de plus en plus envahi par les dunes, qui se prolongeront, avec des alternances de roches, de gneiss, jusqu'à Talmont, et se trouveront, ensuite, mêlées avec des blocs calcaires, jusqu'au *Grouin du Cou*, près de la Tranche.

La route, du reste, n'offre rien de véritablement remarquable, sinon la plage du *Cayola*, encadrée par de grands rochers bien groupés ; mais plus d'un naufrage a eu lieu dans cette petite baie.

On arrive en hâte devant le château de TALMONT, espérant rencontrer des ruines dignes de leur grande réputation.

Car il fut un des plus forts du Poitou, le castel bâti, au onzième siècle, par Guillaume le Chauve, comte de Poitou. Alors, affirment les traditions, la mer, baignant ses murailles, en faisait une sorte d'îlot, dans lequel on ne pouvait pénétrer contre la volonté du gouverneur.

Pour preuves, on montre les anneaux scellés au pied de la forteresse ; ils servaient à attacher les navires. Une chose certaine, c'est que Henri IV y envoya, par la voie marine, des munitions et des canons. Des marais salants, dont l'assise semble due à un soulèvement du sol, occupent aujourd'hui les parties ouest et sud du périmètre de Talmont.

Les seigneurs les plus connus qui possédèrent ce château furent Guillaume III, son fondateur; Raoul de Mauléon, les maisons de Thouars, d'Amboise et de la Trémoille ; ce dernier nom était porté par Antoine-Philippe de La Trémoille, prince de Talmont, exécuté à Laval, pendant la Révolution. Avec le prince, disparut la branche de famille dont il était l'unique représentant.

Plusieurs sièges inutiles firent estimer la position du château.

Henri IV, en personne, essaya d'enlever la place. Moitié par force, moitié par persuation, il y parvint (1587). Les guerres qui troublèrent les premières années du règne de Louis XIII attirèrent sur Talmont l'attention de Richelieu. Une fois devenu l'arbitre du royaume, le grand ministre n'hésita pas plus pour la forteresse du Bas-Poitou que pour toute celles dont les maîtres pouvaient faire obstacle à l'autorité souveraine.

Les murailles du donjon payèrent une large rançon et furent démantelées.

« Remarquons, dit M. René Valette, dans ce donjon bâti vers 1050, que le clocher de l'église primitive Saint-Pierre, construit au dixième siècle, y est encastré. Plus tard, cette église fut rebâtie ailleurs. En feuilletant les archives locales, nous avons vu aussi qu'en 1046, Guillaume le Chauve fonda une abbaye de Bénédictins, au pied même de son château, « pour qu'elle « servit de refuge à lui et à ses enfants, lorsque paraîtrait la croix du juge-« ment dernier! »

Voici près d'un siècle que cette abbaye a disparu.

A Talmont, semblent avoir été concentrés les derniers vestiges du druidisme dans le Poitou. Le cimetière offre trois tombelles caractérisées, et un dolmen en *granit*, pierre apportée de loin (le sol étant ou sur calcaire ou sur gneiss), témoigne d'un effort obstiné.

Mais les seules ruines auxquelles on s'intéresse sont celles du château fort, situées sur un monticule dominant au loin le pays et la mer; elles se présentent très imposantes avec leurs vastes salles ruinées, leurs larges escaliers presque détruits, leurs vestiges de chapelle, de galerie.

On parvient facilement à leur sommet, d'où la vue plonge sur l'Océan : l'île de *Ré* s'aperçoit très distinctement. Si belles que soient ces ruines, elles frappent infiniment moins que les débris de Sucinio, aux superbes murailles de granit, avec mâchicoulis en ogives, nets et délicats en même temps, comme s'ils n'avaient pas subi les injures de plus de dix-sept siècles.

Et puis ici les souvenirs de nos discordes intérieures poursuivent trop la pensée. On a hâte de rencontrer d'autres tableaux pour effacer la tristesse dont on se sent envahir.

Le rivage entier est le thème de récits plus ou moins véridiques. Il ne faudrait cependant pas les rejeter tous sans examen, car des fouilles sous les dunes ont fourni des débris attestant que des villages au moins ont disparu, enfouis par le sable, tel celui de *la Ferrière*, notoirement envahi au seizième siècle. On est en plein pays de légendes, pour l'intelligence desquelles les beaux travaux de feu l'abbé BAUDRY, sur les *Antiquités celtiques de la Vendée*, sont le meilleur des instructeurs. Et si l'on veut s'éloigner de la côte pour étudier les plus considérables restes mégalithiques vendéens, les dolmens et les puits funéraires du bourg appelé LE BERNARD, au delà de LONGEVILLE, ne feront pas regretter le voyage.

Mais nous avons admiré les prodigieux monuments de Carnac, de Plouharnel, de Locmariaker, et nous pouvons, sans le moindre regret, continuer à suivre le rivage.

LA TRANCHE occupe une pointe située entre des marais et des roches calcaires, sur la rive gauche de l'embouchure de la *Troussepoil*, vers le milieu du *Pertuis-Breton*, c'est-à-dire du détroit qui sépare le département de la Vendée de l'*île de Ré*, appartenant à la Charente-Inférieure.

Depuis quelques années, on vient à La Tranche pour les bains de mer et, depuis longtemps, la commune a vu grandir la renommée de ses légumes exquis, cultivés dans le sable, principalement les oignons et les pommes de terre.

On pourrait se croire bien loin de toute ville, les habitants ne montrant nullement l'intention de *se civiliser* à outrance. C'est sans doute pour cela que les familles économes choisissent cette plage, assez pittoresque et commode, mais encore dépourvue de casino! Le bourg, cependant, a dû avoir autrefois une certaine importance, puisque dans son église, dédiée à saint Nicolas, Savary de Mauléon, un des seigneurs du pays, voulut faire célébrer son mariage (treizième siècle).

Les marais barrent de nouveau la route. Ils occupent en entier le vaste espace compris entre la rive droite de l'embouchure du *Lay*, jusqu'à SAINT-VINCENT DE JARD et la pointe de la *Faute*.

On les appelle: *marais d'Angles*, du nom de la principale

commune qui en forme la limite nord. La petite rivière de *Troussepoil* les traverse après avoir recueli les eaux des collines de Moutiers-les-Maufaits, sa véritable source.

Angles revendique d'ailleurs une grandeur évanouie, représentée par son église, suffisamment intéressante pour avoir mérité d'être classée au nombre des monuments historiques, et, parmi ses enfants, il cite le trop fameux La Ballue, conseiller de Louis XI.

Que ne revendique-t-il pas, d'ailleurs, ce bourg perdu au milieu des marais ! Il s'arroge même le droit de posséder une légende curieuse entre toutes, ce qui lui a mérité l'honneur d'être citée par M. J. Quicherat.

Le pignon de l'église porte une figure d'*ours*, servant de piédestal à une croix dressée sur son dos. C'est une figure *historique*. En effet, le vallon de Troussepoil fut, aux temps jadis, le repaire d'une bête semblable à un ours, mais qui, bien différente de ses congénères, se nourrissait seulement de bétail ou de *femmes ! !*

La consternation était au comble et les plus fameux personnages n'y pouvaient rien. Or, à cette époque, dit M. Quicherat :

« L'abbaye d'Angles était gouvernée par un saint homme du nom de Martin, qui voulut aussi tenter l'aventure ; il eut soin de passer d'abord cinq jours et cinq nuits en prières.... Enfin, il réduisit la bête à venir se ranger sous son bâton, et il l'amena ainsi, docile et douce comme un agneau, jusqu'au milieu de la cohue (marché) d'Angles.

« Les hommes et les femmes chantaient *alleluia*, mais les filles virent là dedans matière à risée, et dirent : « *Père Martin dompts quand êtes-vous breger dau diable ?* » L'abbé, sans rien répondre, fit monter la bête au pignon de l'église, où elle est encore, et quand l'ours eut été changé en pierre par un nouveau signe de croix, le saint homme lui dit : « *Tu ne vivras dès mehsuy que de la beauté des filles d'Angles ;* » et aussitôt les filles d'Angles, qui, jusque-là, avaient été jolies, devinrent laides ! ! ! »

Triste sort, si mérité qu'il fût, des railleuses et vraiment c'est à croire que la prédiction du père abbé se montre toujours efficace, car le type féminin n'est pas beau à Angles !... Mais, hélas ! si les grâces de jadis renaissaient, le fameux ours ne descendrait-il pas de son piédestal du pignon ?...

La tour féodale de *Moricq*, datant du quatorzième siècle, est voisine d'Angles, ainsi que le Port-Moricq, station importante pour le commerce des grains. Elle est située sur la rive droite du *Lay*, petit fleuve de cent quatre kilomètres de long, frayant son embouchure au milieu de vases qui l'obstruent de plus en plus. Il permet encore, néanmoins, aux navires de soixante à quatre-vingts tonneaux de remonter à Moricq (dix kilomètres). Les bateaux plats peuvent poursuivre la route sur un nouvel espace de treize kilomètres, conduisant à la levée de *la Claye*.

L'Aiguillon-sur-Mer n'est pas éloigné, et là commence la *culture* des moules; mais pour comprendre les ressources et les procédés de cette industrie, mieux vaut atteindre la Charente-Inférieure, où elle est en pleine prospérité.

Le rivage n'est plus qu'un dédale inextricable de marais desséchés et cultivés ou de marais spongieux, traversés par des canaux d'écoulement.

Sur ce sol uniforme d'aspect et prouvant un retrait lent, mais continu de la mer, en même temps que les masses prodigieuses d'alluvions apportées par ses flots; sur ce sol boueux, à six kilomètres de la côte actuelle, une curiosité naturelle mérite un moment d'attention.

Saint-Michel en L'Herm, doté d'une belle fontaine, possède trois bancs d'huîtres fossiles formant trois véritables petites montagnes, variant de *dix à quinze mètres* de hauteur! Ils n'occupent pas moins de *sept cents mètres* de terrain et offrent une base de plus de *trois cents mètres!!*

Seul, un formidable soulèvement ou un mouvement continu du fond de la mer a pu faire surgir ces masses marines devenues collines terrestres.

Le voyageur s'étonne, le savant étudie! Mais tous deux s'accordent pour admirer un de ces mille problèmes naturels, constamment offerts à nos méditations.

CHAPITRE XLIV

LUÇON

Les érudits nous apprennent la fondation, au septième siècle, par Ansoalde, évêque de Poitiers, d'une abbaye nommée *Lucio* ou *Luciona*, bientôt placée sous le gouvernement de Filbert, abbé d'Her (Noirmoutier). L'inévitable apparition des Normands sur nos côtes de la Manche et de l'Océan a lieu deux siècles plus tard, apparition terrible, réduisant le monastère à la dernière extrémité.

Vers le onzième siècle, un seigneur voisin, Guillaume-Gui Geoffroi, renouvelle les atrocités des barbares, mais l'abbaye se relève vite de ses ruines, et bientôt elle arrive au plus haut point de prospérité, ainsi que la ville formée sous sa protection.

En 1317, l'importance de Luçon est devenue assez grande pour qu'on l'érige en évêché. Le premier de ses prélats est l'abbé lui-même.

Des différends très vifs et persistants ont lieu, pendant les siècles suivants, entre les évêques et plusieurs maisons nobles, parmi lesquelles celle de la Trémoille se fait remarquer.

Les rois de France avaient beaucoup à faire pour calmer ces démêlés ; mais, naturellement, ne négligeaient pas l'occasion d'étendre leur influence.

Sur la liste des prélats de Luçon on relève le nom de Nicolas Cœur, frère du célèbre et infortuné argentier, victime de l'ingratitude de Charles VII.

Nicolas Colbert occupa, lui aussi, ce siège, grâce, peut-être, à la puissance de son frère, le grand ministre de Louis XIV.

Mais que devient le souvenir de ces deux prélats, portant des noms si fameux dans notre histoire, dans le rayonnement de la gloire d'un autre évêque de Luçon, d'Armand du Plessis, le car-

dinal d'impérissable mémoire, l'homme de génie qui fut Richelieu ! ! !

Il n'était pas très enthousiaste de sa résidence, le jeune évêque
de vingt-deux ans qui écrivait :

« Je vous assure que j'ai le plus vilain évêché de France, le
plus crotté, le plus désagréable. Il n'y a ici aucun lieu pour se
promener, ni jardin, ni quoi que ce soit : de façon que j'ai ma
maison pour prison. »

Luçon est bien toujours une ville située dans un pays des
plus boueux, en plein marais ; mais les promenades ne lui manquent pas aujourd'hui, et Richelieu eût pris plaisir à parcourir
le magnifique jardin public, si bien planté, si bien aménagé. Il
serait également satisfait de l'activité, du commerce et de l'industrie des habitants.

Seulement, songe-t-on à cela quand, sous les voûtes majestueuses de la cathédrale, devant ce palais épiscopal, dans ces
rues souriantes, on se dit :

« Il a passé ici, le ministre admirable qui organisa notre législation, nos finances, notre marine ; qui sut donner à la France
une extension coloniale merveilleuse, prouvée par l'occupation
lucrative du Canada, des Petites-Antilles, de Saint-Domingue, de
la Guyane ; qui protégea le commerce et l'industrie, tout en favorisant les Arts ainsi que les Lettres, pour lesquelles il fonda
l'Académie française ; le ministre, en un mot, qui voulut voir la
France prépondérante dans toute les branches de l'esprit humain
et s'appliqua à la faire respecter même par ses plus mortels
ennemis ! »

Richelieu n'a laissé aucune trace de son séjour à Luçon, disent
les méticuleux scrutateurs de dates.

Peut-être. En tout cas, nul ne saurait dire si, de ce séjour, en
apparence stérile, le géant politique ne remporta pas le germe
d'une de ces conceptions grandioses qui enveloppent son nom
d'une impérissable auréole.

Le jeune prélat habitait une ville maintes fois cruellement
ravagée, par suite des discussions civiles du pays.

Qui peut savoir si, dans cette contrée ou rien n'échappait, certainement, à son génie pénétrant, il ne médita pas sur la possi-

bilité de trancher enfin des questions insolubles, de rendre à la Patrie épuisée la paix dont elle avait tant besoin !...

Évêque de Luçon à vingt-deux ans (1607), Richelieu atteint à peine quarante-trois ans (1628) lorsqu'il abat la résistance de La Rochelle...

Luçon, La Rochelle, deux villes si voisines !

Luçon, La Rochelle, deux dates en fait si rapprochées dans la vie d'un homme, à qui la France dut de pouvoir grandir, triomphante ! ! !

C'est assez pour la petite ville vendéenne d'avoir l'honneur de compter un tel nom au-dessus de ceux qu'elle revendique comme siens...

Et ce sera assez pour nous, voyageurs explorant le littoral français, que de nous rappeler avec le nom immortel de Richelieu, combien il aima ardemment la France, combien il se dévoua sans relâche à sa gloire !

Aimer la France, se dévouer pour elle, l'honorer, la faire honorer, tous, nous le voulons, et tous, dans la mesure de nos forces, nous nous y appliquons.

Nous en recueillerons cent preuves nouvelles en parcourant, bientôt, des rivages entièrement différents de ceux où nous nous sommes arrêtés jusqu'à présent.

Car deux choses, au moins, peuvent rallier toutes les âmes, tous les cœurs :

L'HONNEUR ET LA PROSPÉRITÉ DE LA PATRIE ! ! !

TABLE DES MATIÈRES

Chapitres.		Pages.
I.	L'Estuaire du Blavet et du Scorff. — Lorient.	1
II.	Le Blavet. — Hennebont	15
III.	Port-Louis. — Plœmeur. — La pointe de Larmor	23
IV.	L'Ile de Croix.	32
V.	La rivière d'Étel. — Nostang. — Plouhinec. — Belz. — Le pont de Saint-Kado. — Étel	41
VI.	Erdeven. — Quiberon	49
VII.	Plouharnel. — Carnac	59
VIII.	Plœmel. — Crac'h. — La Trinité. — Lomariacker	73
IX.	Auray. — Brec'h	80
X.	Sainte-Anne d'Auray. — Les Pardons célèbres du Morbihan	91
XI.	Le château de Josselin. — La colonne des Trente	103
XII.	La tour d'Elven. — Vannes	109
XIII.	Le golfe du Morbihan. — Ses îles. — Ses bateaux de pêche.	129
XIV.	Belle-Ile-en-Mer.	142
XV.	Les îles de Houat et de Hœdic	157
XVI.	Arzon. — Saint-Gildas de Rhuys.	169
XVII.	Sarzeau. — Le port Saint-Jacques	184
XVIII.	Le château ducal de Sucinio	192
XIX.	Le golfe du Morbihan au coucher et au lever du soleil. — Penerf. — La baie d'Abraham.	204
XX.	Billiers. — Les ruines de l'abbaye de Prières	209
XXI.	La Roche-Bernard.	214
XXII.	Rieux. — Redon	222
XXIII.	La rive gauche de la Vilaine et son embouchure. — Le combat de Belle-Ile ou des Cardinaux	232
XXIV.	Mesquer. — Piriac. — La Turballe. — Les marais salants.	238
XXV.	Guérande.	245
XXVI.	Le Croisic. — Le bourg de Batz. — Le Pouliguen. — Escoublac. — Pornichet	253
XXVII.	Saint-Nazaire.	262
XXVIII.	La Grande-Brière	273

Chapitres.		Pages.
XXIX.	Nantes moderne.	279
XXX.	Nantes dans l'histoire	293
XXXI.	Nantes dans l'avenir	307
XXXII.	Haute-Goulaine. — Clisson.	312
XXXIII.	La Loire depuis Nantes jusqu'à la mer.	325
XXXIV.	Paimbœuf. — Corsept. — Mindin et Saint-Brévin	335
XXXV.	La côte. — Préfailles et sa source. — Sainte-Marie. — Pornic.	339
XXXVI.	Bourgneuf. — Machecoul. — Les limites de la Bretagne	347
XXXVII.	Premiers pas en Vendée. — L'île de Bouin. — Beauvoir-sur-mer.	355
XXXVIII.	Le passage du Gols	362
XXXIX.	L'île de Noirmoutier. — Le Pilier	369
XL.	La côte et le pays de Monts. — Croix-de-Vie. — Saint-Gilles-sur-Vie.	384
XLI.	L'Ile-d'Yeu	391
XLII.	Les Sables d'Olonne. — La Chaume	408
XLIII.	Le château de Talmont. — La Tranche. — L'abbaye d'Angles et la côte	417
XLIV.	Luçon	422

ÉVREUX, IMPRIMERIE DE CHARLES HÉRISSEY

SANARD & DERANGEON, Éditeurs, 174, rue Saint-Jacques, PARIS

LE
LITTORAL DE LA FRANCE

PAR

V. VATTIER D'AMBROYSE

OFFICIER DE L'INSTRUCTION PUBLIQUE

Ouvrage **Deux fois** couronné par l'Académie française (Prix Montyon et Marcelin Guérin)

MÉDAILLE D'HONNEUR DE PREMIÈRE CLASSE (SOCIÉTÉ LIBRE D'INSTRUCTION ET D'ÉDUCATION

ILLUSTRATIONS

PAR SCOTT, BRUN, LALANNE, TOUSSAINT, FRAIPONT, CIAPPORI, CAUSSIN, DUPRÉ, CHAPON, KARL, SAINT-ELME-GAUTIER, ETC.

OUVRAGE COMPLET

Honoré d'une souscription du Ministère de l'Instruction publique

---

COTES NORMANDES	COTES GASCONNES
DE DUNKERQUE AU MONT SAINT-MICHEL	DE LA ROCHELLE A HENDAYE
COTES BRETONNES	COTES LANGUEDOCIENNES
DU MONT SAINT-MICHEL A LORIENT	DU CAP CERBÈRE A MARSEILLE
COTES VENDÉENNES	COTES PROVENÇALES
DE LORIENT A LA ROCHELLE	DE MARSEILLE A LA FRONTIÈRE D'ITALIE

CHAQUE PARTIE SE VEND SÉPARÉMENT

Chaque volume est orné de très nombreuses gravures dans le texte et hors texte.

ÉVREUX, IMPRIMERIE DE CHARLES HÉRISSEY

www.ingramcontent.com/pod-product-compliance
Lightning Source LLC
Chambersburg PA
CBHW050913230426
43666CB00010B/2144